Hans-Joachim Zillmer

Die EvolutionsLüge

Die vom Bauingenieur Dr. Dipl.-Ing. Dipl.-Ing. Hans-Joachim Zillmer – nominiert als »Internationaler Wissenschaftler des Jahres 2002« (IBC) – vorgestellten Hypothesen und neuen Sichtweisen haben in wissenschaftlichen Kreisen der Geologie, Geophysik und Evolutionsbiologie für kontroverse Diskussionen gesorgt, auch international. Denn seine Bücher sind Bestseller, die bisher in zehn Fremdsprachen übersetzt wurden. Das vorliegende Sachbuch ist sein fünftes in einer losen Reihe von Monographien, worin jeweils eigene abgeschlossene Themenkreise behandelt werden. Insgesamt gesehen verzahnen sich jedoch diese Themen zu einer umfangreichen Themenpalette, sodass ein umfassender Überblick als Grundlage eines neuen Weltbildes der Erd- und Menschheitsgeschichte auch in Zukunft geboten wird (www.zillmer.com). Dieses Weltbild als Paradigmenwechsel soll jedoch kein neues Dogma und keine neue »absolute« Wahrheit darstellen, sondern den entdeckungsfreudigen Leser angeregen, selbst eigene Schlüsse zu ziehen und über bisher verschüttet geglaubte oder unerkannte Querverbindungen nachzudenken, um so zu neuen Ufern eines nicht durch Dogmen blockierten Bewusstseins zu gelangen.

Bisher erschienen:
»Darwins Irrtum«, 1998, 7. Auflage 2004
»Irrtümer der Erdgeschichte«, 2001, 3. Auflage 2003
»Dinosaurier Handbuch«, 2002
»Kolumbus kam als Letzter«, 2004

Der Autor dankt an dieser Stelle für die Herausgabe dieses Buches Herrn Dr. Herbert Fleissner und für die Unterstützung bei der Erstellung: Hermann Hemminger, Reinhard Leichs und Gernot L. Geise.

Erläuterung der Landkarte siehe Seite 4.

Hans-Joachim Zillmer

DIE EVOLUTIONSLÜGE

Die Neandertaler und andere Fälschungen der Menschheitsgeschichte

Unterdrückte Fakten
Verbotene Beweise · Erfundene Dogmen

Mit 69 teils farbigen Fotos
und 49 Textabbildungen

LangenMüller

Bildnachweis

Fotos:
© Archiv Zillmer. Außer: »The INFO Journal« 3, Ed Conrad 5–7; aus Mike Dash (1997) 13; Forbes Collection 14; Boston Athenaeum 16; Bernard Moestl 20; Steven A. Austin (1994) 24; Klaus Vogel 26; Ted Bryant 27; Nationalmuseum København 28: Mark Lembersky (2000) 29–32, 35; Prof. Karl Dietrich Adam 33, 34; aus T. C. Blair (2002) 36; aus Edgar Dacqué (1930) 38; aus Peter Kolosimo (1991) 45; aus Denis Sauart (1955) 46, 60, 61; Lahr/Foley (2004) 47, 49; Harun Yahya 48, überarbeitet; Marcel Homet (1958) 51, 57, 58, 60, 66, 68; neu nach Leroi-Gourhan (1968) 52; neu aus Thorne/Macumber (1972) 53; NOAA NGDC (15. 11. 1999) 54, ergänzt Zillmer; aus Otto Muck (1968) 55, 56; aus Werner Müller (1982) 62; nach Colin Renfrew (2004) 63, 64; ergänzt aus »Science« (Bd. 307. S. 1729) 67; NOAA NGDC (15. 2. 2005) 69, ergänzt Zillmer.

Abbildungen:
© Zillmer, außer: Josef Bayer (1927) 2, ergänzt Zillmer; Pachur (2000) 3 links; Paul C. Sereno (2003) 4 rechts; Steven A. Austin (1994) 5, Baker (2002) 5 kleines Bild; Zillmer 6 links, U. Tarchiani (1998) 6 rechts; Dominic Oldershaw 7, ergänzt Zillmer; Schulbuch »Biologie heute S II« (1998) 12; United Press International 13; Harun Yahya 14; Pascual Jordan (1966) 15; Steven A. Austin (1994) 16; Holger Preuschoft 17 Mitte; C. F. Howell (1969) 17 rechts; Cecil N. Dougherty (1978) 19 links; P. A. Vening Meinesz (1943) 20, ergänzt Zillmer; Volker Ritters 23 alle Einzelfotos, ergänzt Zillmer; neu nach Junker/Scherer (1998) 24; Joe Taylor (1999) 25; Josef Bayer (1927) 28; Teilbild aus Dorling Hrsg. (1994) 29; neu nach J.-J. Hublin (2004) 30; neu nach T. D. Weaver (2003) 31; Cottevieille Giraudet 32; aus »Harper's Weekly« (1869) 34; Luca u. Francesco Cavalli-Sforza (1994) 35; aus O. Muck (1976) 36; P. A. Carling (2002) 37, ergänzt Zillmer; aus K. Bülow (1952) 38; nach A. Jacobi (1931) 39; aus C. H. Lindroth (1957) 40; Rakel (1894) 41; Harun Yahya 47.

Vorsatz: Die Karte (Sebastian Münster, Basel 1544) zeigt, dass die Flussläufe von Volga (Wolga) und Tanais (Don) sich kreuzen (K) und einerseits mit der Veper (Dnjepr) und andererseits mit der Ostsee in Verbindung stehen. Insert: Seit der Antike war man der Meinung, dass Don und Nil über das Mittelmeer hinweg in Verbindung stehen (Mappa Mundi ca. 1300) und man über Don, Wolga und Dnjepr auf dem Wasserweg in die Ostsee und damit in den nördlichen Ozean reisen könne (aus E. Sinz, München 1984).
Nachsatz: Karte der Urstromtäler Norddeutschlands. Aus Wahnschaffe, 1901, ergänzter Text.

Besuchen Sie uns im Internet unter www.herbig-verlag.de

Schutzumschlaggestaltung: Wolfgang Heinzel
Schutzumschlagmotiv: Entwicklungsreihe (oben) aus »Die Chronik der Menschheit« (Paturi, 1997)
Satz: C. Schaber Datentechnik, Wels
Druck und Binden: GGP Media GmbH, Pößneck
Printed in Germany
ISBN 3-7844-3026-0

Inhalt

Abkürzungen

Zeitangaben

200, +200	Jahreszahl nach der Zeitenwende (= n. Chr.)
–200	Jahreszahl vor der Zeitenwende (= v. Chr.)
a	Jahre (anni)
Ma	Millionen Jahre nach offizieller Zeitrechnung

Hinweise

»BdW«	Magazin »Bild der Wissenschaft«
BdW	»Bild der Wissenschaft« Online: www.wissenschaft.de
HJZ	Anmerkung des Verfassers
»PNAS«	Fachzeitschrift »Proceedings of the National Academy of Sciences«
»SpW«	Magazin »Spektrum der Wissenschaft«
SpW	»Spektrum der Wissenschaft« Online: www.wissenschaft-online.de
ZiW	Internetseite des Autors: www.zillmer.com

Erdzeitalter und Evolutionstheorie

Zeitalter		**Alter (Ma)**	**Evolutionstheorie**
Kambrium		**590-500**	Kambrische Explosion
Ordovizium		**500-440**	Fische
Silur		**440-410**	Kopffüßler
Devon		**410-360**	Amphibien
Karbon		**360-290**	Reptilien
Perm		**290-250**	**Massensterben**
Trias	Untertrias	**250**-243	Ur-Säuger
	Mitteltrias	243-230	Dinosaurier,
	Obertrias	230-210	primitive Säugetiere
Jura	Unterjura	210-184	
	Mitteljura	184-160	
	Oberjura	160-140	(Vögel)
Kreide	Unterkreide	140-97	
	Oberkreide	97-**65**	u. a. Dinosaurier **Massensterben**
Tertiär	Paläozoikum	**65**-55	Insektenfresser
	Eozän	55-36	Beuteltiere höhere Säugetiere
	Oligozän	36-24	Affen
	Miozän	24-5	
	Pliozän	5-**1,7**	Australopithecinen
Quartär	Pleistozän (Diluvium)	**1,7**-0,01	Homo erectus Neandertaler Cro Magnon
	Holozän (Alluvium)	0,01-**heute**	**Massensterben** Moderner Mensch

Der zeichnerischen Darstellung liegt kein einheitlicher Zeitmaßstab zugrunde. Die Pfeile zeigen die neue wissenschaftliche Tendenz, das Erscheinen von Entwicklungsstufen zu verschieben.

Prolog

Die Bombe ist geplatzt – ein Schock für die Paläo-Anthropologen und Evolutionisten, denn deren Wissenschaftsdisziplinen und die Theorie von der Entwicklung des Menschen in Europa sind in den Grundfesten erschüttert. Fast unbemerkt von der Öffentlichkeit geisterte eine Meldung durch die Nachrichten der Rundfunk- und Fernsehsender: »Zahlreiche Steinzeit-Schädel in Deutschland sollen weit jünger sein als bislang behauptet« (»dpa«, 16. 8. 2004, 17.59 Uhr). Tatsächlich handelt es sich um eine sensationelle Meldung, die allerdings schon in meinem Buch »Darwins Irrtum« im Jahre 1998 vorausgesagt und diskutiert wurde.
Der Auslöser der Bombe war, dass einige der in der *Universität Frankfurt* gesammelten Knochenfunde an der britischen *Universität Oxford* neu datiert wurden. Die gemessenen Ergebnisse erfordern zwingend, das Bild des anatomisch modernen Menschen zumindest in dem Zeitraum vor 40 000 bis 5000 Jahren neu zu zeichnen. Insbesondere gibt es kaum noch bedeutende Menschenfunde aus dem Zeitraum vor 40 000 bis 30 000 Jahren!
Es ist eigentlich amüsant, wenn der Neandertaler vom Hahnöfersand statt 36 300 nur noch 7500 Jahre alt ist, oder der Schädel des »ältesten Westfalen« von Paderborn-Sande zum »jüngsten Westfalen« wird, denn er ist nicht 27 400 Jahre alt, sondern nur 250 und stammt aus der Zeit um 1750 nach Christus. Auch die Knochenfragmente aus der berühmten Vogelherdhöhle sind nicht 32 000 Jahre, sondern nur noch 3900 bis 5000 Jahre alt. Bei diesen und weiteren Funden hat man sich *mal eben* um 20 000 bis 30 000 Jahre geirrt. Sind die zugehörigen geologischen Fundschichten jetzt auch entsprechend jung, was ja zwangsläufig der Fall sein muss?

Das Alter der angeblich vor 35 000 Jahren in Mitteleuropa eingewanderten und den Neandertaler verdrängenden modernen Menschen wurde bergrutschartig verjüngt. Für 17 000 und mehr Jahre seiner Existenz gibt es keinen Knochenfund mehr! Der älteste Einwanderer stammt jetzt aus der mittleren Klausenhöhle in Bayern mit 18 590 Jahren. Ansonsten sind alle Knochenfunde unserer Vorfahren wesentlich jünger als 10 000 Jahre. Und werden jetzt um 30 000 Jahre jünger datierte Neandertaler zu modernen Menschen, oder bleiben es Neandertaler?
Aber nicht nur das Alter der meisten und aller bisher neu untersuchten Objekte muss reduziert werden, sondern bisher als Neandertaler angesehene Funde stellen sich sogar als tolldreiste Etikettenschwindel heraus. Im Jahre 1999 wurden zwei in der Wildscheuerhöhle gefundene Neandertalerknochen neu untersucht. Die 1967 gefundenen Schädelfragmente entpuppten sich als die von … Höhlenbären! Von der Existenz der Neandertaler zeugen jetzt nur noch zwei weitere Knochenfunde in Deutschland: die aus dem Neandertal und ein Oberschenkelknochen aus der Hohlenstein-Stadelhöhle im Alb-Donau-Kreis, wenn wir den Fund eines Milchschneidezahns aus der Klausennische außer Acht lassen. Auch diese Neandertaler sollten neu datiert werden..
Es ist das Verdienst einzelner Wissenschaftler, denen ausdrücklich im Sinne der Wahrheitsfindung gedankt werden muss, dass der Betrug überhaupt ans Tageslicht kam. Allerdings hat die Zunft der Anthropologen diesen Betrug wissentlich jahrzehntelang gedeckt. Ehemalige Mitarbeiter berichten im Nachrichtenmagazin »Spiegel« (34/2004), wie sich Anthropologie-Starprofessor Reiner Protsch von Zieten Datierungen ganz einfach ausdachte. Unter Kollegen sei »protschern« als Synonym für hinbiegen (eigentlich: erfinden) verwendet worden. Jahrzehntelang wurde dies gedeckt durch Kollegen, denn dieser Betrug hat System: Der Öffentlichkeit konnte das Dogma von der Abstammung des Menschen nur unter Vorspiegelung falscher Tatsachen als Wahrheit regelrecht *verkauft* werden – in Filmen, Büchern und Zeitschriften.
Durch die im Zusammenspiel mit den großen Medien betriebene »evolutionistische Massenindoktrination« wird die Vernunft durch

eine Art Bann blockiert. Einfachste Widersprüche, die dem gesunden Menschenverstand sofort auffallen, oder Verdrehungen der Wahrheit werden als solche nicht mehr erkannt. Das Individuum glaubt dann, bestimmte Dinge in seinen Gedanken seien real, und es ist überzeugt, dass dies absolut logisch und rational wäre. Es hat keine Zweifel an der Richtigkeit seiner Vorstellung.

»Wenn ein Wissenschaftler … im weißen Kittel irgendeine für die Allgemeinheit bestimmte Aussage macht, dann versteht man ihn vielleicht nicht, aber glauben wird man ihm auf jeden Fall … Sie besitzen ein Monopol nach der Formel ›Es ist wissenschaftlich einwandfrei bewiesen‹; diese Zauberformel scheint jedwede Möglichkeit des Widerspruchs von vornherein auszuschließen« (Standen, 1950).

Um die »evolutionistische Massenindoktrination« zu entlarven, werden in diesem Buch keine unpersönlichen wissenschaftlichen Abhandlungen über weit hergeholte, in Fachchinesisch verfasste Themen dargestellt. Im Gegenteil, es wird eine große Menge von Tatsachenmaterial und empirischen Fakten aus der ganzen Welt zusammengetragen, die beweisen: Bei der Evolutionstheorie handelt es sich um eine Pseudowissenschaft mit unbewiesenen Hypothesen, begründet durch wissenschaftliche Fälschungen. Die vorzulegenden empirischen Beweise durchstoßen die unsere Gesellschaft als eine Art diffuser Nebel umhüllende Evolutionstheorie, um so die geistige Befangenheit zu durchbrechen.

Zu dieser Trugspiegelung gehört im Sinne der in diesem Buch diskutierten Evolutionslüge speziell die *Makroevolution*, also die Evolution *über* dem Speziesniveau (Mayr, 1991, S. 319): Aus einem Affen wurde nie ein Mensch! Dagegen findet Mikroevolution tagtäglich in der Natur und künstlich durch Züchtungsvorgänge statt. Die hierbei zugrunde liegenden Regeln der Vererbung mit einhergehender Variation der Arten sind durch die Mendelschen Gesetze beschrieben, die heute eine der Grundlagen der experimentellen Genetik bilden. Berücksichtigt man zusätzlich Klimaeinflüsse und räumliche Isolation, erhält man neue Spielarten vorhandener Tiere oder auch Menschen, die aber keine Höherentwicklung im Sinne der Theorien von Charles Darwin darstellen.

1 Verjüngungskur

»Einige Aspekte der experimentellen Erd- und Lebensgeschichtsschreibung … finden in der Öffentlichkeit besondere Aufmerksamkeit. Man könnte sie als Zillmers Verjüngungskur für die Erde und ihr Leben plakatieren. Zillmer verkürzt mit Hinweis auf die vermutete Koexistenz von Dinosauriern und Menschen den Zeithorizont der Evolution des Lebens in spezifischen Ausprägungen erheblich«, schrieb Professor Dr. Bazon Brock (2001, S. 16). Diese der Evolutionstheorie widersprechende Koexistenz wurde durch handfeste Funde gestützt, denn der Saurier-Experte Paul C. Sereno fand kürzlich versteinerte Knochen von Dinosauriern, Schwimmsauriern und riesigen Urkrokodilen in der gleichen Oberflächenschicht der Sahara, zusammen mit einem versteinerten Kuhschädel und versteinerten Menschenknochen. Das die Koexistenz von Dinosauriern und Menschen angeblich trennende Zeitalter (Tertiär) stellt eine Phantomzeit dar.

Hellseher in Arizona

Während einer Recherche im US-Bundesstaat Arizona wurde ich auf einen ungewöhnlichen Fund aufmerksam, von dem in der Zeitung »Arizona Daily Star« am 23. Dezember 1925 berichtet wurde. In meinem Buch »Kolumbus kam als Letzter« hatte ich Zeichnungen von drei Artefakten aus dieser Sammlung veröffentlicht (Zillmer, 2004, Foto 70). Es war mir zu diesem Zeitpunkt nicht möglich gewesen, Fotos zu bekommen.
Diese nach dem Fundort an der *Silver Bell Road* in der Nähe von

Tucson (Arizona) benannten *Silverbell-Artefakte* bestehen aus Blei. Die bei mehreren Ausgrabungen seit der Entdeckung im Jahre 1924 gefundenen mysteriösen Artefakte wurden 1925 in der *Universität von Arizona* in Tucson ausgestellt und auch beschrieben.

Stammen die aus Blei hergestellten und mit lateinischen sowie hebräischen Texten versehenen Silverbell-Artefakte aus Europa? Alle bedeutenden Kulturen des Mittelmeerraums und Indiens beherrschten schon früh die Verarbeitung von Blei. In großem Stil wurde im antiken Italien Blei für den Bau von Wasserleitungen, Trinkbechern und Essgeschirr verarbeitet. »Die ältesten iberischen Schriftdenkmäler sind Bleiplatten« (Haarmann, 1998, S. 420), und in einem Wikingergrab fand man eine Platte aus Blei mit einer Würdigung der Taten des Toten. Andere Ausgrabungen brachten mittelalterliche Amulette aus Holz und Blei mit lateinischen Lettern und Runen zu Tage (Düwel, 2001, S. 227–302).

Eine Analyse des Bleis der Silverbell-Artefakte am 24. August 1924 in Tucson ergab einen Bleigehalt von 96,8 Prozent mit geringen Beimengungen von Gold, Silber, Kupfer und Zink. Es wurde festgestellt, dass die ursprüngliche Bleischmelze aus Erz hergestellt wurde, das im Südwesten der Vereinigten Staaten vorkommt. Die Artefakte scheinen also vor Ort in der Nähe des Fundortes hergestellt und nicht über den Atlantik eingeführt worden zu sein.

Es handelt sich um über dreißig Artefakte: Schwerter und religiöse Kreuze aus Blei, die teilweise Zeichnungen und Inschriften tragen. In dem hier diskutierten Zusammenhang spielt ein auf einem Schwert dargestellter langhalsiger Sauropode (Dinosaurier) eine interessante Rolle. Ein Bericht, der am 23. Dezember 1925 in der »New York Times« erschien, rückte diese Funde in das Rampenlicht des amerikanischen Interesses und entfachte einen Streit unter Experten. Der führende Archäologe der *Universität von Arizona*, Dean Byron Cummings, trat neben anderen Fachleuten für die Echtheit der Funde ein.

Aber ihr weiterer Verbleib war unbekannt. In der Universität waren sie anscheinend nicht mehr. Schließlich führte ein Hinweis zum Museum der *Arizona Historical Society* in Tucson. Ein erstes Telefonat brachte jedoch kein positives Ergebnis.

Bei meinem anschließenden Besuch im Museum wurde mir dann mitgeteilt, dass die Artefakte im Museumskeller verstaut sind – Besichtigung ausgeschlossen. Mein Hinweis, dass ich extra wegen dieser Funde aus Deutschland angereist sei, zeigte dann Erfolg. Eine alte Frau führte meine Frau und mich in die unterirdischen Gänge.
Dann stand sie vor uns: eine Holzkiste. Etwas Geheimnisvolles legte sich wie ein Schleier über uns, als ich die Kiste öffnete. Die über 30 Stück zählenden und angeblich aus dem Jahre 800 stammenden *Silberbell-Artefakte* waren fein säuberlich in extra ausgeschnittene Holzformen eingelegt, die sich in mehreren herausnehmbaren Holzschüben befanden. Mehr als die Hälfte der Funde durfte ich fotografieren (siehe Fotos 1 und 2). Die restlichen Schübe blieben mir verschlossen, da ich keinen offiziellen Termin im Voraus über die Museumsleitung beantragt hatte.
Nähere Details über die Fundumstände hoffte ich in der Bibliothek des Museums zu erfahren. In einer Tasche befanden sich tatsächlich Originalfotos von den Ausgrabungen, die über fünf Jahre bis 1928 andauerten. Ausführliche Grabungsberichte nebst Grabungsskizzen, weiteren Fotos und die Beschreibung der gefundenen Artefakte konnte ich dem nie veröffentlichten Bericht von Thomas W. Bent (1964) entnehmen, der an den Ausgrabungen beteiligt war.
Ein Fund fesselte mich besonders, denn auf sensationelle Weise ist auf einem der Bleischwerter ein Dinosaurier abgebildet. Falls die Artefakte gefälscht sind, muss der Fälscher etwas dümmlich gewesen sein, denn Dinosaurier wurden erstmals Mitte des 19. Jahrhunderts rekonstruiert. Zeigen ältere Zeichnungen diese Urtiere, müssen Menschen irgendwann lebende Dinosaurier gesehen haben, oder sie hatten noch ältere Bilder von ihnen, die es aber nicht geben darf, falls unser Weltbild richtig sein soll. Die Abbildung eines Dinosauriers auf einem ins Jahr 800 datierten Artefakt entlarvt den Fund scheinbar als Fälschung. Oder etwa nicht?
Betrachtet man die Zeichnung auf dem Schwert, die vielleicht einen damals im Südwesten Amerikas beheimateten Apatosaurus oder Diplodocus darstellen könnte, dann fällt die *Haltung* dieses Sauropoden auf. In meinem 2002 erschienenen »Dinosaurier Handbuch« habe ich die Haltung dieser Urtiere kontrovers und unter Berück-

sichtigung neuester Forschungsergebnisse diskutiert. Diese weisen darauf hin, dass Sauropoden entgegen der bisherigen Auffassung ihren Hals waagerecht hielten und nur geringfügig anheben konnten, da sich sonst die Halswirbelknochen verkeilt hätten (Zillmer, 2002, S. 89ff.) Auch die Schwänze wurden in Verlängerung der Wirbelsäule horizontal gehalten, in der Luft balanciert oder im Wasser schwimmend, da man keine Schwanzschleifspuren zwischen versteinerten Fußabdrücken findet.

Entsprechend waren bis vor wenigen Jahren in jedem wissenschaftlichen Werk und in den Museen den Schwanz auf dem Boden hinter sich herschleifende Dinosaurier mit hoch erhobenen Köpfen zu sehen, oft in Känguru-Pose. In dieser Haltung aufgebaute Skelette werden derzeit in den Museen weltweit umgebaut, soweit das Geld dazu zur Verfügung steht. Falls die 1924 ausgegrabenen Silverbell-Artefakte gefälscht sind, wäre erstens allein die Abbildung eines Dinosauriers grundsätzlich schon ein nicht zu verzeihender Fehler gewesen, denn vor 1800 gab es keine Rekonstruktionen von Dinosauriern, und hätte zweitens ein Künstler die Artefakte kurz vor der offiziellen Entdeckung zu Beginn der 1920er-Jahre geschaffen, würde er den Saurier so dargestellt haben, wie zu dieser Zeit allgemein *und* auch in wissenschaftlichen Werken postuliert: mit aufgerichtetem Hals und auf dem Boden schleifenden Schwanz. Falls die Artefakte gefälscht sind, dann war der damalige Künstler ein Hellseher, da er diesen Sauropoden analog der erst ungefähr 70 Jahre später aufkeimenden wissenschaftlichen Erkenntnis anatomisch richtig darstellte. Oder sind die Artefakte doch authentisch? Wusste man vielleicht vor über 1200 Jahren noch, wie Dinosaurier aussahen, oder gab es damals sogar vereinzelt noch lebende Tiere?

Beweisen die Fundumstände die Echtheit der Funde? Die Fotos von den Ausgrabungen zeigen, dass die umstrittenen Artefakte in einer von den Geologen »caliche« genannten, betonartigen Schicht fest eingebettet waren. Diese aus Kalziumkarbonat bestehende geologische Schicht kommt in weiten Gebieten im Südwesten der Vereinigten Staaten vor, bildet eine Art Naturbetonschicht und wird deshalb auch »desert cement«, also »Wüstenzement«, genannt. Stephen Williams, Professor für amerikanische Archäologie und Eth-

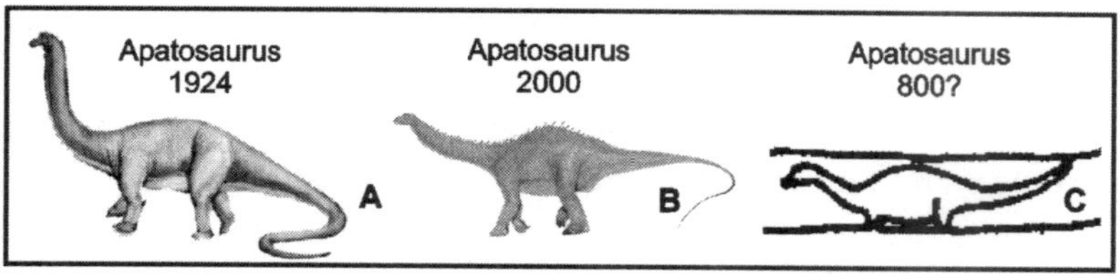

Abb. 1: ***Haltung.*** *Anatomisch richtige, modern anmutende Darstellung (B) eines Sauropoden mit gerader Hals- und Schwanzhaltung auf einem 1924 ausgegrabenen, angeblich aus dem Jahr 800 stammenden Schwert in Tucson (C). Gemäß der 1924 herrschenden Lehrmeinung hätte der Sauropode mit hochgerecktem Kopf und schleifendem Schwanz dargestellt werden müssen (A), wenn das Artefakt eine Fälschung sein soll.*

nologie an der *Harvard-Universität*, stellt die Silverbell-Artefakte in seinem Buch »Fantastic Archaeology« als Fälschung dar, wundert sich aber gleichzeitig, wie der angebliche Fälscher diese Artefakte in der betonartigen *Caliche-Schicht* fest einbetten konnte, sodass der »Eindruck« einer ungestörten Fundlage entstand, denn die Ausgrabungen wurden ja offiziell von Archäologen der *Universität Tucson* vorgenommen (Williams, 2001, S. 242).
Es wurde festgestellt, dass sich diese spezielle *Caliche-Formation* großflächig entlang der Tucson Mountains (Gebirgskette) erstreckt und damit kein »punktuelles«, eventuell künstlich mit gleichzeitig eingebetteten Artefakten hergestelltes Vorkommen darstellt (Bent, 1964, S. 321). Dean G. M. Butler vom *College of Mines and Engineering* an der *Universität von Arizona* bestätigt zusätzlich, dass der *Caliche* angeblich ganz langsam erhärtet und »keine Chance besteht, dass die Artefakte nach der Ankunft der Amerikaner in diesem Gebiet in diese Formation hätten eingebettet werden können« (Bent, 1964, S. 323, vgl. S. 177).
Obwohl ich hinsichtlich der Verfestigungsdauer anderer Ansicht bin, denn Kalziumkarbonat erhärtet relativ schnell, stellt doch die feste Einbettung der Silverbell-Artefakte in die *Caliche-Formation* einen Beleg für die Echtheit der Funde dar. Andererseits wäre aber das gemessene Alter der *Caliche-Formation* in geologischen Zeiträumen relativ jung, nämlich höchstens 1200 Jahre alt, und der

darüber liegende Wüstenboden wäre noch jünger. Entstand die dortige Wüste auch erst so spät? Sind die geologischen Schichten wesentlich jünger, als von den Geologen angegeben wird? Stellen geologische Zeugnisse für angeblich lange Zeiträume eine Fehlinterpretation dar? Sind propagierte lange erdgeschichtliche Zeiträume eine Fiktion? Wurden die angeblich langsam Körnchen für Körnchen gebildeten geologischen Formationen durch katastrophische Ereignisse jeweils innerhalb einer sehr kurzen Zeit gebildet? Beispielsweise verändern Riesenwellen (Tsunamis) eine Landschaft total und bilden neue geologische Schichten innerhalb von Stunden, wofür »normale«, langsam ablaufende Szenarien (Sedimentation, Erosion) Jahrhunderttausende oder noch länger benötigen würden. Sehen wir uns einmal angebliche Zeugnisse für ein hohes Alter der Erdkruste an und stellen uns dann die Frage, ob hier nicht zeitrafferähnliche Vorgänge für eine drastische Verkürzung langer geologischer Zeiträume vorliegen. Durch die wissenschaftlich starre Kopplung der geologischen mit der biologischen (evolutiven) Zeitleiter wird die propagierte, sich angeblich schleichend langsam vollziehende Evolution als ein Märchen entlarvt, denn analog zeitrafferartig ablaufender geologischer Vorgänge müssten irgendwelche Affenvorläufer quasi *plötzlich* (zeitrafferartig) zu modernen Menschen mutieren.

Phantomzeitalter Tertiär

Ein Einwand von Fachleuten gegen die Verjüngungskur der Erdkruste ist die Bildung mächtiger fossiler Riffe. Sind diese geologischen Formationen tatsächlich durch biologisches Wachstum langsam entstanden oder schnell als anorganische Formation? Die Hunderte von Metern mächtigen und sich über viele Kilometer erstreckenden, in der Literatur als fossile Riffe interpretierten Massenkalkzüge des Rheinischen Schiefergebirges beurteilt der kritische Fachmann Julius Spriestersbach anders: In diesen unverwitterten Kalken sind »die Schichtfugen meistens wie mit dem Messer geschnitten und die Schichtflächen erscheinen wie glatt gehobelt.

Eine Tatsache, die einer Riffbildung widerspricht« (Spriestersbach, 1942, S. 83).
Der von Spriestersbach einzig anerkannte echte Riffkörper lag am Ende der Aggertalsperre bei Bredenbruch unter Wasser und war lange Zeit nicht überprüfbar. Erst nach Ablassen des Wassers ergab eine Untersuchung 1985: Das vermeintliche Riff zeigt keine miteinander verwachsenen Kolonien, sondern im Gegenteil gewaltsam aufeinander gepresste Schichtungen (Dr. Joachim Scheven in: »Leben 4«, 1992). Fazit: Im Rheinischen Schiefergebirge gibt es kein Riff!
Entsprechende auch in Mittelschweden, England oder in den Alpen vorkommende Formationen aus dem Erdaltertum werden als an Ort und Stelle (autochthon) gewachsen angesehen – eine Fehlinterpretation. Für die Bildung dieser Riffe sollen Millionen Jahre benötigt worden sein. In diesen und anderen Fällen handelt es sich jedoch um *anorganisch* entstandenen »Faserkalzit« (Stromatactis), der durchaus optisch einem *biologisch* (organisch) gewachsenen Riffgerüst ähnelt, weil die Kalzitschichten das Gestein durchdringen und im Anbruch vernetzt sind. Die anorganische Bildung dieser angeblichen Korallen und Schichtenkorallen (Stromatoporen) läuft im Gegensatz zur biologischen sehr schnell ab, da das Wasser in den Hohlräumen des Gesteins nur *unter katastrophischen Umständen eingeschlossen werden kann* (ebd., 1992). Fazit: Diese uralten, angeblich langsam autochthon (am Fundort) gewachsenen Riffe wurden innerhalb sehr kurzer Zeit durch große Wassermassen *unter katastrophischen Umständen anorganisch geschüttet.*
Andererseits enthalten die 400 Millionen Jahre alten Kalksteine aus dem Erdaltertum (Silur und Devon) durchaus echte Korallen, die jedoch *nirgends an Ort und Stelle gewachsen* sind. Diese Ablagerungen stellen kurzfristig geschüttete Fossilgesteine einer »Sintflut« dar, die naturgemäß jene vorsintflutlichen marinen Lebewesen enthalten.
Ein weiteres Argument für eine alte Erdkruste: Die teils noch lebenden Riffe aus der Tertiärzeit sollen ein hohes Alter dokumentieren. Bei meinem Besuch des *Great Barrier Riff* an der Ostküste

Australiens musste ich feststellen, dass dieses Korallenriff auf ein Alter von 20 Millionen Jahre datiert wird. »Unmöglich«, war mein Urteil, denn das jüngere Tertiär (–24 bis –1,7 Ma) soll durch kälter werdendes Klima charakterisiert sein – aber die Warmwasser-Korallen brauchen eine hohe Durchschnittstemperatur von 20 Grad Celsius ... Ein Widerspruch in der Theorie!
Meine Meinung wurde zum Erstaunen der Fachleute im Jahre 2001 durch eine Veröffentlichung im Fachblatt »Geology« (Bd. 29, Nr. 6, Juni 2001, S. 483–486) prinzipiell bestätigt, denn neue Analysen ergaben für das *Great Barrier Riff* ein jugendliches Alter von nur 600 000 Jahren – immerhin eine *Verjüngung um das 33-fache*. Weitere Untersuchungen werden bestätigen, dass auch die anderen Korallenriffe weltweit entsprechend jünger sind. Allerdings herrschte zum neu ermittelten Zeitpunkt angeblich das Große Eiszeitalter: Es war noch kälter als vor 20 Millionen Jahren. Reduzieren wir das Alter des Riffs noch weiter und lassen die Korallen in wenigen tausend Jahren vor der Sintflut wachsen, als die Erdachse gerade (senkrecht zur Bahnebene) stand und vom Nord- bis zum Südpol globales Treibhausklima auf der Erde herrschte (ausführlich diskutiert in »Darwins Irrtum«) – also unter klimatischen Bedingungen, wie sie neuerdings für einen Zeitraum einschließlich der Kreidezeit bis zur Mitte der Tertiärzeit vor 30 Millionen Jahre anerkannt werden. Doch dazu später mehr.
Auch Gebirge werden jünger. Glimmerkörnchen aus dem pakistanischen Vorland des Himalaja wurden auf nur 36 bis 40 Millionen Jahre datiert (»Nature«, 8. 3. 2001, Bd. 410, S. 194–197). Nach bisheriger Auffassung soll die Auffaltung des Himalaja-Gebirges bereits 20 Millionen Jahre früher erfolgt sein, also eine Verjüngung um ein Drittel.
Seit einiger Zeit weisen neue wissenschaftliche Untersuchungen immer wieder Zeitverkürzungen im Tertiär-Zeitalter (–65 bis –1,7 Ma) nach. Analog den Ausführungen in »Irrtümer der Erdgeschichte« (Zillmer, 2001) müsste das der Dinosaurier-Ära folgende Tertiär zeitrafferartig fast auf »Nullzeit« verkürzt werden. Der dieses Zeitalter (das Tertiär) komprimierende Effekt liegt im Weltuntergangsszenario (= Sintflut) begründet, das offiziell als Kreide/Tertiär-

Grenze (K/T-Grenze) mit dem Aussterbezeitpunkt der Dinosaurier vor 65 Millionen Jahren definiert wird.
Große Naturkatastrophen bewirken immer einen Zeitsprung (also einen Zeitimpakt) für die betroffenen Gebiete, denn kataklysmische Prozesse laufen in rasantem Tempo ab, quasi als eine Art *Zeitraffer gleichförmig ablaufender, lang andauernder geologischer Sedimentierungs-Prozesse*. Berücksichtigt man den Zeitimpakt nicht, ist die Naturkatastrophe ein kurzzeitiger Statthalter für ansonsten fast unendlich lang erscheinende geologische Zeiträume, die wiederum als Grundlagen geologischer und biologischer Entwicklungen herhalten müssen, denn die Evolution braucht sehr viel Zeit.
Aber es gibt doch dicke Gesteinsschichten, die im Tertiär-Zeitalter entstanden sein sollen? Die Schichtenfolge (Stratigraphie) für die Tertiär- und der folgenden Quartärzeit nach dem Aussterbezeitpunkt der Dinosaurier (K/T-Grenze) charakterisiert der Geologe Professor J. Hsü richtig: »Nirgendwo auf der Erde könnten wir eine durchgehende, kontinuierliche vertikale Sequenz vom heutigen Tag bis zurück zur Dinosaurierzeit (also im Quartär und Tertiär, HJZ) finden« (Hsü, 1990, S. 80). Dabei ist zu beachten, dass im Tertiär die *größten Sedimentmengen aller Zeitalter* gebildet wurden (nach Holt, 1966).
Bereits der Vordenker moderner Geologen, Charles Lyell (1833, S. 15), erkannte richtig, »dass die tertiären Formationen generell aus allein stehenden, weithin *isolierten* Massen bestehen, die allseits von primärem und sekundärem (also ursprünglichem Gestein, HJZ) umgeben sind. Gegenüber diesen Formationen platzieren sie sich wie kleinere oder größere inländische Seen bzw. Buchten gegenüber den sie tragenden Landmassen. Sie sind, ebenso wie diese Gewässer, oftmals sehr tief, wenn zugleich auch von *begrenztem Ausmaß*«.
In diesem Fall hat Lyell richtig beobachtet, denn tertiäre Schichten sind nicht großflächig verteilt geschichtet, sondern liegen verstreut wie Einzelteile eines Flickenteppichs, etwa so, als ob man Dominosteine (= geologische Schichten) mit einem heftigen Schwung verstreut. Mit anderen Worten: Um eine reine relative Chronologie tertiärer Schichten aufstellen zu können, müssten diese auf eine

gewisse nachvollziehbare Weise zueinander gelagert sein, wie übereinander gestapelte Dominosteine. Diese notwendige Voraussetzung fehlt jedoch gänzlich und grundsätzlich.
Wenn wir geologische Übersichtskarten von Europa, Nordamerika, Südamerika oder Asien betrachten und die Verteilung der Meeresablagerungen, die nach der Kreidezeit im Tertiär gebildet wurden, dann ergibt sich eine Systematik. Denn eine Anzahl der größten Flüsse entwässern breite oder schmale Becken, deren Ränder aus konzentrischen Bändern schüsselförmig ineinander liegender Formationen bestehen.
Ein schönes Beispiel hierfür ist das Pariser Becken (Seinebecken), dessen Ränder im Dinosaurier-Zeitalter (Jura und Kreide) gebildet wurden, während die einzelnen (jüngeren) Glieder der Tertiärformationen, immer engere Räume bedeckend, als konzentrisch gelagerte Schalen zur Nordküste hin sich erstreckend, auf- und hintereinander folgen. Ganz ähnlich ist der Aufbau des Themse-Beckens (England). Auch Rhône und Donau fließen aus lang gestreckten tertiären Rinnen, und in Nordamerika ist das untere Mississippi-Tal von Bändern tertiärer Gesteine bedeckt, ebenso die Ostküste von Florida bis Carolina. In Südamerika fließt der Amazonas durch ein weites Becken junger Meeresabsätze, und in Asien entwässern die größten Ströme ehemaligen Meeresgrund. Fazit: »Es lässt sich kaum ein größeres Küstengebiet der heutigen Kontinente namhaft machen, das nicht während der Tertiärzeit (nach der Dinosaurier-Ära, HJZ) Schritt für Schritt vom Meere verlassen wurde« (Walther, 1908, S. 455).
Analog zu den Ausführungen in diesem Buch kann man unschwer einerseits das Überfluten und anschließende Abfließen riesiger Wassermassen erkennen und andererseits die Entstehung bzw. Auffaltung der Gebirge, nach dem Aussterben der Dinosaurier (= Ende der Kreidezeit), wodurch die *großen Ströme* überhaupt erst entstehen konnten, *die es vorher zu Zeiten der Dinosaurier nicht gab*.
Nach der Dinosaurier-Ära wurde die Erdkruste während der Tertiärzeit weiträumig bewegt und gefaltet. In Europa entstanden die Alpen, die Karpaten, der Apennin, die Pyrenäen und zahlreiche

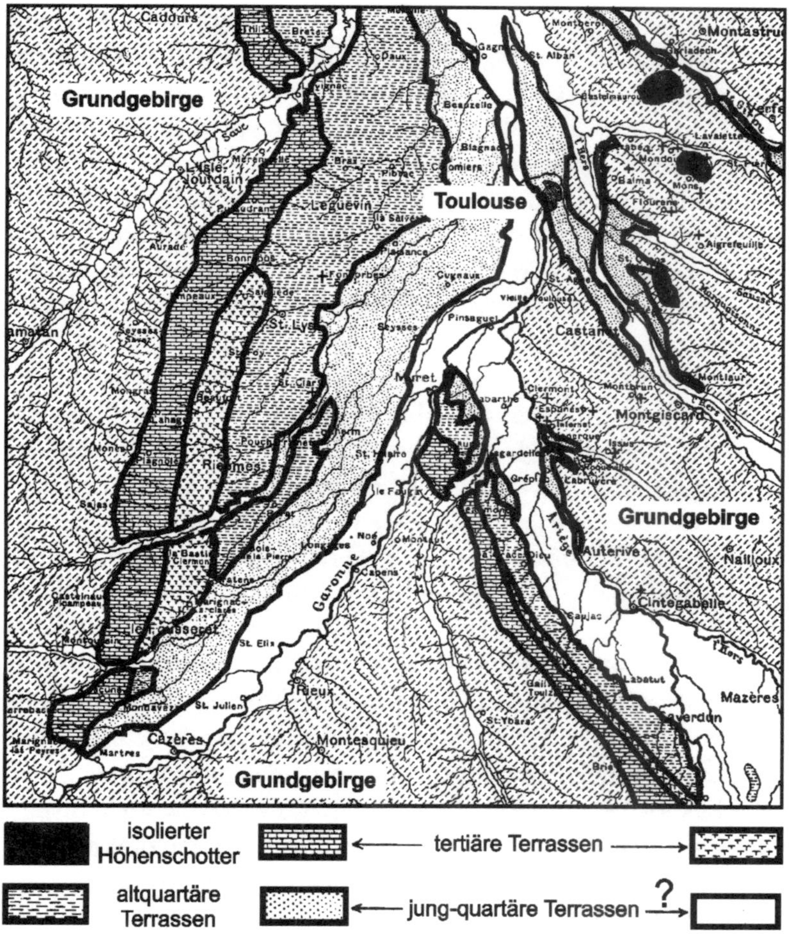

Abb. 2: ***Garonne-Terrassen bei Toulouse.*** *Jüngere, dünnere Streifen aus dem Tertiär- und Quartär-Zeitalter bilden die Ränder der großen europäischen Flüsse entlang der Täler in älteren Grundgebirgen. Es war schon immer strittig, ob die Talebene der Garonne (helle Fläche) jüngeres Quartär (Diluvium, vgl. Bayer, 1927, S. 88) darstellt oder noch jünger ist: Holozän (= Alluvium, vgl. Obermaier, 1906: zitiert in Bayer, ebd.). Jede Terrasse soll eine gesonderte Eiszeit repräsentieren. Tatsächlich handelt es sich um Zeugnisse von in kurzen Zeiträumen wirkenden Superfluten, die durch die Täler zum Meer hin schossen. Das Grundgebirge ragte dabei aus den Wassermassen heraus.*

kleinere Bergzüge. In Asien türmten sich gewaltige Gebirgssysteme auf, deren Falten wie die Wogen eines Meeres aus dem Inneren Asiens bis zum Indischen und Pazifischen Ozean vorwärts drangen. Im Westen Nord- und Südamerikas entstanden die großen Gebirgsketten. Durch diesen Vorgang, die Auffaltung der Anden, wurde die Fließrichtung des Amazonas genau umgekehrt, denn vor dieser Zeit entsprang dieser Fluss in der Sahara und floss über das zu dieser Zeit mit Afrika zusammenhängende Südamerika hinweg in den Pazifik und nicht, wie heutzutage, in den Atlantik. Diese von mir in »Irrtümer der Erdgeschichte« (Zillmer, 2001, S. 74 ff.) vorgestellte Hypothese beruht auf Funden von nicht verwitterten Muscheln und Küstenlinien hoch oben in den Anden und auf Überlieferungen der Eingeborenen, die offensichtlich Zeugen der Auffaltung der Anden waren. Untermauert wird diese Hypothese durch die Untersuchungen des Geowissenschaftlers Gero Hilmer (*Universität Hamburg*). Seine Recherchen wurden im Fernsehen unter dem Titel »Der Uramazonas« dokumentiert (»ZDF«, 24. 9. 2000, 19.30 Uhr).

An der Oberfläche der heutigen Sandwüste Sahara fand das Wissenschaftlerteam einerseits (noch immer erhaltene) fossile Skelette von vor angeblich 130 Millionen Jahren ausgestorbenen, im Meer lebenden Mesosauriern, und andererseits in den erhalten gebliebenen kleinen Seen, die den Beduinen als Wasserreservoirs (*Gueltas*) dienen, lebende *Wüsten*-Krokodile. Wie lange überleben kleine Populationen dieser Tiere in diesen winzigen *Gueltas*? Sicher nicht 65 oder 130 Millionen Jahre, denn so alt sollen die Mesosaurier sein. Wie alt ist die Sahara? Wenn Schwimmsaurier noch vor einigen tausend Jahren und vielleicht sogar noch heute in den Ozeanen leben, gibt es kein Problem: Mesosaurier strandeten im sich bildenden Wüstensand, und in kleinen Wasserlöchern überlebten ein paar Krokodile. Entstand die Sahara erst vor wenigen tausend Jahren? Vollzog sich auch hier ein Zeitimpakt?

Der Wandel der Sahara von einer subtropischen Steppe mit Flusspferden, Krokodilen und Elefanten zu einer lebensfeindlichen Sandwüste erfolgte erst vor 5000 bis höchstens 6000 Jahren (nach offizieller Zeitrechnung), wie die Rekonstruktion der klimatischen

Abb. 3: ***Klimawechsel.*** *Wie Eisberge ragen Berge von Seekreide (Yardangs) aus dem Wüstensand. Sie bilden Zeugen des noch vor 5000 Jahren existierenden Süßwassersees in der Ostsahara, im hyperariden (= sehr trockenen) Norden des Sudan. Linkes Foto aus Pachur, 2000, S. 84.*

Bedingungen durch das *Potsdamer Institut für Klimaforschung* im Jahre 1998 ergab. Die abrupten Klimaänderungen sollen auf kleinen periodischen Schwankungen der Erdbahn und der Erdachsenneigung beruhen ...

Noch vor 6000 Jahren bedeckte der Tschad-See (Tschad heißt »See«) im Gebiet der Sahara eine Fläche von 330 000 Quadratkilometern. Heutzutage ragen Berge aus Seekreide, so genannte *Yardangs*, wie im Meer schwimmende Eisberge aus dem Wüstensand, als Zeugen des noch vor 5000 Jahren existierenden größten Süßwassersees im ariden (trockenen) Norden des Sudans. »Die radiometrischen Alter des organisch gebundenen Kohlenstoffs der Seesedimente erstrecken sich zwischen 8100 Jahre ... bis 5200 Jahre vor heute«, bestätigt Professor Dr. Hans-Joachim Pachur (*Freie Universität Berlin*) einen abrupten Klimawechsel in der Ostsahara (Pachur, 2002, S. 86).

Die geoökologische Rekonstruktion der Umwelt in dem heute lebensfeindlichen Gebiet basiert unter anderem auf etwa 5000 Jahre alten Rinderknochen und gleich alter Keramik. Sie finden in Felszeichnungen (Petroglyphen) aus dem umrahmenden Gebirge eine Bestätigung: Eine Frau melkt ein Rind inmitten einer ruhenden Herde und an »Bäumen oder Pfählen sind Keramikkrüge aufgehängt, wie es Bath vor 200 Jahren von einer Rinder haltenden Ethnie

800 Kilometer südlich am Tschad-See beschrieb« (Pachur, 2002, S. 86). Anscheinend fand seit der Bildung der Sahara keine kulturelle Entwicklung statt. Auf jeden Fall erlebten Menschen die Entstehung der Sahara mit.

Große Teile der heutigen Sahara bildeten noch vor relativ kurzer Zeit ein großes Meer. Andererseits war der Tschad-See die Quelle des Amazonas. Zu dieser Zeit formten Afrika und Südamerika noch eine Einheit. Zu welchem Zeitpunkt aber brachen diese Kontinente wirklich auseinander? Passierte alles vor nur wenigen tausend Jahren?

Ein Massengrab von Dinosauriern im Niger erstreckt sich über eine Länge von 175 Kilometern. Die Knochen ragen noch heutzutage aus dem Wüstensand heraus! In diesem westlichen Nachbarstaat des Tschads liegen Teile des kümmerlichen Restes der vormals ausgedehnten Wasserflächen. Strandeten hier unzählige Dinosaurier? Der Tschad-See schrumpft seit Bildung der Sahara ständig. Seit 1963 blieben von 25 000 Quadratkilometern kümmerliche vier Prozent (heutzutage 1000 Quadratkilometer) erhalten. In den letzten 6000 Jahren wurde die Oberfläche des Sees um das 3300-fache verringert. Oder anders ausgedrückt: Der See war vor 6000 Jahren 3300-mal größer!

Deshalb bleichen im Wüstensand Knochen von Dinosauriern (u. a. *Suchomimus*) neben Skeletten riesiger Krokodile, wie *Sarcosuchus*: ein bis zu 15 Meter langer angeblicher *Vorfahre unserer heutigen Krokodile.* Es gilt der Kernsatz: Keine Krokodile ohne Wasser. Verendeten diese kreidezeitlichen Urkrokodile zu einer Zeit, als die Sahara entstand, vor höchstens 6000 Jahren?

Professor Paul C. Sereno (*Universität Chicago*), weltbekannter Saurierforscher, fand in dieser Oberflächenschicht mit Saurierskeletten aber auch den Schädel einer Kuh – *versteinert*, wie die in dieser Schicht liegenden Urkrokodile und Dinosaurier. Deshalb (wegen der Versteinerung) kann es sich nicht um eine kürzlich verendete Kuh handeln. Sereno (2003) schreibt selbst: »Was hat der Schädel einer Kuh an einem solchen Ort zu suchen – in einem Gebiet, in dem man eine Menge Dinosaurier findet, die älter als 100 Millionen Jahre sind?« Eine erfrischende Frage!

Wenn man einen versteinerten Kuhschädel findet, dann sollten versteinerte Menschenknochen auch nicht weit entfernt sein. Folgerichtig entdeckte das Sereno-Team *versteinerte menschliche* Relikte – in der gleichen geologischen Schicht, in der Dinosaurier, Urkrokodile und auch die versteinerte Kuh gefunden wurden. Wurden Kühe und Menschen durch die Gluthitze mit der Wüstenbildung mumifiziert und versteinerten am Rande der zuletzt übrig gebliebenen Wasserlöcher, während gleichzeitig Urkrokodile und Saurier in den austrocknenden Seen strandeten, wo ihre Knochen noch immer gut erhalten im Wüstensand liegen?
Menschen waren anscheinend Zeugen gewaltiger Umwälzungen und Veränderungen der Erdoberfläche. Auch überall entlang des ostafrikanischen Grabensystems, dessen Länge einem Sechstel des Erdumfangs entspricht, bewahren die Eingeborenen Überlieferungen großer Veränderungen in der Struktur des Landes und Bildung des Grabens. Diese Ansicht wird durch geologische Erscheinungen unterstrichen, denn einige »der Grabenböschungen sind so kahl und scharf, dass sie jüngeren Datums sein müssen ... bis in menschliche Epochen« (Gregory, 1920).
J. W. Gregory (1894), der Erforscher des ostafrikanischen Grabensystems, folgte 1920 der Meinung des prominenten Geologen Pro-

Abb. 4: Oberflächenfunde. *Riesige Skelette von Urkrokodilen und Dinosauriern verrotten in der Sandwüste Sahara (linkes Bild: Niger, Afrika). Das Sereno-Team fand in diesen Oberflächenschichten neben einer versteinerten Kuh auch versteinerte Überreste von Menschen (rechte Bilder: Sereno, 2003).*

fessor Eduard Sueß (1885/1909), nach der die Entstehung des ostafrikanischen Grabensystems mit der letzten großen Hebung der Faltengebirge in Europa, Asien und auf dem amerikanischen Kontinent in Verbindung stehe. Entstanden die großen Gebirge vor relativ kurzer Zeit?

R. F. Flint (1947, S. 523) stellt fest, dass gewaltige Umformungen der Erdkruste zu Lebzeiten moderner Menschen erfolgten (Hervorhebung HJZ):

»Die Erde befand sich in Spannung, und ihre Kruste barst entlang eines Meridians über fast die ganze Länge Afrikas ... Die Gebirgskette auf dem Grund des Atlantiks könnte durch dieselbe Ursache hervorgerufen sein; und die Zeit des Bruches und der Faltung muss mit einer der gebirgsbildenden Perioden in Europa und Asien zusammengefallen sein. *Diese Berge erreichten ihre heutige Höhe zur Zeit des Menschen; das Ostafrikanische Grabensystem ... wurde größtenteils ebenfalls zur Zeit des Menschen gebildet*, am Ende der Eiszeit.«

Erdachsenkippung

Als auslösendes Ereignis für die gravierenden Umwälzungen der Erdkruste wurde in »Darwins Irrtum« eine abrupte Änderung der Neigung der Erdachse (zur Bahnebene) um ungefähr 20 Grad verantwortlich gemacht. Für diesen Fall erhoben sich die Gebirgszüge quasi rasend schnell: Menschen erlebten die Gebirgsbildung mit (*Orogenese* genannt). Außerdem vereisten die polaren Zonen, und die Frostgrenze wurde plötzlich um mehrere tausend Kilometer verschoben. Dadurch wurden u. a. die nördlichen Gebiete von Mitteleuropa bis Westsibirien schockgefroren.

Erstmals brachten die aktuellen Untersuchungen der Geowissenschaftler William W. Sager und Anthony P. Koppers eine neue wissenschaftliche Diskussionsplattform (»Science«, Bd. 287, 21. 1. 2000, S. 455–459). Sie ermittelten, dass die Erde vor 86 bis 82 Millionen Jahren *zwei 16 bis 21 Grad voneinander entfernte magnetische Pole besaß*, und bestätigten, »dass mit dem beschriebenen Ereignis eine rasche Änderung der Drehachse im Verhältnis zum Mantel einherging (effektive Polwanderung) und mit der globalen Änderung der Plattenbewegung, großen örtlichen Vulkanausbrüchen und einer Änderung der magnetischen Feldpolarität zusammenhing« (Sager/Koppers, 2000).

Überlebten Dinosaurier eine heftige Erdachsenkippung, *den* Supergau für die Erde, um schließlich an den Folgen eines einzigen Asteroideneinschlags auszusterben? Sicher nicht. Legen wir beide Ereignisse in einen engeren Zeitraum vor 65 Millionen Jahren nach offizieller Zeitrechnung, dann leiteten diese Ereignisse das Ende der Kreidezeit (K/T-Grenze) und das Aussterben der Dinosaurier ein. Unter Berücksichtigung der nach der Kreidezeit folgenden Tertiärzeit als Scheinordnung (= Phantomzeit) rückt dieses Katastrophenszenario Richtung Gegenwart, in eine Zeit, als Menschen die schnelle Gebirgsbildung mit eigenen Augen sahen und das Erlebte in ihren Mythen lebendig erhielten.

In die Phantomzeit des Tertiärs fällt dann die eigentliche Auffaltung der Alpen, nach herrschender Lehrmeinung vor ungefähr 30 Millionen Jahren. Die Hebungsrate der Alpen soll nur 0,8 Millimeter pro Jahr betragen (»Lexikon der Geowissenschaften«). Im Gegensatz zu dieser Vorstellung von schleichend langsam wachsenden Gebirgen würde eine ruckartige Kippung der Erdachse ein schnelles Wachsen der Gebirge in einer Art Zeitraffer bewirken. In diesem Fall war – im Gegensatz zu einem langsamen Hebungsprozess – für die Erosionstätigkeit nicht genug Zeit vorhanden: Die steilen Gebirgshänge wirken noch »frisch«. Deshalb bröckelt die Erdkruste gerade in unserer Zeit heftig, weil sie erst vor relativ kurzer Zeit neu gebildet wurde, denn ansonsten müssten die Alpentäler voll von Gesteinsschutt liegen.

Es ist daher nicht verwunderlich, dass (nicht nur) Englands Küste *rapide bröckelt (erodiert)*, wie neues Datenmaterial von Satelliten der *European Space Agency* (ESA) nachweist (BdW, 10. 8. 2001). Sind die Steilküsten in der sich heutzutage darbietenden Form nicht alle relativ jung, höchstens Tausende von Jahren alt? Wurden dem Festland nicht riesige Gebiete durch große Fluten entrissen, augenscheinlich dokumentiert durch die rapide bröckelnden Steilküsten?

Diese Ansicht wurde bestätigt. Der Geographieprofessor David Smith (*Universität Coventry*) stellte auf einer Fachtagung in Glasgow (Schottland) seine Untersuchungen vor. Demzufolge wurde Großbritannien *nach* der Eiszeit vor wenigen tausend Jahren *durch hohe Riesenwellen vom europäischen Kontinent getrennt.* Übrig blieb eine Insel (BdW, 14. 9. 2001). Sind die Steilküsten stumme Zeugen dieser vor kurzer Zeit abgelaufenen Geschehnisse?

Die stürmische Nordsee ist ja auch aus geologischer Sichtweise ein sehr junges Becken. Der Rhein floss durch dieses Land, dem heutigen Meeresgrund der Nordsee, und die Mündung lag in der Nähe von Aberdeen in Schottland (»Basin Research«, 13, 2001, S. 293–312). Die Themse war zu dieser Zeit ein Nebenfluss des Rheins. Noch zur Bronzezeit war die Nordsee eine fruchtbare Steppe und wurde dann überflutet (ausführliche Diskussion in: »Kolumbus kam als Letzter«).

Im »Hamburger Echo« vom 15. September 1951 (zitiert in Meier, 1999, S. 490) wird von anscheinend kuriosen Funden berichtet: »Das Expeditionsschiff ›Meta‹ konnte ... bei der Insel Helgoland Funde von unschätzbarem Wert machen. In 30 Meter Tiefe wurden in einer Schlickbank zwei Hünengräber entdeckt. Außerdem konnten Wohnbaureste, Grabbeilagen, uraltes Handwerksgerät und andere Gebrauchsgegenstände aus der jungen Steinzeit und der Bronzezeit geborgen werden.« Fazit: Das Becken der Nordsee wurde nach der Megalithzeit geflutet.

Auch in den heutigen Wüsten im Westen Amerikas gab es Superfluten, als sich die Gebirge erhoben. Im *Yavapai Point Museum* im *Grand Canyon Nationalpark* steht geschrieben, was die eingeborenen Havasupai, die im Grand Canyon leben, glauben (Auszug): »Der Gott des Bösen bedeckte die Erde mit einer großen Flut ... Als schließlich das Hochwasser und die Berge sich in die Höhe drückten, entstanden Flüsse; einer davon schnitt den großen Graben ein, der zum Grand Canyon wurde ...«

Die Mythen berichten wahre Begebenheiten. Demzufolge waren Menschen Zeugen gravierender Veränderungen unserer Erdkruste und Zeitgenossen der Saurier vor relativ kurzer Zeit: Das Gummi-

band der geologischen Zeittafel zieht sich demzufolge zusammen, und damit verkürzt sich die Tertiärzeit fast auf eine »Nullzeit«.
Wie wurde die Unterteilung der Tertiärzeit in lang andauernde einzelne Serien (Paläozän, Eozän, Oligozän, Miozän, Pliozän) überhaupt begründet? Die Gliederung des Tertiärs beruht auf Auswertung der Anzahl mariner Schalentiere (Mollusken) in einem Vorkommen. Dabei spielte die Höhe des Anteils in einer Serie die entscheidende Rolle. Im 19. Jahrhundert wurde das Tertiär in drei (heute fünf) Serien aufgeteilt, wobei nach Charles Lyell das Eozän 5 Prozent, das Miozän 17 Prozent und das Pliozän 35 bis 95 Prozent lebende (rezente) Arten enthalten soll: Je geringer der Anteil an Muschelarten, desto älter soll die Schicht sein. Wie zu erwarten, stellte sich schon »frühzeitig heraus, dass die angeführten Prozentzahlen nicht einmal von Frankreich auf England übertragen werden konnten« (Walther, 1908, S. 454).
Man geht bei dieser Methode davon aus, dass die Aussterbe- und Neubildungsrate, insbesondere bei Mollusken (Muscheln), überall auf der Erde gleich ist. Trotz dieser aus der Luft gegriffenen Idee einer Systematik für das Tertiär hat sich dieses willkürlich diktierte Prinzip der Einteilung und Zeitdauer bis zum heutigen Tag erhalten. Warum ist bisher nur von Meerestieren in tertiären Schichten die Rede, wenn sich im Tertiär doch die Säugetiere entwickelt haben sollen? Warum spielten Fossilien von Landtieren in Bezug auf die Stratigraphie keine Rolle? »Das Material ... war nur den Spezialisten bekannt und zugänglich ...« (Thenius, 1979, S. 4). Geheimhaltung ist Pflicht, da tertiäre Schichten isoliert angeordnet liegen, wie Oasen in der Wüste, und anscheinend durch Wassertätigkeit gebildet wurden. An Land lebende Säugetiere müssten deshalb in der Tertiärzeit ertrunken sein.
Stephan J. Gould konnte zeigen, dass jeder Versuch, eine kontinuierliche Höherentwicklung der Säugetiere zu unterstellen, mit dem empirisch vorliegenden Material kollidieren muss (Gould, 1998). Als Paradebeispiel der Evolution gilt der Stammbaum des Pferdes. Gould (1998, S. 97) stellt fest: »Alle wichtigen Abstammungslinien der Unpaarhufer (zu denen die Pferde gehören) sind erbärmliche Überbleibsel früherer, üppiger Erfolge. Mit anderen Worten: Die

heutigen Pferde sind Versager unter Versagern – also so ungefähr das schlechteste Beispiel für den Evolutionsfortschritt, was immer ein solcher Begriff bedeuten mag.«

Superfluten

Ein Asteroid aus Eisen mit nur einem Kilometer Durchmesser entfaltet beim Impakt ein Energieäquivalent von 1,55 Billionen Tonnen TNT – und produziert einen mehr als 800 Meter hohen Wasserjet, der sich mit 600 km/h ausbreitet und auch nach 65 Kilometern noch zwei Drittel seiner Ursprungshöhe besitzt. Der Asteroid, der am Ende der Kreidezeit einschlug und angeblich für das Ende der Dinosaurier sorgte, soll einen Durchmesser von zehn Kilometern aufgewiesen haben.

Der größte in geschichtlicher Zeit beobachtete Tsunami, der sich nach einem Erdrutsch 1958 in Alaska auftürmte, war rund 500 Meter hoch. Im Jahre 1998 genügte ein zehn Meter hoher Tsunami, entstanden nach einem 2000 Kilometer entfernten unterseeischen Erdrutsch, um auf Papua-Neuguinea mehr als 2100 Menschen zu töten.

Vor 200 Millionen Jahren soll ein Meteoriteneinschlag eine bis zu 1200 Meter hohe Riesenwelle (Tsunami) ausgelöst haben, die in Mitteleuropa Hunderte von Kilometern tief ins Landesinnere drang. Die Tsunami-Flut erzeugte Gesteinsabfolgen gleichen Alters von Nordirland über Südwales bis Südwestengland mit einer Stärke von bis zu zweieinhalb Metern und hinterließ in Pfrondorf (Deutschland) immerhin noch 20 bis 30 Zentimeter dicke Schichten. »Wahrscheinlich war der Meteorit aber nicht der Alleinschuldige für das Massensterben«, sagt der Tübinger Geologe Dr. Michael Montenari, »sondern ein Zusammentreffen aus starker vulkanischer Aktivität und kosmischen Einschlägen« (»Spiegelonline«, 16. 9. 2004). Es handelt sich um eine realistische Beschreibung einer gewaltigen Naturkatastrophe, aber stimmt auch die Datierung?

Nur 20 Millionen Jahre später wurden Fischsaurier, Meereskrokodile, Stachelhaie und Schlangenhalssaurier (Plesiosaurier) in einem Massengrab bei Eislingen (Baden-Württemberg) dreidimensional gestapelt, wie Ölsardinen in der Büchse. Die Geowissenschaftler der *Universität Tübingen* vermuten als Auslöser der Ökokatastrophe die Freisetzung von Methanhydrat.

Die Freisetzung von Methangas ist eine bisher noch unterschätzte Ursache von Katastrophen, die sich in der Erdvergangenheit schon des Öfteren ereignet haben. Unter der Nordsee lagern Unmengen von Methangas. Falls dieses Gas durch den Meeresboden nach oben steigt, rauschen große Massen des Meeresbodens von der Größe Islands wie eine Lawine in die Tiefe. Sie erzeugen dabei gigantische Killerwellen. Tsunamis würden innerhalb weniger Minuten England, Holland und Norddeutschland überrollen. Von Städten wie Hamburg oder Bremen würde man nur noch Reste finden.

Der Geologe David Smith von der *Universität Coventry* ist überzeugt, dass solche Wellen vor nur 8000 Jahren die Landbrücke zwischen Großbritannien und dem Kontinent vernichteten. Sank zu diesem Zeitpunkt mit Island der Tiefseeboden im Nordatlantik, der heutzutage in einer Tiefe von 1000 bis 2500 Metern zwischen der Insel Jan Mayen und Island liegt, erst »in jüngster Zeit um 2000 Meter« ab (Walther, 1908, S. 516)? Fridtjof Nansen wies bei seiner Forschungsreise mit der *Fram* nach, dass zahlreiche Gehörsteine von *Flachsee*-Fischen sich heutzutage in der Tiefsee befinden.

Nach einem Vulkanausbruch auf der Insel Santorin überfluteten um das Jahr –1628 wahrscheinlich 60 Meter hohe Tsunami-Wogen die Küsten des östlichen Mittelmeeres und löschten möglicherweise die minoische Kultur Kretas aus. Die Tsunami-Katastrophe vom Dezember 2004 im Indischen Ozean erscheint dagegen vergleichsweise zwergenhaft, obwohl sie vieltausendfaches Leid brachte.

Wenn das Tertiär eine geologische Scheinordnung (= Phantomzeitalter) und als Statthalter einer Naturkatastrophe einen Zeitimpakt verkörpert, entstanden diese Schichten hauptsächlich infolge von Riesenfluten, wie zuvor beschrieben. Es muss darauf hingewiesen werden, dass auch Begleiterscheinungen (Erdbeben, Vulkanismus

und Landhebungen) nicht an einem Tag abliefen, sondern gestaffelt über einen längeren Zeitraum.
Die in »Darwins Irrtum« vorgestellte *Naturbetontheorie* über die schnelle Entstehung der Sedimentgesteine und der geologischen Schichtungen bedingt nicht nur eine oder mehrere große Katastrophen, sondern auch eine Reihe von Folgekataklysmen, die Umschichtungen in der Erdkruste und damit »neue«, schnell entstandene, wie betonierte Sedimentschichten erzeugten. Die Vorstellung, dass Superfluten vor wenigen tausend Jahren das Aussehen der Erde gravierend umgestalteten, »neue« Erdschichten mit darin »einbetonierten Fossilien« (= Massensterben) verursachten, wird jetzt erstmals durch eine neue wissenschaftliche Studie gestützt.
Als am Ende der (angeblichen) Eiszeit ein 600 Meter hoher Eisdamm brach, der den 270 Kilometer langen See *Missoula* im heutigen US-Bundesstaat Idaho begrenzte, ergoss sich das gesamte Seewasser innerhalb von zwei Tagen in den Pazifik. Die reißende *Missoula-Flut* führte zehnmal mehr Wasser mit sich als alle Flüsse der Erde zusammen (»Science«, 29. 3. 2002, Bd. 295, S. 2379–2380).
Victor R. Baker (*University of Arizona* in Tucson) bestätigt im Fachblatt »Science«, dass die Geologen ein Wirken von Superfluten ignorieren, da sie »davon ausgehen, dass Schluchten und Täler über die Jahrtausende von den langsam arbeitenden Kräften des Windes und des Wassers geformt wurden. Dass die gesamte Landschaft des pazifischen Nordwestens innerhalb von Stunden durch ein einziges Ereignis völlig neu gestaltet wurde, lag lange außerhalb der Vorstellungskraft der Geowissenschaftler« (»Science«, 29. 3. 2002, Bd. 295, S. 2379–2380).
Dabei gab es nach Baker Superfluten auch auf anderen Kontinenten, wie beispielsweise in Asien. Die großen Becken mit »eiszeitlichen« Seen in Sibirien (u. a. das Kaspische Meer und der Aralsee) sind Zeugnisse dieser Fluten, die sogar im Weg liegende, Hunderte Kilometer breite Hochländer überfluteten. Dabei wurden Rinnen in die Höhenzüge gefräst, die auf Satellitenbildern von Zentralasien deutlich zu sehen sind.

Abb. 5: Missoula-Flut. *Der Palouse Canyon im US-Bundesstaat Washington wurde nach der »Eiszeit« vor wenigen tausend Jahren durch die Missoula-Flut aus solidem Granit katastrophenartig 90 bis 160 Meter tief als »typisch eiszeitliches« U-Tal herausgefräst. Kleines Bild (aus Baker, 2002): Dieser Basaltblock ist 18 Meter lang und wurde von der Missoula-Flut zehn Kilometer weit befördert.*

Baker charakterisiert die durch große Scheuklappen eingeschränkte Sichtweise und die damit einseitig ausgerichtete Vorgehensweise der Geologen: »Methodische Probleme mit dem Studium von Superfluten bestehen seit der Entwicklung der Geologie ... In den 1920er-Jahren dokumentierte J. H. Bretz die spektakulären Hinterlassenschaften und Auswirkungen der nacheiszeitlichen *Missoula-Fluten* in der *Channeled Scabland-Region* im US-Bundesstaat Washington (›Journal of Geology‹, Bd. 31/8, 1923, S. 617–649), damals heftig kritisiert vom wissenschaftlichen Establishment (Science Community). Erst in den 1960er-Jahren wurde akzeptiert, dass diese Superflut durch den Bruch des Eisdammes des eiszeitlichen Sees Missoula am südlichen Rand des *Kordilleren-Eispanzers* im Nordwesten Amerikas verursacht wurde ... Diese sehr strittigen Studien von Superfluten zeigen, dass die Flutwissenschaft nicht die von Lyell propagierten wissenschaftlich anerkannten Grundprinzipien der Gleichförmigkeit berücksichtigt. Stattdessen ist es meine (Bakers, HJZ) Ansicht, dass Studien über Superfluten … unerwartete Verbindungen und überraschende Erklärungsmuster erzwingen« (»Science«, 29. 3. 2002, Bd. 295, S. 2379–2380).

Durch Superfluten erfolgt auch eine *strukturelle Neuordnung* der mitgerissenen Feststoffe, denn aus diesen werden beim Einspülen in Ozeane, Meere und Seen neue Schichten und damit Schichtgesteine gebildet, die nach Schwere der aufgewühlten und bewegten Feststoffe hydrodynamisch sortiert und klassiert werden. Unten befinden sich dann die groben Anteile (Blöcke und Gerölle). Die Korngrößen und damit auch die gegebenenfalls in den Sedimenten enthaltenen Fossilien werden dann nach oben hin immer kleiner

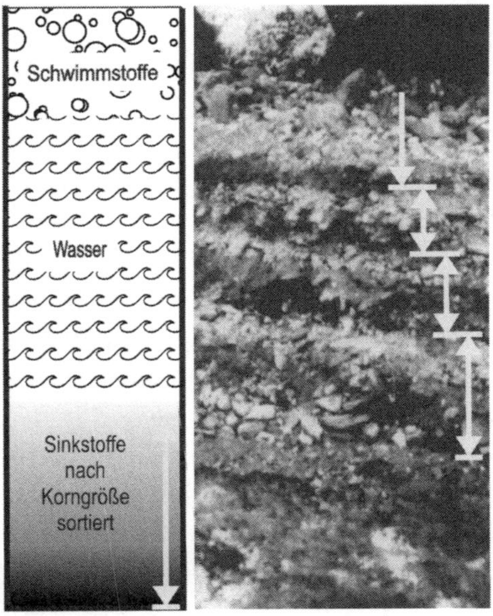

Abb. 6: Sortierung. *Wenn mineralische Sinkstoffe von Schlamm bis Feinsand und Kies mit organischen Schwimmstoffen und mit viel Wasser zu einer Suppe gemischt und durcheinander gequirlt werden, entsteht nach einiger Zeit der Ruhe eine vertikale Schichtung der Sinkstoffe nach Korngröße (links). Eine entsprechende hydrodynamische Schichtung erfolgt bei Superfluten wie bei der Katastrophe in Versilia (Toskana) am 5. Mai 1998 (rechts): In diesem Fall sind fünf sortierte horizontale Schichten zu erkennen.*

(Kiese und Sande). Diese Systematik von Schichtungen wiederholt sich, sodass, in Abhängigkeit von der Anzahl auftretender Flutwellenberge, mehrfach entsprechende nach Korngröße angeordnete Schichten blockweise übereinander liegen.
Auch in Australien gab es Superfluten. Die Geomorphologen Professor Ted Bryant (*Universität von Wollongong* in New South Wales) und Kollegen vermuten, dass die Erde in den letzten Jahrtausenden relativ regelmäßig von großen Meteoriten getroffen wurde. Zu dieser (von mir geteilten) Auffassung kamen sie durch die Untersuchung von vielfältigen Spuren der Verwüstungen durch gigantische Wellen (Tsunamis) an der Südostküste Australiens (Bryant, 1997, 2001; vgl. Young, 1996 und »Bulgarian Geophysical Journal«, 1995, Bd. XXI, Nr. 4, S. 24–32).
Anhand einer Computersimulation brachte Ted Bryant (2001) die Wellenhöhe der Tsunamis mit dem Einschlag eines Himmelskörpers von sechs Kilometern Durchmesser in der Mitte des Pazifiks zur Deckung. Mit Hilfe der (von mir abgelehnten) Radiokarbonmethode wurde das Alter der weit auf das Land gespülten Muschelschalen bestimmt: Die Meerestiere wurden von mindestens sechs verschiedenen Tsunamis in den letzten Jahrtausenden an Land gespült. Die beiden höchsten Wellen überschwemmten vor 6000 und vor nur rund 400 bis 500 Jahren sogar noch 130 Meter hoch gelegene Gebiete (Bryant, 2001, vgl. »Die Welt«, 20. 9. 2002). *Menschen waren Augenzeugen dieser Riesenfluten und überlebten diese Kataklysmen.*
Das anscheinend geringe Alter ist wahrscheinlich noch zu hoch, denn Radiokarbondatierungen ergeben oft Phantasiezahlen. Im Wissenschaftsmagazin »Science« (Bd. 141, 16. 8. 1963, S. 634–637) wurde dokumentiert, dass eine mithilfe der Radiokarbonmethode datierte Molluske (Weichtier) ein Alter von 2300 Jahren besaß. Der kleine Schönheitsfehler war nur, dass dieses Tier noch lebte! In einem anderen Fall ergab die Untersuchung ein Alter von 27 000 Jahren. Aber auch in diesem Fall handelte es sich um ein lebendes Exemplar (»Science«, Bd. 224, 6. 4. 1984, S. 58–61).
Weitere Überflutungen wurden nachgewiesen, u. a. im Fachblatt »Geology« (Bd. 32, Nr. 9, September 2004, S. 741–744): Die Insel

Hawaii, Hauptinsel der gleichnamigen Inselgruppe im Pazifik, wurde vor angeblich 120 000 Jahren von einer gewaltigen Flutwelle überspült. Die Wassermassen schwappten an der Flanke des Vulkans Kohala bis in eine Höhe von 500 Metern. Die angebliche Ursache für die Riesenwelle war der Abbruch einer Flanke des Vulkans Mauna Loa.

Charles Darwin reiste an Bord der »Beagle« um die Welt und besuchte auf dem Weg zum Galápagos-Archipel die Anden in Südamerika. In seinem Reisetagebuch schrieb er:

»Der größte Teil dieser ausgestorbenen Vierfüßler, *wenn nicht alle*, lebten in einer späten Periode und waren Zeitgenossen der meisten noch lebenden Meeresmuscheln. Seit ihren Lebzeiten kann keine große Veränderung in Form des Landes stattgefunden haben. Was war es dann aber, was so viele Arten und ganze Gattungen ausgelöscht hat? Die Gedanken werden zunächst unwiderstehlich in die Vorstellung von irgendeiner großen Katastrophe gelenkt, aber um auf diese Weise große ebenso wie kleine Tiere, im südlichen Patagonien, in Brasilien, auf den peruanischen Kordilleren und in Nordamerika bis hinauf zur Beringstraße zu vernichten, müssen wir das Gefüge des Globus erschüttern.«

Wie konnte Darwin aus seiner eigenen Beobachtung letztendlich derart falsche Schlüsse ziehen? Die Ansammlungen zugrunde gegangener Tiere in Südamerika wie auch allenthalben auf der ganzen Welt waren zu Darwins Zeiten bekannt. Alfred Russel Wallace (1823–1913), der gleichzeitig mit Darwin die Theorie von der natürlichen Auslese verkündete, lenkte selbst die Aufmerksamkeit auf die Siwalik-Berge am Fuß des Himalaja, die auf einer Länge von vielen hundert Kilometern mit Tierknochen buchstäblich übersät waren.

Eine häufig gestellte Frage ist: Wie konnten Menschen diesem Inferno überhaupt entkommen? Zuerst einmal muss nochmals festgestellt werden, dass es sich bei *der* Sintflut nicht um ein Tagesereignis handelte. Global gesehen wurden die verschiedenen Gebiete unterschiedlich stark und auch zeitlich versetzt von Naturkatastrophen und Folgeereignissen heimgesucht. Auch die Tsunamikatastrophe 2004 im Indischen Ozean hat gezeigt, dass Menschen gegen alle Vernunft wie durch ein Wunder überlebten.

Ein globaler Katastrophen-Horizont wird durch eine umfassende Genstudie gestützt: Die Menschheit ist in den vergangenen Millionen Jahren mindestens einmal beinahe ausgestorben. Dies bedeutet, dass die Menschenvorfahren irgendwann einen großen Teil ihrer genetischen Vielfalt verloren haben müssen – wahrscheinlich dadurch, dass sich die Zahl der Menschen erheblich reduziert hat (»PNAS«, 1999, Bd. 96, S. 5077–5082).

Es bleibt die Frage, wie schnell nach einer großen Naturkatastrophe eine Artenvielfalt neu entstehen kann. »Gäbe es keine Berge oder Meere ... sowie Platz für alle im Überfluss, dann wäre unsere Natur wahrscheinlich um einige Arten ärmer. Falls die Isolierung lange genug anhält, können neue Arten entstehen. Es müssen aber nicht immer Jahrtausende sein: Zwei Lebensgemeinschaften einer Lachsart, die im selben See wohnen, gingen schon nach 60 Jahren eigene Wege ... in weniger als 13 Generationen entwickelten sich aus den Nachkommen zwei morphologisch unterschiedliche Populationen, die sich nahezu isoliert voneinander fortpflanzen« (Hendry, A. P., et al. in: »Science«, Bd. 290, 20. 10. 2000, S. 516–518). Auf der Mittelmeerinsel Korsika existieren zwei Gesellschaften von Blaumeisen, die nur 25 Kilometer voneinander entfernt vorkommen, sich aber nicht vermischen (SpW, 6. 9. 1999). Die Entwicklung neuer Spezies und damit die Besiedlung neuer Lebensräume gehen unter verschiedenen Voraussetzungen (Isolation, Klimaänderungen, Umweltbedingungen) relativ schnell vonstatten. Unter den Augen staunender Biologen vollzog sich in der zweiten Hälfte des 19. Jahrhunderts innerhalb von wenigen Jahrzehnten die Wandlung des hellen Birkenspanners zu einer erblich schwarzbraun gefärbten Variante, die sich der durch Ruß und Staub verschmutzten Umwelt anpasste. Die Fälle liegen nicht immer so einfach, aber entsprechend entwickelten sich aus braunen Bären und roten Füchsen relativ schnell weiße Varianten in der Arktis.

Nach den bisherigen Ausführungen erscheint das Tertiär als eine durch einen Zeitimpakt fast auf Nullzeit komprimierte Zeitphase. Dieses Zeitalter endete mit Beginn des Quartärs vor 1,7 Millionen Jahren, dessen Unterteilung in Pleistozän und Holozän für die Geologen im 19. Jahrhundert *keine Zeiteintei-*

lung zugrunde lag, sondern an Ereignissen orientiert war. Das Pleistozän (heutiger Zeitansatz: 1 700 000 bis 10 000 Jahre vor heute) hieß »Diluvium« (*lateinisch*: Überschwemmung, Sintflut), und das vor 10 000 Jahren beginnende Holozän »Alluvium« (= Anschwemmung, Schwemmland). Es handelt sich um korrekte Bezeichnungen für Ereignisse, durch die geologische Schichten als Folge von Superfluten ereignisgebunden schnell und nicht gemäß orthodox-geologischen Grundsätzen langsam, Korn für Korn, in Millionen von Jahren entstanden.

Die geologische Gegenwart seit dem Ende des Pleistozäns vor 10 000 Jahren wurde von den früheren Geologen auch mit dem Überschwemmungsereignis in Beziehung gebracht und ereignisorientiert richtig bezeichnet, denn das »Alluvium« bezieht sich auf alle nachfolgenden Vorgänge des Rückströmens der Flutwässer in die Ozeane oder lokalen Sammelbecken, die so zu angeblich »nacheiszeitlichen« Seen aufgefüllt wurden.

Beispielsweise wurden im mittleren Maintal rund 50 Meter mächtige Sande und Schotter (Cromer-Komplex) angeblich vor 850 000 bis 760 000 Jahren (Liedke, 1995) außerordentlich schnell abgelagert, worauf schon der Würzburger Geologe Erwin Rutte (1958) hinwies. »Die Sedimente sind in einer einzigen, einheitlichen Schüttungsphase ohne nennenswerte Unterbrechungen geschüttet worden« (Rutte, 1990, S. 235), »ohne Unterbrechung in einer geologisch sehr kurzen Zeit« (Körber, 1962, S. 30). Mächtige, auch menschliche Relikte wie den Unterkiefer des *Homo heidelbergensis* (= Heidelberg-Mensch) enthaltende Schichten entstanden also in wenigen Stunden, höchstens Tagen, dicht unter der heutigen Erdoberfläche (siehe Foto 33). Unter Berücksichtigung des Zeitimpakts (= schnelle Schüttung) fand dieses Ereignis vor wenigen tausend Jahren statt.

Ein anderes Beispiel: »Der oberflächennahe Untergrund Berlins und der seines Umlandes entstand … geologisch gesehen vor nur 10 000 Jahren« (Bayer, 2002, S. 29 u. 35). Das Nordostdeutsche Becken ist mit einer mächtigen Decke von Sanden und Tonen überzogen, welche, teils ungeschichtet, bald geschichtet, eine ungeheure Menge großer und kleiner Blöcke enthalten. Die Absätze zeigen in vielen Fällen deutlich, dass sie durch stürmische Wasserfluten transportiert, abgerollt und abgelagert wurden. Diese Schwemmlandbildungen hingen für die Geologen des 19. Jahrhunderts mit sintflutähnlichen Wasserbewegungen zusammen (vgl. Walther, 1908, S. 492).

Tiefenbohrungen haben ergeben, dass die Mächtigkeiten »eiszeitlicher« Ablagerungen in Norddeutschland größer sind als in den meisten Gebieten Nordamerikas (»American Geologist«, 1892, S. 296). Die Norddeutsche Tiefebene ist ein älteres Becken, das bis zu zehn Kilometer tief ist und sich mit Sedimenten und Salzstöcken füllte. In jüngerer Zeit, während des »Großen Eiszeitalters«, entstanden Sedimentschichten, die von Polen über Dänemark bis nach Belgien Mächtigkeiten von bis zu 200 Metern erreichen, u. a. unter Hamburg bis zu 192,6 Meter und unter Berlin 166 Meter (Wahnschaffe, 1901, S. 17 ff.). Um von Gletschern abgelagertes Schuttmaterial kann es sich nicht handeln, da die Oberfläche im Einzelnen von den Reliefformen des tieferen Untergrundes meist ganz unabhängig ist. Außerdem haben »noch in sehr junger Zeit Krustenbewegungen stattgefunden« (ebd. S. 70).

Interessant ist die Theorie von E. Boll (1846, S. 263 ff.). Durch vulkanische Tätigkeit soll in Skandinavien ein katastrophenartiger Durchbruch der Granite stattgefunden haben, in welchem er die Grundursache für die Entstehung des Diluviums in Nordeuropa gefunden zu haben glaubte (vgl. Fotos 39 bis 42). Dabei soll sich ein Regen vulkanischer (Stein-)Bomben, die auch 1980 beim Ausbruch des Mount St. Helens in die Landschaft geschleudert wurden, in weitem Umkreis über die benachbarten Länder ergossen haben. Tatsächlich findet man bis nach Thüringen hinein erratische (= ortsfremde) Blöcke, die aus Skandinavien stammen und deren Transportweg umstritten ist. Nach Charles Lyell sollen diese Blöcke auf Eisbergen von Skandinavien nach Deutschland transportiert worden sein. Diese noch von einigen Geologen vertretene Drifttheorie wurde jedoch inzwischen aufgegeben (Schwarzbach, 1993, S. 34).

Zu unterstreichen sind die unterschiedlichen Ansichten der Geologen über die Ablagerung geologischer Schichten: Bis fast zur

Mitte des 19. Jahrhunderts wurde einerseits deren Entstehung auf konkrete Ereignisse (Überflutungen, Vulkanausbrüche, Erdkrustenverschiebungen, Hangrutsche) bezogen, andererseits im Gegensatz dazu – seit Einführung einer geologischen Zeittafel – wird die Bildung der Sedimentschichten unter Voraussetzung einer (langsamen) Sedimentierungsrate als Erdzeitalteruhr (in unlösbarer Verbindung mit der Evolution) interpretiert. Die Bildung geologischer Schichten ist aus dieser »modernen« wissenschaftlichen Sichtweise abstrakt gesehen eine Funktion langer Zeiträume und nicht das Ergebnis von kurzzeitigen Ereignissen. Es handelt sich um grundsätzlich unterschiedliche Sichtweisen über die Art und Weise der Ablagerung und die Bildungsgeschwindigkeit der Gesteinsschichten, insbesondere seit dem Aussterben der Dinosaurier in den letzten 65 Millionen Jahren (= Tertiär und Quartär).

Sieht man die Gesteinsschichten aus diesen Zeitaltern der Erdneuzeit als das Ergebnis eines oder mehrerer Ereignisse (Naturkatastrophen) an, dann werden entsprechende geologische Schichten quasi einem Zeitimpakt unterworfen, denn Katastrophen, insbesondere Sintfluten, haben die Eigenschaft, für schnelle, abrupte Änderungen der Landschaften durch Abtragungen und Ablagerungen zu sorgen. Allerdings setzt sich in den letzten Jahren langsam, aber stetig ein Neo-Katastrophismus im geologischen Denken durch, hin (zurück) zu den Ansichten von Georges Cuvier (1769–1832). Er vertrat die – von mir geteilte – Meinung der damaligen Geologen, *dass Tiere früherer Zeiten durch gewaltige Naturkatastrophen ausgestorben sind (Katastrophentheorie), aber auch, dass die Arten unveränderlich seien* (Dogma der Konstanz der Arten).

Der sich langsam formierende Neo-Katastrophismus unter den Geologen kann aber nicht einerseits die Grundsätze der Gleichförmigkeit nach Charles Lyell als Grundlage der modernen Geologie und damit der geologisch-biologischen Zeittafel unangetastet lassen, um andererseits wie einzelne Rufer im dunklen Wald zu behaupten: Man glaubt ja auch an Katastrophen. Diese Haltung widerspricht, global gesehen, den theoretischen Grundlagen, also den Dogmen der Gleichförmigkeitstheorien in der Geologie und

Biologie. Wenn Umdenken angesagt wird, dann bitte konsequent! Sehen wir uns ein Katastrophengeschehen, also einen Zeitimpakt, einmal näher an.

Die berühmten Kreidefelsen in Südengland – ähnlich denen auf Rügen und der dänischen Insel Moen – bestehen hauptsächlich aus den Resten planktonischer Algen. Daneben finden sich die Schalen verschiedener Weichtiere und die Gehäuse von Foraminiferen (Schalen tragende einzellige Tiere). Das Besondere an dieser so genannten Schreibkreide ist seine hohe marine Reinheit, da sie *keine Sedimente vom Festland* enthält. Daher ist diese Kalksteinbildung aus Sichtweise moderner Geologen rätselhaft, insbesondere, da es heutzutage für die ausgedehnten Kreideablagerungen *kein aktuelles Vergleichsobjekt* gibt. Die Masse der kalkigen Algenreste sprengt jeden nur denkbaren Rahmen, wenn man schleichend langsame Vorgänge zu Grunde legt. Hat es im Gegensatz zu den Dogmen der Gleichförmigkeitstheorien eine *explosive* Algenblüte gegeben? Waren diese planktonischen Algen die Nahrungsquelle der (meiner Meinung nach) im Wasser lebenden Sauropoden? Hatten diese bis zu 50 Meter langen Pflanzen fressenden Dinosaurier deswegen nur horizontal (nicht vertikal) bewegliche lange Schwänze und Hälse, um die Kleinlebewesen hin zum Maul zu treiben, in dem sich eine Art großer Rechen aus stiftartigen Zähnen zum Aussieben kleiner Lebewesen befand, ähnlich den Barten heutiger Wale?

Die sehr hohen Temperaturen und das damalige Treibhausklima während der Kreidezeit waren Voraussetzung für die explosive Algenblüte, die weltweite Verbreitung der Foraminiferen und letztendlich auch der Sauropoden. Die tropischen Durchschnittstemperaturen in mittleren Breiten hatten ungefähr bis zur Mitte des Tertiärs vor 30 Millionen Jahren offiziell Bestand, ehe die Temperaturen sanken. So lebten zum Beispiel im Eozän (Erdzeitalter: –55 bis –38 Ma) in Nordwestdeutschland Plankton-Foraminiferen, die *subtropische* Temperaturen anzeigen. Nach neuesten Untersuchungen schwammen zur Überraschung der Forscher einer internationalen arktischen Bohrexpedition nicht nur in Norddeutschland, sondern auch im *arktischen Nordpolarmeer* vor 55 Millionen Jahren subtropische Meeresalgen im rund *20 Grad Celsius warmen*

Wasser (dpa-Meldung vom 6. 9. 2004, 14:11 Uhr) – vergleiche Darstellung in »Darwins Irrtum« (S. 106 und 238 f.).
Auf jeden Fall sind nur turbulente Verhältnisse während gigantischer Überflutungen in der Lage, mächtige Kreideablagerungen anzuschwemmen. In den Vereinigten Staaten hat man vereinzelt sogar *Kreuzschichtungen in der Kreide* nachgewiesen. Diese sind Zeugnisse einer *schnellen* Entstehung der Schichten *unter Wasser*, und zwar bei einer Wassergeschwindigkeit von 50 bis 160 Zentimetern pro Sekunde, in Abhängigkeit von der Wassertiefe (»Sedimentary Geology«, 26, 1980; vgl. Zillmer, 2001, S. 281). Bei noch höheren Wassergeschwindigkeiten bilden sich flache Sandoberflächen aus, bei geringeren entsteht Rippelbildung.
Die mächtigen Kreideschichten wurden durch heftige Wasserbewegungen aufgeschwemmt, wodurch ein Zeitimpakt durch schnelle Entstehung dokumentiert wird, ehe riesige Wellen diese Kreideschichten wie Abraumbagger wieder gefräßig aufreißen konnten, wodurch die Steilküsten überhaupt erst entstanden. Deshalb ist es nicht verwunderlich, dass (nicht nur) Englands Küste gerade heutzutage *rapide bröckelt (erodiert)*, denn diese Steilküsten sind relativ jung. So ist das Wahrzeichen der Rügener Kreideküste, die 20 Meter hohen, spitz aufragenden »Wissower Klinken«, eingestürzt. 50 000 Kubikmeter Kreide liegen nun am Strand und in der Ostsee.

Jungspund Grand Canyon

Große Wassermassen sind sehr wahrscheinlich auch für die Schaffung anderer Naturwunder verantwortlich. Als Beispiel wurden in »Darwins Irrtum« (1998, S. 223) die Niagarafälle genannt, die offensichtlich nur wenige tausend Jahre alt sind. Gleichlautend wurde von mir ausgeführt, dass der Grand Canyon auch relativ jung sein müsste (Zillmer, 1998, S. 229 ff.). Dagegen wird auf Grund der postulierten langzeitlichen Entwicklung der Landschaft durch klimatische Erosion nach der Kreidezeit das Alter des Grand Canyon auf 65 Millionen Jahre (Zeitpunkt der Hebung des Kaibab-Plateaus),

*Abb. 7: **Grand Canyon.** Das Geröll im Vordergrund liegt 54 Meter über dem Colorado River und soll sich vor nur 160 000 Jahren nach dem Bruch des Lava-Damms (LD) gebildet haben (Fenton et al., 2002, S. 196). Nach bisheriger Meinung wurde diese Lava bei einem Vulkanausbruch im späten Neozoikum vor etlichen Millionen Jahren ausgeworfen (Hamblin, 1994). Aufgrund des Erhaltungszustandes der fast unverwitterten Gerölle (B = Basaltblock ca. ein Meter lang) schlägt der Autor vor, das Alter dieses Ereignisses auf einige tausend Jahre zu reduzieren.*

nach neuerer Ansicht einiger Geologen nur noch auf knapp sechs Millionen Jahre geschätzt.

Jedoch sind *nur sehr große und nicht geringe* Wassermassen (Colorado River) für die Auswaschung des Grand Canyon verantwortlich. Demzufolge handelt es sich hier um eine relativ junge, durch die Erosionstätigkeit großer Wassermassen in mehreren Phasen katastrophisch (schnell) entstandene Schlucht – also wiederum ein rafferartiger Zeitimpakt.

Genau diese Sichtweise wurde vom *Geologischen Dienst* der USA in Zusammenarbeit mit Geologen der *Universität von Utah* im Jahre 2002 bestätigt. »United Press International« verbreitete am 20. Juli 2002 eine entsprechende Meldung, die in den »VdI Nachrichten« am 4. Oktober 2002 unter der Überschrift »Steinalte Schlucht? Falsch!« ihren Niederschlag fand.

Robert H. Webb (*U. S. Geological Survey* in Tucson, Arizona) berichtet, das untere Drittel des Grand Canyon, die »Inner Gorge«, sei wahrscheinlich nur 770 000 Jahre alt: »Die Schlucht wurde durch eine Serie kurzer, aber heftiger Ereignisse ausgegraben«. Riesige Lava-Dämme sollen den westlichen Teil mehrfach blockiert und das Flusswasser aufgestaut haben. Als dann die Dämme zusammenstürzten, gruben gigantische Flutwellen das Flussbett, den heutigen Grand Canyon, aus.

Die Untersuchung galt vor allem einer Flutwelle vor angeblich 165 000 Jahren, die einen Teil des unteren Grand Canyon ausgegraben haben soll. Die Wassermassen waren laut Webb 37-mal so groß wie die größte Mississippi-Flut: mehr als 400 000 Kubikmeter pro Sekunde (vgl. Fenton et al., 2002, S. 191–215). Im Vergleich dazu transportierte der Colorado River vor dem Bau der Staudämme höchstens knapp 6000 Kubikmeter pro Sekunde, heutzutage weniger als 400 – sprich ein Tausendstel der Wassermenge im Verhältnis zur Zeit der Bildung des Grand Canyon.

Die größte Auswaschung des Grand Canyon soll vor 100 000 bis 120 000 Jahren erfolgt sein. Interessant ist jetzt die Feststellung von Robert H. Webb, dass hinter den Lava-Dämmen noch vor 11 000 Jahren größere Seen entstanden sind, die mit den fehlenden Flussdeltas begründet werden. Auch auf diesen Umstand hatte ich bereits hingewiesen, denn die Suche nach den abgetragenen Erosionsmassen blieb erfolglos. Auch stromabwärts in Richtung Kalifornien existieren zwar Bodenverfüllungen, aber die nachzuweisende Gesamtmenge ist viel zu klein. Wurden die Erosionsmassen mit den Fluten in den Pazifik gespült und bildeten dort neue, nach Korngröße sortierte Schichten?

Das Wasser der durch den Grand Canyon schießenden Riesenfluten soll das Schmelzwasser der Eisdecken des »Großen Eiszeitalters« sein. Da es dieses Zeitalter mit fast zwei Millionen Jahren Dauer meiner Meinung nach gar nicht gegeben hat und andererseits die Eisgebiete viel weiter nördlich an der Grenze zu Kanada gelegen haben, kommt einzig und allein wieder das Erklärungsmuster mit Superfluten infrage. Interessant ist, dass Robert H. Webb Vergleiche mit der biblischen Sintflut zieht. Bei der Sintflut sieht er jedoch nur heftige Regenfälle als Ursache an. Er vergisst dabei die »Brunnen der Tiefe«, denn das Wasser kommt *auch* aus der Tiefe der Erdkruste, ja vielleicht sogar aus dem oberen Mantel der Erde.

Zur Verwunderung der Geologen spucken die Lava-Vulkane ja teils sehr große Mengen von Wasser und Wasserdampf aus. Nach der gängigen geophysikalischen Theorie für die Funktionsweise von Lava-Vulkanen darf es eigentlich keinen Wasseraustritt geben. Aber es gibt ja auch regelrechte Schlammvulkane ohne oder mit Austritt von Lava wie beim Ausbruch des Vulkans Mount St. Helens 1980 im US-Bundesstaat Washington. Bei diesem flossen 1980 pyroklastische Ströme als ein flüssiger, turbulenter Schlamm aus feinem vulkanischem Staub mit der Geschwindigkeit eines Hurrikans den Berghang herab, nachdem die mit Eis und Schnee bedeckte Bergspitze durch eine Dampfexplosion weggesprengt wurde. Man würde erwarten, dass diese Ablagerungen homogen und gut vermischt seien. Aber es bildeten sich aus dem mit hoher Geschwindigkeit fließenden Schlamm vollkommen voneinander getrennte Schichten aus groben und feinen Partikeln. Solche Vorgänge folgen hydrodynamischen Gesetzen.

Am 19. März 1982 wurde eine große Schneemasse, die sich im Krater gesammelt hatte, geschmolzen. In nur neun Stunden grub der Schlammfluss ein System von Kanälen und drei Schluchten, die 30 Meter tief waren. Einer von ihnen erhielt den Namen »Der kleine Grand Canyon von Toutle«, da diese Schlucht wie ein Modell des Grand Canyon im Maßstab 1 : 40 aussieht. Fazit: Eine große Menge Wasser oder Schlamm kann superschnell ein Ergebnis erzielen, für das eine kleine Menge Wasser eine Ewigkeit benötigt – ein geologischer Zeitimpakt.

Auch durch Erdbeben wird Erdboden verflüssigt. Aufnahmen des Satelliten *Landsat-7* zeigen, wie ein Erdbeben in Westindien im Januar 2001 Wasser an Stellen hervorquellen ließ, die vorher trocken waren. Durch die starken Erschütterungen kam es lokal zur Bodenverflüssigung, wobei Wasser aus feinen Sedimenten freigesetzt wurde (vgl. SpW, 27. 4. 2001). Entsprechende fossile Erdbebenbrunnen mit Erdverflüssigung (Thorson, 1986, S. 464 f.), wie wir sie in eisfreien Gebieten finden, werden vor allem in Deutschland nicht Erdbeben, sondern dem Wirken der Eiszeit zugeordnet und *Eiskeile* genannt.

Die in diesem Buch vorgestellte These von dem »Wasser der Tiefe« wurde inzwischen durch mehrere wissenschaftliche Untersuchungen bestätigt. »600 Kilometer unter der Erdoberfläche gibt es wahrscheinlich riesige Wasservorkommen« (BdW, 27. 4. 1998), und der amerikanische Geologe Joseph Smyth (Universität in Boulder) glaubt: Das Erdinnere enthält die Wassermenge von drei bis fünf Ozeanen (SpW, 18. 9. 1999). In »Irrtümer der Erdgeschichte« wurde die dieses Thema vertiefende »Drainageschalentheorie« vorgestellt. Die Drainageschale bewirkt im Bereich der unteren Erdkruste bei 425 bis 450 Grad eine Ausfällung von Mineralien (Eisen, Kalzium, Magnesium), während gleichzeitig auf Grund der herrschenden Hitze Dampfdruck aufgebaut wird (Zillmer, 2001, S. 252 ff.). Durch den entweichenden Überdruck werden mit dem Wasser auch Sandmassen an die Oberfläche gedrückt. Das in der Drainageschale ausgefällte Kalzium lässt zusammen mit Wasser und Sand eine Art Beton entstehen, der durch den Überdruck an der Erdoberfläche eine Art Dom bilden kann. Auf Grund des enthaltenen Bindemittels (Kalzium) erhärtet dieses weiche Sand-Kalzium-Gemisch zu einem betonharten Berg, wie der Ayers Rock in Australien. Seine glatte Oberfläche beweist die Entstehung des Berges in »einem Zuge« vor kurzer Zeit, da der Zahn der Zeit an diesem Berg noch nicht arg genagt hat. Die an der Oberfläche manchmal enthaltenen Löcher sind quasi während des Abbindeprozesses ausgetrocknete Wasserblasen des ursprünglich weichen »Naturbetongemisches«. Langsam, Körnchen für Körnchen, kann kein Fels wie der Ayers Rock entstehen, allein schon nicht wegen des zeitgebundenen hydraulischen Erhärtungsprozesses des Kalziums (Kalk).

Kommen wir jetzt noch einmal auf den Grand Canyon zurück. Das Gebiet des Grand Canyon begann sich nach Ansicht mancher Geologen vor etwa 65 Millionen Jahren nach oben zu heben, bis auf eine Höhenlage von ungefähr 2000 Metern. Betrachten wir das Tertiär und Quartär mit einer Dauer von 65 Millionen Jahren als Statthalter einer Katastrophe nur als ein kurzfristiges Ereignis, dann starben die auf dem Colorado-Plateau lebenden Dinosaurier nicht nur während einer kataklysmischen Naturkatastrophe vor wenigen tausend Jahren aus, sondern das Colorado-Plateau erhob sich auch zu dieser Zeit aus dem Meer, denn die waagerecht liegenden geologischen Schichten des Grand Canyon sind unter Wasser entstanden. Zu diesem Ereignis passen dann auch die vielen Vulkanausbrüche, deren Lava-Flüsse nach der Untersuchung von Robert H. Webb ja Lava-Dämme gebildet haben, die das Wasser stauten. Das Wasser der früheren Seen des Colorado-Plateaus stammt dann auch nicht vom Schmelzwasser fiktiver Gletscher, denn welche Eismassen sollen eine 37-fache Mississippi-Flut erzeugen? Im Gegenteil, das Wasser stammt zum Teil aus dem Erdinneren (auch: Bodenverflüssigung), aber vor allem aus dem nordamerikanischen Inlandssee, der in der Kreidezeit den westlichen und östlichen Teil Amerikas quasi in zwei Kontinente aufspaltete. Das Wasser wurde mit der Gebirgsbildung (am Ende der Kreidezeit = Sintflut) in die Höhe gehoben, in großen Becken gesammelt. Heftige Regenfälle füllten die Seen weiter auf. Nach Bruch der Dämme ergossen sich Superfluten und rissen den Grand Canyon in mehreren Phasen auf. Die wie frisch hinterlassen wirkenden Wasserstandslinien in den trockenen Seen der heutigen Wüstengebiete im Gebiet des Colorado-Plateaus sind ein Mahnmal für jeden Besucher, wie schnell sich eine Landschaft verändern kann.

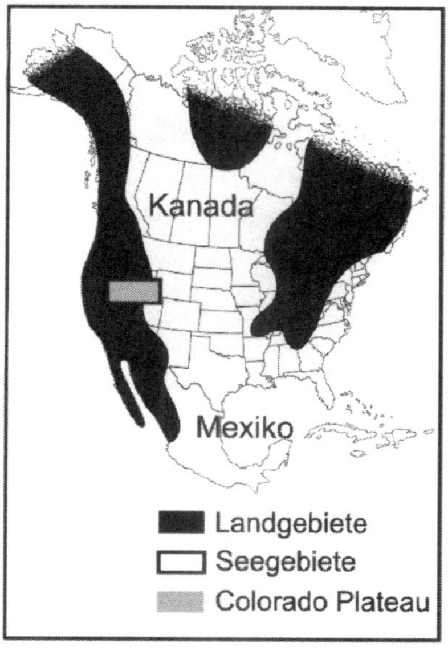

Abb. 8: Hebung.
Das Colorado-Plateau hob sich mit den Rocky Mountains vor Bildung des Grand Canyon.

Deshalb findet man heutzutage die Dinosaurierskelette am Rande dieser früheren Seen wie Ölsardinen in der Büchse, meist zusammen mit Krokodilen und Schildkröten in einer Art zusammengeschwemmtem Massengrab, das aus einem Knochenwirrwarr besteht. Auch die deutsche Expedition 1909 nach Tansania (Ostafrika) fand Überreste von Barosaurus (vormals: Gigantosaurus) zusammen mit Muscheln, Schnecken, Belemniten und Fischen am Tendaguru, in Ablagerungen eines küstennahen Meeres der Kreidezeit. Insgesamt liegen sogar drei vom Meer abgelagerte Schichten von je 20 bis 30 Zentimetern Stärke mit Saurierresten übereinander (»Deutsches Kolonial-Lexikon«, 1920, Band III, S. 475 f.; vgl. Fraas, 1909).

Wie in meinem »Dinosaurier Handbuch« ausführlich diskutiert, waren die meisten Dinosaurierarten auch keine Land-, sondern Wasserbewohner, weshalb man sie auch oft zusammen mit Fossilien von Krokodilen und Schildkröten findet. Diese Ansicht war früher auch vorherrschend, wurde jedoch vor relativ kurzer Zeit wissenschaftlich geändert. Sauropoden gelten jetzt als Landtiere, was auf Grund des immensen Gewichts, der Probleme mit der Blutversorgung und anderer Kriterien aber nicht richtig sein kann (Zillmer, 2002, S. 87 ff.).

Aus dieser Sichtweise folgt zwangsläufig auch, dass Dinosaurier in 2000 Meter Höhe, wo sie in Colorado heutzutage gefunden werden, gar nicht lebensfähig sein konnten. Definitiv nicht! Die Saurier wurden mit der Hebung des gesamten Plateaus zusammen mit den Seen und Sümpfen, in denen sie lebten, tot und vielleicht auch vereinzelt noch lebendig, wie mit einem Aufzug in größere Höhen befördert. Die wenigen überlebenden Saurier waren allein wegen ihrer Größe und der kaum aufrecht zu erhaltenden Blutversorgung sowie dem einsetzenden Impakt-Winter dem Tod geweiht und relativ bewegungsunfähig. Die überlebenden Ureinwohner dieser Gebiete kennen diese Dinosaurier deshalb auch noch aus eigener Anschauung und stellten sie in Felsbildern exakt so dar, wie sie auch nach neuer wissenschaftlicher Ansicht aussahen: mit waagerechtem Schwanz, gerader Wirbelsäule und höchstens leicht erhobenem Kopf, wie die Darstellung eines Sauro-

poden auf dem eingangs beschriebenen, 1924 in Tucson ausgegrabenen Schwert zeigt.
Jeder Besucher der Navajos in Arizona kann vor Ort nach ihren Überlieferungen fragen. Die Mythen bezeugen, dass die Vorfahren der Navajos und Dinosaurier am Anfang der Welt gemeinsam lebten. Vor 140 Millionen Jahren oder eher vor ein paar tausend Jahren? Die Behausungen der Navajos in der Nähe von Tuba City (Arizona) liegen in unmittelbarer Nähe von Felsplatten, in denen unzählige Trittsiegel von Dinosauriern an der Erdoberfläche konserviert sind (Ortsbeschreibung im »Dinosaurier Handbuch«, S. 262–263). Die Navajos bestätigen auf Nachfrage, dass hier früher auch Fußspuren von Menschen versteinert waren, die aber von den Bauarbeitern, die die Straße errichteten, aus der Felsplatte herausgeschnitten wurden. Ein im Jahre 1990 veröffentlichter Bericht dokumentiert, dass nicht nur Fußspuren von Menschen neben Dinosaurier-Trittsiegeln vorhanden sind, wie in »Irrtümer der Erdgeschichte« dokumentiert wurde, sondern auch versteinerte Spuren von Säugetieren in den gleichen geologischen Schichten (Rosnau et al., 1990).
Die beschriebenen Trittsiegel bei Tuba City befinden sich neben versteinerten Kothaufen (Koprolithe) in der heutigen Wüste: frisch aussehend, aber versteinert, so wie sie von den Dinosauriern anscheinend »vor kurzem« hinterlassen wurden. Hier hat sich seit dieser Zeit außer der Klimatik nichts, aber auch gar nichts geändert. Es war auch nichts irgendwann verschüttet (Fotos 21 bis 24). Bleiben Kothaufen 140 Millionen Jahre auf der Erdoberfläche erhalten? Kann ein Kothaufen heutzutage versteinern? Dinosaurier lebten hier vor kurzer Zeit, bestätigen auch die Mythen der Navajos! Lebten die Dinosaurier hier in der trostlosen Wüste? Nein, denn dieses Gebiet lag früher am Rande eines alten Sees, dem Hopi Lake. Die Trittsiegel und der Kot wurden in seichten Uferbereichen dieses Sees hinterlassen, wie versteinerte Rippelmarken beweisen. Der Hopi Lake wurde schlagartig entwässert, und zwar durch die von Steilhängen flankierte Erosionsrinne *Little Colorado Canyon*, der in den Grand Canyon mündet. Zurück blieben die weichen Kothaufen und die Spuren im weichen Schlamm des ehemaligen Sees.

Durch die Hitze »gedörrt«, wurden sie durch das im Schlamm enthaltene Kalzium hydraulisch zu Kalkgestein gebacken. Diese Kalksteinschicht ist nur wenige Zentimeter dick und beinhaltet Trittsiegel, Kothaufen, Knochen und Rippelmarken unmittelbar nebeneinander in einer homogenen, ungestörten Schicht. Dies passierte vor wenigen tausend Jahren, da die Kothaufen ohne Anzeichen einer Erosion oder Verwitterung herumliegen.
Nicht weit entfernt von Tuba City befindet sich der Grand Canyon. Auf einer Hinweistafel im *Yavapai Point Museum* im *Grand Canyon Nationalpark* wird der Glaube der einheimischen Havasupai beschrieben. Nach ihrer Überlieferung wurde die Erde mit einer Flut bedeckt, und als schließlich das Hochwasser zurückging und die Berge sich in die Höhe drückten, entstanden Flüsse; einer davon schnitt den großen Graben ein, der zum Grand Canyon wurde.
Diese Überlieferungen der Urindianer entsprechen genau dem in diesem Buch beschriebenen Szenario: Nach einer Überflutung der Erde erlebten Menschen, wie Berge in die Höhe wuchsen und das Wasser dann über entstehende reißende Flüsse abgeleitet wurde.
Robert H. Webb (U.S. Geological Survey in Tucson, Arizona) bestätigt, dass ein Teil des Grand Canyon katastrophenartig zu Lebzeiten der prähistorischen Indianer entstand (vgl. Fenton et al., 2002, S. 191–215). Die letzte Phase der Auswaschung soll sogar vor nur 1300 Jahren vonstatten gegangen sein. Die Mythen der Havasupai scheinen von diesem Ereignis zu berichten. Haben sie auch damit Recht, dass sich das Colorado-Plateau noch zu Lebzeiten ihrer Vorfahren (und der Dinosaurier) in die Höhe schob?
Aber es ist doch alles genau datiert, und das Alter der Gesteine steht doch fest? In »Darwins Irrtum« wurde auf die grundsätzlichen Fehler der radiometrischen Datierungsmethoden hingewiesen (S. 88 ff.). Mit diesen Methoden kann man aber auch *nur* Eruptivgesteine (allgemeine Arten: Granit und Basalt) datieren, nicht jedoch Sedimente (wie u. a. Schiefer, Sand- und Kalkgesteine). Fossilien befinden sich aber nur in Sedimentgesteinen, können also nicht direkt datiert werden.

Aber auch die radiometrischen Datierungsmethoden bringen nicht nur bei Anwendung verschiedener Verfahren unterschiedliche Ergebnisse für Granite und Basalte, sondern auch bei Anwendung ein- und derselben Methode! Gemäß einer wissenschaftlichen Veröffentlichung (»Arizona Bureau of Geology and Mineral Technology Bulletin«, 197/1986, S. 1 ff.) wurde anhand eines Kalium-Argon-Modells das Alter eines Lava-Flusses im nördlichen Gebiet des Colorado River u. a. auf nur 10 000 Jahre datiert. Aus demselben Lava-Fluss wurde neben anderen eine Probe auf ein Alter von 117 Millionen Jahre bestimmt (»U. S. Atomic Energy Commission Annual Report«, No. C00-689-76, 1967).
Die Datierung auf dieses hohe Alter muss *offensichtlich falsch sein*, da es zu dieser Zeit noch gar keinen Grand Canyon gab. Alte Überlieferungen der Indianer berichten von Vulkanausbrüchen während und auch nach der Bildung des Grand Canyon: Es geschah alles vor kurzer Zeit!
Diese neuen wissenschaftlichen Untersuchungen untermauern, im Zusammenhang mit den Überlieferungen der Ureinwohner und den geschilderten Funden von Dinosaurier-Relikten, dass Menschen nicht im Erdmittelalter, sondern vor noch relativ kurzer Zeit zusammen mit Dinosauriern gelebt haben. In diesem Fall sollte man mit etwas Glück sogar noch *unversteinerte* Saurierknochen finden.

Frisch hinterlassen

Nicht versteinerte Knochen von Dinosauriern sind kein Einzelfall. Im Nordwesten Alaskas wurde 1961 eine Ansammlung von Dinosaurier-Knochen in *unversteinertem* und *nicht* mineralisiertem Zustand gefunden. Es dauerte über 20 Jahre, bis sie als Knochen von Entenschnabel- und Horndinosauriern identifiziert wurden (»Journal of Paleontology«, Bd. 61/1, 1986, S. 198–200; vgl. *Geological Society of America*: »abstract programs«, Bd. 17, S. 548).
Im Wissenschaftsjournal »Science« vom 24. Dezember 1993 (S. 2020–2023) wird von einem sensationell frisch erhaltenen Knochen eines

Entenschnabel-Dinosauriers in Montana berichtet. Unter dem Mikroskop konnten die wohl erhaltenen Strukturen der Knochen mit solchen von Hühnerknochen verglichen werden.
In einem anderen Fall wurde der Unterkiefer eines Entenschnabel-Dinosauriers von einem jungen Eskimo entdeckt, der 1987 mit Wissenschaftlern von der *Memorial University* in Newfoundland (Kanada) auf *Bylot Island* arbeitete: er war *unversteinert* und befand sich in »frischem« Zustand. Berichtet wurde von diesem Fund im »Edmonton Journal« vom 26. Oktober 1987 (vgl. »Saturday Night«, August 1989, Bd. 104/8, S. 16–19).
Weitere Berichte über nicht versteinerte Dinosaurier-Knochen findet man im Magazin »Time« vom 22. September 1986 (S. 84) und in einem Artikel von Margaret Helder aus dem Jahr 1992 mit dem Titel »Fresh dinosaur bones found« (Frische Dinosaurier-Knochen gefunden) im Magazin »Ex Nihilo« (Bd. 14/3, Juni/August 1992, S. 16–17).
Nicht versteinerte Knochen von Dinosauriern passen nicht in das Weltbild der Geologie vom hohen Alter der Dinosaurier oder dem entsprechenden Alter der Schichten, die diese Knochen beinhalten. Aber man findet auch andere alte Relikte, die versteinert sein müssten, es aber nicht sind.
Ungefähr nur 1200 Kilometer vom Nordpol entfernt auf der westlich von Grönland im Nordpolarmeer liegenden Insel *Axel Heiberg Island* fand eine Expedition 1995 einen »gefrorenen« Wald, der auf ein Alter von 45 Millionen Jahre datiert wurde – 2000 Meilen nördlich der Waldgrenze in der Arktis. Das Holz ist schwarz und es enthält kleine Mengen von Bernstein. Aber es ist nicht versteinert, wie es bei einer solch langen Liegezeit zu erwarten wäre. Ja, es ist derart frisch, dass es noch geschnitten und verbrannt werden kann. Wer glaubt, dass die Hölzer 45 Millionen Jahre in gefrorenem Zustand überdauerten, geht von falschen Voraussetzungen aus: Es gab hier nicht immer Eis, denn in gefrorenen Wäldern der Arktis – u. a. in Alaska – gibt es auch die berühmten Redwoods. Diese Bäume wachsen heutzutage noch in Kalifornien (Mammutbäume). Allerdings gedeihen sie nur in feuchtwarmem Klima, aber auf keinen Fall in arktischen Breiten. Fazit: Das Holz dieser Bäume

müsste im Laufe der Jahrmillionen verrottet sein, ist in der Arktis aber frisch erhalten, wie gerade geschlagen (Magazin *Time*, 22. September 1986, S. 64 und J. F. Bazinger: »Our ›tropical‹ Arctic«, *Canadian Geographic*, Bd. 106/6, S. 2837, 1986/1987).
Aber es gibt noch erstaunlichere Funde. Im anerkannten Wissenschaftsmagazin »Science« (Bd. 266, 18. 11. 1994, S. 1229 ff.) wurde ein kaum beachteter Artikel veröffentlicht. Knapp unter der Oberfläche eines Kohleflözes in Price (Utah) wurde ein angeblich 80 Millionen Jahre alter Dinosaurier-Knochen gefunden. Aus diesem gewann Scott R. Woodward DNA! Wie lange kann diese DNA überhaupt erhalten bleiben? Eiweiß verdirbt innerhalb weniger Tage, aber genetisches Material soll sehr lange Zeiträume, zigmillionen von Jahren überstehen? Auf Grund dieses Fundes hatte Professor Dr. Gunnar Heinsohn bereits 1995 (S. 381) zu Recht gefragt, ob »man doch lieber auf simple Jahrtausende pochen (sollte), wo jetzt noch mit 80 Millionen Jahren Eindruck gemacht wird«.
Im April des Jahres 2000 veröffentlichten Wissenschaftler der *Universität Alabama* neue Forschungsergebnisse: Es gelang ihnen, Erbgut aus einem angeblich 65 Millionen Jahre alten Triceratops-Knochen aus Nord-Dakota zu isolieren. Interessant ist der Erhaltungszustand der Knochen: *nicht stark mineralisiert*. Nach weitgehender Streichung bzw. Komprimierung der Zeit seit dem Aussterbezeitpunkt der Dinosaurier (von Tertiär und Quartär) auf wenige tausend Jahre sind diese fast unversteinerten Saurierknochen höchstens ein paar tausend Jahre alt. Aus dieser Sichtweise werden entsprechende Funde glaubwürdig, denn DNA und unversteinerte Knochen überdauern eben nur kurze Zeiträume. Deshalb stellen gleichzeitig versteinerte Fußspuren von Menschen und Dinosauriern keine Fälschungen dar. Dinosaurier lebten noch vor wenigen tausend Jahren, wie die Funde von unversteinerten Knochen beweisen.
Zwei verschiedene Wissenschaftlerteams aus Amerika unter Leitung von H. R. Miller bestimmten das Alter von fossilen Knochen eines Arcocanthosaurus aus der Gegend des Paluxy River in Texas anhand von C-14-Datierungen und Messungen mit einem Massenspektrometer (Ivanov et al., 1993). Das Ergebnis widerspricht den

gängigen Vorstellungen der Evolution, denn für die Knochen wurde ein Alter von nur 36 500 bzw. 32 000 Jahren ermittelt. Nachmessungen mit zwei verschiedenen Massenspektrometern ergaben sogar ein noch geringeres Alter von 23 700 bzw. 25 750 Jahren (»Factum«, 2/1993, S. 46).
Da Dinosaurier vor ungefähr 65 Millionen Jahren ausgestorben sein sollen, käme diese Datierung bei einer offiziellen Bestätigung einem *Paradigmenwechsel* gleich: Evolutionstheorie aus Zeitmangel ade! Um Zweifel auszuschalten, wurden in einem Projekt gemeinsam mit einer russischen Forschergruppe weitere Altersbestimmungen vorgenommen. Anhand einer anderen Methode datierte man fossile Dinosaurier-Knochen aus Nordwestsibirien, Knochen von modernen Schildkröten, von Cro-Magnon-Menschen aus Ostkasachstan und die beschriebenen Dinosaurier-Knochen aus Texas. Die Koexistenz von Sauriern und Menschen wäre demnach erneut bestätigt, denn »die auf Grund der Isotopenverhältnisse ermittelten Werte der beiden Saurierfossilien lassen sich praktisch nicht von denen eines Cro-Magnon-Kiefers unterscheiden. Das bedeutet, dass beide mit hoher Wahrscheinlichkeit zur selben Zeit gelebt haben« (»Factum«, 2/1993, S. 48).
Bereits 1997 hatte man Blutspuren (!) von einem Tyrannosaurus Rex der Hell-Creek-Formation untersucht, ohne jedoch Erbgut nachweisen zu können. Entsprechendes wurde jedoch am 25. März 2005 im Wissenschaftsjournal »Science« (Bd. 307, S. 1952–1955) nachgewiesen: Ein Tyrannosaurus-Fossil aus den Rocky Mountains in Montana enthielt zur Überraschung der Paläontologen noch etliche offenbar intakte Zellen sowie gut erhaltenes Weichgewebe und elastische sowie dehnbare Blutgefäße, nachdem man fossilierte Knochensplitter in einer schwachen Säure eingeweicht hatte. Mary Schweitzer von der Staatlichen *Universität North Carolina* räumte ein: »Es war ein absoluter Schock. Ich habe meinen Augen nicht getraut, bis der Test 17-mal gelaufen war.« Ihr Kollege Lawrence Witmer von der *Ohio-Universität* stimmt ihr zu: »Wenn wir Gewebe finden, das nicht versteinert ist, müssten wir ihm eigentlich auch (Erbbausteine) DNA entziehen können.«

Die Wahrscheinlichkeit eines solchen Fundes wurde bis zu dieser Entdeckung gleich Null geschätzt, aufgrund der propagierten langen Zeiträume zu Recht. Es muss die Frage wiederholt werden: Wie lange kann organisches Gewebe unversteinert erhalten bleiben?

Seit ewigen Zeiten

Warum sollten Dinosaurier, insbesondere im Wasser lebende, nicht überlebt haben, wenn doch einige Krokodilarten, Schildkröten und Haie überlebten? Der Kölner Zoologe Ludwig Döderlein besuchte zwischen 1879 und 1881 die Bucht von Tokio. In den Fängen der Fischer entdeckte er ein seltsames Exemplar, einen urtümlichen Sechs-Kiemen-Hai. Es handelte sich um den Krausenhai, ein lebendes Fossil, der mit einer durchgehenden Rückenflosse eher einem Aal gleicht und mit seinem aalglatten Körper auch als Seeschlange bezeichnet wird. Dieses zwei Meter lange Tier lebt unverändert ohne evolutive Entwicklung seit mindestens 150 Millionen Jahren. Die Zähne ähneln denen der ausgestorbenen Gattung *Phoebodus*, die im Devon vor 380 Millionen Jahren gelebt haben soll. Warum sollte sich dieses ideal der Umwelt angepasste Tier verändern? Der Krausenhai wurde auch nicht durch besser angepasste Tiere verdrängt, denn diese Spezies lebt in tieferen Regionen des äußeren Kontinentalsockels im Atlantik und Pazifik.
Anscheinend schwammen ja auch Mosasaurier bis vor kurzer Zeit im Sahara-Meer. Auf einer Urne aus der Türkei, die um –530 datiert wird, scheint ein Mosasaurier abgebildet zu sein – u. a. zusammen mit einem Delphin und anderen bekannten Seetieren –, veröffentlicht in dem Buch »Art and Myth in Ancient Greece: A Handbook« von Thomas H. Carpenter (1991).
Über Sichtungen von Meeresungeheuern könnte man ganze Bücher füllen. Im Jahre 1977 holte ein japanisches Fischerboot vor Neuseeland einen fast zehn Meter langen Kadaver aus 250 Meter Tiefe herauf. Diese im Verwesen begriffene mysteriöse Kreatur war ungefähr zwei Tonnen schwer, besaß eine Wirbelsäule und vier gleich

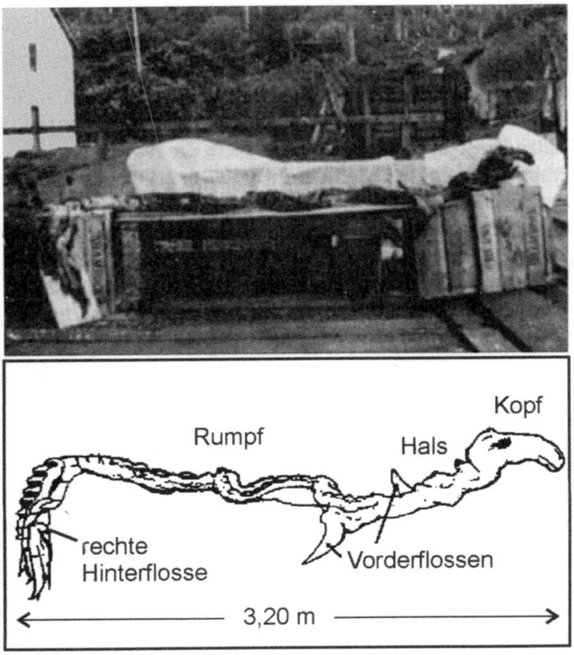

Abb. 9: Caddy. *Das Foto zeigt den in Naden Harbour, British Columbia, Kanada, im Magen eines Pottwals gefundenen mysteriösen Kadaver: einen Cadborosaurus? Auf dem Rücken befanden sich überlappende, mit Spitzen versehene Hornplatten, und der Kopf gleicht dem eines Kamels, wie viele Augenzeugen anderer Sichtungen ähnlicher Meeresungeheuer in dieser Gegend berichten. Die Zeichnung (unten) ist eine Darstellung des Kadavers. Vergleiche Foto 15 und Baigent (1998, S. 74).*

große Flossen, jeweils zwei vorne und hinten, und einen flossenlosen Schwanz. Der Kopf saß auf einem langen Hals. Nachdem mehrere Fotos gemacht wurden und eine Gewebeprobe entnommen wurde, die keinerlei Übereinstimmung mit Hai oder Wal ergaben, warf man das Tier wieder in den Ozean (siehe »Darwins Irrtum«, Fotos 96–99). Die japanische Post stellte diesen Fund auf einer Briefmarke als *Plesiosaurier* dar.
Von einem anderen Ungeheuer wird bei Victoria in British Columbia (Kanada) spätestens seit 1881 berichtet. Seitdem reißen die Berichte über ein schlangenförmiges Tier, das bis zu 20 Meter lang

sein soll, bis zum heutigen Tage nicht ab: bei 178 Gelegenheiten wurde das Tier, manchmal von mehreren Zeugen gleichzeitig, gesehen. Es kann kaum mit einem Fisch oder Wal verwechselt werden, da es keine Rückenflosse und einen kamelähnlichen Kopf besitzen soll. Liebevoll wird das Monster »Caddy« genannt, als Abkürzung für *Cadborosaurus*. Die Namensgebung rührt von der Cadboro Bay her, wo er oft gesehen wurde.

Sichtungen von Meeresungeheuern gibt es viele. Aber in diesem Fall wurden die Sichtungen durch einen Fund bestätigt. Als man 1937 auf einer Walfangstation nahe der Grenze von Alaska einen frisch gefangenen Pottwal aufschnitt, entdeckte man in seinem Magen ein weitgehend unversehrtes Wesen, das 3,20 Meter lang war. Die Fotografien zeigen ein dünnes, schlangenförmiges Wesen ohne sichtbare Behaarung. Am Halsansatz sind zwei kleine Vorderflossen zu erkennen und zwei weitere Flossen befinden sich am Ende des Schwanzes. Ein Augenzeuge berichtete, der lange Körper sei mit Fell überzogen gewesen, mit Ausnahme des Rückens, auf dem sich überlappende, mit Spitzen versehene Hornplatten befunden hätten. Niemand konnte das Tier mit dem Kamelkopf identifizieren (Foto 16). Die kanadischen Meeresbiologen Paul H. LeBlond und Edward L. Bousfield (1995) beschrieben diese Art wissenschaftlich als *Cadborosaurus willsi*.

Auch Bäume leben unverändert seit scheinbar 200 Millionen Jahren, wie der Ginkgobaum. In Guayana hat man sogar in über 600 Millionen Jahre altem Gestein aus dem Präkambrium (Erdfrühzeit) Pollen und Sporen von Blumen und Pflanzen entdeckt (»Nature«, Bd. 210, 16. 4. 1966, S. 292–294). Zu dieser Zeit gab es angeblich noch kein Leben auf dem Land, das erst im Kambrium erschien. Ist ganz einfach die geologische Zeitskala falsch?

Die beschriebenen und viele andere Funde tragen dazu bei, dass sogar einige wenige Wissenschaftler inzwischen nicht mehr vor den durch die Evolutionstheorie begründeten langen Zeiträumen der Natur- und Menschheitsgeschichte halt machen (Peiser in »Chronology and Catastrophism Review«, Bd. 15, 1995, S. 23–28).

Die Existenz von Dinosauriern bis vor wenigen tausend Jahren macht auch eher verständlich, warum einige dieser Spezies bis zum heutigen Tage munter in den Ozeanen herumschwimmen. Damit wird auch die These gestützt, dass das Tertiär-Zeitalter ein phantomartig überlanges Zeitalter darstellt. Dementsprechend muss auch das Große Eiszeitalter mit einer Dauer von fast zwei Millionen Jahren auf einen kurzen Zeitraum von höchstens ein paar hundert Jahren verkürzt werden.

Zeitimpakt Eiszeit

Die Vereisung der Antarktis soll vor 35 Millionen Jahren begonnen haben. Aber es gibt alte authentische Landkarten, die zum Zeitpunkt ihrer Erstellung im 16. bis 18. Jahrhundert oder als Abzeichnung älterer Karten nachweislich die Antarktis eisfrei darstellen, und zwar noch bevor diese im Jahre 1818 offiziell entdeckt wurde, u. a. auf der Karte des Philipe Buache von 1737. Falls die Antarktis bereits vor 35 Millionen Jahren zu vereisen begann und das Inlandeis mehr als 30 Millionen Jahre alt ist, wie man annimmt, könnten unsere Vorfahren niemals die unter dem Eis liegende Landmasse als Ganzes kartographiert haben.
Nach der Interpretation von Jack Hough, erschienen im Fachblatt »Journal of Geology« (1950, Bd. 58, S. 254 ff.) der *Universität von Chicago*, zeigen Bohrkerne während des Zeitraums von der Gegenwart bis hin vor 6000 Jahren »eiszeitliche« Meeressedimente. In den davor liegenden 9000 Jahren, also bis vor 15 000 Jahren, bestehen die Sedimente nach dieser Untersuchung aus Schichten von *feinkörnigen, der Größe nach sortierten Ablagerungen*. Sie stammen aus *eisfreien* (gemäßigten) Zonen und wurden *von Flüssen ins Meer verfrachtet*. Die Bohrkerne zeigen, dass die letzte *Warmzeit* am Südpol vor 6000 Jahren endete und erst dann eine Vereisung begann. Wird diese Warmzeit durch den Fund einer versteinerten Fliege bestätigt (»Nature«, Bd. 423, 8. 5. 2003, S. 135–136)? Da die Antarktis seit über 30 Millionen Jahren vereist sein soll, schlossen Paläontologen folgerichtig die Existenz höher entwickelter Fliegen, zu denen die Hausfliege gehört, in der Antarktis aus. Denn es gilt der Kernsatz: Ohne Wärme keine Fliegen! Aber die erforder-

liche Warmzeit hat Hough ja für die Zeit bis vor 6000 Jahren am Südpol nachgewiesen. Der Fund dieser Fliege stellt deshalb kein Rätsel dar. Allerdings müssen wir die angeblich über 30 Millionen Jahre andauernde Eisbedeckung der Antarktis als Phantomzeit streichen, bis vor wenigen tausend Jahren (mit dem Impakt-Winter) das Eis tatsächlich kam, aber schnell (= Zeitimpakt).

Forscher an Bord des deutschen Forschungsschiffs *Polarstern* sind am Gakkelrücken unter dem arktischen Eis auf eine Region überaus heftiger vulkanischer Aktivität mit *frischen* Lava-Flüssen gestoßen (SpW, 29. 11. 2001). Die Vereisung der Arktis (Grönland, Spitzbergen) und der Antarktis war u. a. eine direkte Folge des Vulkanismus, der anscheinend heutzutage noch unter dem Eis aktiv ist, und der sich auf Grund der Thermik einstellenden Windströmungen nach der Sintflut. Denn: ohne Wärme keine Niederschläge (Schneefall) und keine Bildung von Gletschern.

Diese von mir »Schneezeit« genannte Phase war quasi ein auf einen engen Zeitraum verkürztes »Großes Eiszeitalter« im Zusammenhang mit dem einem großen Meteoriteneinschlag folgenden *Impakt-Winter* (»Darwins Irrtum«, S. 114 und 202) unter Berücksichtigung anfänglich warmer Ozeane – ausführlich begründet und diskutiert in »Kolumbus kam als Letzter« (S. 289 ff.). Eine rasche, extreme Abkühlung nach dem Dinosaurier-Impakt (der K/T-Grenze) wurde 2004 jetzt auch im Fachmagazin »Geology« (Bd. 32, No. 6, S. 529–532) bestätigt. Fazit: Die Gletscher entstanden schnell und nicht langsam.

Die Unsinnigkeit des Postulats eines fast zwei Millionen Jahre andauernden Großen Eiszeitalters erkennt man an der Feststellung des Paläontologen Dr. Ralf-Dietrich Kahlke (*Universität Jena*), einem anerkannten Eiszeitfachmann: Fellnashörner, Mammuts, Moschusochsen und Bisons, aber auch Wärme liebende Tiere wie Elefanten und Löwen bevölkerten die riesigen Gebiete zwischen Nordspanien und der fernöstlichen Pazifikküste, ja über die Beringstraße bis Nordamerika hinweg *während* des »Großen Eiszeitalters«. Soweit eine richtige Feststellung, aber die Schlussfolgerung daraus ist falsch. Wörtlich heißt es in der Internetmeldung (»Informationsdienst Wissenschaft«, 26. 9. 1999): »Große Trockenheit und

Temperaturen weit unter dem Gefrierpunkt ertrugen diese Tiere mit stoischer Gelassenheit ... die Dauerfrostzonen reichten mehrere hundert Meter tief in den Erdboden hinein. Entscheidend für den Charakter des Ökosystems ist aber die Dauer der Kälteeinwirkungen – Jahrtausende oder Jahrzehntausende.« Anders formuliert: Mit stoischer Ruhe vegetierten Tiere wie Löwen im Dauerfrost dahin – ohne ausreichende Nahrung? Handelt es sich um eine perfekte Überlebensstrategie dieser Tiere, wie Kahlke meint, oder ist das alles purer Unsinn ...?
Eine einsetzende Kälteperiode oder einen Temperatursturz überstehen diese Tiere, wenn überhaupt, nur kurze Zeit. Zu fressen finden die großen Herden unter diesen klimatischen Bedingungen sowieso nicht viel. Nach Überstehen der langen Zeiträume des »Großen Eiszeitalters« sollen viele Tierarten (geschätzt 80 Prozent) gerade am Ende der letzten Eiszeit ausgestorben sein? Das ist Unsinn, denn Tiere ohne Ernährung sterben mit dem *Einsetzen* eines Klimasturzes und nicht am Ende einer lang andauernden Phase mit sehr tiefen Temperaturen. Fazit: Das Eis kam schnell und heftig vor wenigen tausend Jahren, und viele Tierarten starben wegen der plötzlich einsetzenden bitteren Kälte aus. Neueste Untersuchungen bestätigen prinzipiell meine Ansicht: Vor 24 000 Jahren, ausgerechnet, als die Eiszeit angeblich ihren Kälte-Tiefpunkt erreicht haben soll, war eine arten- und nährstoffreiche Flora und Fauna (Mammut, Bison, Pferd) im Bereich der heutzutage eiskalten Beringstraße (Beringia) vorhanden (Zazula, 2003). Vor relativ *kurzer Zeit* bestand die »arktische Steppe« also noch aus einer *fruchtbaren Graslandschaft* (»Nature«, Bd. 423, 5. 6. 2003, S. 603).
Grönland ist heutzutage mit einer Dauereisdecke überzogen, die unter Voraussetzung einer Temperaturerhöhung von knapp drei Grad Celsius allerdings bereits in eintausend Jahren verschwunden sein soll (»Nature«, Bd. 428, 8. 4. 2004, S. 616; vgl. »Science«, Bd. 296, 31. 5. 2002, S. 1687–1689 und Zillmer, 2001, S. 302). Eis hat unter Berücksichtigung von Klimaschwankungen nur relativ kurzfristig Bestand, wie der Schwund der Gletscher weltweit zeigt, und überdauert nicht Millionen Jahre.
Ein 3028 Meter langer Eisbohrkern, der mit dem europäischen Pro-

jekt *GRIP* (Greenland Ice-Core Project) 1990 bis 1992 geborgen wurde, soll beweisen, dass der Eispanzer Grönlands 250 000 Jahre alt sein soll. Zu erkennende Schichtungen des Eises existieren aber nur bis in 1500 Meter Tiefe, danach folgt massives Eis. Aufgrund fehlender Schichtungen bestimmt man das Alter des Eises durch die Messung von Staubpartikeln. In ungefähr 2300 Meter Tiefe soll das Eis auch nur 40 000 Jahre alt sein. Also entstand nach offizieller Sichtweise am Ende der Neandertaler-Ära zu Lebzeiten frühmoderner Menschen (Cro-Magnon) der größte Teil des Eises! Die restlichen 723 Meter – also nur ein Viertel des Bohrkerns – sollen sage und schreibe 210 000 Jahre repräsentieren. Da es in dieser Tiefe nur massives Eis gibt, *geht man davon aus*, dass im untersten Bereich etwa *ein Millimeter Eis einem Kalenderjahr entspricht*. Eine haltlose Spekulation. Wie kommt man auf einen solchen Ansatz? Man setzt irgendwelche Strömungsgeschwindigkeiten voraus und bastelt sich ein (nicht bewiesenes) Eisströmungsmodell über die Wandergeschwindigkeit des Eises. Dann interpretiert man einfach das Alter durch Rückrechnung. Das so erhaltene Ergebnis hängt natürlich direkt von den willkürlich zugrunde gelegten Ausgangsdaten ab. Ändert man diese, ergibt sich auch ein anderes Ergebnis.

Inzwischen hat man nicht nur diesen Fehler erkannt. Neue Untersuchungen reduzieren das Alter dieses Bohrkerns jetzt um 20 Prozent auf höchstens 200 000 Jahre und stellen zur Diskussion, ob man aus den gewonnenen Daten überhaupt Rückschlüsse auf die Zeit vor 110 000 Jahren ziehen kann. Der angeblich einen exakten Kalender darstellende Eisbohrkern wird wider Erwarten jünger, einfach aufgrund geänderter wissenschaftlicher Annahmen …

Aber auch dieses jüngere Alter ist wesentlich zu hoch. Anhand der Notlandung von acht Flugzeugen am 15. Juli 1942, die 47 Jahre später aus dem Eis geborgen wurden (Hayes, 1994, vgl. Heinsohn, 1994), kann man nachweisen, dass das Eisströmungsmodell nicht stimmt. Denn in dieser Zeit gab es keine Strömung: *Die Maschinen standen auf denselben Koordinaten, wo sie damals notlandeten*. Setzen wir im Strömungsmodell den Strömungswert Null ein, bekommen wir eine ereignisabhängige plötzliche Entstehung des Eises, wie es meine Schneezeittheorie aussagt. Außerdem hatten Eiszeit-

fachleute (Glaziologen) berechnet, dass die Flugzeuge von zwölf Meter Eis überdeckt sein sollten. In Wirklichkeit waren es 54 Meter Eis und zusätzlich 24 Meter sehr harter Firn, also insgesamt 78 Meter – das 6,5-fache der Prognose. Das Eis wächst also wesentlich schneller, als die Eisforscher glauben. Rechnet man die nachgewiesene Rate der Eisüberdeckung in den Jahren von 1942 bis 1989 mit 1,65 Meter pro Jahr auf den 3028 Meter langen Eisbohrkern linear um (idealisiert als Grenzwertberechnung im Sinne des Aktualismus), dann ist das »ewige« Eis auf Grönland gerade einmal 1818 Jahre alt! Tatsächlich begann die heutige Vereisung mit der Kleinen Eiszeit um 1350. Vorher war Grönland grün, und die Wikinger betrieben dort Rinderzucht und Milchwirtschaft.
Diese von mir schon in »Irrtümer der Erdgeschichte« geforderte Zeitverkürzung wurde durch eine neue Eisbohrung zum Teil bestätigt: Die Teilnehmer des Projekts *NGRIP* (*North Greenland Ice Core Project*) kamen nach dem Abschluss einer neuen Bohrung zu der Annahme, dass das *unterste* Eis aus mehr als 3000 Meter Tiefe nur 123 000 Jahre alt ist (»NGRIP 2004 season release«, 7. August 2004). Immerhin handelt es sich um eine Reduzierung des Alters gegenüber dem *GRIP-Eiskern* um 50 Prozent, also um die Hälfte. Eine weitere Reduzierung des Eisalters im Sinne meines Schneezeitmodells muss erfolgen, falls die untersten Schichten nicht gleichmäßig Jahr für Jahr entstanden sind, sondern Ergebnis einer Naturkatastrophe (Kataklysmus) sind.
Bei der im Jahre 2003 beendeten NGRIP-Eisbohrung traf man zur Überraschung des Forscherteams (Andersen, 2004) über dem in 3085 Meter Tiefe liegenden felsigen Bett des Eisschildes auf mit *Schlamm* vermischtes *rötliches* Eis. Darin eingebettet sind bräunliche Kiefernnadeln, Baumrinde und Gras (»Nature«, Bd. 431, 9. 9. 2004, S. 147–151). Diese Pflanzenreste sollen mehrere Millionen Jahre alt sein. Warum denn nicht gleich alt wie die diese Pflanzenreste beinhaltende Eisschicht, also 123 000 Jahre? Weil für Kiefernnadeln entsprechende Bäume vorhanden gewesen sein müssen, und diese dürfen nach der geologischen Zeittafel höchstens vor Beginn des Großen Eiszeitalters auf Grönland gewachsen sein – wegen des damals (angeblich) auf Grönland lagernden Eises.

1

1 Im Museumskeller der Arizona Historical Society auf dem Gelände der Universität in Tucson öffnet Dr. Zillmer die Kiste mit den verpackten Silverbell-Artefakten. Auf einem der 1924 ausgegrabenen Schwerter ist ein Sauropode mit »moderner«, erst seit wenigen Jahren wissenschaftlich anerkannter horizontaler Körperhaltung dargestellt (s. Abb. 1 im Textteil).

2 Die einzelnen Lagen der Lade mit diversen Artefakten werden angehoben.

2

3

3 Eine große Anzahl Skulpturen mit Saurierdarstellungen aus Ton wurden in Acambaro (Mexiko) gefunden. Bei dieser Darstellung scheinen Menschen Saurier wie Haustiere zu füttern. Es wurden mehrere Skulpturen in verschiedenen Laboratorien untersucht. Die Datierungen ergaben ein Mindestalter von über 2000 Jahren. Offizielle Rekonstruktionen von Sauriern sind jedoch jünger als 200 Jahre.

4 Michael Cremo (Autor von »Verbotene Archäologie«) und Hans-Joachim Zillmer (rechts) nach ihren Vorträgen anlässlich der Ausstellung »Ancient Mysteries« in Wien. Cremo dokumentierte Funde mit menschlichen Relikten aus geologischen Schichten der letzten 600 Millionen Jahre.

4

Bei der Untersuchung von Anthrazit-Brocken an der Erdoberfläche nahe Mahanoy City und Shenandoah (Pennsylvania) entdeckte Ed Conrad einen großen Brocken, der einen menschenähnlichen Schädel zu enthalten schien. Die Smithsonian Institution befand, dass es sich nicht um ein menschliches Relikt, ja noch nicht einmal um Knochen handelt. Es wurde »festgestellt«, dass es sich um eine Konkretion (Stein) handle. Art und Umfang der Untersuchung wurde nicht mitgeteilt. Aber eine 2000fache Vergrößerung der »Konkretion« zeigt deutlich Ähnlichkeit mit der Struktur menschlicher Knochen. Die Echtheit dieses Fundes widerspräche der Evolutionstheorie, denn der »Schädel« befindet sich in über 280 Millionen Jahre altem Gestein. Conrad fand auch Dinosaurier-Relikte in den gleichen geologischen Schichten und schließt daraus auf die Koexistenz von Menschen und Dinosauriern – obwohl es vor 280 Millionen Jahren noch keine Dinosaurier gegeben haben soll.

5 Von Ed Conrad gefundene menschliche Knochen in Antrazith-haltigem Gestein.

6 Vergrößerung normaler menschlicher Knochenstruktur.

7 Vergrößerung der angeblichen »Konkretion« des »Conrad-Schädels«.

8 Die »Konkretion« (links) im Vergleich zu einem normalen menschlichen Schädel, wie er in alten Gesteinsschichten (rechts) gefunden werden kann.

5

Human cadaver bone at 2,000X.

6

Specimen EC96-001 at 2,000X.

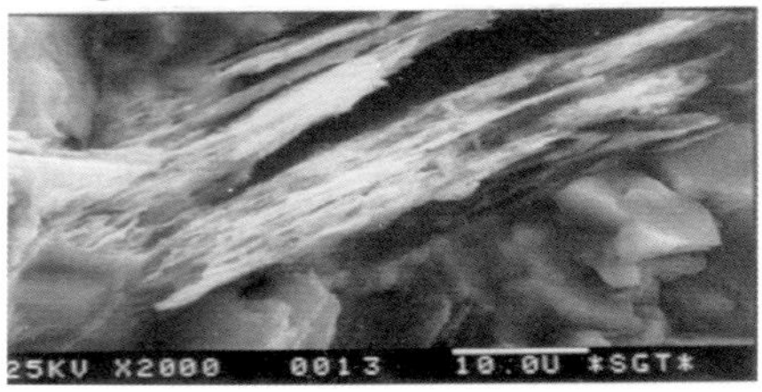

7

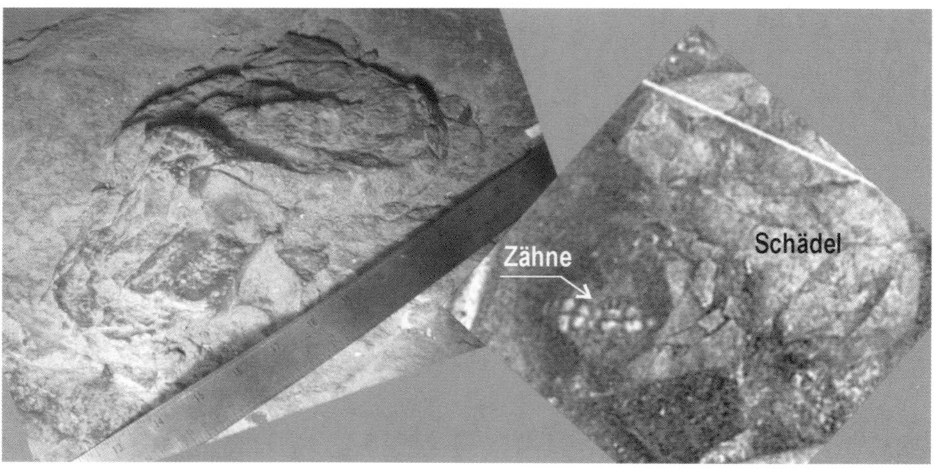

8

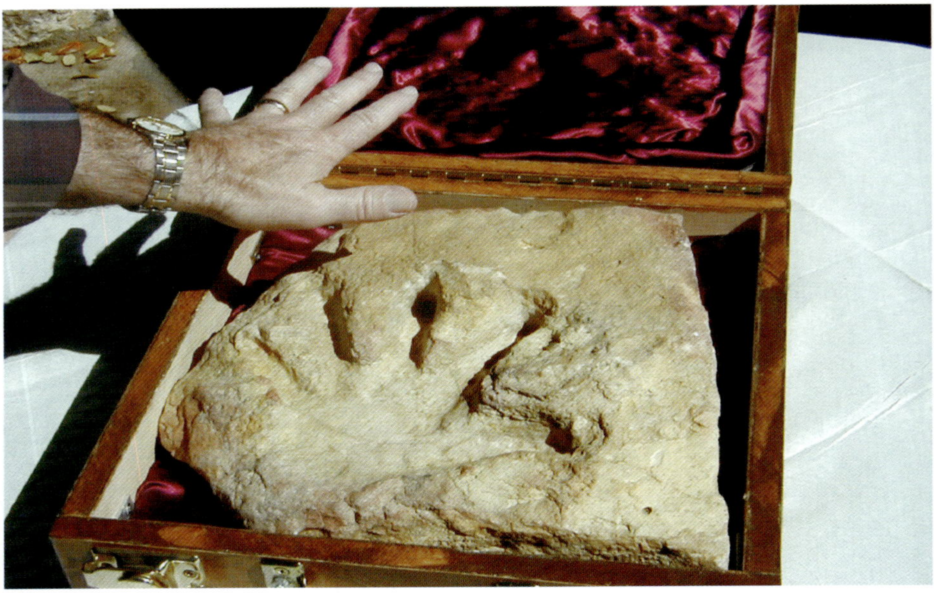

9

9 Der Abdruck einer menschlichen Hand wurde in einer 140 Millionen Jahre alten kreidezeitlichen Sandsteinschicht am Paluxy River in Glen Rose entdeckt, in der sich auch Trittsiegel von Dinosauriern befinden.

10 Carl E. Baugh (links), der Direktor des Creation Evidence Museum, und Hans-Joachim Zillmer vor dem ausführlich in »Darwins Irrtum« beschriebenen Hammer aus der Dinosaurier-Zeit, der in kreidezeitlichem Sandstein bei London in Texas entdeckt wurde. Er besteht zu 96,6 Prozent aus reinem Stahl (= vergütetes Eisen) ohne Kohlenstoffanteile, und der Holzstiel ist versteinert.

10

11

11, 12 Nach Beseitigung einer Felsschicht fand man im Jahre 2000 in der darunter liegenden Schicht einen Pfad von Dinosaurier- und drei Menschen-Fußabdrücken, von denen sich einer mitten in einem dreizehigen Trittsiegel befindet (Größenvergleich mit dem Fuß von Larissa Zillmer). Da im Taylor Trail der schönste Abdruck zerstört ist, wurde der hier vorgestellte Abdruck herausgetrennt und kann jetzt original im Creation Evidence Museum (Glen Rose) besichtigt werden.

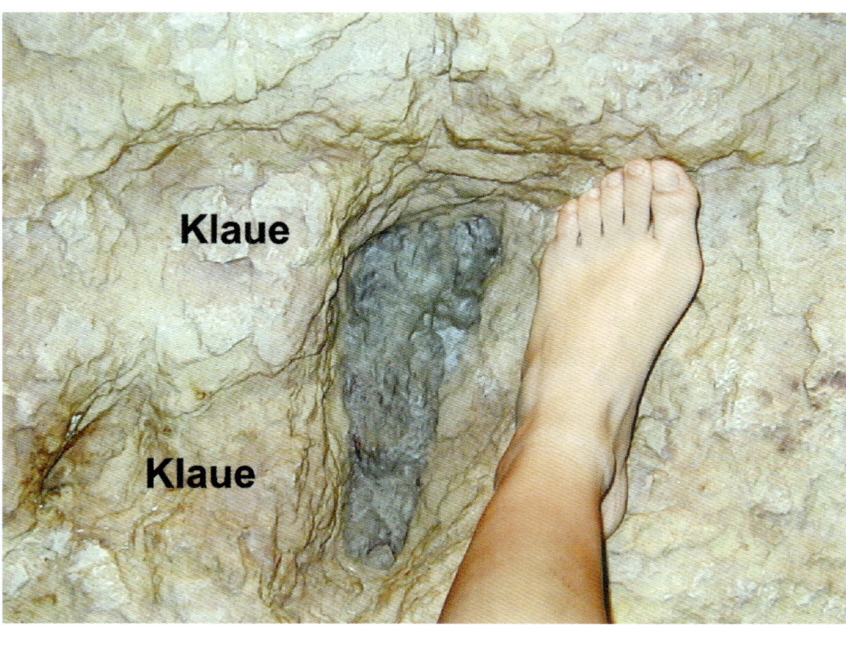

12

13

13 *Anfang 1969 wurde ein riesiger Kopf in Tecolutla (Mexiko) angeschwemmt. Er war ungefähr vier Meter hoch, wog eine Tonne und wurde für den Kopf einer Seeschlange gehalten.*

14 *Ein Stich aus dem 19. Jahrhundert zeigt die Sichtung einer Seeschlange vor Cape Ann im US-Bundesstaat Massachusetts aus dem Jahre 1639. Es war die erste Sichtung einer Seeschlange in der Neuen Welt. Viele weitere Sichtungen mit ähnlichen Beschreibungen von Wassermonstern folgten.*

14

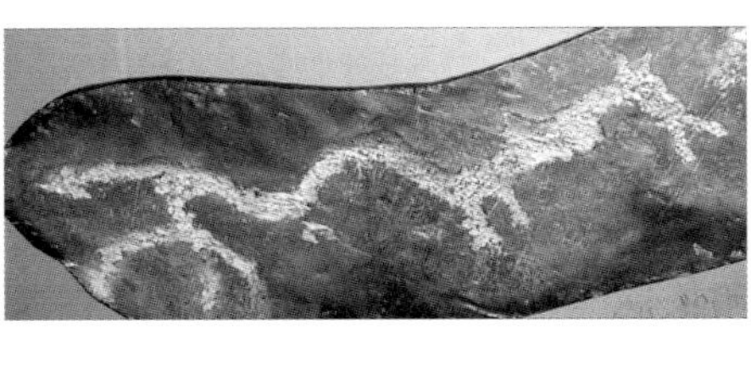

15

15 *Eine alte indianische Felszeichnung ist als Kopie im Maine State Museum in Augusta (Maine) ausgestellt. Von furchterregenden, im Wasser lebenden Monstern berichten die indianischen Sagen in vielen US-Bundesstaaten. Vgl. Abb. 9 im Textteil.*

A Monstrous Sea Serpent,

The largest ever seen in America,

Has just made its appearance in Gloucester Harbour, Cape Ann, and has been seen by hundreds of Respectable Citizens.

The Editor of the Salem Gazette, says:—We have in our possession an extract of a letter from John Low, Esq. to his son in this town, dated Gloucester, Thursday afternoon, August 14, 1817.

"There was seen on Monday and on Tuesday morning playing about our harbor, between Eastern Point and Ten pound Island, a SNAKE with his head and body about eight feet out of water, his head is in perfect shape as large as the head of a horse, his body is judged to be about FORTY-FIVE OR FIFTY FEET IN LENGTH, it is thought he will girt about 3 feet round the body, and his sting is about 4 feet in length.

While writing the above a person has called in, who says that there are two to be seen, playing from the Stage-head into the harbor inside of Ten pound Island.

The spectators are Mr. Charles Smith, Mr. John Proctor and several others. A number of our sharp shooters are in pursuit of him but cannot make a ball penetrate his head, Another party is just going in pursuit with guns, harpoons &c. Our small craft is fearful of venturing out a fishing.

The above can be attested to by twenty different people of undoubted veracity."

In addition to this account the Salem Register states, that the Serpent is extremely rapid in its motions which are in all directions, that it shews a length of 50 feet; that a man who discharged his musket within 30 feet of the Serpent, says its head was partly white and that he bit it, that a large sum had been offered for it; that "it appears in joints like wooden buoys on a net rope almost as large as a barrel, that musket balls appear to have no effect on it, that it appears like a string of gallon kegs 100 feet long."

The editor of the Register quotes an account of a Sea Serpent seen on the coast in 1746, something like it. It had a head like that of a horse, and as he moved he looked like a row of large casks following in a right line.

The Boston Daily Advertiser in speaking of this *Monstrous Serpent*, says—We have seen several letters from Gloucester, which describe a prodigious Snake that has made its appearance in Cape-Ann Harbour. It was first seen by some fishermen, 10 or 12 days ago, but it was then generally believed to be the creature of the imagination. But he has since come within the harbor of Gloucester, and has been seen by hundreds of people. He is declared by some persons who approached within 10 or 15 yards of him, to be 60 or 70 feet in length, round, and of the diameter of a barrel. Others state his length variously, from 50 to 100 feet. His motions are serpentine, extremely varied, and excedingly rapid. He turns himself completely round almost instantaneously. He sometimes darts forward, with his head out of water, at the rate of a mile in 3 minutes, leaving a wake behind, of half a mile in length. His head, as large as the head of a horse, is shaped somewhat like that of a large dog, is raised about 8 feet out of water and is partly white, the other part black. He appears to be full of joints and resembles a string of buoys on a net rope, as is set in the water to catch herring. Others describe him as like a string of water casks. His back is black. Various attempts have been made, without success, to take him. Four boats went out on Thursday, filled with adventurous sailors and experienced gunners, armed with muskets, harpoons, &c. Three muskets were discharged at him from a distance of 30 feet, two balls were thought to hit his head, but without effect. He immediately after plunged into the water, and disappeared for a short time, after which he moved off to the outer harbor, and was seen no more that night. A number of persons are employed in making a net of cod-line, of sufficient size to take him. It is conjectured that he has resorted to this harbor for the purpose of preying upon a very numerous shoal of herrings, which have lately appeared there. If he has been instrumental, as is supposed, in driving these herring into the harbor, he has rendered an essential service to the town.

The Salem Gazette of the 19th inst. says, "We are informed, that on Sunday this creature was seen playing sometimes within 15 or 20 feet of the shore, affording a better opportunity to observe him than had before occured. Gentlemen from Gloucester state, that he appeared to them even of greater magnitude than had before been represented, and should judge from their own observation, that he was as much as 150 feet in length, and as big round as a barrel. They saw him open an enormous mouth, and are of opinion that he is cased in shell.

Aug. 22, 1817.

Printed and Sold by Henry Bowen, Devonshire-Street, Boston.

16

16 Am 22. August 1817 wird von einer ungefähr 20 Meter langen Seeschlange berichtet, die mehrfach von vielen Personen an verschiedenen Tagen gesichtet wurde. Es wurden sogar Bootsfahrten zur Suche organisiert (siehe Bild), bei der die Seeschlange aus wenigen Metern Entfernung beschossen wurde. Der Körper soll rund wie ein Fass gewesen sein mit einem Umfang von 90 Zentimetern. Der Kopf war hundeähnlich von der Größe eines Pferdes. Bereits 1746 waren ähnliche Berichte über eine Seeschlange bekannt geworden.

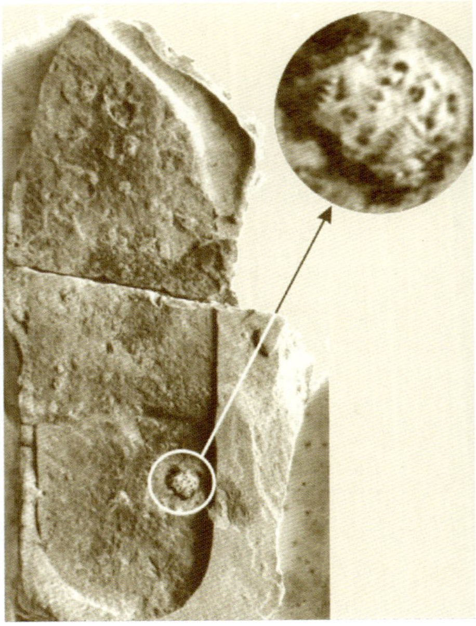

17

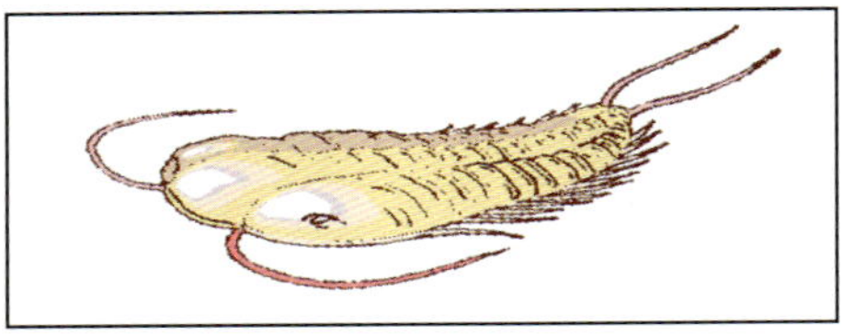

18

19

20

17 Der Autor besuchte die inzwischen verstorbene Mabel Meister. Ihr Mann hatte einen Schuhabdruck beim Aufschlagen einer 570 Millionen Jahre alten Schieferplatte entdeckt. An der Hacke befand sich ein Trilobit. Diese Schildkrebse sind seit 250 Millionen Jahren mit Beginn der Dinosaurier-Ära ausgestorben.

18 Zeichnung einer Trilobiten-Art.

19 In »Irrtümer der Erdgeschichte« wurde gefragt, ob dieses heutzutage lebende Tier ein Trilobit ist. Es handelt sich aber um einen Triops longicaudatus. Diese Schildkkrebse sind mit den Trilobiten eng verwandt. Sie leben seit mindestens 220 Millionen Jahren ohne jede evolutive Entwicklung bis zum heutigen Tag. Enthalten Gesteine Trilobiten, sollen sie Hunderte von Millionen Jahren alt sein. Ist es nicht möglich, dass Trilobiten wie Triopse bis vor kurzer Zeit lebten? Zertrat ein Mensch mit Schuhen den »Meister-Trilobit« erst vor wenigen Jahrtausenden? Dann ist dieses Schiefergestein aber auch entsprechend jung, andernfalls lebten während der »kambrischen Explosion« des Lebens bereits Schuhe tragende Menschen vor 570 Millionen Jahren.

20 Dieses aus der Nähe von Bogotá (Kolumbien) stammende Gestein aus der Dinosaurier-Zeit enthält typisch menschliche Extremitäten.

Es handelt sich um einen Zirkelschluss, denn laut Eiszeitmodell begann die Vereisung der Arktis (20 Millionen Jahre später als am Südpol) vor 10 bis 15 Millionen Jahren, obwohl die Eisbohrkerne höchstens 0,2 Millionen Jahre alt sind. Dass die Forscher immer wieder derartig haarsträubende Fehlinterpretationen liefern, liegt daran, dass sie immer wieder Opfer ihrer eigenen statischen Modellvorgaben und der daraus entwickelten Zirkelschlüsse sind. Verkürzen wir die angesetzten geologischen Zeiträume, werden die interessanten Untersuchungen plausibler: War Grönland zum gleichen Zeitpunkt, wie für die Beringstraße nachgewiesen (»Nature«, Bd. 423, 5. 6. 2003, S. 603), eisfrei – zum angeblichen Kälte-Tiefpunkt der letzten Eiszeit vor 24 000 Jahren? Dieser Zeitpunkt eisfreier arktischer Gebiete entspricht in meinem Modell der eisfreien Phase vor der Sintflut bis vor 5500 (eventuell 4500) Jahren.
Wichtig ist, festzustellen, dass das Forscherteam die Pflanzenreste unter dem Eis über dem Felsgestein *richtigerweise* als Anzeichen einer *raschen Bildung des Eises* ansieht. Ich unterstreiche diese sensationelle Feststellung! Genau dies und nichts anderes, die rasche und nicht langsame Vereisung vorzugsweise von Gebirgen ist eine meiner Grundthesen. Zu diesem Schluss kann man aber nur kommen, falls das Pflanzenmaterial frisch erhalten und eben nicht uralt ist. Oder bleibt Laub und Gras Hunderttausende von Jahren frisch erhalten, bis die Vereisung plötzlich einsetzt? Sicher nicht, denn Laub verrottet in kurzer Zeit! Streichen wir also die willkürlich eingeflochtenen Jahrmillionen, lassen die Landschaft schnell vereisen und auf diese Weise frische Pflanzenreste konservieren: offiziell vor 123 000 Jahren nach der Datierung des neuen Eisbohrkerns und nicht vor 10 Millionen Jahren nach geologischer Datierung bzw. alternativ nach meinem Schneezeitmodell vor 5000 Jahren nach der Sintflut – Grönland bedeutet ja »Grünland«.
Die venezianischen Brüder Niccolo und Antonio Zeno – die 1380 selbst den Nordatlantik bereisten – erstellten eine Karte, die aber erst 1558 von Francesco Marcolino in Venedig veröffentlicht wurde. Diese Karte zeigt Grönland eisfrei mit Bergen und Flüssen, dargestellt in Polarprojektion, wie der Experte Professor Charles H. Hapgood (1996) vom *Keene State College* (New Hampshire)

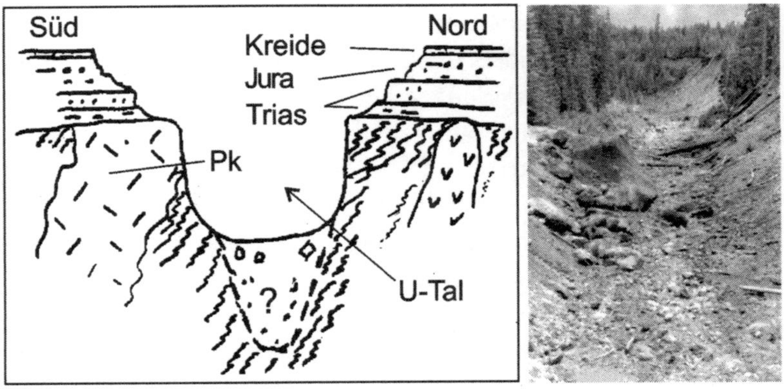

Abb. 10: ***Fehlinterpretation.*** *V-förmige Täler entstehen durch lang andauernde Erosion kleinerer Wassermassen. U-förmige Täler gelten deshalb wissenschaftlich als Beweis für den Ausschürfvorgang eines Gletschers. Jedoch erzeugen große Wassermassen auch (oder überhaupt nur?) U-förmige Täler. Die Schnittskizze zeigt den U-förmigen »Unaweep Canyon« in Colorado, der durch große Wassermassen entstand. Hinterlassen wurden bis zig Tonnen schwere Findlinge. Das Foto zeigt eine kleinere U-förmige Erosionsrinne, geformt durch Schlammfluten, die beim Vulkanausbruch des Mount St. Helens 1980 ausgeworfen wurden. Pk = Präkambrium (Erdfrühzeit).*

feststellte. Er ermittelte außerdem, dass die in Grönland unter dem Eis vorhandene Topographie qualitativ derjenigen auf der Karte entspricht. Mit anderen Worten, Grönland wurde in eisfreiem Zustand von Menschen kartographiert.

Deshalb hatte ich vorausgesagt, dass man höchstens wenige tausend Jahre alte Funde von modernen Menschen unter dem »ewigen« Eis entdecken wird. Im Zusammenhang mit Grönland wurden meine Aussagen bereits bestätigt, denn zum Erstaunen der Wissenschaftler fand man eine Wikingerfarm bei Nipaatsoq quasi unter dem Eis. »Bodenuntersuchungen haben gezeigt, dass Mitte des 14. Jahrhunderts die *Kleine Eiszeit* ein Leben an Grönlands nördlicheren Küsten unmöglich machte«, meint Charles Schweger, Archäologie-Professor der *Universität von Alberta* (»New York Times«, 8. 5. 2001). Ausgrabungen unter Leitung von Jette Arneborg brachten seitdem ungefähr zweitausend Artefakte ans Tageslicht, die alle darauf hindeuten, dass die Wikinger in Ruhe zusammengepackt und ihre Siedlung aufgegeben haben. Archäologische Analysen sowie Bodenproben und Pollenuntersuchungen ergaben, dass nicht – wie lange vermutet – kriegerische Auseinandersetzungen zu einer Aufgabe der Siedlung geführt haben, sondern ein Klimawandel (BdW, 10. 5. 2001). Mit anderen Worten, die Wikinger sahen das Eis auf die Farm zukommen, die dann unter dem Gletschersand begraben wurde.

Auf jeden Fall beweisen die mehrere Jahrhunderte alten Karten (Portolankarten), dass unser *schulwissenschaftliches Weltbild definitiv falsch ist*, da Menschen heutzutage angeblich »dauervereiste« Gegenden eisfrei sahen, vermaßen und zeichneten. Fazit: Das Große Eiszeitalter ist eine Fiktion, denn das »ewige Eis« kam im Zuge der »Schneezeit« schnell als Begleiterscheinung der Sintflut, schmolz dann mit dem Treibhausklima bzw. während des Römischen Klimaoptimums und der Mittelalterlichen Wärmeperiode im ersten Jahrtausend nach der Zeitenwende wieder ab, um dann mit der Kleinen Eiszeit um 1350 in der Arktis (Grönland, Kanada) neu gebildet zu werden.

Wenn es die Zeitalter nach dem Dinosaurier-Impakt (Tertiär und Pleistozän), wie zuvor diskutiert, nur als verkürzte Phase gegeben hat, dann kann mit der Entwicklungsgeschichte der Säugetiere und Menschen etwas ganz und gar nicht stimmen, denn diese entwickelten sich angeblich gerade in diesem Zeitalter, nachdem die Dinosaurier ausstarben. Auf Grund geraffter geologischer Zeiträume kann sich der Mensch deshalb nicht aus irgendwelchen Affenvorfahren entwickelt haben. Aber es gibt auch andere Beweise gegen die Evolution des Menschen.

2 Knochenwirrwarr

Henry Gee, der Herausgeber der bekannten Fachzeitschrift »Nature«, bezieht sich auf die evolutionistischen Intrigen in Bezug auf die Evolution des Menschen als »eine rein menschliche Erfindung, die nachträglich geschaffen und entsprechend menschlicher Vorurteile geformt wurde«, und fügt hinzu: »Eine Fossilienreihe anzulegen und dann zu behaupten, sie stelle einen Stammbaum dar, ist keine wissenschaftliche Hypothese, die überprüft werden könnte, sondern eine Mutmaßung, die den gleichen Realitätsanspruch wie eine Gute-Nacht-Geschichte hat – unterhaltend, möglicherweise lehrreich, aber nicht wissenschaftlich« (Gee, 1999, S. 126f.). Die Entwicklung des Menschen aus affenähnlichen Vorfahren heraus ist ein modernes, phantasievoll erfundenes Märchen – ohne jeden Wahrheitsgehalt!

Bäume, Affen und Hominiden

Die Skelette von Mensch und Affe unterscheiden sich gravierend voneinander. Affen leben überwiegend in Bäumen und sind deshalb vierbeinig. Der Mensch dagegen zeichnet sich durch einen aufrechten Gang aus. Evolutionsgläubige behaupten, dass diese Fortbewegungsart sich evolutiv aus der Bewegung auf vier Beinen entwickelt habe. Der Anatom Professor Robin Crompton bewies 1996 mit einer dreidimensionalen Computersimulation, dass Zweibeinigkeit nicht evolutiv aus Vierbeinigkeit entstehen kann. Das Ergebnis *widerspricht* der herkömmlichen Lehrmeinung. Das Gehvermögen von Lucy, einem (angeblich) affenähnlichen Urahn des Menschen

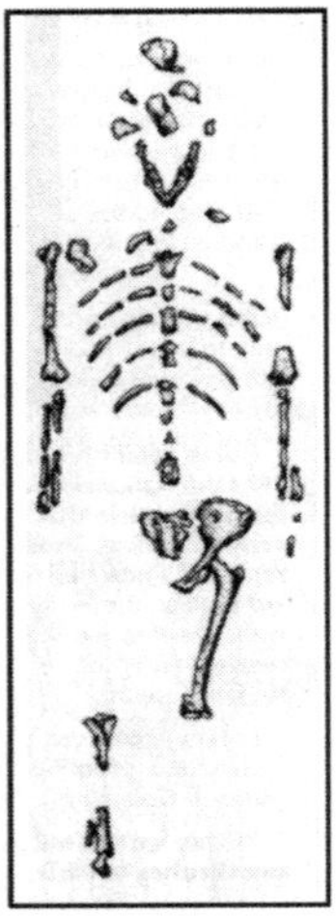

Abb. 11: Lucy. Anhand dieser Knochen wurde unsere »Urmutter Lucy« stellvertretend für unzählige Generationen aufrecht gehender Wesen rekonstruiert.

mit aufrechtem Gang, gekrümmtem Rücken und eingeknickten Knien erwies sich als nicht lebensfähig. Die Forscher sind daher überzeugt, dass unsere Vorfahren entweder immer schon aufrecht gingen (vgl. Sarre, 1994 und Deloison, 2004) oder ausstarben oder aber »innerhalb kürzester Zeit von vier auf zwei Beine gewechselt haben, noch bevor sie die Bäume verließen« (Spears/Crompton in: »Journal of Human Evolution«, 1996, Bd. 31, S. 517–535; vgl. Henke, 1996).

Fazit: Entweder geht ein Lebewesen aufrecht *oder* auf vier Beinen. Eine Bewegungsform, die dazwischen liegt (halb-bipedal), ist nach dieser Untersuchung nicht möglich und allein auch schon aus logischen Gründen unwahrscheinlich. Denn die erforderlichen Zwischenformen (Missing Links) können weder aktuell im Tierreich beobachtet noch in fossilen Urkunden als versteinerte Formen nachgewiesen werden.

Im Gegensatz zur Evolutionstheorie ist eher denkbar, dass ehemalige Bipede zur Vierbeinerbewegungsweise übergehen, falls sie dazu durch äußere Umstände gezwungen werden: Leben auf Bäumen, in Sümpfen, wohl auch in steilen Gebirgen (vgl. Sarre, 1994 und Deloison, 2004).

Die 1998 in »Darwins Irrtum« gemachte Aussage, dass der Mensch schon immer aufrecht ging und seine Vorfahren aus anatomischen, statischen und logischen Überlegungen nicht in Bäumen gelebt haben können, wurde inzwischen gestützt. Der Anthropologe Carsten Niebuhr (*Freie Universität Berlin*) tendiert zu der Annahme, dass unsere Vorfahren generell auf dem Boden lebten: Aufrecht watend suchten unsere frühen Vorfahren im Flachwasser nach Nahrung und streiften tagsüber durch die Savanne; nur nachts klet-

terten sie auf die Bäume, die ihnen sichere Schlafplätze boten. Wegen der Vielfalt an Lebensräumen kam es *nicht* zu einer Spezialisierung. Der Mensch wurde aber nicht zum Gehspezialisten, obwohl er über einen ausgeprägten Gehfuß verfügt, der sowohl energiesparend über große Strecken wandern oder auch über kurze Strecken schnell laufen als auch schwimmen kann. Der Homo sapiens ist aber auch kein Greifspezialist geworden.
»Die Theorie, der zufolge wir uns von den Tierprimaten dadurch unterscheiden, dass wir eine ›kreative Hand‹ zur Feinmanipulation haben, widerlegt Niebuhr mit dem Hinweis darauf, dass die Hände von Menschenaffen anatomisch an deren ganz spezielle Bedürfnisse angepasst sind ... die Hände von Menschenaffen (sind) sehr viel ›moderner‹ als die der Menschen. Die Hand des Menschen ist dagegen vergleichsweise primitiv; vornehmlich unser Gehirn macht die Überlegenheit der menschlichen Hand aus« (BdW, 31. 1. 2001).
Die aktuelle Forschung zeigt also, dass es keine Spezialisierung in Form einer Weiterentwicklung hinsichtlich der Funktionsfähigkeit seiner Extremitäten gegeben hat. Speziell die Zweibeinigkeit ist kein evolutiver Vorteil, denn der Fortbewegungsmodus der Affen ist wesentlich einfacher, schneller und effektiver als der aufrechte Gang des Menschen. Da der Mensch aber auch kein Greifspezialist ist, können eher Rückschritte als Fortentwicklungen festgestellt werden. Die Überlegenheit des Menschen gegenüber ideal angepassten Tieren liegt nicht in evolutiven Entwicklungen des Skeletts begründet, sondern im Einsatz der Intelligenz, die den Körper eines »Allrounders« kontrolliert und diesen nur scheinbar zum überlegenen Spezialisten werden lässt.

Der Affe Lucy

Wie verhält es sich denn jetzt mit unserer angeblichen Urahnin Lucy, die als Vertreterin der Affenspezies *Australopithecus afarensis* vor 3,6 Millionen Jahren gelebt haben soll? Die Behauptung, dass Lucy *aufrecht* ging, ist in der Tat eine Ansicht, die von

Paläo-Anthropologen wie Richard Leakey und Donald C. Johanson (Johanson/Edey, 1981) seit Jahrzehnten medienwirksam vertreten wurde.

Die mit einem Affenkopf ausgestatteten *Australopithecinen* besitzen angeblich einige Anpassungen an den zweibeinigen Gang (Bipedie), besonders im Bereich des Beckens und der unteren Extremitäten. Deshalb gelten die *Australopithecinen* (bzw. Australomorphen) als Zwischenstufe zwischen (miozänen) Menschenaffen und dem Menschen. Allerdings sitzt der Schwerpunkt von Lucys Körper nicht wie bei uns zwischen den Hüften, sondern höher und weiter nach vorn verlagert, was das Gehen noch schwieriger macht, als es ohnehin schon ist.

Mehrere Wissenschaftler untersuchten in ausgiebigen Forschungsstudien die Skelettstrukturen der *Australopithecinen.* Lord Solly Zuckerman und Professor Charles Oxnard, zwei weltbekannte Anatomen aus England und den Vereinigten Staaten, führten weit reichende Forschungsarbeiten an verschiedenen Australopithecus-Exemplaren durch, welche zeigten, dass diese Geschöpfe *nicht* in aufrechter Haltung in der Art des Menschen gehen konnten. Nach 15-jährigem Studium der Fossilknochen kamen Zuckerman und sein Team zu dem Schluss, *dass Australopithecus eine Affenart* war und definitiv *nicht als bipedal* gelten konnte (Zuckerman, 1970, S. 75 ff.). In Übereinstimmung damit gliederte Charles E. Oxnard die *Knochenstruktur von Australopithecus in die gleiche Kategorie wie die eines modernen Orang-Utans ein* (»Nature«, Bd. 258, S. 389). Nach kinematischen Untersuchungen konnte Lucy nicht normal (statisch stabil) gehen (Crompton et al. in: »Journal of Human Evolution«, 1998, Bd. 35, S. 55–74).

Fazit: *Australopithecinen* haben keine Verbindung mit dem Menschen. Sie sind lediglich eine ausgestorbene Affenspezies und stellen kein Glied in der Kette der Menschwerdung dar.

Aufgrund einer Analyse der halbkreisförmigen Kanäle im inneren Ohr von Affen und Menschen, deren Funktion die Aufrechterhaltung des Gleichgewichtssinns ist, kamen Anatomie-Spezialisten zu einem ähnlichen Ergebnis: Die Dimensionen der halbkreisförmigen Kanäle von Australopithecus und deren Nachfolger (Paranthropus)

sind denen der heutigen Affen sehr ähnlich (»Nature«, Bd. 369, 23. Juni 1994, S. 645 ff.).
Auch das Argument der Evolutionisten, das Erbgut von Schimpansen sei aufgrund gemeinsamer Vorfahren fast identisch mit dem des Menschen, stellt eine propagandistische Lüge dar. Denn nicht nur die Statik des Skeletts, sondern auch die Unterschiede in der DNA von Menschen und Schimpansen sind größer als bisher angenommen: Das Erbgut der Schimpansen und das menschliche Genom differieren nicht um ein Prozent wie bisher propagiert, sondern um immerhin *fünf* (»PNAS«, 15. 10. 2002, Bd. 9, S. 13633–13635, und 15. 4. 2003, Bd. 100, S. 4661–4665).

Flexible Anatomie

Die Schädelaufhängung unterscheidet sich bei Menschen und Affen in einer grundsätzlichen Art und Weise und zeugt zumindest von getrennten Entwicklungslinien. Während einer evolutiven Entwicklungsphase vom vierbeinigen zum zweibeinigen Gang hätte die Veränderung der Körperhaltung auch umfangreiche Veränderungen am gesamten Schädel erfordert. Diese anatomischen Unterschiede kennen die Evolutionstheoretiker auch, ignorieren sie aber offiziell. Verständlich, denn wenn man keine vernünftige Erklärung besitzt, würden entsprechende Diskussionen ihrer Sache eher schaden als nützen und die Unzulänglichkeit der Evolutionstheorie zeigen.
Denn mit dem aufrechten Gang hätte sich auch der Schwerpunkt der Schädelbefestigung allmählich verändern müssen, vom hinteren Rand des Affenschädels hin zur Mitte des Menschenschädels. Das Hinterhauptsloch, wo die Wirbelsäule mit dem Schädel verbunden ist, hätte also quasi entlang des Schädels wandern müssen, denn der Schädel eines Schimpansen hängt förmlich *an* der Wirbelsäule, während der Menschenschädel *auf ihr sitzt.* Dieser erhebliche anatomische Unterschied kann nicht durch reinen Zufall oder ein Würfelspiel der Natur entstanden sein. Keine der vielen für eine erfolgreiche Aufrichtung des Affen erforderlichen Zwischenstufen

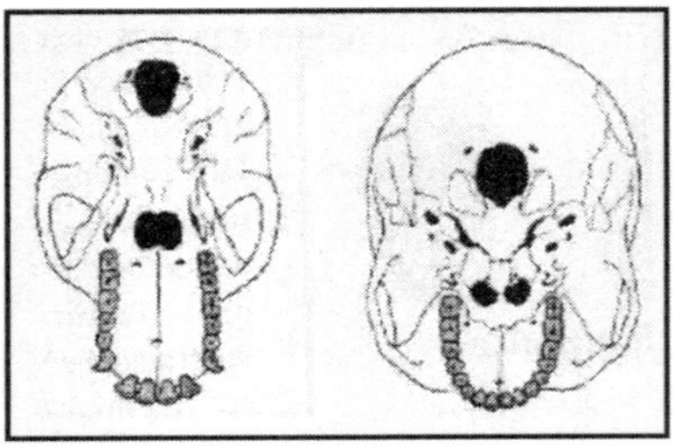

Abb. 12: Hinterhauptsloch. *Der Kopf hängt beim Affen an der Wirbelsäule (links), wohingegen er beim Menschen mit dem Schwerpunkt auf ihr sitzt (rechts). Aus Schulbuch »Biologie heute S II«, 1998, S. 425.*

konnte in den Fossilien nachgewiesen werden. Bisher wurde nur die eine *oder* die andere Befestigungsart des Schädels nachgewiesen, aber keine dazwischen liegende als Übergangsart.

Während der Mensch mit seiner Hand gezielt und feinfühlig greifen kann, macht der Schimpanse bei diesem Vorgang eher eine Faust. Gegenstände zwischen Zeigefinger und Daumen kann er nicht halten. Der Gelada, der zu den Hundsaffen gehört, ist eigentlich begabter mit seinen Händen und Fingern als der Schimpanse! Affen besitzen die Fähigkeit, mit allen vier Füßen und Händen in gleicher Weise greifen zu können, weshalb die Wissenschaftler zu Recht den Begriff Vierhänder (*Quatromano*) geprägt haben. Aufgrund der Morphologie der menschlichen Fußknochen und ihrer Anatomie ergibt sich eindeutig, dass der Fuß des Menschen ausschließlich zur Fortbewegung und nicht zum Hangeln in Bäumen konzipiert wurde. Wie konnten sich die Fußknochen beim Menschen so grundlegend umbilden, dass er nicht mehr greifen kann? Handelt es sich um einen entwicklungstechnischen Fort- oder vielleicht doch eher Rückschritt im Sinne der Evolutionstheorie? Warum wurde der zum Greifen entwickelte Fuß nicht nur derart umgebildet, dass Greifen *und* aufrechtes Gehen gleichermaßen möglich sind? Oder handelt es sich um zwei getrennte Konstruktionsmerkmale ohne jede Verbindung oder Entwicklung?

Müsste nicht auch die Stellung der Beinknochen von neuzeitlichen Menschen und Schimpansen ähnlich sein, falls beide gemeinsame Vorfahren haben, wie kategorisch behauptet wird? Aufgrund bildlicher Analogien und Ähnlichkeiten ist man geneigt, diese Frage zu bejahen, die Gegebenheiten sprechen jedoch eindeutig dagegen.

Zumindest wird klar, dass Ahnen der Menschen nicht von den Bäumen stiegen und auch nicht vom Affen bzw. einem gemeinsamen Vorfahren abstammen, es sei denn, der Vorfahr war selber biped!

Das verpasste Rendezvous

Mutierte Chromosomen sind normalerweise nicht zur Fortpflanzung geeignet, da sie von der intakten Eizelle abgestoßen werden. Ein Mensch kann sich nicht mit einem Schimpansen kreuzen und auch Tiere unterschiedlicher Arten sind unter natürlichen Bedingungen untereinander nicht fortpflanzungsfähig. Was bedeutet es eigentlich, zur selben *Gattung* beziehungsweise zur selben *Art* zu gehören? Bei dieser auf den Schweden Carl von Linné (1707–1778) zurückgehenden Nomenklatur wird ein lebender Organismus mit zwei lateinischen Namen bezeichnet: Der erste ist der Name der *Gattung*, das heißt einer Gruppe von verwandten Arten, und der zweite ist die Bezeichnung der *Art*, die definiert wird als die Gesamtheit jener Individuen, die fähig sind, Nachkommen zu zeugen, die ihrerseits wieder fruchtbare Nachkommen haben können.
Zum Beispiel gehören Esel und Pferd zur selben *Gattung* (Equus), aber nicht zur selben *Art*, weil die von ihnen gezeugten *Hybriden* – Maultiere und Maulesel – unfruchtbar sind.
Auf dem Galápagos-Archipel habe ich seltene Nachkommen fotografiert, die aus der Verbindung von Meerechse und Landleguan hervorgegangen sind. Seltsamerweise gibt es bei der Kreuzung beider Spezies nur Nachwuchs, falls der Vater eine Meerechse und die Mutter ein Landleguan ist. Die Nachkommen (*Hybriden*) sind aber in jedem Fall unfruchtbar, können sich dementsprechend nicht weiter vermehren und damit auch nicht auf der imaginären Evolutionsleiter höher klettern. Dabei sollen sich die Landleguane nach neuen Untersuchungen vor über 20 Millionen Jahren genetisch von den Meerechsen getrennt haben (BdW, 15. 7. 1999), besaßen angeblich also gleiche Vorfahren. Ähnlich unfruchtbar wären menschliche Nachkommen, hätte es Nachwuchs beim Übergang von einer Affenspezies zu einer Homo-Spezies gegeben.

Genetisch mutierte Tiere und Menschen scheinen zu vereinsamen. Denn falls ein *Hybride* – als Gedankenmodell einmal zugelassen – ausnahmsweise auch fortpflanzungsfähig wäre, bräuchte er ja eine geschlechtliche Entsprechung: Ein Männchen braucht ein Weibchen (oder umgekehrt) zur Fortpflanzung mit einem entsprechend geänderten Chromosomensatz. Deshalb ist es erforderlich, dass nicht nur ein einziges Tier mutiert, sondern der jeweils zur Fortpflanzung benötigte Fortpflanzungspartner muss immer in gleicher Art und Weise synchron (mit)mutieren.
Wie fanden sich *Adam* und *Eva*, allein geografisch gesehen? Denn es nutzt wenig, wenn *Adam* beispielsweise im nördlichen Ostafrika und die entsprechend mutierte *Eva* im südlichen Ostafrika oder sogar auf einem anderen Kontinent beheimatet waren. Hinzu kommt das auch schon angesprochene zeitliche Problem. Für eine Evolution ist es sinnlos, wenn Eva mit mutierten Chromosomen existiert, aber Adam zu dieser Zeit schon tot ist oder auch umgekehrt.
Neueste gentechnische Untersuchungen durch das Team um Peter Underhill ergaben, dass »Adam und Eva« des modernen Menschen sich zeitlich um 80000 Jahre verfehlten, denn Adam soll nach diesen Genanalysen erst vor 59000 Jahren existiert haben (»Nature Genetics«, Bd. 26/3, November 2000, S. 253–254 und 358–361).
Heutzutage wendet man zwei unterschiedliche Werkzeuge an, mit denen genetische Stammbäume berechnet werden. Da ein Spermium bei der Verschmelzung mit einer Eizelle seine Mitochondrien (angeblich) nicht weitergibt, stammt der überwiegende Teil der mitochondrialen DNA (mtDNA) von der mütterlichen Eizelle. Mit mtDNA-Analysen wird daher die mütterliche Ahnenreihe bis zurück zu einer »Ur-Eva« *berechnet*. Der »Ur-Adam« wird dagegen anhand des Y-Chromosoms *berechnet*. Da dieses nur von den Vätern auf die Söhne übertragen wird, stellt man männliche Ahnenreihen auf. Diese Stammbäume sollten dann mehr oder weniger deckungsgleich sein. Doch dem ist nicht so, wie die Untersuchung von Peter Underhill zeigt.
Genetiker wie Luigi Luca Cavalli-Sforza wehren sich denn auch gegen die Definition einer Ur-Eva, da »es, geht man von diesen

Daten aus, keinerlei Beweis dafür gibt, dass es eine Zeit gegeben haben könnte, in der die menschliche Population auf eine einzige Frau reduziert war, oder dass es zur Zeit der so genannten Eva eine besonders niedrige Populationsdichte gegeben habe« (Cavalli-Sforza, 1999, S. 101). Dem ist zuzustimmen, solange man ein und dieselbe Art betrachtet, zum Beispiel untereinander fortpflanzungsfähige Menschen (= Mikroevolution). Allerdings muss es eine Ur-Eva und einen Ur-Adam definitiv gegeben haben, wenn durch eine die Art überschreitende Mutation aus einem affenähnlichen Wesen ein Mensch entstanden sein soll (= Makroevolution). Cavalli-Sforza unterscheidet hier, wie alle orthodoxen Evolutionstheoretiker, nicht: Zur Täuschung werden die Tatsachen der Mikroevolution zur Bestätigung der Makroevolution unterstellt, da diese nicht bewiesen werden kann.

Betrachten wir aber die genetische Berechnung auf Grund von Mutationsraten genauer. Anhand konstant angesetzter Mutationshäufigkeit ermittelte man, dass Schimpansen und Menschen vor ungefähr fünf Millionen Jahren einen gemeinsamen Vorfahren hatten. Wird damit ein Beweis für eine gemeinsame Abstammung erbracht? Sicher nicht mit einer mathematischen Formel. Ein wie auch immer großer oder kleiner genetischer Abstand zweier Populationen *über die Artengrenze hinweg* beweist nicht, dass es gemeinsame Vorfahren gab. Außerdem ist eine konstante Mutationshäufigkeit *pro Zeiteinheit* als abstraktes Gedankenmodell zu werten.

Die heutzutage auftretenden Mutationsraten sind bekannt, sehr langsam, relativ linear (also voraussagbar) und regional begrenzt. Dadurch lassen sich Regionen und Zeiträume der Veränderungen kalkulieren. Es ergeben sich Zeitspannen von über 130 000 Jahren für die Evolution der nachweisbaren mitochondrialen DNA (mtDNA) des modernen Menschen, die das Alter der »wissenschaftlichen Eva« darstellen. Durch eine neue Untersuchung wird die für diese Rechnung vorausgesetzte Mutationsrate jedoch infrage gestellt. Aus dem Vergleich von DNA-Sequenzen über einen Zeitraum von 327 Generationen wurde eine empirische Rate berechnet, die um den Faktor 20 kürzer ist, als bei bisherigen phylo-

genetischen (stammesgeschichtlichen) Analysen vorausgesetzt wurde (»Nature Genetics«, Bd. 15, 1. 4. 1997, S. 363–368).
Nach dieser Untersuchung wäre die »wissenschaftliche Ur-Eva« nicht 130 000, sondern nur 6500 Jahre alt. Berücksichtigt man diesen Verjüngungsfaktor, dann fand die erste Besiedlung Amerikas anstatt vor eventuellen 30 000 Jahren vor nur 1500 Jahren und die letzte vorzeitliche Besiedlung Amerikas anstatt vor 10 000 nur vor 500 Jahren statt. Und schließlich ereignete sich die Trennung von Schimpansen und Mensch vor nur 250 000 anstatt vor 5 000 000 Jahren. Die Zeiträume werden also wesentlich kürzer und fassbarer.
Für einen kurzen Zeitraum der Existenz moderner Menschen spricht auch, dass sich alle Menschen genetisch noch ähnlicher sind als bisher vermutet (»Science«, Bd. 294, 23. 11. 2001, S. 1719–1723). Wäre die Menschheit alt, müssten größere Unterschiede in den Genen nachweisbar sein. Ist dies nicht der Fall, weil die Menschheit einmal fast ausgestorben war (»PNAS«, 1999, Bd. 96, S. 5077–5082)?
Um alle heute lebenden Menschen gradlinig aus Adam und Eva abzuleiten, bräuchte es nur 33 Generationen, bei einem durchschnittlichen Fortpflanzungsalter von 25, also insgesamt nur 825 Jahre. Berücksichtigt man bei diesen statistischen Berechnungen auch Faktoren wie Geografie, Geschichte und Migration, lebte unser identischer Vorfahre vor weniger als 5000 Jahren oder 169 Generationen (Rohde, 2004). Das bedeutet, eine Person vor 5000 Jahren war entweder Vorfahr aller heutigen Menschen oder seine Linie starb genetisch komplett aus. Vorfahre nur einiger weniger heute lebender Menschen zu sein, ist ausgeschlossen. Ein Forscherteam spielte am Computer mehrere Szenarien durch, wobei sie Faktoren wie unterschiedliches Bevölkerungswachstum, Isolation einzelner Gruppen, lokale Migration und Völkerwanderungen berücksichtigten. Das Ergebnis der Untersuchung zeigt, dass unser aller jüngster gemeinsamer Vorfahre wahrscheinlich vor etwa 3000 Jahren gelebt haben kann (»Nature«, Bd. 431, 30. 9. 2004, S. 562–566). Gibt es den modernen Menschen (einschließlich unserer Steinzeit-Vorfahren) erst seit wenigen tausend Jahren?

Die Bevölkerung Indiens soll innerhalb von nur 20 Jahren von einer auf zwei Milliarden explodieren und die Weltbevölkerung soll in 45 Jahren um 50 Prozent, also von sechs auf neun Milliarden Menschen anwachsen. Deutlich wird, in welch kurzen Zeiträumen sich Entwicklungen vollziehen.

Fiktive Stammbäume

Im Erdmittelalter bis vor 65 Millionen Jahren, zur Zeit der Dinosaurier, gab es angeblich nur primitive Säugetiere, die sich erst nach dem Aussterben der Dinosaurier höher entwickelt haben sollen. Am Ende des Eozäns (–55 bis –36 Ma) vermutet man den Ursprung der Primaten. Nach der Evolutionslehre entwickelten sich dann nacheinander die in Bäumen lebenden Neuweltaffen (z. B. Brüllaffen), Altweltaffen (z. B. Nasenaffen, Rhesusaffen) und die Menschenaffen (Gibbons, Orang-Utans, Gorillas und Schimpansen). Die Übergänge zwischen diesen Gruppen sind, wie alle Übergänge von einer Tierart zur anderen, *nicht durch Fossilfunde dokumentiert*.

Als weitere frühe Station auf dem Wege zum Menschen wurde lange Zeit der auf 8 bis 14 Millionen Jahre datierte *Ramapithecus* angesehen. Er galt in den 1960er-Jahren sogar als der Vorfahr des Menschen. Die Rekonstruktion von *Ramapithecus* basierte lediglich auf zwei Stücken eines Oberkiefers. In »Der Mensch der Vorzeit« (Howell, 1969) wurde felsenfest behauptet: »Überzeichnet man die Zähne und den Gaumen von *Ramapithecus* zuerst auf den Gaumen eines Orang-Utan und dann auf den Gaumen eines Menschen, wird die Menschenähnlichkeit offenbar ...« Heutzutage wird es eher umgekehrt gesehen. Die ehemals angeblich menschlichen Merkmale sollen jetzt denen des *Orang-Utans am ähnlichsten* sein.

Es muss unterstrichen werden, dass Evolutionsgläubige den *Ramapithecus* als separate Übergangsform klassifizierten, wobei sie sich lediglich auf einige Zähne und Teile eines Gaumens stützten. Viele Generationen mit Millionen von Individuen und ganze Stammbaum-Abschnitte wurden fälschlicherweise erfunden. Handelt es sich um einen bedauerlichen Irrtum oder um eine bewusste Manipulation?

»Aufgrund einiger Zähne und des Teils eines Gaumens wurde behauptet, dass Ramapithecus menschenähnlich war. Als Beweis diente der angebliche gebogene Gaumen, der sich nach hinten außen wie beim Menschen biegt. Affen und Menschenaffen besitzen dagegen U-förmige flache Gaumen« (Howell, 1969).

Es soll hier nicht weiter auf den frühen Abschnitt des (angeblichen) menschlichen Stammbaums eingegangen werden, denn die frühe Abstammung des Menschen ist nicht belegt, daher imaginär und stellt reine Spekulation dar. Zudem konnten weder für den Schimpansen noch für den Gorilla fossile Vorfahren dokumentiert werden. Deshalb bestehen entsprechende Stammbäume auch immer nur aus geraden Stämmen ohne Verbindungen, da es ja nicht einen einzigen Fund von Verbindungsgliedern (Missing Links) gibt. Unser Wissen ist bruchstückhaft. Der ältere Teil des Stammbaums bis zu den *Australopithecinen* (lateinisch *Südaffe*) ist imaginär, da riesige Fundlücken bestehen.

Nach den *Australopithecinen* kam angeblich die nächste Stufe der menschlichen Evolution, als *Homo* (lateinisch *Mensch*) klassifiziert. Entsprechend der evolutionistischen Behauptung sind die Lebewesen der Homo-Serie höher entwickelt als die *Australopithecinen*. Als Bindeglied zwischen *Australopithecus* und den echten Menschen wurde bis vor kurzer Zeit *Homo habilis* (–2,4 bis –1,5 Ma) angesehen. Der erste *Homo habilis* wurde mit Werkzeugen gefunden und etwas vorschnell als »geschickter Mensch« in die Wissenschaft eingeführt. Danach soll mit *Homo erectus* der erste Vertreter des Menschen aufgetreten sein. *Homo erectus* (lateinisch *aufrechter Mensch*) wird von verschiedenen Forschern recht unterschiedlich beurteilt. Einige unterscheiden den frühen *Homo ergaster* und den späten *Homo erectus*. Andere unterscheiden den afrikanischen *Homo ergaster*, den asiatischen *Homo erectus* und den europäischen *Homo heidelbergensis*, früher auch als *archaischer Homo sapiens* bezeichnet, dem nun wieder ein *Homo antecessor* zuvorkommen soll. Dazwischen liegen noch einige Bezeichnungen zur

Auswahl bereit, die in der einen oder anderen Form irgendwie einmal als Standardbezeichnung angesehen waren – meist heftig umstritten unter Fachleuten.
Über so genannte Mischformen (z. B. Steinheimer Mensch) und den frühmodernen Cro-Magnon-Menschen soll die Entwicklung dann zum heute lebenden modernen Menschen geführt haben. Der Neandertaler ist nach einigen Forschern auf Grund von DNA-Untersuchungen des Genetikers Professor Dr. Svante Pääbo inzwischen als Vorfahr des modernen Menschen ausgeschieden (»Science«, Bd. 277, 1977, S. 1021–1025). Der Neandertaler wird jetzt entweder als ausgestorbene Unterart des modernen Menschen (*Homo sapiens neanderthalensis*) oder (wie seit seiner Entdeckung und aktuell in den USA) als eigene Art (*Homo neanderthalensis*) betrachtet. Eine eigene Art würde bedeuten, dass Neandertaler und moderne Menschen untereinander nicht fortpflanzungsfähig waren.
Auf jeden Fall handelt es sich beim Neandertaler um ein ausgeschiedenes Glied in der Kette der Menschwerdung, für das auch kein Ersatzglied zur Verfügung steht. Aber irgendein anderes Glied wird schon an die Stelle des Neandertalers getreten sein, meinen die Evolutionisten. Klar, wer an Evolutionswunder glaubt, zaubert eben ein anderes Kaninchen in Form eines fehlenden (imaginären) Homo-Vorfahren aus dem Hut, der irgendwo im Dunkel der Zeit im Erdboden der Entdeckung harrt. Vielleicht findet man ja wieder ein Kieferbruchstück und deklariert es als Beweis für eine Spezies, die an die Stelle des Neandertalers tritt und Millionen von nicht aufgefundenen Individuen imaginär repräsentieren soll. Bis dann nach Jahren festgestellt wird, dass dies wieder ein Affenkiefer war, hat sich aber im Bewusstsein der Menschen festgesetzt, dass es eine Übergangsform gegeben hat.
Indem die Evolutionskette als *Australopithecus – Homo habilis – Homo erectus – Homo sapiens* ausgewiesen wurde, besagt dies, dass jede dieser Spezies der Vorläufer der darauf folgenden war und nach Darwins Gesetzen alle Stufen *nacheinander* existiert haben müssen. Die neuesten Entdeckungen einiger Paläo-Anthropologen haben jedoch enthüllt, dass *Australopithecus*, *Homo habilis* und

Homo erectus in verschiedenen Teilen der Welt zur gleichen Zeit existierten. Überdies hat ein bestimmter Teil der als *Homo erectus* eingegliederten Menschen bis in sehr neuzeitliche Epochen gelebt. Die Fachzeitschrift »Science« berichtete in einem Artikel unter der Überschrift »Letzter *Homo erectus* von Java: Möglicher Zeitgenosse des *Homo sapiens* in Südostasien«, dass *Homo-erectus*-Fossilien auf ein Durchschnittsalter von 27 000 bis 53 300 Jahre datiert werden. *Homo erectus* lebte also mit anatomisch modernen Menschen (*Homo sapiens*) gemeinsam in Südostasien (»Science«, 13. 12. 1996; Bd. 274, S. 1870–1874)!

Seit ungefähr 30 000 Jahren soll es von der Gattung Mensch nur noch den modernen Menschen (*Homo sapiens*) geben, nachdem auch der Neandertaler ausstarb. Ist auch diese Ansicht falsch? Im September 2003 wurde auf der indonesischen Insel Flores das vollständige Skelett einer bisher unbekannten Menschenspezies gefunden und als neue Art *Homo floresiensis* beschrieben, die vor nur 18 000 Jahren existiert haben soll (»Nature«, 28. 10. 2004, Bd. 431, S. 1055–1061 und S. 1087–1091).

Handelt es sich nicht um Menschenaffen (vergleiche Fotos 48–49), sondern um moderne Menschen? Denn neben den Skelettresten fand man relativ anspruchsvolle Werkzeuge. Doch um *Homo sapiens* soll es sich bei dem merkwürdigen Flores-Mensch nicht handeln, denn er zeichnet sich durch einen außergewöhnlichen Zwergenwuchs von nur einem Meter Größe aus, und das Hirnvolumen war mit 380 Kubikzentimetern geradezu *winzig*. Selbst *Lucy* (*Australopithecus afarensis*) besaß mehr Hirnvolumen. Nicht nur der Anthropologe Macieij Henneberg (*Universität Adelaide*) schimpft: »Die Dimension wirft alles über den Haufen, was ich in 32 Jahren über die Evolution gelernt habe« (»Focus«, 10/2005, S. 153). Bisher nahm man als sicher an, dass Hominiden mit derart kleinem Körper und Gehirn wie der neu entdeckte Flores-Mensch als Entwicklungsstufe bereits vor drei Millionen Jahren ausgestorben sind!

Die Konsistenz der *nicht versteinerten* Knochen des Flores-Menschen wird mit »kartoffelbreiartig« beschrieben. Bleiben solche Knochen überhaupt 18 000 Jahre in unversteinertem Zustand erhalten? Zusammen mit den Knochen wurden Überreste des noch

Abb. 13: ***Zwergenwuchs.*** *Brüder und Schwestern der Owitch-Familie stammen von Zwergeneltern ab. Entdeckt ein Paläo-Anthropologe in ferner Zukunft die Knochen eines großwüchsigen Basketballspielers, könnte er annehmen, dass der Mensch im 21. Jahrhundert extrem groß gewesen sei. Fände er jedoch die Knochen der Owitch-Familie, so schiene es, als seien wir kleine Zweibeiner gewesen.*

heutzutage lebenden Komodowarans und eines Zwergelefanten der Gattung *Stegodon*, der vor 5000 Jahren auf Flores ausgestorben sein soll, ausgegraben. Die Ausgräber spekulieren, ob der Flores-Mensch heftigen Vulkanausbrüchen zum Opfer fiel. Warum nicht? Er suchte in der Höhle Zuflucht und wurde dann unter insgesamt sechs Meter dicken Schlammfluten (eines Tsunami?) begraben. Unter diesen Umständen könnte der Flores-Mensch vielleicht auch nur 5000 Jahre alt sein, oder ist er noch wesentlich jünger?
Die Forscher sehen im Flores-Mensch (*Homo floresiensis*) einen unmittelbaren Nachfahren von *Homo erectus* – jenes *Java-Menschen*, den Eugène Dubois 1891 entdeckt hatte. Sollte sich die Flores-Art tatsächlich aus dem *Homo erectus* entwickelt haben, müsste ihre Trennung noch weiter zurückliegen als die derzeit propagierte Trennung des modernen Menschen vom Neandertaler vor 600 000 Jahren, meint der Humanbiologe Professor Günter Bräuer von der *Universität Hamburg* (»Die Welt«, 31. 10. 2004, S. 76). Wo sind dann aber die unzähligen Individuen der Entwicklungskette geblieben?

Der angebliche Flores-Zwergenmensch erinnert an die in der Kryptozoologie von Ivan T. Sanderson klassifizierten *Proto-Pygmies*, die alle kleineren »Hominiden« (Wildmenschen) wie den Orang Pendek, Sehite und Teh-lma und Agogwe umfassen. Diese unbekannten Hominiden existieren quasi überall auf der Welt, wenn die Augenzeugenberichte wahr sind. Die Agogwe sind den Pygmäen ebenfalls bekannt, doch laut ihren Mythen sind diese ängstlichen Dschungelbewohner die ersten Lebewesen, die vor Urzeiten geboren wurden. Daher werden die Agogwe von den Pygmäen als Waldgeister verehrt, denen man Gaben hinterlässt und die sich angeblich manchmal revanchieren, u.a. indem sie den Pygmäen selbst etwas schenken, verirrte Kinder wieder zurück zum Lager führen oder anderweitig behilflich sind.

Der bekannte Kryptozoologe Bernard Heuvelmans vermutet, dass es sich bei den Agogwe um eine grazile *Australopithecus*-Spezies handelt, die in Ostafrika überlebt hat. Um 1900 beobachtete der Löwenjäger Captain William Hitchen in der Umgebung von Wembere (Tansania) zwei kleine, ungefähr 1,20 Meter kleine Männer mit braunem Fell und aufrechtem Gang, als er bei einer offiziellen Löwenjagd im Anstand lag (vgl. Bord, 1995, S. 416). Erst im Jahre 1937 wurde dieser Bericht im Magazin »Discovery« abgedruckt, woraufhin sich Cuthbert Burgoyne meldete, der ähnliche Wesen im Jahre 1927 von einem Boot aus in Ostafrika gesehen hatte. Es soll sich um Agogwe gehandelt haben.

Die Fußabdrücke der Agogwe sind ungefähr 12,5 Zentimeter lang und der große Zeh ist im Verhältnis zu den anderen größer als beim Menschen und seitlich abgestreckt. Sie haben ein langes Fell, das rostfarben oder, wie manchmal berichtet wird, schwarz bis grau ist. Die Haut ist mehr gelblich-hellbraun und sie besitzen relativ lange Arme. Die Größe schwankt zwischen 90 und 120 Zentimetern und entspricht damit der Größe von *Lucy*. Gibt es noch lebende Spezies von Australopithecus oder handelt es sich um eine unbekannte Menschenart, falls die Berichte stimmen?

Aus Tansania und dem nördlichen Mozambique kommen immer wieder Berichte von so genannten *Agogure* oder *Agogue*, eine menschenähnliche, den Pygmäen ähnelnde Spezies, jedoch mit längeren

Armen. Sie besitzen ein längeres rötliches Fell. Von ähnlichen Kreaturen wird in Guinea, Sierra Leone, der Elfenbeinküste und im Kongobecken berichtet. Bei Ngoliba in Kenia sollen andere »Hominiden, wahrscheinlich Überlebende aus prähistorischer Zeit, in elf Waldgebieten von 33 Eingeborenen nachweislich beobachtet« worden sein (Bord, 1995, S. 397). Auch auf der anderen Seite des Atlantiks in Kolumbien wurden mehrfach 1,20 bis 1,50 Meter große Hominiden gesichtet, dort *Shiru* genannt.
Die Fossilien, die von den Evolutionisten als Vorläufer des Menschen ausgegeben werden, gehören tatsächlich entweder verschiedenen Menschenarten *oder* diversen Affenspezies an. Scheinbar lebten diese Kreaturen auch noch bis vor kurzer Zeit oder es gibt sie sogar heutzutage noch in unzugänglichen Gebieten dieser Erde. Die Koexistenz dieser Arten widerspricht jedoch Darwins Selektionsprinzip diametral.
Fazit: Die von den Evolutionisten aufgestellte Ahnenreihe des Menschen stellt eine willkürliche Aneinanderreihung einiger weniger Knochen und Schädel dar. Als materielle Basis der Entwicklungsgeschichte des Menschen für vielleicht 250 000 Generationen in etwa vier Millionen Jahren mit dem Beginn der Entwicklung vom *Australopithecus afarensis* bis zum Neandertaler verfügt man *nur* über ungefähr 300 Knochenfragmente, die weniger als 50 Menschen zugeordnet werden können. Unter dieser Voraussetzung kommt *auf vielleicht 3000 Generationen ein einziger, meist fragmentarischer Knochenfund*. Da fällt die Stammesgeschichte des modernen Menschen mehrfach durch einen viel zu weiten Rost, denn nach Simulationsrechnungen könnte der erste Vorfahre moderner Menschen vor nur 169 Generationen gelebt haben (»Nature«, Bd. 431, 30. 9. 2004, S. 562–566).
Wie kann man trotz dieses Missverhältnisses und nur vereinzelter Funde überhaupt ganze Entwicklungslinien und Abstammungshypothesen aufstellen und diese auch noch als wissenschaftlich gesicherte Tatsache hinstellen? Der Glaubensaspekt ist in diesem Fall sicher mehr gefragt als der Wissensaspekt. Fast jeder neue Fund wirbelt die angebliche Ahnenkette durcheinander. Im Augenblick herrscht die Tendenz vor, die Anfänge der Menschheit weiter in das

Dunkle unserer Erdgeschichte hin zur Ära der Dinosaurier zu verlagern, wodurch die von mir postulierte Koexistenz von Menschen und Dinosauriern tendenzmäßig langsam nachvollzogen wird. Aber *andererseits dünnt man mit dieser Vorgehensweise die schon jetzt mehr als lockere Kette fossiler menschlicher Funde noch mehr aus.*

Der Abstieg der Bindeglieder

Die menschliche Evolutionslinie ist aber auch unter den Wissenschaftlern umstritten und stellt keine gesicherte Tatsache dar. Da der Übergang vom schimpansenähnlichen Australopithecus zum *Homo erectus* mit einem viel größeren Gehirnvolumen zu sprunghaft erscheint und keinen sich evolutiv langsam vollziehenden Entwicklungsprozess dokumentiert, wurde eine Übergangsform notwendig. Der *Homo habilis* musste deshalb notwendigerweise zur Glaubhaftmachung der Evolutionstheorie als Lückenbüßer propagiert werden.

Einige Wissenschaftler, darunter Willfred Le Gros Clark, stellen die Existenz der Übergangsform *Homo habilis* jedoch infrage. Loring Brace schrieb (Fix, 1984, S. 143): »Der *Homo habilis* ist ein leeres Taxon, das aufgrund unangemessener Befunde propagiert wurde und in aller Form wieder begraben werden sollte.« Und J. T. Robinson behauptete sogar, dass es sich bei diesen Funden fälschlicherweise um eine Mischung von Skelettteilen des *Australopithecus* (Affen) *und des Homo erectus* (Menschen) handelt. Louis Leakey gab zu bedenken, ob unter dem Begriff *Homo habilis* nicht in Wirklichkeit zwei Arten der Gattung Homo (Mensch) zusammengefasst worden seien, deren eine sich zum *Homo sapiens* weiter entwickelte und deren andere zum *Homo erectus* wurde (Wood, 1987, S. 187).

Als Beweis für die Existenz einer Übergangsform wurde ein von Tim White entdecktes Schädel- und Skelettfossil, *OH 62* genannt, als *Homo habilis* postuliert. Aber die Rekonstruktion zeigt ein kleines Schädelvolumen, lange Arme und kurze Beine: insgesamt cha-

rakteristische Merkmale von Australopithecus, also Affen. Im Jahr 1994 veröffentlichte die amerikanische Anthropologin Holly Smith eine detaillierte Analyse und wies darauf hin, dass *Homo habilis* nicht ein Mensch (Homo), sondern ein Affe war (»American Journal of Physical Anthropology«, Bd. 94, 1994, S. 307 ff.).
Außerdem wurde ein Exemplar des *Homo habilis* (STW 53) untersucht und festgestellt, dass dieser sogar noch affenähnlicher als die Australopithecinen war und noch schlechtere Voraussetzungen für einen aufrechten Gang besaß. Die Schlussfolgerung: »STW 53 stellt wahrscheinlich keine Zwischenstufe zwischen Australopithecinen und *Homo erectus* dar« (»Nature«, Bd. 369, 23. 6. 1994, S. 645 ff.).
Wegen der sehr heterogenen Morphologie trennte man *Homo habilis* nach dem Fund des Schädels *KNM-ER 1470* im Jahre 1972 (Leakey, 1973) schließlich in zwei Arten auf: *Homo habilis* und *Homo rudolfensis*. Richard Leakey, der das Fossil ausgrub, stellte den angeblich 2,8 Millionen Jahre alten Schädel *KNM-ER 1470* der Öffentlichkeit als die größte Entdeckung in der Geschichte der Anthropologie vor. Laut Leakey war dieses Wesen (*Homo rudolfensis*), das gleich dem Australopithecus ein kleines Gehirn (kraniales Fassungsvermögen), jedoch die Gesichtsstruktur eines Menschen hatte, die *fehlende Übergangsform* zwischen Australopithecus (Affe) und Mensch. Nach kurzer Zeit jedoch sollte sich herausstellen, dass die menschliche Gesichtsstruktur des Schädels *KNM-ER 1470*, die häufig auf den Titelseiten wissenschaftlicher Zeitschriften zu sehen war, das Ergebnis einer *fehlerhaften Zusammenfügung* der Schädelfragmente war: Das Gesicht hatte in Wahrheit ein noch *affenartigeres* Aussehen als *Australopithecus* (»New Scientist«, Bd. 133, 11. 1. 1992, S. 38–41).
Der Paläo-Anthropologe J. E. Cronin erklärte, dass die relativ primitiven Charakteristika (Merkmale) die angebliche Übergangsform *Homo rudolfensis* mit den Mitgliedern der taxonomischen (= systemischen) Affengattung *Australopithecus africanus* verbindet (»Nature, Bd. 292, 1981, S. 113 ff.). Fazit: *Homo rudolfensis* ist kein Mensch, sondern ein Affe. Loring Brace von der *Michigan-Universität* kam zur gleichen Schlussfolgerung nach einer Analyse, die er an der Kiefer- und Zahnstruktur des Schädels *ER 1470*

durchführte, und sagte, dass dieser als fehlende Übergangsform (Missing link) gefeierte Fund genau das Gesicht und die Zähne eines *Australopithecus* (Affen) habe (Brace et al., 1979). Auch der Paläo-Anthropologe Professor Alan Walker besteht darauf, dass der gefeierte Menschenschädel *KNM-ER 1470* als *Australopithecus*-Spezies, also als ein Affe angesehen werden müsse (»Scientific American«, Bd. 239/2, 1978, S. 54).

Als *KNM-ER 1470* gefunden wurde, wurde dieser Schädel auf ein Alter von 2,9 Millionen Jahren geschätzt, da er unter einer Tuffschicht lag, die radiometrisch auf ein Alter von 2,6 Millionen Jahre datiert wurde. Wie man später feststellte, hatte man das Alter des Tuffsteins allerdings falsch berechnet, weil die untersuchten Proben mit älterem Vulkangestein verunreinigt waren. *KNM-ER 1470* musste also auf 1,8 Millionen Jahre verjüngt werden – und war plötzlich genauso alt wie *Homo habilis*! Aus dem angeblich alten Glied in einer Entwicklungsreihe wurde scheinbar ein jüngerer Bestandteil einer anderen (imaginären) Kette.

Zusammenfassend kann festgestellt werden, dass Klassifizierungen wie *Homo habilis* oder *Homo rudolfensis*, die als Übergangsglieder zwischen den Australopithecinen und *Homo erectus* dargestellt werden, gänzlich imaginär sind – also nicht als Übergangsformen in Form von Fossilien existieren. Wie von zahlreichen Forschern (u. a. »Science«, Bd. 284, 2. 4. 1999, S. 65–71) heutzutage bestätigt wird, sind diese Lebewesen Mitglieder der *Australopithecus*-Reihe, also Affenspezies. Es gibt keine zwischen Menschen und Affen anzusiedelnden Zwischenglieder (Übergangsformen), die es nach der Evolutionstheorie eigentlich in Hülle und Fülle in den fossilen Urkunden geben müsste. Diese neue Erkenntnis setzt sich erst jetzt durch, nachdem man jahrzehntelang *Homo habilis* als Beweis für die Menschwerdung und für die Richtigkeit der Evolutionstheorie in Fachzeitschriften und Magazinen weltweit im Blitzlichtgewitter feierte. Die bisher postulierten Zwischenglieder haben sich als *Fata Morgana* erwiesen.

Entsprechend wird *Homo habilis* inzwischen von einigen Wissenschaftlern als *Australopithecus habilis* reklassifiziert (»Science«, Bd. 284, 1999, S. 65–71), also auf der Evolutionsleiter herunterge-

stuft. Der von Louis Leakey in den frühen 1960er-Jahren eingeführte »geschickte Mensch« (*Homo habilis*) hat aufgrund neuer morphologischer Erkenntnisse seinen Status als Mensch eingebüßt. Die Bindegliedposition zwischen Affe und Mensch ist verwaist. Gibt es diese überhaupt? Der Vergleich der Schädel von *Australopithecus afarensis* und einem heutigen Affen zeigt praktisch keine Unterschiede.
Deshalb überrascht nicht, wenn Charles E. Oxnard (*Universität Chicago*) schreibt (1975, S. 394): »Es ist eher unwahrscheinlich, dass auch nur einer der Australopithecinen ... irgendeine phylogenetische Verbindung zum Homo (Mensch) haben kann.« Und weiter (S. 393): »Als Gattung (für *Australopithecus*-Fossilien, HJZ) bietet sich ein Mosaik aus einzigartigen Merkmalen und Charakteristika, die denen des Orang-Utan ähneln.« Lucy war scheinbar eine Art Orang-Utan. Da Affen immer Affen bleiben werden und es keine Zwischenglieder gibt, sehen wir uns jetzt die Menschenspezies an.

Homo-Spezies

Die Evolution des Menschen (Homo-Spezies) soll sich folgendermaßen vollzogen haben: *Homo erectus*, archaischer (= sehr früher) *Homo sapiens*, Neandertaler (umstritten), Cro-Magnon-Mensch (frühmoderner Mensch) und letztlich der moderne (neuzeitliche) Mensch. In Wirklichkeit handelt es sich hier lediglich um *verschiedene Spezies von modernen Menschen.* Die Unterschiede zwischen ihnen sind nicht größer als die zwischen Pygmäen, Eskimos und Europäern.
Das kraniale Fassungsvermögen von *Homo erectus* schwankte zwischen 900 und 1100 Kubikzentimetern und liegt damit an der Untergrenze des Gehirnvolumens neuzeitlicher Menschen. Wir wollen zuerst den *Homo erectus* untersuchen, der als primitivste Menschenform ausgegeben wird. Die Evolutionisten ließen *Homo erectus* von den Menschenaffen dadurch unterscheiden, dass sie ihm die Eigenschaft der »aufrechten Körperhaltung« hinzufügten.

Es besteht aber kein Unterschied zwischen dem Skelett des modernen Menschen und dem des *Homo erectus.*
Der Hauptgrund der Evolutionisten, *Homo erectus* als *primitiv* einzustufen, ist die Gehirngröße (900 bis 1100 ccm), welche geringer als die des durchschnittlichen modernen Menschen (1400 ccm) ist, und ferner seine dicken Überaugenwülste. Es gibt jedoch heutzutage lebende Menschen, deren Gehirngröße (kraniale Kapazität) die gleiche wie die des *Homo erectus* ist (z. B. die Pygmäen), und es gibt einige andere Völker, wie die australischen Aborigines, bei denen vorspringende Überaugenwülste vorkommen.
Die Fossilien, durch die *Homo erectus* der Welt bekannt wurde, sind die des *Peking-Menschen* und des *Java-Menschen*, die in Asien gefunden wurden. Im Lauf der Zeit wurde es jedoch klar, dass diese beiden Fossilien zweifelhaft wurden, wie noch diskutiert werden soll. Aus diesem Grund wurden *Homo-erectus*-Fossilien, die in Afrika gefunden worden waren, wachsende Bedeutung zugemessen. Einige Fossilien, die angeblich *Homo erectus* darstellten, wurden von einigen Evolutionisten in eine weitere Klasse namens *Homo ergaster* eingeteilt. All diese Fossilien sollen hier unter der Kategorie *Homo erectus* behandelt werden.
Das berühmteste Exemplar des *Homo erectus*, das in Afrika gefunden wurde, der *Turkana-Knabe*, wurde in der Nähe des Turkana-Sees in Kenia entdeckt. Die aufrechte Skelettstruktur des Fossils unterscheidet sich in keiner Weise von der eines modernen Menschen. In Bezugnahme darauf erklärte der amerikanische Paläo-Anthropologe Alan Walker, dass er bezweifle, ob ein durchschnittlicher Pathologe in der Lage sei, einen Unterschied zwischen dem Skelett des Fossils und dem eines neuzeitlichen Menschen festzustellen – und der Schädel »sah ganz so wie ein Neandertaler aus« (»The Washington Post«, 19. 11. 1984). Selbst der Evolutionist Richard Leakey erklärt, dass der Unterschied zwischen *Homo erectus* und dem modernen Menschen gering ist. Professor William Laughlin (*Universität von Connecticut*) führte ausführliche anatomische Untersuchungen an Eskimos und Bewohnern der Aleuten-Inselkette durch und bemerkte eine außergewöhnliche Ähnlichkeit dieser Menschen mit dem *Homo erectus.* Fazit: Es handelt sich in

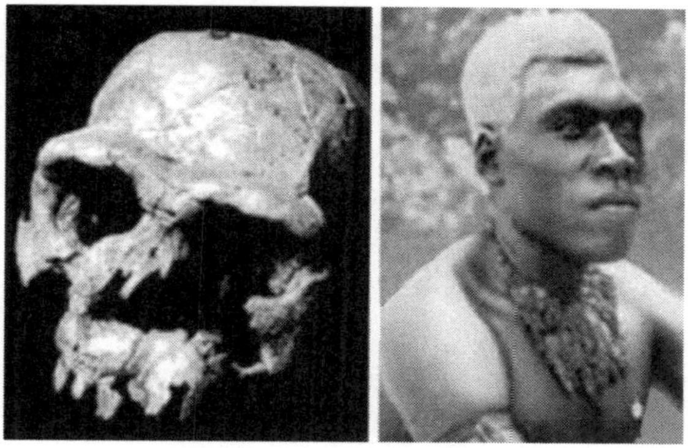

Abb. 14: Vergleich. *Nicht ausgestorben. Ein Schädel von Homo erectus im Vergleich mit einem rezenten Malaien (rechts). Bei beiden sind die vorstehenden Überaugenwülste und weitere Eigenschaften, wie die nach hinten fallende Stirn, erkennbar, die bei einer Reihe heutiger Völker vorhanden sind. Fotos: Harun Yahya.*

allen Fällen einschließlich *Homo erectus* nur um verschiedene Variationen des modernen Menschen (Lubenow, 1992, S. 136).

Die Auffassung, dass *Homo erectus* eine überflüssige Klassifizierung ist, gewinnt in wissenschaftlichen Kreisen an Gewicht. Die Zeitschrift »American Scientist« berichtet, dass die Teilnehmer der *Senckenberg-Konferenz* im Jahre 2000 in eine erhitzte Debatte über den taxonomischen Status von *Homo erectus* gerieten. Auslöser war die von mehreren Wissenschaftlern vorgetragene Argumentation, dass *Homo erectus* keine Gültigkeit als eigenständige Art habe und überhaupt abgeschafft werden sollte: Der *Homo erectus* ist ein *Homo sapiens.* Alle Vertreter der Gattung Homo, von vor etwa zwei Millionen Jahren bis zur Gegenwart, seien eine weitgehend veränderliche und weit verbreitete Spezies, *Homo sapiens*, ohne natürliche Unterbrechungen oder Unterabteilungen (»American Scientist«, November/Dezember 2000, S. 491). *Diese Meinung einiger Experten entspricht genau der in diesem Buch vorgetragenen Sichtweise.*

Deshalb wird der Gattungsname *erectus* überflüssig, einfach weil *erectus* und *sapiens* ein und die gleiche Spezies darstellen. Vielleicht hat auch François de Sarre Recht, dass *Homo erectus* eine andere, »wilde« Spielart des Menschen darstellt. Vergleichsweise sind Braunbär und Eisbär vom Skelett aus kaum zu unterscheiden, pflegen jedoch zwei ganz unterschiedliche Lebensweisen.

Berücksichtigt man den Wegfall von *Homo habilis* und *Homo erectus*, entsteht eine unüberbrückbare Kluft zwischen Affen (*Australopithecus*) und Menschen (*Homo erectus*, *Homo sapiens*): Denn der erste Mensch trat im Fossilnachweis plötzlich und ohne irgendeine evolutive Vorgeschichte auf. Diese Tatsache steht der dogmatischen Philosophie und Ideologie der Evolutionisten total entgegen. Rekonstruktionen des *Homo erectus* werden deshalb mit affenartigen Gesichtszügen versehen, während auf der anderen Seite Affen wie *Australopithecus* oder *Homo habilis* mit künstlerischen Mitteln vermenschlicht werden. Die Kluft zwischen diesen unterschiedlichen, klar gegeneinander abgegrenzten Hominidenklassen wird so *künstlich überbrückt*: Die Illusion wird im Bewusstsein der Bevölkerung Realität.

Das besterhaltene Skelett eines *Homo erectus* ist wahrscheinlich der Fund *KNM-WT 15000*. Dieses Fossil soll 1,6 Millionen Jahre alt sein und stellt sogar einen Beweis *gegen* die Evolutionstheorie dar, denn es ähnelt den wesentlich jüngeren Neandertalern. Der Evolutionist Donald Johnson vergleicht die Gestalt und die Proportionen der Glieder dieses Fundes sogar mit heutigen Äquatorialafrikanern!

Professor Helmut Ziegert von der *Universität Hamburg* entdeckte in der Sahara 400 000 Jahre alte Spuren einer Besiedlung und 200 000 Jahre alte Reste von Rundhäusern am Rande eines prähistorischen Gewässers von der Größe Deutschlands (»BdW«, Ausgabe 4/1998, S. 18 ff.). Schon lange bevor es Neandertaler gab, stellten diese Frühmenschen (angeblich *Homo erectus*) bereits Spezialgeräte her. »Der frühe Mensch fuhr Boot und fischte, jagte Strauße und trug Lederkleidung.« Ziegert postuliert deshalb: »Ich wende mich gegen die Rekonstruktion, in denen die Frühmenschen halbnackt oder mit umgehängtem Fell dargestellt werden.« Fazit: *Homo erectus* lebte wie frühmoderne Menschen.

Eigentlich müsste jetzt der Neandertaler als Nachfolger des *Homo*

erectus und Vorläufer des modernen Menschen gelten. Aber gentechnische Untersuchungen scheinen zu zeigen, dass der Neandertaler nicht unser Vorfahre war. Deshalb wird die »Akte Neandertaler« noch in einem separaten Kapitel beleuchtet. Auf jeden Fall gibt es keinen Ersatz für den Neandertaler als Vorläufer des modernen Menschen in Europa: Der moderne Mensch tauchte urplötzlich vor ungefähr 40 000 bis 35 000 Jahren aus dem Dunkel der Geschichte in Europa auf.
Als Ersatz für den Neandertaler wird der Zeitpunkt des ersten Auftauchens von modernen Menschen weiter in die Vergangenheit geschoben. Als zwei moderne Schädel (*Omo 1 und 2*) im Jahr 1967 von Richard Leakey in Äthiopien gefunden wurden, legte man das Alter aufgrund radiometrischer Messungen des Uran- und Thorium-Zerfalls von Vulkanschichten auf 130 000 Jahre fest. Da der Neandertaler als unser Vorfahre neuerdings ausfällt, sah man sich gezwungen, neue Messungen der bereits datierten Vulkanasche vorzunehmen. Man wählte jetzt angeblich den radioaktiven Zerfall von Kalium und Argon aus, und schon wird die beabsichtigte Zurückdatierung des modernen Menschen als wissenschaftlich bestätigt veröffentlicht: Er ist jetzt rund 200 000 Jahre alt (»Nature«, Bd. 433, 17. 2. 2005, S. 733–736). Ziel erreicht, denn damit wurde die Dauer der Existenz von Neandertalern überbrückt. Durch das weit zurückdatierte Auftauchen des modernen Menschen in Afrika vergrößert sich jedoch die Kluft zwischen den ersten anatomisch modernen Menschen und ersten eindeutigen Anzeichen der Kulturentwicklung, da für mindestens 150 000 Jahre keine weiteren, auch noch so kleinen Funde vorgezeigt werden können.

Menschliche Koexistenz

Der in Zusammenhang mit den geologischen Schichten diskutierte Zeitimpakt im Pleistozän-Zeitalter (Diluvium) hat eine anthropologische Parallele, seit die erste Homo-Art die Bühne der Menschheitsgeschichte betrat. Denn angeblich primitive Menschenarten und höher entwickelte Menschenaffen lebten mit moderneren Menschen

gemeinsam, obwohl Erstgenannte nach Darwin jeweils durch höher entwickelte Formen abgelöst worden sein sollten.
Jedoch, »es liegen Hinweise aus Ostafrika auf das langzeitige Überleben von kleinwüchsigen *Australopithecus*-Individuen vor, die zuerst Zeitgenossen des *Homo habilis*, und dann des *Homo erectus* waren (»Science«, Bd. 207, 1980, S. 1103). Louis Leakey fand Fossilien von *Australopithecus*, *Homo habilis* und *Homo erectus* fast nebeneinander im Olduvai-Gorge-Gebiet in der *Bed-II-Schicht* (Kelso, 1970, S. 221).
Stephen Jay Gould, ein bekannter Paläontologe an der *Harvard-Universität*, erklärt die Sackgasse der Evolution folgendermaßen: »Was würde aus unserer Stufenleiter, wenn es drei nebeneinander bestehende Stämme von Hominiden (*Australopithecus africanus*, die robusten *Australopithecinen* und *Homo habilis*) gibt, keiner deutlich von dem anderen abstammend? Darüber hinaus zeigt keiner von ihnen irgendeine evolutive Neigung während ihres Daseins auf der Erde« (»Natural History«, Bd. 85, 1976, S. 30). Die Koexistenz dieser nach der Evolutionstheorie *nacheinander* existierenden Übergangsstufen zwischen Affen- und Menschenwesen widerspricht der Evolutionstheorie: Der Mensch kann nicht von Affen abstammen.
Wenn wir weitergehen zu den Menschenspezies, vom *Homo erectus* bis zum modernen Menschen (*Homo sapiens*), dann gibt es auch hier keine Stufenleiter, sondern alle angeblichen »Zwischenstufen« lebten gemeinsam. Tatsächlich gibt es Beweise dafür, dass *Homo erectus* und Vorläufer des modernen Menschen – der so genannte *archaische* (sehr frühe) *Homo sapiens* – bis vor 27 000 und selbst bis vor 13 000 Jahren noch lebten. Im australischen Kow-Sumpf wurden 22 Individuen entdeckt, mit einem Alter von 13 000 bis zu nur 6500 Jahren. Der Ausgräber Alan Thorne äußerte im Fachmagazin »Nature« (Bd. 238, S. 316–319) die Meinung, dass in diesen Funden »eine fast unverändert erhaltene Form der östlichen *Homo-erectus*-Form« erhalten geblieben ist, die sich aber von den *heutigen Aborigines* (Eingeborenen) *deutlich unterscheidet* (Thorne/Macumber, 1972, S. 319). Mit anderen Worten, die angeblich erste Entwicklungsstufe der Menschenspezies lebte mit der aktuellen (= moderne

Menschen) vor wenigen tausend Jahren gemeinsam (ebd., S. 316). Diese angeblich »primitiven« Menschen waren *größer* als die heutigen Eingeborenen, besaßen einen extrem großen Kopf mit robusten Merkmalen und einen mit dicken Knochen und kräftigen Muskeln ausgestatteten Körper. Exakte Untersuchungsergebnisse wurden aber nie veröffentlicht. Die Evolutionisten wollten nicht die Tatsache akzeptieren, dass moderne Menschen noch vor 10 000 oder weniger Jahren mit einer »primitiven« Spezies (*Homo erectus*) zusammenlebten, die genauso aussahen wie ihre *Homo-erectus*-Vorfahren vor einer Million Jahren.

Andererseits werden Fossilien moderner Menschen in viel zu alten geologischen Schichten gefunden, in denen es ausschließlich angeblich primitive Vorläufermenschen (*Homo erectus*) geben dürfte. Paläo-anthropologische Daten enthüllten, dass Vertreter des *Homo sapiens*, die genauso aussahen wie wir, vor bis zu einer Million Jahren lebten, also rund 850 000 Jahre zu früh. Der berühmte Paläo-Anthropologe Louis Leakey machte die ersten solcher Funde. Im Jahr 1932 fand Leakey im Kanjera-Gebiet, das den Viktoria-See in Kenia umgibt, einige Fossilien, die zum mittleren Pleistozän gehörten. Diese Epoche liegt jedoch eine Million Jahre zurück (»Science News«, Bd. 115, 1979, S. 196 f.). Da diese Entdeckungen den evolutiven Stammbaum auf den Kopf stellten, wurden sie von evolutionistischen Paläo-Anthropologen offiziell nicht akzeptiert.

Diese Kontroverse lebte 1995 wieder auf, als in den nordspanischen Karsthöhlen der *Sierra de Atapuerca* ein menschliches Fossil geborgen wurde. Der Fund war aber mit einem Alter von 800 000 Jahren um 200 000 Jahre zu alt, denn bisher hatte man angenommen, dass *Homo erectus* erstmals vor 600 000 Jahren nach Europa eingewandert sein soll. Die eigentliche Sensation ist aber, dass man etwas »Primitives« erwartet hatte, aber was man fand, »war ein absolut modernes Gesicht« (Magazin »Discover«, Dezember 1997, S. 97 ff.). Dieser Schädel besitzt am unteren Rand des Wangenknochens eine grubenartige Vertiefung, die so genannte *fossa crania*. Diese Grube ist ein wichtiges morphologisches Kennzeichen moderner Menschen. Keine andere Form des Menschen, weder *Homo erectus* noch Neandertaler weisen *diese fossa crania* auf.

Der Schock für die Anthropologen: Die Geschichte des *Homo sapiens* hätte um 800 000 Jahre in die Vergangenheit ausgedehnt werden müssen. Da dies der menschlichen Entwicklungsgeschichte widersprochen hätte, wurde eine neue Phantasie-Spezies erfunden, den man *Homo antecessor* (Mensch-Vorgänger) taufte; dementsprechend wurde der Atapuerca-Schädel klassifiziert.
Ist der moderne Mensch sogar 1,7 Millionen Jahre alt? Anfang der 1970er-Jahre entdeckte Louis Leakey in der Olduvai-Schlucht zusammen mit Fossilien von *Australopithecus*, *Homo habilis* und *Homo erectus* in der so genannten *Bed-II-Schicht* Überreste einer Steinhütte, deren Bauart noch heutzutage in einigen Teilen Afrikas verwendet wird. Zeugt dieser Fund von einer 1,7 Millionen Jahre langen Existenz des modernen Menschen? Oder sollte man aus dem Nebeneinanderliegen all dieser Funde nicht vielmehr den Schluss ziehen, dass dort, wo Jahrhunderttausende von Jahren angesetzt werden, höchstens Jahrtausende oder Jahrhunderte ausreichen? Denn mit diesen außerordentlich wenigen Funden kann man eigentlich auch nur wenige Generationen auferstehen lassen.
»In der jüngeren Vergangenheit wurden Fossilien-Spezies aufgrund von absoluten Gehirnausmaßen, Rückschlüssen auf linguistische (sprachliche) Fähigkeiten, Handfunktionen und Fähigkeiten, Steinwerkzeuge zu benützen, der Homo-Gattung (also Menschen) zugeordnet. Von einigen wenigen Ausnahmen abgesehen wurde die Definition und der Gebrauch dieser Klassifizierung innerhalb der menschlichen Evolution sowie die Abgrenzung der Gattung *Homo* (Mensch) so gehandhabt, als seien sie nicht problematisch ... In der Praxis werden Fossilien von Hominiden auf der Grundlage eines oder mehrerer von vier Kriterien der Homo-Gattung zugeordnet ... Doch die jüngsten Daten und neuere Interpretation des vorliegenden Beweismaterials ... zeigen, dass die gegenwärtigen Kriterien der Zuordnung nicht befriedigen. Dieses ›cerebrale Ratespiel‹ ist problematisch, weil absolute kraniale Kapazität (Gehirngröße) nur von fragwürdiger biologischer Bedeutung ist. Gleicherweise besteht zwingender Beweis, dass Sprachfunktion nicht verlässlich von der groben Erscheinung des Gehirns abgeleitet werden kann und dass die sprachbezogenen Teile des Gehirns nicht so gut lokalisiert

sind, wie frühere Studien angedeutet hatten ...« (»Science«, Bd. 284, 2. 4. 1999, S. 65–71).
Weitere Funde, neue Arten und Bezeichnungen werden hinzukommen, die ein Auf und Ab auf der Hominiden-Stufenleiter bewirken und den imaginären Stammbaum wieder durcheinander wirbeln werden. Aber es handelt sich in diesen Fällen *entweder um Affen oder um moderne Menschen*, da es keinen Übergang vom Affen zum Menschen in den fossilen Urkunden gibt. Wenn allerdings Funde gemacht werden, die dem propagierten Stammbaum widersprechen, werden diese nicht berücksichtigt. Denn lange vor der angeblich erstmals aufrecht gehenden Äffin Lucy gab es bereits Affen, die tatsächlich aufrecht gehen konnten.

Der aufrecht gehende Bergaffe

Kaum bekannt, aber umso interessanter ist, dass es schon ungefähr sechs Millionen Jahre vor Lucy einen aufrecht gehenden Affen gegeben hat. Bereits 1872 wurde der »Bergaffe von Bamboli« (*Oreopithecus bambolii) von* François Louis Paul Gervais (1816–1879) beschrieben. Seither gab es viele Kontroversen darüber, wie dieser Primat in das System der Tiere einzuordnen sei (Engesser, 1998, S. 2; Brandt, 1999, S. 33). Dabei ist das Fundmaterial dieses Affen keineswegs dürftig. Zahlreiche fossile Knochen, darunter ein vollständiges Skelett eines *Oreopithecus*, sind aus knapp zehn Millionen Jahre alten (obermiozänen) Braunkohleschichten geborgen worden (»Herder Lexikon«, 1994, S. 250). Alle Funde stammen aus der Toskana und Sardinien (Italien).
Nach gängiger Auffassung vermutet man den letzten gemeinsamen Vorfahren des Menschen und der Schimpansen vor ungefähr sechs bis fünf Millionen Jahren. *Oreopithecus* lebte nach konventioneller Datierung jedoch vor neun bis sieben Millionen Jahren! Dies bedeutet aber zwingend, dass die menschenähnlichen Merkmale und der aufrechte Gang des *Oreopithecus* bei späteren Formen nicht mehr gegeben waren und erst wieder während des Prozesses der Menschwerdung in Erscheinung getreten wären. Sensationell an

diesem sehr alten Fund ist also, dass man erst jetzt erkannt hat, dass schon lange vor Lucy, die wohl eher tippelte als ging, bereits Affen aufrecht auf zwei Beinen gingen. Das beweisen anatomische Merkmale von Wirbelsäule, Oberschenkeln und Füßen. *Oreopithecus* gilt auch *nicht* als Vorfahre des Menschen. Klar, denn man hat über mehrere Millionen Jahre hinweg keine weiteren Zwischenstufen aufzuweisen. Dieser Erklärungsnotstand führt dazu, dass dieser Fund offiziell nicht weiter diskutiert wird. Außerdem soll ja gerade die Fähigkeit des aufrechten Gehens den Menschen vom Affen unterscheiden, ein offensichtlich genauso lang wie falsch propagiertes Dogma.

Fazit: Es ist im Fall des *Oreopithecus* eindrucksvoll belegt, dass eine Fortbewegung auf zwei Beinen nicht zwangsläufig eine Vorfahrenschaft zum Menschen bedeuten muss (Brandt, 1999, S. 36). Deshalb wird manchmal auch die Wasseraffen-Theorie diskutiert, derzufolge *Oreopithecus* in seiner Umwelt oftmals Gewässer durchqueren musste. Der aufrechte Gang kam ihm dabei sicherlich zugute, gestattete er doch ein sicheres Waten durch tiefere Gewässer. Inwieweit die wässrige Umwelt selbst für die Entstehung der Bipedie (Zweibeinigkeit) des *Oreopithecus* verantwortlich ist, wäre eine weitere interessante Diskussion. Es sollte jedoch nicht übersehen werden, dass die Vordergliedmaßen des *Oreopithecus* länger als die Beine sind, was sie zum Schwimmen eher ungeeignet macht. Eine eventuelle Wasseranpassung könnte daher wohl nur eingeschränkt bestanden haben. Zudem sind die langen Arme und die gebogenen Phalangen (Fingerknochen) der Hände ein Indiz dafür, dass *Oreopithecus* sehr wohl auch regelmäßig Bäume erkletterte (Feustel, 1990, S. 53; vgl. auch Engesser, 1998, S. 4). Vielleicht ein Hinweis auf überflutete Regenwälder?

Auf jeden Fall scheint klar zu werden, dass der aufrechte Gang des *Oreopithecus* unabhängig vom aufrechten Gang der *Australopithecinen* und der Gattung *Homo* existierte – falls die geologische Datierung stimmt. Außerdem müssten nach der Evolutionstheorie Vorläufermodelle von *Oreopithecus* existieren. Auch diese Entwicklungsstufen gibt es, wie alle anderen, nicht. Die Frage ist, ob sich eine durch unzählige Zufälle und Mutationssprünge gekennzeichnete Evolution mehrfach parallel wiederholen kann – also unabhängig voneinander der aufrechte Gang zu verschiedenen Zeiten bei verschiedenen Wesen.

Wasseraffen

Die Bipedie des *Oreopithecus* kann mit einer wässrigen Umwelt in Verbindung gebracht werden. Bevor wir diesen Aspekt näher betrachten, sehen wir uns einmal an, ob Vorläufer des Menschen sich als »Savannentier Mensch« entwickelt haben könnten, nachdem wir eine evolutive Entwicklungsphase in den Bäumen als unhaltbare These erkannt haben.

Nach der orthodoxen Savannentheorie schrumpfte die Größe der Wälder vor ungefähr vier Millionen Jahren infolge klimatischer Veränderungen dramatisch. Aufgrund des schwindenden Nahrungsangebots geriet die Population der Primaten unter Druck, sodass einige wagemutige Individuen außerhalb dieser Wälder in der Savanne nach Nahrung suchten. Sie zogen hinaus in die großen, mit Gras bedeckten Ebenen Afrikas. Die natürliche Auslese soll dann dazu geführt haben, dass sich die »modernen« menschlichen Eigenschaften als vorteilhaft erwiesen haben. Während sich diese Merkmale langsam evolutiv entwickelten, habe sich der Mensch auf seine zwei Hinterbeine erhoben, um über das hohe Gras blicken zu können. Gleichzeitig vergrößerte sich das Gehirn, und das dichte Fell ging verloren.

Es wurde bereits eingangs diskutiert, dass eine Entwicklung vom kriechenden zum aufrechten Gang nicht stattgefunden haben kann (u. a. in »Journal of Human Evolution«, 1998, Bd. 35, S. 55–74). Der Mensch unterscheidet sich neben seinem aufrechten Gang aber auch mit anderen Körpermerkmalen von den Affen und anderen Landsäugetieren. Im Gegensatz zu diesen kann der Mensch durch Nase und Mund gleicherweise gut atmen. Andererseits ist unsere Unfähigkeit einzigartig, gleichzeitig atmen und trinken zu können. Verantwortlich ist ein besonderes Körpermerkmal: unser tiefliegender Kehlkopf.

Bei den an Land lebenden Säugern ist der Mund mit dem Magen durch die Speiseröhre und die Nase mit der Lunge durch die Luftröhre verbunden. Diese Tiere können daher, im Gegensatz zum Menschen, gleichzeitig atmen und trinken. Die Luftröhre führt mittels eines ringförmigen Schließmuskels durch den Gaumen. Entspannt sich dieser Schließmuskel, kann durch das obere Ende der Luftröhre Luft in die Mundhöhle ausgestoßen oder aus dieser eingesaugt werden. Dieser Vorgang ist beispielsweise für das Bellen des Hundes verantwortlich. Nach dem Bellen hebt sich die Luftröhre wieder und der Schließmuskel zieht sich zusammen. Die Trennung zwischen Luft- und Speiseröhre wird wieder hergestellt.
Im Gegensatz dazu befindet sich die Luftröhre beim Menschen unter der Zungenwurzel, also tiefer als bei den anderen Säugetieren. Außerdem existiert kein Schließmuskel zur Trennung von Luft- und Speiseröhre. Nur deshalb kann sowohl Nahrung als auch Luft sowohl in die Lunge als auch in den Magen gelangen, denn die Rückseite unseres Gaumens ist offen. Dadurch wird das Schlucken beim Menschen zu einer gefährlichen Aktion, da Nahrung oder Flüssigkeit in die Luftröhre geraten kann. Deshalb stellen Erstickungsfälle bei der Nahrungsaufnahme bei Menschen anders als bei allen anderen Säugetieren eine relativ häufige Todesursache dar.
Den Biologen ist es ein vollkommenes Rätsel, wie sich diese ungewöhnliche biologische Konstruktion beim Übergang vom Lebensraum Wald in die Savanne durch natürliche Auslese entwickelt haben soll (Morgan, 1990, S. 126). Alle Fachleute sind sich darüber einig, dass dieses biologische Konstruktionsmerkmal wahrhaft einzigartig ist. Es gibt auch keine schlüssige Erklärung für ihren Ursprung. Aber auch in diesem Fall kann es keine Entwicklungsstufen von der einen zur anderen körperlichen Ausprägung gegeben haben. Ein Beispiel: Eine weiterentwickelte Maschine funktioniert nur, wenn sie konsequent durchkonstruiert und perfekt hergestellt wurde. Planungs- oder Konstruktionsfehler würden zum Stillstand bzw. Nichtfunktionieren der Maschine führen, genauso, wie unfertig ausgebildete Speise- und Luftröhrensysteme zum Tod der

jeweiligen Kreatur führen würden. Langsame evolutive Entwicklungsschritte bei Mensch oder Tier würden zwangsläufig zum Tod dieser Spezies führen. Eine solche Entwicklung ist nicht möglich, und deshalb sind in den fossilen Urkunden wie auch heutzutage nur konsequent »durchkonstruierte«, von Anfang an perfekte Biomechanismen als »Intelligentes Design« zu finden, in vollkommener Anpassung an ihre jeweilige Umwelt.

Genauso wenig kann das Merkmal des tief liegenden Kehlkopfes in der damaligen Savannenlandschaft irgendeinen evolutiven Vorteil bedeutet haben. Affen und andere Landsäugetiere kommen mit dem anderen System perfekt klar. Also muss die Fragestellung lauten: Unter welchen Umständen verschafft der tief liegende Kehlkopf dem Menschen einen Vorteil? Beim Leben in einer wässerigen Umgebung wie beim bereits beschriebenen aufrecht gehenden Bergaffen?

Der Mensch besitzt auch eine auffällig dicke Fettschicht unter der Haut. Während diese bei an Land lebenden Primaten fehlt, sind über 30 Prozent des menschlichen Körperfetts darin (subkutan) verteilt. Jedoch: Diese Fettschicht ist bei im Wasser lebenden Säugetieren die Norm. Sie ist eine ausgezeichnete Isolierung gegen den Verlust von Körperwärme – in der Nähe des Äquators allerdings *nur* im Wasser (Morgan, 1990). Ist der Mensch deswegen unbehaart? Es ist immer noch vollkommen ungeklärt, warum der Mensch seine Körperbehaarung verloren hat. In der Savanne stellt die Nacktheit sicher keinen evolutiv entwickelten Vorteil, sondern im Gegenteil einen eklatanten Nachteil dar.

Der aufrechte Gang, die einzigartige Atmung und die fehlende Körperbehaarung sind aber allerdings entscheidende Vorteile beim Leben in Seengebieten und überflutetem Terrain (Morgan, 1990, S. 47): Der aufrechte Gang hat an Land kaum unmittelbar einleuchtende Vorteile, aber im Wasser kann man an Land lebenden Feinden ausweichen und gleichzeitig schwimmend oder watend über Wasser atmen.

»Schon der Fundort von Lucy verweist auf eine mögliche Affinität zum Wasser. Es scheint einst das sumpfige, vielleicht bewaldete Ufer eines Sees gewesen zu sein. Lucys Knochen lagen zwischen den Überresten von Krebsscheren, Krokodil- und Schildkröteneiern« (Baigent, 1998, S. 129). Lucy soll ertrunken sein, weil sie den Sumpf aufgesucht hatte, um zu trinken. Primitive Kulturen leben in Afrika niemals am Rande des Wassers, weil diese Wasserstellen von gefährlichen Raubtieren aufgesucht werden. Könnte Lucy teils im Wasser gelebt haben? Die nordäthiopische Heimat Lucys war vor angeblich sieben Millionen Jahren ein großes Binnenmeer, das innerhalb von Jahrmillionen allmählich ausgetrocknet sein soll und eine mehrere hundert Meter mächtige Salzebene hinterließ. Passierte dieses Szenario der Austrocknung vielleicht zur selben Zeit, als die Sahara vor höchstens 5000 Jahren entstand? Lebten bestimmte Affen- und Menschenspezies in den Flachzonen der sich vormals weit erstreckenden Meere, bis heftiger Vulkanismus und damit einhergehend Wüstenbildung einsetzte?

Dramatische Veränderungen

Wohin führen uns diese Darlegungen? Ich möchte jetzt einen kurzen Überblick über die möglichen Ereignisse bei der Sintflut (= Ende der Dinosaurier-Ära) bieten, um dem interessierten Leser auch den Anschluss an die Themen und Ausführungen in meinen anderen Büchern zu geben, damit ein Gesamtüberblick gewährleistet ist. Deshalb wird hier auf eine eingehende weitere Beweisführung in dieser Hinsicht verzichtet, um Wiederholungen zu vermeiden.

Wie bereits O. C. Hilgenberg (1933), so weist Klaus Vogel (1990) aus Werdau seit 1980 mit immer eindrucksvolleren, teils gläsernen Erdkugeln darauf hin, dass sich alle heutigen Kontinente – einschließlich der unter Wasser liegenden Kontinentalschelfe – verblüffend gut passend zu einem Superkontinent im Sinne einer »Urerde« zusammenfügen lassen, die wesentlich kleiner war als die heutige Erde. Die Oberfläche der Erde weist heutzutage rund 70 Prozent Ozeane und 30 Prozent Festland auf. Denkt man sich die Kontinente – gleich den 5- und 6-Ecks eines Lederballs – zu einer geschlossenen Kugel verbunden (= Urkontinent Pangaea ohne

Ozeane!), dann erhält man diese »Urerde«, deren Oberfläche zu 100 Prozent aus Festland besteht, die dann aber einen um 35 bis maximal 40 Prozent verminderten Radius aufweist. Diese kleinere Urerde besitzt nur eine einzige, diese komplett umschließende Erdkruste, aber keine dazwischen liegenden Ozeane.
Spontane Frage: Wo bleibt das Wasser? Mögliche Antwort: Oberhalb des Superkontinents. Das Wasser bedeckte und umhüllte die Urerde vollkommen und bildete über ihr eine treibhausförmige Wasserdampf-Atmosphäre (vgl. »Darwins Irrtum«, S. 152ff.). Immerhin stammen über 95 Prozent aller Fossilien aus dem Meer. Diese so genannte »Allmeer-Erde« bezeichnete der Physiker und Astronom Heinz Haber (1965) mit dem griechischen Wort »panthalassische« Erde, die zwar *Berge, aber keine hohen Gebirge besaß*.
Berücksichtigen wir eine kleinere Erde, dann waren die Ozeanbecken anfänglich nicht in der heutigen Tiefe vorhanden. Setzen

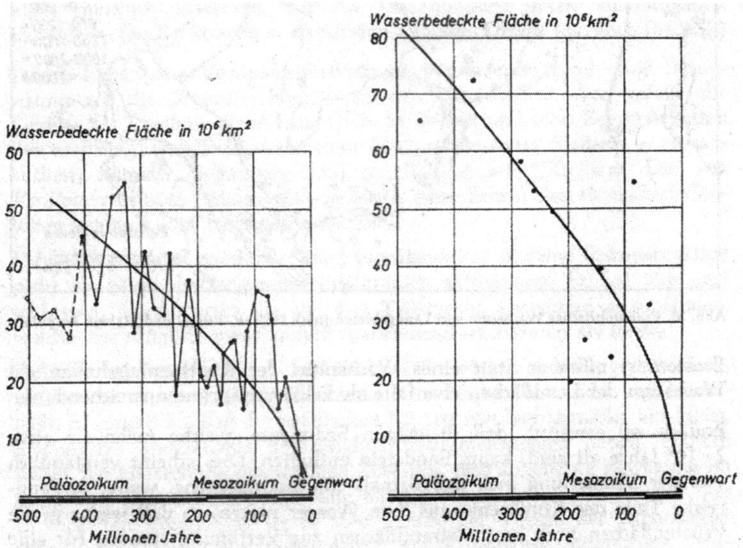

***Abb. 15: Unter Wasser.** Wasserbedeckung jetziger Landflächen in geologischer Vergangenheit nach Egyed. In früherer Zeit lag ein großer Teil der heutigen Landflächen unter Wasser. Aus Jordan, 1966.*

wir als vereinfachtes Gedankenmodell einmal voraus, dass die Gesamtmenge des Meerwassers konstant geblieben ist, ergibt sich zwangsläufig, dass zu Beginn der Erdexpansion ein erheblich größerer Teil der Kontinentalschollen im Gegensatz zu heute flach unter Wasser liegendes Schelfgebiet gewesen sein muss. Mit anderen Worten, derzeit trocken liegende Niederungen lagen früher unter Wasser. L. Egyed hat aus der Prüfung zweier verschiedener geologischer Kartenwerke die beiden Kurven Abbildung 15 entwickelt (»Geologische Rundschau«, Bd. 46, 1957, S. 108 und Bd. 50, 1960, S. 251). Sie zeigen, dass die Erde früher ein mit Wasser bedeckter Planet war, insbesondere wenn ein kleinerer Erddurchmesser berücksichtigt wird. Zur Zeit der Dinosaurier war die Erde wesentlich großflächiger mit Wasser bedeckt (vgl. Abb. 8, S. 49).
In diesem Zusammenhang wird die Erdexpansionstheorie untermauert durch ozeanographische Echolotmessungen, die nur geringe Sedimentmassen in der Tiefsee nachwiesen. Die Erosion ist in der Gegenwart so stark, dass bei gleicher Stärke auch in der Vergangenheit ein grundsätzlich anderer Sachverhalt hätte entstehen müssen. Mit anderen Worten: In den Ozeanen müssten riesige Sedimentmassen lagern. Entsprechend ist in Bezug auf die Erosion offenbar statt eines Wachstums der Kontinentalschollen ganz einfach eine Vergrößerung der Landflächen möglich, indem ehemals von Wasser bedeckte Flächen trockenes Land wurden.
»Endlich sei erwähnt, dass diejenigen Sedimente, welche mehr als etwa 2000 Millionen Jahre alt sind, kaum Sandstein enthalten. Dies scheint verständlich von der Vorstellung aus, dass damals nur hochgelegene, wenig umfangreiche Kontinente aus dem Wasser ragten, sodass weder große Wüstenflächen noch breite Strandflächen zur Verfügung standen für eine Sandbildung durch Sortierung von Felstrümmern« (Jordan, 1966, S. 60).
Erst durch die bereits diskutierte abrupte Kippung der Erdachse um ungefähr 20 Grad in die heutige ekliptische Schräglage am Ende der Dinosaurier-Ära (= Sintflut) erhoben sich die Gebirgsketten (Himalaja, Anden, Alpen) in ihre heutige Höhe. Die frisch wirkenden, unverwitterten Muschelschalen in mehreren tausend Meter Höhe dieser Gebirge beweisen, wie auch Charles Darwin festge-

stellt hat, dass die Gebirgsketten zum großen Teil vor relativ kurzer Zeit noch Meeresboden bildeten.
Nach der Erdachsenverschiebung fand auch der größte Teil der Erdexpansion statt (ausführlich in »Irrtümer der Erdgeschichte«, S. 71 ff.). Zu dieser Zeit wurden auch die Tiefseegräben gebildet. Durch die mit der Ausdehnung der Erdkugel und der Erdachsenverschiebung auftretenden *Zugspannungen* in der Erdkruste bildeten sich zwangsläufig Risse in schwächeren Bereichen der Erdkruste (u. a. Ostafrikanischer Graben, Rheingraben). Auch beim Nordostdeutschen Becken: Angeblich am Ende des Karbons »kam es zu einer Dehnung des Raumes, die Erdkruste wurde ausgedünnt und riesige Mengen von granitischen Gesteinen ergossen sich an die Oberfläche« (Bayer, 2002, S. 31). Risse bildeten sich aber insbesondere in den dünnen Ozeanböden: Es entstanden die mittelozeanischen Rücken und die Tiefseegesenke (Tiefseegräben). Der knapp elf Kilometer tiefe Marianengraben entstand nach offizieller Ansicht erst vor sechs bis höchstens neun Millionen Jahren (»Science«, Bd. 305, 4. 2. 2005, S. 689), also in der jüngeren Erdvergangenheit. Nimmt man die angeblich langen geologischen Zeiträume als zeitlichen Maßstab, ereignete sich dieses Szenario fast zu Lebzeiten von Lucy.
Da alle Kontinente vor diesen Ereignissen dichter beisammen lagen, kann man auch das Vorkommen von Dinosaurierarten auf »falschen« Kontinenten noch in der Oberkreidezeit erklären, was ein unlösbares Rätsel für Geophysiker darstellt, die sich normalerweise nicht mit Dinosaurier-Paläogeographie beschäftigen. Zum Ende der Kreidezeit gab es beispielsweise die nur gegen Ende des Erdmittelalters in der Oberkreide lebenden Tyrannosaurier und deren nahe Verwandte. Diese bevölkerten mehrere Kontinente und Inseln (u. a. auch die Insel Madagaskar), die schon sehr lange vor dieser Zeit durch tiefe Ozeane getrennt gewesen sein sollen – ein Widerspruch zur Plattentektonik-Hypothese (ausführlich in: »Dinosaurier Handbuch«, S. 54 ff.). Heutzutage expandiert die Erde nur noch im Zentimeterbereich, wie die sich voneinander entfernenden Kontinente beweisen. Bevor sich die Gebirge erhoben, gab es wesentlich mehr flache Wasserzonen auf der Erde. Waren frühe Men-

schen, die Lucy-Verwandten und der aufrecht gehende Bergaffe Bewohner dieser anderen, wässerigen Umwelt mit großräumigen Flachwasserzonen?
Unsere Gebirge sollen bis zu 3900 Millionen Jahre alt sein. Tagtäglich wird Erosionsmaterial in Form von Geröll, Kies, Sand und Lehm über die Flüsse in die Seen und Ozeane transportiert. Rechnet man mit einer konstanten Sedimentationsrate in die Erdvergangenheit zurück, können die Berge und Gebirge nicht älter als 15 Millionen Jahre sein, da nach diesem Zeitraum alle Erhebungen der Erde durch die zerstörende Wirkung der Gewalten (Erdbeben, Wind, Frost, Wasser) abgetragen wären. Der Zeitraum verkürzt sich, falls in der Vergangenheit eine verstärkte Erosion zu verzeichnen war. Ähnliche Überlegungen, Messungen und Berechnungen kann man auch mit den Schlammablagerungen auf dem Grund von Seen in den Alpen anstellen, die nicht älter als ein paar tausend Jahre sein können, da sie sonst wegen des Eintrages von Sand, Kies und Lehm schon lange verlandet wären. Ähnliche Berechnungen zeigen, dass die Niagarafälle 7000 Jahre alt sind, wenn man die seit dem Jahr 1764 ermittelte Erosionsrate von 1,5 Metern pro Jahr zugrunde legt (Wolfe, 1949, S. 176). Unter Berücksichtigung eines nach einer Naturkatastrophe erhöhten Wasserabflusses ergibt sich ein noch jüngeres Alter von 2500 bis höchstens 4000 Jahren (Velikovsky, 1956/1980, S. 177).
Entsprechend kann man die mittlere Zunahmerate des Salzgehalts in den Ozeanen in die Vergangenheit zurückrechnen. Die Flüsse hätten nur 62 Millionen Jahre gebraucht, um den heutigen Salzgehalt in die Ozeane einzutragen. Gab es zu Zeiten der Dinosaurier kein Salzwasser? Und schließlich sind die Flussdeltas aller Flüsse weltweit zu klein. Für die Bildung des heutigen Mississippi-Deltas würden nur 5000 Jahre benötigt, wenn man die aktuelle Sedimentationsrate als konstant voraussetzt. Auch die teilweise heutzutage unter dem Meeresspiegel der Ozeane liegenden älteren Fluss-Deltas zeugen nur von einer jeweils kurzen Lebensdauer.
Nordöstlich des Chiemsees in Bayern befindet sich ein ellipsenförmiges Streufeld mit 81 Einschlagskratern, die von Teilen eines auseinander gebrochenen Meteoriten stammen. In den bis zu 370 Meter

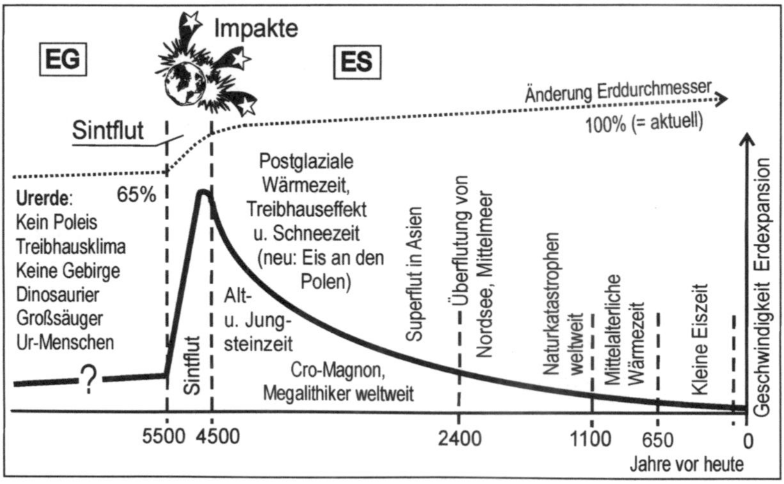

Abb. 16: Erdexpansion. *Die Erweiterung des Erddurchmessers führt zu einer Entfernung der Kontinente voneinander als scheinbare Kontinentalverschiebung nach Wegener. Vor diesem Ereignis (Sintflut) stand die Erdachse relativ gerade (EG) und nachher schräg (ES).*

großen Kratern bildeten sich Seen wie der Tüttensee, der durch das Meteoritenspektakel zur Zeit der Kelten vor nur ungefähr 2200 Jahren entstand. Anscheinend uralte Geländestrukturen sind oft jünger als man glaubt.

Zu Zeiten unserer Vorfahren stiegen auch die vorhandenen Seen – wie Bodensee, Ammersee, Federsee oder die Schweizer Seen – unter Bildung von Strandwällen und Uferterrassen sowie einhergehender Vernichtung sämtlicher Pfahlbauten und sonstiger Ufersiedlungen stark an. Zu dieser Zeit der Klimaverschlechterung *erreichten Erdkrustenbewegungen eine besondere Intensität und führten zur Bildung neuer Seen* bei München, Tölz und Memmingen. Die Flugsand- und Lössbildung fand in diesem Zeitraum ein Ende und die Dünen an Bodensee, Oberrhein und in anderen Gebieten bewaldeten sich sukzessive. Diese von einer wissenschaftlichen Untersuchung bestätigten *Erdkrustenbewegungen im Alpengebiet ereigneten sich zur Zeit der Kelten* in der subatlantischen Zeit (offiziell) von –850 bis –120 (Gams/Nordhagen, 1923, S. 304 f.).

Die Mythen der Völker berichten auf der ganzen Welt, dass sich die Gebirgszüge erhoben, die großen Wüsten gebildet wurden und auch der Grand Canyon als Erosionsrinne sowie der Ostafrikanische Graben als großer Riss in der Erdkruste entstand, während heftige Vulkanausbrüche Schichten aus Flugasche über die Landschaft legten. Zu dieser Zeit hinterließen moderne Menschen Fußabdrücke im Gebiet der angeblichen Menschwerdung, geologisch gesehen zu Zeiten noch *vor* Lucy.

Moderne urzeitliche Füße

Südlich der Olduvai-Schlucht liegt in Nord-Tansania der Fundort Laetoli. Im Jahre 1979 entdeckten Mitglieder des Teams von Mary Leakey versteinerte Fußspuren von Tieren, bevor Louis und Mary Leakey sowie ihr jüngster Sohn Philip auf einige Spuren von Hominiden aufmerksam wurden, die in Lagen vulkanischer Asche konserviert sind. Mittels der Kalium-Argon-Methode wurde diese geologische Schicht auf ein Alter von 3,6 bis 3,8 Millionen Jahren datiert (M. Leakey, 1979, S. 452). Eine Expertin für Fußabdrücke, Dr. Louise Robbins (*University of North Carolina*), stellt fest: »Dafür, dass sie in so alten Tuffen gefunden wurden, sahen sie menschlich und modern aus« (»Science News«, Bd. 115, 1979, S. 196 f.). Mary Leakey selbst schrieb, dass dieses Wesen sich in völlig aufrechter Gangart fortbewegte und die Form seines »urzeitlichen« Fußes *exakt der unsrigen entspricht*.
Dieser Fund, der in Medien große Resonanz fand, wirft mit diesen Feststellungen ein ernsthaftes Problem auf. Denn es stellt sich die Frage, wer dieser Vorfahre gewesen sein soll? Nach der Ahnenreihe des Menschen kommen vor 3,6 Millionen Jahren als aufrecht gehende Spezies nur Affenspezies wie *Australopithecus* infrage, wenn wir die Zeittafel der Evolution des Menschen als korrekten Maßstab voraussetzen. Falls allerdings ein affenartiger Vorläufer des Menschen die Laetoli-Fußabdrücke hinterließ, müssten diese anders aussehen, denn die zur damaligen Zeit lebenden Affenspezies spreizten den großen Zeh deutlich ab, im Gegensatz zum moder-

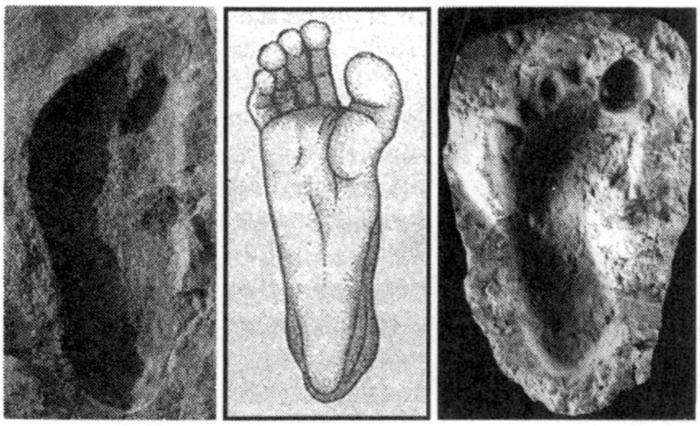

Abb. 17: ***Fußabdrücke.*** *Die angeblich 3,6 Millionen Jahre alten Fußabdrücke von Laetoli in Ostafrika (links) müssten dem damaligen Entwicklungsstand der Menschenaffen (Australopithecus) entsprochen haben, sehen aber modern aus wie das Trittsiegel eines Neandertalers aus einer italienischen Höhle (rechts). Zum Vergleich ist ein 44,3 Zentimeter langer Fußabdruck eines angeblich 15 Ma alten Riesenaffen in Belastungsstellung rekonstruiert (Zeichnung): Der für Affen und Menschenaffen typisch abgespreizte große dicke Zeh müsste ähnlich auch beim Fußabdruck von Australopithecus vorhanden sein. Bild Mitte: Prof. Holger Preuschoft, rechts: Howell, 1969.*

nen Menschen. Dieser anatomische Unterschied bezeugt die unterschiedliche Lebensweise, denn in Bäumen lebende Tiere müssen sich mit Händen und Füßen festhalten können, während der menschliche Fuß in keiner Weise für ein Leben in den Bäumen geeignet ist.

Also können keine affenartigen Vorläufer des Menschen die Abdrücke hinterlassen haben. Warum aber nicht ein moderner Mensch, wenn er schon anscheinend »menschlich und modern aussehende Füße« (»Science News«, Bd. 115, 1979, S. 196 f.) besaß? Weil dann eindeutig bewiesen wäre, dass moderne Menschen nach Lehrmeinung nicht erst vor 140 000 Jahren entstanden sind, sondern zeitgleich mit ihren vorgeblichen Urahnen bereits vor 3 600 000 Jahren lebten. Klipp und klar festgestellt: Unter diesen Umständen kann es keine Menschheitsgeschichte mit einem Hominiden-Stammbaum geben. Bestätigt wäre dann aber auch, dass moderne Menschen bereits vor Millionen von Jahren existierten, ohne irgendeine weitere Spur hinterlassen zu haben!

All diese Möglichkeiten erscheinen unglaubwürdig. Welche Lösung des Problems gibt es? Wenn moderne Menschen nicht Millionen von Jahren alt sind und in einer bestimmten geologischen Schicht gefunden wurden, dann muss eben diese Schicht auch entsprechend jung sein, da menschliche Überreste oder Fußspuren darin gefunden wurden. Damit kommt wieder der in meinen Büchern vorgeschlagene Lösungsansatz der Zeitverkürzung zum Tragen.
Die Schicht aus Flugasche, die durch Vulkanausbrüche entstand, kann demzufolge nicht 3,6 Millionen Jahre alt sein, sondern wurde vor nur wenigen tausend Jahren bei einem Vulkanausbruch abgelagert. Das Problem wäre gelöst: Die Fußabdrücke wurden von modernen Menschen vor relativ kurzer Zeit in einer noch weichen Schicht aus Vulkanasche nach einem Vulkanausbruch verursacht. Die Vulkanasche erhärtet naturgemäß schnell und nicht über lange geologische Zeiträume hinweg. Aus sich heraus steht diese geologische Schicht für einen Zeitraum, der in Tagen und nicht Jahrmillionen bemessen werden muss. Fast alle Funde von angeblich Millionen Jahre alten Affenschädeln stammen aus ähnlichen vulkanischen Schichten, die falsch, da zu alt datiert wurden. Die Frage der Datierungen vulkanischer Schichten wird im nächsten Kapitel näher untersucht.
Wenn die von mir postulierte Koexistenz von modernen Menschen und ihren angeblichen Vorfahren richtig sein soll, sollte man Überreste angeblich *unterschiedlicher Entwicklungsstufen von Hominiden in denselben geologischen Schichten* finden. Dr. Dubois, der Entdecker von *Pithecanthropus erectus* (*Homo erectus*), entdeckte auf dem Ausgrabungsniveau frühester Menschen zwei menschliche Schädel, die dem Typ des heutigen australischen Ureinwohners ähneln. Es ist aufschlussreich, dass diese Funde 20 Jahre unter Verschluss gehalten und keine Stellungnahmen zu ihnen veröffentlicht wurden. Wäre die Existenz moderner Schädel in der gleichen geologischen Schicht mit Fossilien von *Homo erectus* wissenschaftlich dokumentiert worden, hätte das sicherlich für eine Reihe von Theorien bittere Konsequenzen gehabt.
Wenn moderne *und* vorgeblich primitive Schädel in denselben geologischen Schichten lagern, andererseits Artefakte und fossile

menschliche Knochen in mehreren hundert Millionen Jahre alten Schichten gefunden werden, kann es eine (makro-)evolutive Entwicklung nicht gegeben haben. Da die biologische Zeitskala direkt und unlösbar mit der geologischen verknüpft ist, könnte man ohne Ersatz die geologischen Zeitalter in einer Art Zeitraffer in einen engeren Zeithorizont komprimieren, also verkürzen: Angeblich primitive und moderne Menschen lebten unter dieser Voraussetzung zwangsläufig gemeinsam. Deshalb findet man auch heutzutage noch anscheinend primitive Völker, die im Steinzeitalter leben und bei denen manchmal Schädel mit fliehender Stirn zu finden sind. Ist eine fliehende Stirn überhaupt ein Kennzeichen für Primitivität?

Der Fall der Laetoli-Fußspuren zeigt eindeutig, dass die fest verknüpften geologischen und biologischen Zeitleitern als Grundlage der Evolutionstheorie nicht stimmen. Definitiv nicht! Genauso wie menschliche Fußspuren als Fälschung deklariert werden, wenn man solche aus dem Zeitalter der Dinosaurier findet und dokumentiert, müssten die Laetoli-Abdrücke gefälscht sein, weil ihre moderne Erscheinungsform höchstens Jahrzehntausende, aber nicht Millionen von Jahren alt sein kann. Da die geologische Schicht jedoch nach Meinung von Experten angeblich eindeutig ins Zeitalter von *Australopithecus* datiert ist, liegt hier ein eindeutiger Beweis für die Falschheit der Evolutionstheorie vor!

Deshalb lassen wir die Abdrücke von kritischen Fachleuten beurteilen, damit keine Manipulationsabsicht unterstellt werden kann. Louise Robbins von der *University of North Carolina* stellt fest, nachdem sie die Fußabdrücke untersucht hat: »Der Rist ist erhöht ... und der große Zeh ist groß und gleich lang mit dem zweiten Zeh ... die Zehen greifen in den Boden wie menschliche Zehen. Man kann das bei anderen Tierarten nicht beobachten« (»Science News«, Bd. 115, 1979, S. 196 f.). Russell H. Tuttle, der auch die Fußabdrücke untersucht hatte, schrieb: »Ein kleiner barfüßiger *Homo sapiens* könnte sie verursacht haben ... in allen unterscheidbaren morphologischen Aspekten sind die Füße, die diese Spuren gemacht haben, *nicht* von denen moderner Menschen unterscheidbar« (»New Scientist«, Bd. 98, 1983, S. 373).

Auch Don Johanson und Tim White untersuchten die Fußabdrücke. White schrieb: »Sie sind genau wie Fußabdrücke eines modernen Menschen. Wenn sie im Sand an einem kalifornischen Strand hinterlassen worden wären, und man ein vierjähriges Kind fragen würde, was das sei, wäre die prompte Antwort, dass hier jemand gegangen sei. Das Kind könnte sie nicht von hundert anderen Abdrücken am Strand unterscheiden, genau so wenig, wie Sie es könnten« (Johanson/Edey, 1981, S. 250).
Nach diesen Experten können die angeblich 3,6 Millionen Jahre alten Fußspuren von Laetoli nicht von Fußabdrücken moderner Menschen unterschieden werden. Wo bleibt dann aber die Entwicklung vom Affenfuß zum Menschenfuß? Gibt es gar keine? Die Fußabdrücke von Laetoli sollen ja 200 000 Jahre älter als die von Lucy sein, sind jedoch anatomisch mit denen heutiger Menschen und nicht mit solchen von Lucy identisch. Demzufolge hätten moderne Menschen bereits vor Lucy gelebt und *Australopithecus* ist kein Vorläufer des Menschen. Diesen Standpunkt vertrat bereits der verstorbene Professor Lord Zuckerman, ein prominenter Zoologe, bei einem Vortag vor der Londoner Zoologischen Gesellschaft. Zur allgemeinen Lage der Diskussion bemerkte er kritisch, dass entgegen der Beweislage die Stimme der höheren Autorität gesprochen habe und ihre (falsche) Botschaft überall in den Lehrbüchern verankert wurde.
Das moderne Erscheinungsbild der Spuren von Laetoli ist dementsprechend auch nicht publik gemacht und diskutiert worden. Neben einer Unmenge von Forschungsgeldern hängt der Ruf zu vieler Wissenschaftler davon ab, dass die Bedeutung von Lucy für die Evolution des Menschen aufrechterhalten wird. Deshalb gilt die vermeintliche Rolle Lucys noch immer als anerkannte Tatsache, und viele Fachleute, die es besser wissen, halten stillschweigend an diesem installierten Dogma fest.
Russell H. Tuttle (1990, S. 61 ff.) hat Recht: »Auf alle Fälle sollten wir nun die unbegründeten Annahmen aufgeben, dass die Laetoli-Fußabdrücke von Lucys Konsorten, *Australopithecus afarensis*, gemacht worden waren« (vgl. »Science«, Bd. 166, 1969, S. 958).
Seltsamerweise akzeptieren alle Experten und Laien die Datierung

der Vulkanasche, in der die Spuren von Laetoli versteinert sind. Es fragt sich, wann sich der Vulkanausbruch tatsächlich ereignete, da in diesen Zeitraum auch die modernen Menschen von Laetoli datiert werden müssen. Immerhin liegen die versteinerten Laetoli-Abdrücke nach angeblich 3 800 000 Jahren nur wenige Zentimeter unter der heutigen Erdoberfläche. An diesem Beispiel wird das ganze Dilemma der sakrosankten Verquickung von Geologie und Evolution deutlich. Falls die Vulkanasche mit den Laetoli-Abdrücken jedoch jünger oder sogar wesentlich jünger ist als datiert, zeigt sie uns eine sehr bedeutende Realität. Wenn wir annehmen, dass die Fußspuren von Laetoli nur wenige tausend Jahre alt sind, gibt es kein Problem mit der Anwesenheit moderner Menschen zur Zeit dieses Vulkanausbruchs. Das Rätsel wäre gelöst. Aber diese Lösung würde beinhalten, dass Lucy quasi auch vor wenigen tausend Jahren lebte, während der Ära des modernen Menschen.

Rare Knochen

Fußspuren, wie die zuvor beschriebenen aus Laetoli, bleiben erstens nur erhalten, wenn die Schicht weich war, als die Fußspuren hinterlassen wurden, und zweitens, falls diese weiche Schicht schnell erhärtet. Hinterlässt man heutzutage im Schlamm eine Fußspur, ist diese bereits nach kurzer Zeit verwischt, erodiert durch Umwelteinflüsse (Regen, Wind). Dies bedeutet, dass geologische Schichten mit Fußspuren schnell erhärtet sein müssen. Von einem Vulkanausbruch stammende Flugasche erfüllt diese Bedingungen, im Gegensatz zu Sand oder Schlamm. Konservierte Fußabdrücke in Flugasche bezeugen daher ein »Tagesereignis«, vom Hinterlassen der Schicht bis zu deren Aushärtung einschließlich zwischenzeitlichen Durchquerens dieses Gebiets von Individuen. Nicht erforderlich ist ein langer geologischer Zeitraum oder ein hohes Alter der Schichten.

Knochen bleiben entsprechend nur dann über einen Zeitraum von *mehr* als einigen tausend Jahren erhalten, wenn sie unter Luftabschluss abgelagert oder speziell konserviert werden. Denn man

***Abb. 18: Zeitimpakt.** Eine acht Meter dicke Schicht (S) – Größenvergleich Mensch (M) – entstand an einem Tag am 12. Juni 1980, und darüber bildeten sich viele fein gebänderte Schichten (G) am 19. März 1982 in wenigen Stunden bei Ausbrüchen des Mount St. Helens. Dicke und/oder zahlreiche dünne Schichten stellen keinen Beweis für lange Zeiträume dar. Die Einteilung und Bemessung der Erdzeitalter (Lyell-Dogma) nach geologischen Schichten als Zeittafel stellt einen Jahrhundertirrtum dar.*

muss beachten, dass heutzutage kein einziger Knochen eines beliebigen Tieres in der freien Natur und schon gar nicht in der Nähe des Äquators aktuell versteinert, obwohl jeden Tag unzählige Tiere dort sterben. Ein Umstand, den Erd- und Menschheitsgeschichtsforscher, Geologen und Geophysiker gerne verharmlosen, da die Anerkennung dieser Tatsache ganz einfach und spielerisch leicht die falschen Voraussetzungen und Interpretationen der offiziellen wissenschaftlichen Erd- und Naturgeschichte dokumentiert.
Fazit: *Versteinerungen* und damit langfristige Konservierungen von Knochen finden nur unter katastrophischen Umständen (z. B. Vulkanausbrüche, Sintfluten) und/oder bei Ablagerung unter Luftabschluss statt. Andererseits können sich Knochen unversteinert auch unter extremen Bedingungen wie Gefriertrocknung oder Mumifi-

zierung (z. B. durch große Hitze) erhalten, wenn die Bedingungen konstant bleiben und ein dauerhafter Schutz gegen mechanische, biologische oder chemische Zersetzung gegeben ist. Jedoch ist es unwahrscheinlich, dass auf diese Art eine Konservierung über Millionen Jahre hinweg erfolgen kann.

Falls also in Afrika die Menschwerdung wie die Entwicklungsreihe von Automodellen dokumentiert worden sein soll, muss sich in bestimmten Abständen eine Flugascheschicht über die verschiedenen Stufen der Evolutionsleiter gelegt und diese konserviert haben. Ist es aber richtig, dass die sich angeblich allmählich, unmerklich langsam vollziehende Evolution durch eine Serie von Naturkatastrophen über Jahrmillionen hinweg begleitet wurde? Oder handelt es sich nur um einen einzigen, zeitlich etwas gestaffelten Katastrophenhorizont, wie Funde von *Australopithecus* und modernem Mensch in den gleichen geologischen Schichten zu bestätigen scheinen?

Tatsächlich ist es so, dass die gesamte Anzahl der versteinerten Überreste für die Zeit vor dem Neandertaler bis hin zum *Australopithecus afarensis* (Lucy), also für einen Zeitraum von fast vier Millionen Jahren, auf einem *einzigen Billardtisch* ausgebreitet werden kann. Evolutionisten antworten auf diese Frage: »Wir werden niemals über einen fossilen Befund verfügen, der auch nur ein Tausendstel eines einzigen Prozents der Individuen repräsentiert, die jemals gelebt haben« (Tattersall, 1995).

Mit dieser Argumentation stellt man der Evolutionsforschung einen Freibrief zur willkürlichen Interpretierung von Einzelfunden und damit zur Manipulation aus.

Bis vor kurzem hielt man *nicht* fossilierte Erbsubstanz mit einem Alter von ein oder zwei Millionen Jahren biologisch für absolut ausgeschlossen. Zu Recht! Denn schon dieser Zeitraum ist viel zu lang. Wie lange bleiben in Särgen bestattete Tote auch mehrere Meter unter der Erdoberfläche erhalten? Jahrzehnte, Jahrhunderte, höchstens jedoch Jahrtausende. In diesem Buch werden etliche Funde von unversteinerten Dinosaurier-Knochen und sogar -DNA dokumentiert. Kann man angesichts unversteinertem organischem Material so einfach zur Tagesordnung übergehen und kategorisch

behaupten, dass die Tiere, von denen diese Reste stammen, vor 65 oder mehr Millionen Jahren gelebt haben?
Die Funde des Paul Sereno von Fossilien nebeneinander liegender Schwimmsaurier und zeitgleich lebender Urkrokodile neben versteinerten Knochen von Kühen und Menschen in derselben Oberflächen-Sandschicht der Sahara sind geeignete Zeugen dafür, dass Dinosaurier scheinbar zu Zeiten moderner Menschen lebten, und nicht vor 65 Millionen Jahren.
Berücksichtigt man unter Streichung von Phantomzeiten diesen verkürzten Zeithorizont, dann lebten Australopithecinen – wie Lucy – gemeinsam mit Sauriern in einer damals fruchtbaren Gegend mit großen Seen im Bereich der heutigen Sahara. Streicht man die Phantomzeiten nicht und hält den Aussterbezeitpunkt der Dinosaurier vor 65 Millionen Jahren für eine Dogmen-Realität, dann kann man zu dem Schluss kommen, dass *Primaten entgegen der Evolutionstheorie schon zeitgleich mit Dinosauriern* lebten: Genau diese Meinung veröffentlichte der Forscher Simon Tavare von der *Universität Südkalifornien* im Fachblatt »Nature« (Bd. 416, 18. 4. 2002, S. 726–729).
Zum Entsetzen der Evolutionsgläubigen kamen Sudhir Kumar und Blair Hedges von der *Pennsylvania State University* nach dem Studium fossiler Erbsubstanz zu dem Schluss, dass die meisten Säugerarten schon vor 100 Millionen Jahren lebten und nicht erst – gemäß wissenschaftlicher Meinung – nach dem Aussterben der Dinosaurier vor 65 Millionen Jahren, wie aus einem Bericht im Wissenschaftsmagazin »Nature« (Bd. 392, 30. 4. 1998, S. 917–920) hervorgeht. Große Säugetierarten und Dinosaurier lebten anscheinend gemeinsam. Bisher glaubt man, dass nur ganz primitive, höchstens rattengroße Säuger im Erdmittelalter lebten, die ständig auf der Flucht vor den Dinosauriern waren. Nur nachts, wenn ihre Feinde schliefen, trauten sie sich heraus, um im Schutz der Dunkelheit ein paar Insekten als bescheidenes Mahl zusammenzuklauben. Nur ja nicht auffallen, hieß ihr Überlebensmotto. Der Siegeszug der Säugetiere soll erst nach dem Aussterben der Saurier begonnen haben, indem sie die frei gewordenen biologischen Nischen besetzten. Dieses fast 150 Jahre lang aufrecht

erhaltene Dogma der Evolutionstheorie fällt mit diesem im Fachmagazin »Nature« veröffentlichten Untersuchungsergebnis. Deshalb widersprachen die Dogmatiker: Unter Fachwissenschaftlern wurde eine hitzige Debatte über diese Untersuchungen im Internet bei »Nature.com« geführt.
Die Beweise für die Koexistenz von Großsäugern und Dinosauriern verdichten sich jedoch. In den 1990er-Jahren sammelten mehrere Expeditionen in Asien unter Führung des Amerikanischen Museums Hunderte von Säugetieren, die zeigen, dass die Diversifikation der Säugetiere bereits in der Kreidezeit zu Lebzeiten der Dinosaurier und nicht, wie bisher von Evolutionisten dogmatisch propagiert, danach stattfand (»Nature«, Bd. 398, 25. 3. 1999, S. 283, vgl. Bd. 396, 3. 12. 1998, S. 459–463). Diese Untersuchungen zeigen aber auch, dass die Säugetiere erst relativ spät im frühen oder mittleren Jura-Zeitalter und *nicht schon vorher* im Trias-Zeitalter auftauchten, wie noch 1997 in der Fachliteratur ausgeführt wurde (Dingus/Rowe, 1997). Mit anderen Worten, das Auftauchen der Säugetiere vollzog sich 20 bis 40 Millionen Jahre *später* als bisher angenommen (»Nature«, Bd. 398, 25. 3. 1999, S. 283). Sie erschienen also erst zu einer Zeit, als die Dinosaurier schon voll entwickelt die Weltherrschaft angetreten hatten, und nicht schon vorher, wie bisher wissenschaftlich proklamiert! Da zusätzlich die Entwicklung höher entwickelter Säugetiere von der Erdneuzeit (Tertiär) in die spätere Dinosaurier-Ära (Kreidezeit) weiter zurück in die Vergangenheit verschoben wurde, verlieren die Dinosaurier somit ihren Weltbeherrscher-Nimbus der angeblich *alle* biologischen Nischen ausfüllenden Spezies im Erdmittelalter.
Das Dogma der Evolutionstheorie von der Alleinherrschaft der Dinosaurier ist im Jahr 2005 endgültig mit einer Veröffentlichung in »Nature« (Bd. 433, 13. 1. 2005, S. 149–152) gefallen. Neben *anderen* Säugetieren (»Nature«, Bd. 421, 2003, S. 807–814) wurden in einer 128 bis 139 Millionen Jahre alten Formation des frühen Kreide-Zeitalters in der nordost-chinesischen Provinz Liaoning zwei neue größere Säugetiere entdeckt. Das eine Exemplar (*Repenomamus giganticus*) war über einen Meter groß und wog 12 bis 14 Kilogramm. Aufgrund seiner Größe und der Beschaffenheit des Gebisses ver-

Abb. 19: ***Spuren.*** *In mehreren US-Bundesstaaten wurden versteinerte Abdrücke von großen Säugetieren in kreidezeitlichen Schichten dokumentiert, in denen sich auch Trittsiegel von Dinosauriern befinden. Die Fotos zeigen Beispiele vom östlichen Rand des Llano Uplifts in Texas, der an der Westküste des kreidezeitlichen Binnenmeeres in Nordamerika lag. Links: Hundepfote. Rechts: Großkatze, evtl. Säbelzahntiger.*

muten die Wissenschaftler, dass es sich, anders als seine Verwandten, bevorzugt von Fleisch ernährte. Theoretisch könnte es ein Aasfresser gewesen sein, doch die langen und spitzen Vorderzähne und die starke Kaumuskulatur deuten auf einen Räuber hin. Somit fristete dieses Tier sein Dasein aber nicht im Verborgenen, sondern konkurrierte mit den Dinosauriern um Beute und Jagdterritorium. Die etablierten Rollen – Säuger als Beute und Saurier als Räuber – sind vertauscht.

Ein anderer Säugetierräuber fraß sogar einen Saurier! Ein kleineres, ungefähr 60 Zentimeter großes und 4 bis 6 Kilogramm schweres Säugetier (*Repenomamus robustus*) wurde erst im Jahr 2000 wissenschaftlich als oppossumgroße Spezies beschrieben. Bei dem neuen Fund handelt es sich um eine Sensation, denn bei dem nahezu vollständigen Skelett konnten die Forscher sogar den Mageninhalt analysieren. Enthalten ist ein Dinosaurier, ein junger 14 Zentimeter langer *Psittacosaurus*, der nahezu am Stück verschlungen wurde. Diese Pflanzen fressenden Papageiensaurier wurden bis zu zwei Meter groß (vgl. Zillmer, 2002, S. 165).

Warum ist dieser Fund so gut erhalten? Ein komplettes Tier mit Mageninhalt bleibt Millionen von Jahren nur versteinert erhalten, wenn es unter katastrophischen Umständen unter Luftabschluss verschüttet wurde, sodass es nicht verwesen konnte. Im vorliegenden Fall wird vermutet, dass ein Vulkanausbruch zu einem Massensterben von Dinosauriern, Säugetieren und Amphibien führte, die in Tuffschichten der Yixian-Formation eingeschlossen wurden (»Nature«, Bd. 421, 2003, S. 807–814). Diese Formation hat sich schon häufiger als Fundstätte spektakulärer Fossilien herausgestellt. Die dortigen Vögel sind, wie die aus der Grube Messel (Deutschland), wahrscheinlich durch vulkanisches Gas, vor allem Kohlendioxid, getötet worden und fielen dann in die kurze Zeit später aushärtende Vulkanasche; andererseits sind auch Vögel nach der Explosion mit gebrochenen Knochen in den See gestürzt (vgl. »BdW«, 8/2002, S. 54–63).

Anscheinend hat auch in diesem Fall ein Zeitimpakt stattgefunden, denn entsprechende 125 Millionen Jahre alte Schichten der Yixian-Formation aus der frühen Kreidezeit (»Nature, Bd. 401, S. 262–266) entstanden *plötzlich* nach einem Vulkanausbruch. Deshalb stellen die hierin enthaltenen Fossilien nur die schnappschussartige Momentaufnahme einer Lebensszene dar: Diese Schicht hat also ein sehr kurzes Entstehungsalter von Stunden, höchstens Tagen. Eine evolutive Entwicklung kann daraus nicht abgeleitet werden, auch wenn es mehrere solcher Vulkanausbrüche gegeben haben sollte.

Falls wir das Tertiär-Zeitalter – wie eingangs diskutiert – streichen, gab es die Koexistenz von Dinosauriern und größeren Säugetieren vor einigen tausend Jahren bis *vor* der Sintflut. Stimmen etwa die radiometrischen Datierungen vulkanischer Gesteine nicht?

3 Datierung und Willkür

Eine erstaunliche Verjüngung: 1996 behaupteten Forscher, dass Artefakte, die am Jinmium-Felsen in Queensland, Australien, gefunden wurden, bis zu 176 000 Jahre alt sein könnten. Nach einer Meldung im Fachblatt »Nature« (Bd. 393, 28. 5. 1998, S. 358–362) ergab eine Überprüfung der Artefakte mit neuen Techniken ein Alter von weniger als 10 000 Jahren. Es gilt der Kernsatz: Jede Untersuchungsmethode bringt andere Ergebnisse, aber keine mit der Wirklichkeit übereinstimmenden.

Hot-Spot-Vulkanismus

Mit Naturkatastrophen in historischer Zeit sind die Voraussetzungen für schnelle Versteinerungsvorgänge sogar in historischer Zeit gegeben. Dieses bereits in »Irrtümer der Erdgeschichte« vorgestellte Zeitimpakt-Szenario wurde im Labor bestätigt: Amerikanischen Wissenschaftlern ist es gelungen, innerhalb von wenigen Tagen Holz versteinern zu lassen. Somit wurde der natürliche Prozess, der in der Natur Millionen von Jahren dauern soll, im Labor nachvollzogen. In kurzer Zeit wurde das organische Material des Holzes nach und nach durch Mineralien – wie zum Beispiel kristallisierte Kieselsäure – ersetzt, sodass die ursprüngliche Struktur vollständig erhalten blieb. Dies musste wie in der Natur unter Luftabschluss geschehen, denn falls das Holz mit Luft in Verbindung kommt, kann es nicht Pore für Pore über Millionen Jahre hinweg versteinern, da es vorher verfault (»Advanced Materials«, Bd. 17, Januar 2005, S. 73–77). In der Natur versteinern Bäume nur, wenn sie beispielsweise unter Lavaschichten luftdicht

begraben werden. Hierzu sind wiederum Naturkatastrophen notwendig, die auch für den entsprechenden Druck und die erforderliche Hitze sorgen.
In Ostafrika findet man anscheinend die meisten versteinerten Glieder aus der Kette der Menschwerdung. Also müssen wir dort nach einer Ursache für Katastrophen suchen, die für die Konservierung der Fossilien verantwortlich ist.
Im Osten von Afrika liegt das Ostafrikanische Grabensystem (Rift Valley), das in der Geologie als *Riftzone* oder *Rift* (= schmale Spalten oder Brüche der Erdkruste) bezeichnet wird. Das *Rift Valley* in Ostafrika ist Teil der *Ostafrikanischen Riftzone*, die zu einer Risszone gehört, welche sich von Syrien über den Libanon durch Jordan-Tal und Rotes Meer bis nach Mosambik im Süden Afrikas erstreckt.
Im Bereich dieses Ostafrikanischen Rifts gibt es zwei Aufdomungen, den Kenya- und den Afardom. Beide gelten als *Mantel-Plume-Hot-Spot*. Diese neuere geophysikalische Sichtweise sagt mit anderen Worten aus, dass sich in 2900 Kilometern Tiefe an der Grenzschicht zwischen äußerem Erdkern und unterem Erdmantel gewaltige Ströme heißen Magmas bilden und in Form einer schmalen Säule – so genannte *Plumes* – bis zur Erdkruste emporsteigen und unter der Lithosphäre (= Erdkruste und oberste Teile des Erdmantels) pilzförmig eine Art Pfropfen (Dom) bilden, der die spröde Erdkruste von unten her aufweicht und an Schwächezonen durchbrechen kann. Das heiße Material bahnt sich dann wie ein Schneidbrenner einen Weg durch die Erdkruste, wobei fern der Ränder der tektonischen Platten Vulkane entstehen. Sie werden als *Hot Spots* bezeichnet. Dies führt dann zu einem *Hot-Spot-Vulkanismus*, durch den große Gebiete mit Lava bedeckt werden können, die zu dicken Basaltschichten aushärtet. Gleichzeitig legt sich aber auch die bei Vulkanausbrüchen ausgespuckte Flugasche auf weite Gebiete wie in Ostafrika, und dies mehrfach, räumlich unterschiedlich intensiv durch unregelmäßig verteilte Vulkane und Erdaufbrüche.
Auf diese Art können mehrere geologische Schichten in einem sehr kurzen Zeitraum gebildet werden, der allerdings auch Jahre oder

Jahrzehnte gedauert haben kann. Damit ist die Ursache für die Bildung der Schichten von Flugasche mit darin eingeschlossenen Fossilien von Affen und Menschen gegeben. Auch die angeblich 3,6 Millionen Jahre alten Fußspuren von Laetoli, die modernen Menschen zugeordnet werden müssen, wurden in einer Flugascheschicht hinterlassen.

Außerdem werden durch die Vulkanausbrüche auch Schlammlawinen und Überflutungen erzeugt. Beim Ausbruch des Mount St. Helens im US-Bundesstaat Washington entstanden zum Beispiel im Jahr 1980 und bei einem weiteren Ausbruch im Jahr 1983 bis zu 50 Meter dicke Erdschichten in wenigen Stunden.

Werden in diesen Sedimentschichten Gegenstände, Tiere oder Menschen eingeschlossen, so liegen diese sogar bis zu 50 Meter unter der neuen Erdoberfläche. Ist in diesen Sedimenten ein Härtebildner (Gips, Kalk, Kalkspatzement, Kieselerdezement) und genügend Wasser vorhanden, dann erhärten diese in wenigen Stunden aufgeschütteten Schichten zu Kalk- oder Sandsteinschichten. Ob diese Sedimentschichten ein lockeres bis festes Gefüge aufweisen oder sogar aus massivem Fels bestehen, ist abhängig von der Menge des vorhandenen Härtebildners (hydraulische Bindemittel, Mineralien) und vom vorliegenden Verhältnis dieses Härtebildners zu Wasser (= *Wasser-Zement-Verhältnis*).

Auf diese Art entstehen bei Naturkatastrophen sehr schnell Sediment- und Felsschichten. Dieses in »Darwins Irrtum« erstmals von mir vorgestellte Szenario hatte ich *Naturbetontheorie* genannt, zum Entsetzen von Geologen und Geophysikern, denn damit wird das langsame Wachsen der Erdschichten *Körnchen für Körnchen* als ein großer Bluff der letzten 150 Jahre erkannt. Gleichzeitig reduziert sich das Alter der Erdkruste um ein Vielfaches, quasi um mehrere Zehnerpotenzen: Man muss beim Alter geologischer Schichten mehrere Nullen streichen. Ein schönes Beispiel für meine Behauptung ist der Grand Canyon (s. S. 44 ff.).

Für die hier angestellten Betrachtungen ist es jetzt wichtig, zu hinterfragen, wann sich der heftige Vulkanismus ereignete, der Affen- und Menschenfossilien in Ostafrika konservierte.

Jungspund Ostafrikanischer Graben

Ist die relative Häufigkeit von menschlichen Fossilien in Ostafrika nur dem Wirken von Vulkanausbrüchen zu verdanken? Waren Menschen Zeugen des Auseinanderreißens Afrikas, als der Ostafrikanische Graben entstand? »Überall entlang der Linie bewahren die Eingeborenen Traditionen über große Veränderungen in der Struktur des Landes.« Diese Ansicht wird durch geologische Erscheinungen unterstrichen, denn einige »der Grabenböschungen sind so kahl und scharf, dass sie jüngeren Datums sein müssen ... bis in menschliche Epochen« (Gregory, 1920, S. 31 ff.). Ereigneten sich diese gewaltigen geodynamischen Prozesse also vor relativ kurzer Zeit?

Gregory teilte 1920 die Meinung des bekannten Wiener Geologen Professor Eduard Sueß: *Das Ostafrikanische Grabensystem stehe mit der Hebung der Gebirgsketten in Europa, Asien und auf dem amerikanischen Kontinent in Verbindung*. So würde die Zeit der letzten Erhebung, wenn erwiesen, auch klarstellen, wann Afrika den großen Bruch erlitt.

R. F. Flint (1947, S. 523) stellt fest: »Die Erde befand sich in Spannung, und ihre Kruste barst entlang eines Meridians über fast die ganze Länge Afrikas ... Die Gebirgskette auf dem Grund des Atlantiks könnte durch dieselbe Ursache hervorgerufen sein; und *die Zeit des Bruches und der Faltung muss mit einer der gebirgsbildenden Perioden in Europa und Asien zusammengefallen sein. Diese Berge erreichten ihre heutige Höhe zur Zeit des Menschen*; *das Ostafrikanische Grabensystem ... wurde größtenteils ebenfalls zur Zeit des Menschen gebildet, am Ende der Eiszeit.*« Waren *Menschen Augenzeugen der Bildung von Gebirgen*, des mittelozeanischen Rückens und des Ostafrikanischen Grabensystems?

Die für das Aufreißen des Ostafrikanischen Grabens (sowie der anschließenden Gräben im Roten Meer und im Jordan-Tal) verantwortliche Zugspannung ist in der bereits beschriebenen Erdexpansion zu suchen (vgl. Pascual, 1966, S. 24 ff.; Zillmer, 2001, S. 98 ff.). Berücksichtigt man zusätzlich eine Polverschiebung, so liegt der Ostafrikanische Graben nach P. A. Vening Meinesz (1943) genau in

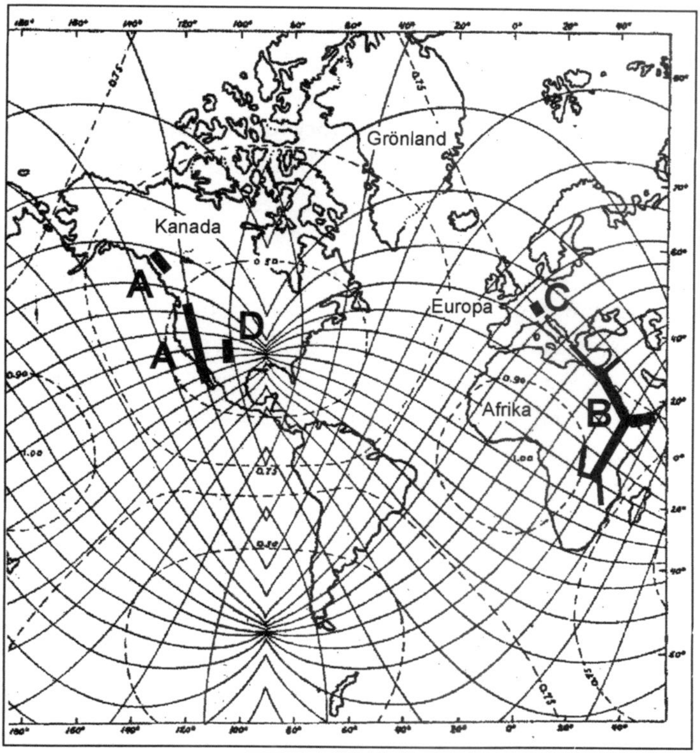

*Abb. 20: **Bruchlinien.** Die Zeichnung zeigt das Bruchnetz der sialischen Erdkruste (= Silizium-Aluminium), entstanden durch eine Polverschiebung von 70 Grad längs des Meridians 90 Grad Ost nach Vening Meinesz (1943). Unter Berücksichtigung der Festigkeitslehre zur Deutung geologischer Vorgänge ergibt sich ein Bruchnetz der Erde, das einerseits als Beweis für die Verschiebungstheorie nach Wegener (1941) als auch andererseits im Sinne von Keindl (1934) und Hilgenberg (1933) gedeutet werden kann, nach denen mit fortschreitender Zeit eine Volumenzunahme der Erde (vgl. Zillmer, 2002, S. 71–124) vor sich geht. Interessant ist, dass die Riftzonen (Riftogene) nach Nikolaev (et al. 1984) allesamt in Richtung der Bruchlinien liegen: Basin- und Range-Provinz an der Westküste Amerikas (A), Ostafrikanisches Grabensystem und Rotes Meer (B), Rhein-Rhône-Rift (C) und Rio Grande-Rift (D). Die Riftzonen A und B stellen auch heutzutage aktive Vulkangebiete (Mantel-Plume-Hot-Spots) unserer Erde dar. Und genau hier wurden in und unter Schichten von Lava und Flugasche begraben und konserviert: kontroverse Funde in der Sierra Nevada sowie Affen- und Menschenskelette in Ostafrika.*

Bruchrichtung unserer Erdkruste, ebenso wie die in Nord-Süd-Richtung liegende Vulkankette an der Westküste Amerikas. Diese noch heute in Bewegung befindliche Bruchzone im Westen Amerikas wird uns noch interessieren, da dort durch Vulkanausbrüche kontroverse Funde der Menschheitsgeschichte konserviert wurden, ähnlich wie in Ostafrika.

Bei der Vergrößerung des Erdvolumens riss die Erdkruste auseinander und mit dem einheitlichen Bruchnetz entstanden die heutzutage durch Risse (= mittelozeanischer Rücken) und Tiefseegräben (wie vor der Westküste Südamerikas) getrennten tektonischen Platten, die es vorher nicht gab. Moderne Geophysiker kommen hier zu falschen Schlüssen, weil sie nur Satellitenmessungen und komplizierten Computersimulationen trauen, die ja nur bestimmte von Programmierern vorgegebene Szenarien und Vorgaben nachvollziehen. Zur Deutung geologischer Gegebenheiten wird von den heutigen Erdwissenschaftlern aber nicht die Festigkeitslehre berücksichtigt, deren Gesetzen auch die Erdkruste unterliegt, worauf bereits Gabriel Auguste Daubrée (1880) und Ott Christoph Hilgenberg (1949) aufgrund von geologischen Versuchen hinwiesen.

Mit der Vergrößerung der Erdkugel änderte sich die Gravitation auf unserer Erde. Großformen, wie bis zu 50 Meter langen Sauropoden, waren nicht mehr lebensfähig, da unter den heutigen Bedingungen nur noch Tiere bis zur Größe eines Elefanten lebensfähig sind, aber *keine größeren* Landtiere wie Riesensaurier!

Liefen das Szenario der Erdexpansion und die Auffaltung der Gebirge zu Lebzeiten der Menschen ab? Die Überlieferungen der Ureinwohner Nordamerikas berichten jedenfalls von der Bildung des Grand Canyon und in Südamerika von der Hebung der Anden. In Indien wird ein »schnelles Hochreißen von Himalaja, Tibetischem Hochland, Pamir und anderen Gebirgsketten« festgestellt (Allchin/Allchin, 1982, S. 14), das sogar Siedlungen der Jüngeren Altsteinzeit unter Lehmschichten erstickte (vgl. Heinsohn 1991/2003, S. 54).

Dass die Mythen in Ostafrika von der Entstehung des Ostafrikanischen Grabens berichten, ist im gleichen globalen Zusammenhang des Umbruchs zu sehen.

Was glauben die Geologen? Der Ostafrikanische Graben soll 20 Millionen Jahre alt sein. Auf Grund seines hohen Alters soll die *Entwicklung des Menschen nur östlich von diesem Erdriss* stattgefunden haben. Im Jahre 2001 erlebte die Gemeinschaft der Paläo-Anthropologen einen Schock. Denn am 19. Juli 2001 fand das Team des französischen Anthropologen Michel Brunet (»Nature«, Bd. 418, 11. 7. 2002, S. 145–141) im Tschad den Schädel eines Urzeitmenschen, der *Toumai* genannt wurde und einige Merkmale von *Homo erectus* aufweisen soll. Der Fundort liegt im *Westen* des Ostafrikanischen Grabens, also auf der falschen Seite. Denn im Gegensatz zu dem östlich liegenden Gebiet, wo einst Lucy umhertippelte, gehört der Toumai-Fundort zum »Affenland« und nicht zum »Menschenland«.

Inzwischen wurde der Schädel in Europa untersucht. Seither steht fest, dass die Geschichte von der Menschwerdung im Osten Afrikas nicht stimmen kann, da *Toumai* vor sieben bis sechs Millionen Jahren in Zentralafrika lebte, also etwa drei Millionen Jahre vor Lucy. Inzwischen streiten andere Forscher jedoch ab, dass dieses Toumai-Individuum auf zwei Beinen gehen konnte – ohne nähere Untersuchungen vorgenommen zu haben (»Nature«, Bd. 419, 10. 10. 2002, S. 581–582). Michel Brunet antwortete, dass auch *Australopithecus africanus* (Lucy) von Kritikern als *jugendlicher Gorilla* interpretiert wurde und dass eine entsprechende Interpretation seines Fundes als weiblicher Gorilla nicht den Daten entspricht (»Nature«, Bd. 419, 10. 10. 2002, S. 582). Als »kleine Atombombe« bezeichnet denn auch Harvard-Professor Daniel Lieberman diesen Fund aus dem Tschad. Muss man die Geschichte der Menschwerdung umschreiben?

Das ganze Problem wird verursacht durch die propagierten sehr langen geologischen Zeiträume. Denn falls der Ostafrikanische Graben wesentlich jünger ist als angenommen, gibt es dieses Problem nicht mehr, und aus dem westlich gelegenen »Affenland« kann auch ein »Menschenland« werden. Alles hängt von den Datierungen ab. Sehen wir uns deshalb Datierungsmethoden einmal kritisch an.

Kalium-Argon-Würfelspiel

Erst im 20. Jahrhundert wurden radiometrische Datierungsmethoden entwickelt. Auch diese neuen radiometrischen Messmethoden führten nicht zu einer Änderung der geologischen Grundannahmen, die ja Mitte des 19. Jahrhunderts völlig willkürlich festgelegt wurden. Tatsächlich war die Geschwindigkeit der Evolution der Maßstab, denn die angebliche Langsamkeit der Vorgänge erfordert sehr lange Zeiträume, um dem Spiel des genetischen Zufalls genügend Zeit zu geben.

Trotz aller neuen Techniken gibt es bis zum heutigen Tag keine Methode, um Sedimentschichten aus Kalk- oder Sandstein durch eine Messmethode absolut datieren zu können. Nur in solchen Sedimenten befinden sich jedoch die Fossilien, im Gegensatz zu fundleeren Graniten und Basalten. Aber diese vulkanischen Gesteine glaubt man seit einigen Jahren absolut datieren zu können. Meist wird hierfür die Kalium-Argon-Methode bevorzugt.

Alle Datierungsmethoden gehen jedoch von bestimmten Annahmen aus. Liegen diese nicht oder nur bedingt vor, können die Ergebnisse der Datierung falsch oder sogar irrelevant sein.

Bei der Kalium-Argon-Methode gibt es ein zentrales Problem mit der Anwesenheit von überschüssigem Argon. Man misst den radioaktiven Zerfall der instabilen (radioaktiven) Isotope von Kalium-40 bzw. das dabei entstehende Argon-40 bei der Abkühlung des vulkanischen Gesteins. Für ein exaktes Messergebnis müsste das gesamte anfangs vorhandene Argon aus den Mineralien herausdiffundiert (entwichen) sein, sodass der Anfangsbestand gleich Null wäre – eine zwingende Voraussetzung. Man weiß aber nicht, wie viel Argon bereits zu Beginn der Abkühlung in den Mineralien vorhanden war und/oder aus der Atmosphäre stammt. Dieses bereits vorhandene Argon kann von dem während der Abkühlung entstehenden radioaktiven Zerfallsprodukt Argon-40 nicht unterschieden werden.

Man misst dann nach der Methode, je mehr Argon das Gestein enthält, desto älter ist es. Die durch diese Methode bestimmten Altersangaben werden häufig auch als Modellalter, in diesem Fall Kalium-

22

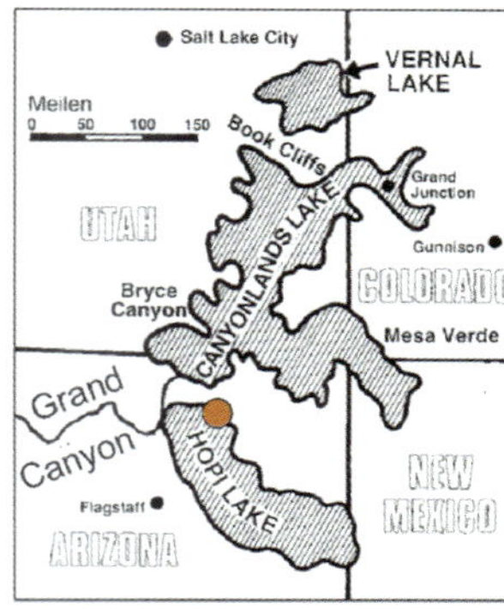

23 Zu Zeiten der Dinosaurier wurde das Wasser der vorsintflutlichen Seen in den Grand Canyon drainiert. Bei Tuba City (brauner Kreis) am Rande des Hopi Lake liegen Trittsiegel, Kothaufen (K) und Knochen von Dinosauriern in der heutigen Wüste.

23

21, 22, 24 In den seichten Randbereichen des urzeitlichen Hopi Lake lebten Dinosaurier, angeblich vor 140 Millionen Jahren. Sie hinterließen Tausende von Trittsiegeln in der dünnen Kalksteinschicht, die den zu damaliger Zeit weichen Seeboden darstellt, wie die versteinerten Rippelmarken beweisen. Unzählige versteinerte Kothaufen (Koprolithe) liegen verstreut herum. Wie lange dauert es, bis ein ehemals weicher Kothaufen ohne Anzeichen jeglicher Erosion versteinert?

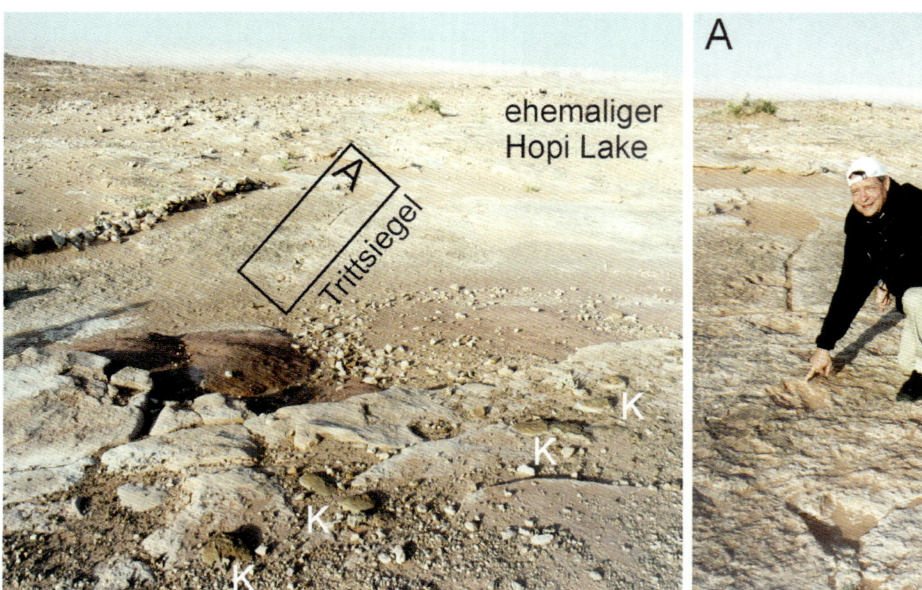

24

25

25 *Am 24./25. Mai 2003 fand im Bergbau- und Industriemuseum Ostbayern auf Schloss Theuern ein »Internationales Kolloquium Erdexpansion – eine Theorie auf dem Prüfstand« statt.*

26 *Ein aus einer ganzen Serie von Glasmodellen ausgewählter Globus einer expandierenden Erde, hergestellt von Klaus Vogel aus Werdau, zeigt, wie die Ozeane ständig wuchsen, startend von einer geschlossenen kontinentalen Erdkruste, die eine kleinere Erde umschloss.*

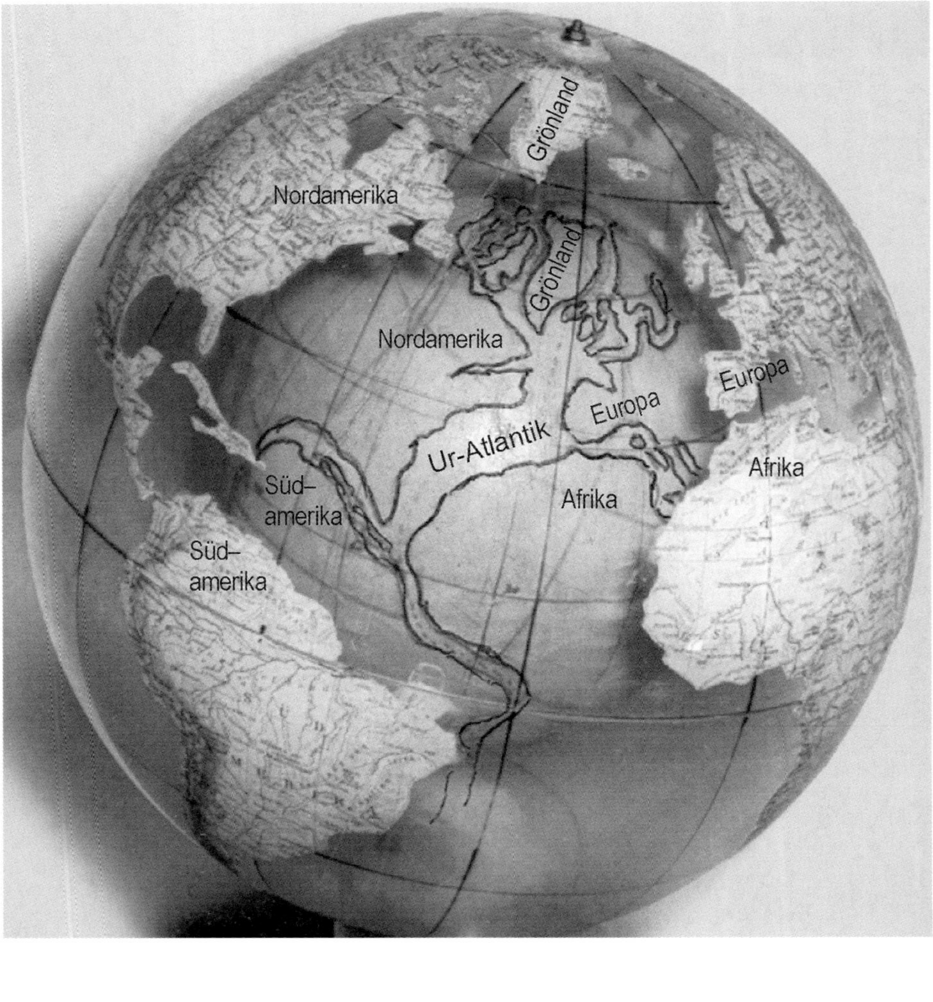

26

27

27 Der Aufschluss eines Steinbruchs bei Bellambi (Australien) zeigt eine wenige tausend Jahre alte Schlammablagerung aus dem Holozän (1) als Zeugnis einer Superflut. Diese ist überlagert von einem älteren Sandstrand aus dem Pleistozän. Schicht 3 besteht aus einem jüngeren Sandstrand, wiederum aus dem Holozän.

28 Der Burgwall von Arkona (Rügen) aus der Luft von Nordosten gesehen. Der Ringwall der früher größeren Anlage wurde mit dem Einsturz der Kreidefelsen abgebrochen.

28

29

29, 30 *Bei dem Ausbruch des Vulkans Mount St. Helens im US-Bundesstaat Washington wälzten sich mächtige Schlamm-Massen zu Tal und erzeugten bis zu 50 Meter dicke Schichten mit darin eingeschlossenen Baumstämmen (siehe Oval). Nachfolgend aus dem Vulkan austretendes Wasser grub tiefe »Canyons« in die zuvor gebildeten Schichten, sodass Tafelberge entstanden. Insert oben: Ansicht des Vulkans und Fließrichtung von Schlamm und Wasser (Pfeil).*

30

31

31 Tiefe Canyons mit scharfen Abbruchkanten und fast senkrechten Steilhängen entstanden in wenigen Stunden durch schnelle Erosion – ähnlich wie beim Grand Canyon.

32 Durch die Explosion wurden die Stämme der Bäume wie Streichhölzer abgeknickt und in Schlammfluten verfrachtet. Insert: In Schlammfluten verfrachtete Autos – wie früher Dinosaurier.

32

33 

33 In der Sandgrube Rösch bei Mauer an der Elsenz wurde 1907 der Unterkiefer des Heidelberg-Menschen gefunden. Anhand dieses Fragments wurde eine ganze Homo-Art mit unzähligen Generationen rekonstruiert. Der weiße Kreis markiert den Punkt, an dem der Kiefer entdeckt wurde. Diese zum Cromer zählenden Schichten sind jedoch »in einer einzigen, einheitlichen Schüttungsphase ohne nennenswerte Unterbrechungen geschüttet worden« (Rutte, 1990, S. 235), »ohne Unterbrechung in einer geologisch sehr kurzen Zeit« (Körber, 1962, S. 30). Das kann auch vor wenigen tausend Jahren gewesen sein.

34 In der Sandgrube Sigrist in Steinheim wurde 1933 der Steinheimer Frauenschädel gefunden (durch Kreis markiert). Der Schädel soll 250 000 Jahre alt sein. Er befand sich jedoch in einer von der Murr abgelagerten Kiesschicht, in der auch Fossilien von Elefanten gefunden wurden. Alle Schichten von der Erdoberfläche bis unter den Schädel sind durch den Fluss geschüttete Kiesschichten – über eine Dauer von 250 000 Jahren hinweg?

35 Beispiel für einen Zeitimpakt im Jahre 1980. Dieses Schotter-Geröllfeld wurde innerhalb von 15 Minuten nach dem Ausbruch des Vulkans Mount St. Helens mit einer Geschwindigkeit von 65 Kilometer pro Stunde gebildet. Solche Geröllfelder mit gerundeten Geröllen gelten meist als Beweis für eine Eiszeit. Nicht der kleine im Vordergrund zu erkennende Bach, sondern Riesenfluten erzeugten das Geröllfeld blitzartig.

34 

36

36 Luftbild der Sierra Nevada (im Hintergrund) in Kalifornien, in der viele kontroverse, zu alte Artefakte in Tafelbergen gefunden wurden. Der Mount Whitney (W) ist 4417 Meter hoch. Superfluten spülten große Schlamm-Massen aus dem Hogback Canyon (H) und Tuttle Canyon (T) in die Ebene Sierra Piedmont und um die Alabama Hills (Vordergrund) herum (Pfeile) sowie durch Täler hindurch bis vor die Stadt Lone Pine (L). Foto: Überarbeitet aus Blair, 2002.

37

37 Der Grand Canyon wurde in mehreren Phasen durch große Wassermassen aus dem Plateau herausgeschnitten. Dies geschah nach geologischen Zeiträumen vor kurzer Zeit, zuletzt vor 1300 Jahren. Die Abrisskanten des Grand Canyon sind scharf und steil, also relativ jung.

38

38 Die alte Abflachungsebene des Rheinischen Schiefergebirges, vom Rhein durch große Wassermassen »neuerdings zerschnitten« (Dacqué, 1930).

39

41

42

39-42 Der Autor fotografierte bei seinen Flugreisen über dem Westen Amerikas Landschaften. Deutlich sind Schlammfluten zu erkennen, die aus den Bergen und Gebirgen in die Hochplateaus niedergingen und die Landschaft zu einer unfruchtbaren Wüste machten. Die Schlammschichten sind kaum erodiert. Daher scheint dieses Ereignis vor nicht allzu langer Zeit in einem kurzen Zeitraum vonstatten gegangen zu sein. Woher stammen diese riesigen Mengen an Material, das früher auf den Bergen gelagert haben muss? Oder durchstießen die Berge die vormals flach liegenden Schichten vor nur einigen Jahrtausenden?

Argon-Alter, bezeichnet. Eine weitere wichtige Voraussetzung dieser Messmethode: Es dürfen keine weiteren Störeinflüsse während des radioaktiven Zerfalls von Kalium-40 im Laufe dieser langen Zeitperiode eintreten.

Aber Gesteine haben die Eigenschaft, Argon zu absorbieren, also aufzunehmen! Durch diese zwangsläufige Anreicherung wird eine größere Menge von Argon gemessen, als *ausschließlich* durch den radioaktiven Zerfall der ursprünglich vorhandenen Menge von Kalium-40 vorhanden sein dürfte. Unter katastrophischen Umweltbedingungen ist aber auch eine radikale Reduzierung von Argon-40 gegen Null denkbar, denn sogar unter normalen Bedingungen kann Argon in das umgebende Wasser oder Gestein diffundieren (eindringen) oder durch Mikrozirkulation ausgewaschen werden, denn es ist ja wasserlöslich.

Jeder dieser Einflüsse müsste in seinem Ausmaß quantitativ über Millionen von Jahren hinweg bewertet werden und trägt somit zu einer Fehlersumme in unbekannter Größenordnung bei. Es wäre auch zu klären, ob die unter normalen Bedingungen konstante Zerfallsrate unter bestimmten Voraussetzungen und Umständen beschleunigt oder verlangsamt wird.

Da weder der Anteil von Argon im Gestein zu Beginn der Erkaltung noch die Menge der Argon-Aufnahme oder -Abgabe während des zu messenden Zeitraumes bekannt ist, muss eine Altersdatierung mit dieser Methode mit Fehlern behaftet sein. Die Frage ist nur: *wie fehlerhaft?* Oder ist sie ganz falsch? Bei vulkanischen Gesteinen, die in den letzten 200 Jahren entstanden sind und deren Alter daher genau bekannt ist, hat sich ein Kalium-Argon-Alter von bis zu 200 Millionen Jahren ergeben, also um den Faktor eine Million zu alt.

Der Unberechenbare

Um zu beweisen, dass die radiometrischen Messmethoden richtige Ergebnisse bringen, müsste man Testreihen vorlegen. Es liegt nahe, ganz einfach Lava zu datieren, die von einem Vulkanbruch stammt, von dem man den Zeitpunkt des Ausbruchs genau kennt.

Betrachten wir meinen Lieblingsvulkan *Mount St. Helens.* Der jetzige Lava-Dom begann sich nach dem letzten Ausbruch am 17. Oktober 1980 zu formen. Äußerst zähflüssige Dazit-Lava quoll aus der Vulkanöffnung, ähnlich wie Zahnpasta aus der Tube, und bildete einen bergähnlichen Dom.
Da das Alter der Lava dieses Doms bekannt ist, sollte eine Radioisotopen-Datierung auch ein entsprechend junges Alter ergeben. Im Juni 1992 entnahm Dr. Steven A. Austin (1996, S. 335–343) hoch auf dem Lava-Dom einen 7,5 Kilogramm schweren Dazit-Block. Ein Teil dieser Probe wurde zerstampft, gesiebt, und in Gesteinspulver sowie zu vier Mineralkonzentraten weiter verarbeitet, u. a. zu Silikatgemischen (Amphibol, Pyroxen). Diese wurden dem *Geochron Laboratorium* in Cambridge (Massachusetts) für eine Radioisotopen-Datierung übergeben. Dem Labor wurde nicht mitgeteilt, dass die Proben aus dem Lava-Dom des Vulkans *Mount St. Helens* stammten und zu diesem Zeitpunkt nur zehn Jahre alt waren.
Die radiometrische Datierung mit der Kalium-Argon-Methode ergab für die einzelnen Mineralien aus derselben Probe folgende Alter:

- Gesteinspulver 350 000 ± 50 000 Jahre
- Feldspatgemisch 340 000 ± 60 000 Jahre
- Amphibolgemisch 900 000 ± 200 000 Jahre
- Pyroxengemisch 1 1 700 000 ± 300 000 Jahre
- Pyroxengemisch 2 2 800 000 ± 600 000 Jahre

Das Ergebnis zeigt zuerst einmal einen sehr hohen Fehlertoleranzwert, aber was noch viel interessanter ist: ein hohes Alter! Dabei handelte es sich um Proben mit einem *Alter von nur zehn Jahren.* Mit anderen Worten, man hat entsprechend hohe Konzentrationen von Argon in den Proben nachgewiesen; aber als Voraussetzung für die Richtigkeit der Datierung gilt, dass die Radioisotopenuhr beim Ausbruch der Lava auf Null gesetzt wird und erst dann zu ticken beginnt, wie bei der Messung mit einer Stoppuhr. Da aber die Proben viel zu hohe Alterswerte ergeben haben, lag die Voraussetzung für eine korrekte Messung nicht einmal ansatzweise vor. Dies ist mit der unkorrekten Zeitmessung eines Läufers zu vergleichen, der

gegenüber anderen aus dem Ruhezustand startenden Athleten einen fliegenden Start ausführt.
Aufschlussreich ist auch die extrem breite Streuung der ermittelten Alter der unterschiedlichen Mineralien, die alle aus derselben Entnahmeprobe stammen. Fazit: Das mit derselben Methode datierte Alter hängt wesentlich von der Art des vorhandenen Minerals ab. Da die Datierungen des Dazits anstatt eines Alters von nur 10 Jahren solche von utopischen 340 000 bis zu 2 800 000 Jahren ergaben, können entsprechende Messungen für vulkanische Gesteine mit unbekanntem Alter generell keine richtigen Ergebnisse bringen.
Liegt ein zu messender Argongehalt des Dazits vom *Mount St. Helens* außerhalb der Messgrenzen, wie orthodoxe Wissenschaftler meinen (Ries, 2003)? Falls überhaupt irgendein Wert für den Argongehalt ermittelt wurde, dann kann die Messung ja nicht außerhalb des Messbereichs liegen, sondern gerade im Gegenteil: Weil man etwas messen kann, verhält es sich deswegen umgekehrt. Damit ist die anfängliche Kritik an dieser Datierungsmethode bestätigt, da man nicht weiß, wie viel Argon-40 anfangs in der Lava vorhanden war. Deshalb sind Datierungen mit der Kalium-Argon-Methode nicht aussagekräftig, da man nicht weiß, ob die Argonuhr in alter Lava auf Null gestellt worden ist – denn niemand hat damals gemessen. Hier ist ein Glaubens-, aber kein Wissensakt gefragt.
Wenn ich behaupte, das Vulkangestein der Anden sei vor 5000 Jahren entstanden und die Radioisotopenuhr zu diesem Zeitpunkt hätte nicht auf Null gestanden, sondern einen hohen Anfangswert besessen, kann niemand das Gegenteil beweisen. Mit anderen Worten: Falls die Gebirge (u. a. Anden, Himalaja) sich erst vor wenigen tausend oder zigtausend Jahren erhoben haben, sind Langzeit-Datierungen gar nicht möglich, und die Messungen ergeben ein viel zu hohes, märchenhaftes Alter. Oder anders ausgedrückt: Wäre der Lava-Dom des *Mount St. Helens* nicht vor zehn, sondern vor 5000 Jahren entstanden, also vor der Geschichtsschreibung, hätte man auf die Datierungen nach der Kalium-Argon-Methode vertraut und in den Geologiebüchern wäre ein Alter von zwei Millionen Jahren als messtechnisch bewiesen fixiert.

Gemessen und voll daneben

Handelt es sich bei den Datierungen des Lava-Doms vom *Mount St. Helens* um einen Einzelfall? Analysieren wir zuerst die Datierung eines Ereignisses, dessen Datum man zu kennen glaubt (vorausgesetzt, die offizielle Geschichtsschreibung stimmt): Der Ausbruch des Vesuvs im Jahre 79, durch den Pompeji verschüttet wurde. Die Datierung ergab aber ein fast doppelt so hohes Alter von 3300 ± 500 Jahren (Renne et al., 1997). Man behauptet offiziell, dass der Messwert noch in der Toleranzzone liege, obwohl die Abweichung ungefähr 70 Prozent beträgt (»Science«, Bd. 277, 29. 8. 1997, S. 1279–1280).

Da scheinbar zu viel Argon in der Probe enthalten ist, wurde das gemessene Alter durch rechnerische Korrekturen dem tatsächlichen Alter angeglichen. Deshalb wird behauptet, dass man mit dieser Datierungsmethode geschichtliche Ereignisse mit einem maximalen Fehler von fünf Prozent exakt bestimmen könne. Wenn man weiß, welches Ergebnis herauskommen muss, kann man gemessene Werte gut hinrechnen. Außerdem streuen die Messergebnisse in Abhängigkeit von der untersuchten Isotopen- und Mineralart.

Das Institut für Mineralogie der *Westfälischen Wilhelms-Universität Münster* informierte am 5. November 1999 im Forschungsbericht 1997–1998, dass Altersbestimmungen an Hochdruckmetamorphiten des *Saih-Hatat-Gebiets* (Oman) durch eine kombinierte Anwendung von zwei Datierungsmethoden – Argon-Argon-Methode (Santa Barbara) und Rubidium-Strontium-Methode (Münster) – *erhebliche Altersunterschiede* lieferten, da diese Hochdruck-Gesteine einen Überschuss an Argon aufweisen.

Handelt es sich um Einzelfälle? Nein: G. B. Dalrymple (1969) listet mehrere Altersangaben auf, die mit der Kalium-Argon-Methode für mehrere Lavaproben von Vulkanausbrüchen aus der jüngeren Geschichte ermittelt wurden (»Earth and Planetary Science Letters«, Bd. 6, 1969, S. 47–55): siehe Abbildung 21.

Da man weiß, dass die Datierungen falsche Ergebnisse bringen, werden auf zwei verschiedene Arten bestimmte Mengenverhält-

Vulkanausbruch	Jahr	jüngste Datierung	Fehler in Jahren
Hualalai Basalt, Hawai	1800-1801	1 330 000	1 328 000
Ätna Basalt, Sizilien	-122	170 000	168 000
Ätna Basalt, Sizilien	1792	210 000	210 000
Sunset Crater Basalt	1064-1065	100 000	99 000
Mt. Lassen Plagioklase	1915	80 000	80 000

*Abb. 21: **Zu alt.** Datierungen bekannter Vulkanausbrüche mit der Kalium-Argon-Methode ergaben hohe Phantasiealter. Nach Dalrymple, 1969.*

nisse verschiedener Isotopen kombiniert (*Drei-Isotopen-Diagramme*), indem über die Halbwertszeit der Isotope deren gemeinsamer Zerfallsbeginn berechnet wird. Ergeben sich ähnliche Resultate, dann wird angenommen, der radioaktive Zerfall sei ungestört gleichmäßig verlaufen. Das Messergebnis hängt also rein von den Annahmen und dem erwarteten Ergebnis ab.

Dies gilt auch für die Behauptung, dass man den absorbierten Teil des Argon-40 messen könne, indem man außer Argon-40 auch noch den Gehalt an Argon-39 (Stan/Hess, 1990, Werner et al. 1997) oder Argon-36 (Dalrymple, 1969; Lippolt et al., 1990) misst. Das Verhältnis dieser beiden Isotope wird in der Atmosphäre über Hunderte von Millionen Jahren hinweg als konstant betrachtet, obwohl ja zum Beispiel zu Beginn eine große Menge von zwei oder mehr Isotopen gleichzeitig aufgenommen worden sein kann.

Im Fachmagazin »Science« (Bd. 277, 29. 8. 1997, S. 1280) wird bestätigt: »Ob das anfänglich vorhandene Argon-Verhältnis Argon-39/Argon-40 bereits im ursprünglichen Magma enthalten war oder nach der Eruption aufgenommen wurde, kann aufgrund der vorhandenen Daten nicht bestimmt werden.« Für den Privatgebrauch wird im Internetlexikon »Wikipedia« dagegen behauptet (Stand 5. 1. 2005): »Im Fall des Kalium-Argon-Systems steht mit der Argon-39/Argon-40-Messtechnik sogar eine besonders ausgefeilte

Technik zur Verfügung, mit der Verfälschungen *ausgeschlossen* werden könnten.«

Es muss nochmals unterstrichen werden, dass man ja nicht das Alter eines Gesteins direkt messen kann, sondern man bestimmt nur eine Anzahl von Isotopen und rechnet dann aufgrund heutiger Zerfallsverhältnisse zurück in die Erdvergangenheit. Diesen Methoden fehlt aber die Eichung an bekannten Objekten: Das Nicht-Vorhandensein von Daten über Eichkurve, Standardabweichung und Grundrauschen wird ersetzt durch Annahmen, z. B. dass keine Verflüchtigung der Tochterisotope erfolgte oder durch Speicherung keine Veränderungen aufgetreten seien (»Lexikon der Physik«, 1999, Bd. 3, S. 199). Zu berücksichtigen ist auch, dass durch spätere metamorphe Umwandlung der Gesteine sowohl die Anzahl als auch die relativen Verhältnisse der Isotope beeinflusst werden.

Der Zeitabschnitt, in dem die Hälfte radioaktiver Isotope zerfällt (Halbwertszeit), galt bisher als im Labor getestete »geeichte« Uhr. An diesem Dogma wurde offiziell leicht gerüttelt: Im Fachmagazin »Science« (Bd. 282, 4. 12. 1998, S. 1840–1841) wurde ein Fehlermodell veröffentlicht, das die Abweichungen von Halbwertszeiten verschiedener radioaktiver Isotope auf Grund theoretischer und experimenteller Annahmen zeigt. Fazit: Der nukleare Zerfall ist keine exakte Uhr.

Kalzium und Kalkstein

Durch den Zerfall von Kalium-40 entsteht aber nicht nur Argon-40, sondern auch Kalzium-40. Dieses durch den radioaktiven Zerfall entstehende Kalzium wird offiziell nicht beachtet, da es vom gewöhnlichen Kalzium, das häufig vorkommt, nicht zu unterscheiden ist. Jedoch ist Kalzium ein silberweißes, weiches Metall, welches mit Wasser stark reagiert. Es ist das maßgebliche Element zur Bildung von Kalkstein (Kalziumkarbonat $CaCO_3$), und wichtige Verbindungen mit Kalzium sind Zement und Kreide. Im Wasser ist das Kalziumkarbonat in gelöster Form, d. h. als Ionen vorhanden. Bei physikalischen Veränderungen des Wassers (Verdunstung, Er-

wärmung, Verwirbelung) fällt das Kalziumkarbonat aus. Mit anderen Worten, falls zum Beispiel durch katastrophische Ereignisse (Meteoriteneinschlag) und nachfolgend einsetzendem Treibhauseffekt eine Erwärmung des Wassers unter gleichzeitiger Verwirbelung einsetzt, bilden sich relativ schnell Kalk-, Sand- und auch Kreideschichten. Ist auf diese Weise die massenhafte Entstehung der – bereits eingangs diskutierten – geschütteten Kreidefelsen (u. a. Ost- und Nordsee) zu erklären?
Das in »Darwins Irrtum« vorgestellte Sintflut-Modell liefert ergänzend die Erklärung, dass nach einem Meteoriteneinschlag nicht nur neuer Kalkstein gebildet wird, sondern unter Freisetzung von Wärme (= Treibhauseffekt) auch zwei Teile Wasser pro Molekül $CaCO_3$ (Kalziumkarbonat) entstehen. Mit anderen Worten: Nach einem Asteroideneinschlag wird neuer Kalkstein gebildet, und der Wasserspiegel der Ozeane steigt. Ein Phänomen, das bisher dem Abschmelzen der Eiszeit-Gletscher zugeschrieben wird (Zillmer, 1998, S. 80 ff.). Diese von mir vorgestellte *Naturbetontheorie* beschreibt die schnelle Entstehung von unterschiedlichen Sedimentschichten bei gleichzeitiger schneller Erhärtung. Allerdings ergibt die ansonsten für Wissenschaftler rätselhafte Herkunft von Kalzium durch den zuvor diskutierten radioaktiven Zerfall von Kalium-40 einen zusätzlichen Aspekt. Haben wir letztendlich heftigen Vulkanausbrüchen die massenhafte Existenz von Kalzium und die, erdgeschichtlich gesehen, relativ späte Bildung von Kalkstein zu verdanken? Vollzog sich dieser Prozess mit der Erdexpansion?

Zu wenige Edelgase

Die Umwandlung von Uran- und Thoriumkernen in radioaktive Isotope erfolgt über den Alpha- und Betazerfall, meist mit nachfolgender Aussendung von Gammastrahlung. Die Alphastrahlung besteht aus so genannten Alphateilchen, also aus Heliumkernen, die sich aus zwei Protonen und zwei Neutronen zusammensetzen. Aufgrund ihrer ungewöhnlich hohen Bindungsenergie (28,3 MeV) sind die Heliumkerne außerordentlich stabil. Helium besitzt den niedrigsten Schmelz- und Siedepunkt aller bekannten Gase und kann bei Atmosphärendruck nicht ausgefroren werden – ist also äußerst beständig.

Aus der Sonnenkorona strömt die solare Korpuskelstrahlung ab, die als Sonnenwind bezeichnet wird. Dieser besteht neben Wasserstoff- auch aus Heliumkernen. Gehen wir einmal idealisierend davon aus, dass keine Heliumkerne aus dem Sonnenwind in der Erdatmosphäre verbleiben, dann entsteht nach unserem schulwissenschaftlichen Weltbild das Helium ausschließlich als Alphateilchen durch die *Freisetzung beim radioaktiven Zerfall mit der Alphastrahlung*.

Wenn mittels radiometrischer Altersbestimmungen von einem bis zu über vier Milliarden Jahren andauernden radioaktiven Zerfall in unseren ältesten Gesteinen ausgegangen wird, dann müssten sehr viele Heliumkerne in unserer Atmosphäre existieren. Mit Sensoren hat man die Emission von Heliumkernen aus der Erdkruste in die Atmosphäre gemessen. Geht man davon aus, dass das gesamte Helium in der Erdatmosphäre verbleibt, würden nur 10 000 Jahre ausreichen, um unsere Atmosphäre mit Helium auf den heutigen Gehalt anzureichern.

Können die sehr leichten Heliumkerne in den Weltraum abgegeben werden, sodass nur ein ständiger Austausch stattfindet? »Chemisch reaktive Elemente hätten durch irgendeinen chemischen Prozess aus der Atmosphäre entfernt werden können; aber die Edelgase, die sowohl schwer genug sind, um durch Schwerkraft zurückgehalten zu werden, als auch chemisch inaktiv, sodass sie in der Kruste nicht aufgenommen werden konnten – die Edelgase müssten also noch vorhanden sein«, stellt Thomas Gold, ehemals Professor in Harvard, fest (Gold, 1988, S. 36). Aber auch unter Berücksichtigung einer hohen Abgaberate in den Weltraum ergibt sich als Grenzfallbetrachtung für das Alter der Atmosphäre höchstens ein maximales Alter von einigen hunderttausend Jahren.

Das wirkliche Alter ist aber wesentlich geringer, denn man kann die maximale Energie berechnen, die im Magnetfeld der Erde gespeichert ist. Diese Energierate wird bei freiem radioaktivem Zerfall in der Erdkruste schon nach 8700 Jahren erreicht. Dieses Alter ist nur wenig höher als der Zeitraum, der für eine erdgebundene verlustfreie Anreicherung der Atmosphäre mit Helium benötigt wird. Auch andere Szenarien deuten darauf hin, dass unsere heutige Atmosphäre jung ist. Rechnet man bei einer Verlustrate der Stärke unseres Magnetfeldes in Höhe von 15 Prozent, die in den letzten 160 Jahren gemessen wurde, diese in die Erdvergangenheit zurück, ergibt sich vor 22 000 Jahren ein Extremwert der Magnetfeldstärke, die keine Lebensform überlebt hätte (ausführlich in »Irrtümer der Erdgeschichte«, S. 301 ff.).

Auf keinen Fall soll jedoch aus diesen Ausführungen auf einen jungen Planeten Erde geschlossen werden, wohl aber auf eine vor wenigen tausend Jahren fast komplett umgestaltete Erdkruste mit einer neuen oder umgebildeten Atmosphäre. Dabei vollzog sich ein wesentlich beschleunigter radioaktiver Zerfall, mit der Neubildung von Kalzium und Wasser, und es entstand eine Spannungsspitze. Zusätzlich erhöhte sich die kosmische Einstrahlung auf die Erde. In den oberen Schichten der Atmosphäre wird die Ultraviolett-C-Strahlung durch molekularen Sauerstoff nahezu vollständig und die Ultraviolett-B-Strahlung zu mindestens 97 Prozent absorbiert. Dabei wird Ozon gebildet, vorausgesetzt die Atmosphäre enthält genug Sauerstoff. Die Ozonschicht wirkt ihrerseits als Filter für ultraviolette Strahlen. Nimmt der Sauerstoffgehalt in der Atmosphäre beziehungsweise der Ozongehalt in der Stratosphäre ab, steigt insbesondere der Anteil der Ultraviolett-B-Strahlung, der zur Erde durchdringen kann. Je energiereicher die Strahlung, desto höher ihre schädliche Wirkung auf Biokörper: Die Ultraviolett-B-Strahlung kann krankhafte Veränderungen der Zellen bei allen Lebewesen bewirken, ist an der Entstehung von Krebs beteiligt, schwächt das Immunsystem, erhöht die Rate der Missbildungen, schädigt die Erbsubstanz und führt bei entsprechender Intensität zum Tod. Neue Forschungen haben erwiesen, dass Tiere – wahrscheinlich auch Menschen – unter erhöhter Ultraviolett-B-Strahlung unfruchtbar werden.

Die dramatisch angestiegene (kurzwellige) Ultraviolett-B-Strahlung (vgl. Zillmer, 1998, S. 154) und radioaktive Strahlung im Verbund mit einer Erhöhung der Gravitation während des Sintflut-

geschehens war vermutlich eine Ursache des Massensterbens von 80 Prozent der Arten (Zillmer, 2001, S. 286 ff.). Bei den Überlebenden dieses Szenarios vollzog sich eine Verkleinerung der einstmaligen Mega-Fauna zu den kleinwüchsigen Pflanzen, Tieren und Menschen, die unsere heutige Erde beleben.
Meine Ausführungen haben jüngst eine Bestätigung erhalten: Für ein Massensterben vor 443 Millionen Jahren wird neuerdings erhöhte radioaktive Strahlung verantwortlich gemacht, die das Ende der Trilobiten verursacht haben soll. Die Ozonschicht wurde zerstört und die Intensität der UV-Strahlung stieg an (»New Scientist«, 27. 9. 2003, S. 17). Die bisher gängige Theorie führt das Aussterben der damals lebenden Meerestiere wie Seesterne, Seeigel, Tintenfische und Gliederfüßler auf das Einsetzen einer Eiszeit zurück. Warum jedoch mitten in einer Periode sehr warmen Klimas plötzlich eine Eiszeit hätte einsetzen sollen, kann niemand erklären. Auch das schulwissenschaftliche Weltbild vom Aufbau der Erde und von den im Erdinneren ablaufenden Prozessen ist im Gegensatz zu den Darstellungen der Geophysiker weitgehend lückenhaft. Sensationell ist die Meldung, dass im Inneren unserer Erde scheinbar Helium-Atome auch *ohne* radioaktiven Zerfall freigesetzt werden (»Earth and Planetary Science Letters«, Bd. 31, 1976, S. 369–385). Berücksichtigt man diese freien Helium-Atome außerhalb des radioaktiven Zerfalls, verringert sich das Alter der Atmosphäre zusätzlich. Es wird Zeit, die alten Dogmen als Scheuklappen unseres Bewusstseins und der Forschung einzureißen. Ein Paradigmenwechsel ist überfällig.

4 Lug und Trug: Die Menschwerdung

In der Wissenschaft existiert ein Wissensfilter, der unwillkommenes Material aussiebt. Diese Wissensfilterung wird bereits seit dem Ende des 19. Jahrhunderts betrieben und dauert bis heute an. Der Lehrmeinung widersprechende Funde werden abgelehnt, ohne dass eine sorgfältige Überprüfung des Befundmaterials geschieht. Hat im wissenschaftlichen Establishment (Science Community) erst einmal das Gerücht die Runde gemacht, dass ein spezieller Fund unseriös sei, genügt dies den meisten Wissenschaftlern, um sich nicht mehr mit dem angezweifelten Material zu beschäftigen. Ein Mantel des Schweigens wird dann darüber ausgebreitet. Neu heranwachsende Wissenschaftler wissen dann auch nichts mehr von der Existenz kontroverser oder sogar der herrschenden Theorie krass widersprechender Funde und glauben selbst, ja sind felsenfest davon überzeugt, dass sie vom universitären Wissenschaftsbetrieb umfassend und allwissend ausgebildet wurden. Deshalb müssen frühere Beschreibungen kontroverser Funde für eine Zeit der erforderlichen Wissenschaftsrevision – quasi dem Galilei-Fall der Wissenschaft – präsent gehalten werden, bis eine vorurteilsfreie, kritische Forschergeneration heranwächst, die Theorien nach Tatsachen ausrichtet und nicht umgekehrt.

Wissensfilter

Im Oktober 1998 wurde der Film »Hat die Bibel doch Recht? Der Evolutionstheorie fehlen die Beweise« von Fritz Poppenberg vom Fernsehsender »Sender Freies Berlin« ausgestrahlt. Daraufhin erhoben drei Wissenschaftler offiziell Einwände. Der Dokumentarfilm erhielt einen Sperrvermerk und »darf planmäßig nicht mehr im Fernsehen gezeigt werden« (Kutschera, 2004, S. 248). Nachdem Professor Dr. Ulrich Kutschera (*Universität Kassel*) während einer Rede mit dem Titel »Evolution, das Generalthema der Biowissenschaften« auf der Jahrestagung des Verbands deutscher Biologen am 27. Oktober 2002 explizit vor Poppenbergs Film, den Büchern »Darwins Irrtum« (1998) und »Ein kritisches Lehrbuch« (Junker/Scherer, 2001) gewarnt hatte, gründete man im Anschluss an das Treffen die *Arbeitsgemeinschaft Evolutionsbiologie*, um die weitere Einflussnahme des Antidarwinismus auf Bildung und Öffentlichkeit zu verhindern und die Arbeitsplätze der Evolutionstheoretiker zu sichern.

Wenn von der Unterdrückung von Beweisen gegen die Evolutionstheorie die Rede ist, dann handelt es sich nicht um vereinzelte wissenschaftliche Verschwörer, die die Öffentlichkeit hinters Licht führen wollen. Es handelt sich vielmehr um einen andauernden Prozess der systematischen Wissensfilterung, der harmlos erscheint, aber im Laufe der Zeit beträchtliche Ausmaße und quasi eine Undurchlässigkeit für unerwünschte Informationen entwickelt hat, die sich ständig steigert.

Entsprechend erhielten meine kontroversen Themen aus »Darwins Irrtum« einen Sperrvermerk. Ein mit mehreren Auszeichnungen dekorierter Regisseur wollte 1999 gar eine ganze Serie für öffentlich-rechtliche Fernsehanstalten drehen, bekam aber klipp und klar gesagt: Wer mit Zillmer auch nur einen Dokumentarfilm dreht, erhält keinen einzigen Auftrag mehr.

Auf diese Weise verschwinden kontroverse Erkenntnisse, die der Lehrmeinung widersprechen, ganz einfach aus dem Blickfeld und erhalten keine Chance, in anerkannten wissenschaftlichen Magazinen veröffentlicht zu werden. Beispielsweise entscheiden zwei konservative Gutachter über die Zulässigkeit der Veröffentlichung von Forschungsergebnissen im Fachblatt »Science«. So kommen kontroverse Forschungen nicht in den Blickpunkt anderer Wissenschaftler und schon gar nicht in die Öffentlichkeit. Die abgelehnten Forschungsberichte werden dann in speziellen Fachblättern veröffentlicht, die weltweit vielleicht 500 Spezialisten lesen. Ergebnis:

Die kontroverse Forschung wurde in den Fachdisziplinen beerdigt. Wissenschaftler, die brisantes Beweismaterial vorlegen und diskutieren, werden als unseriös denunziert, in ihrem beruflichen Werdegang behindert oder sogar suspendiert.
Erschwerend kommt hinzu, dass »heute bereits jeder Spezialist schon im Bereich recht nahe benachbarter Disziplinen nur noch zum allgemein gebildeten Publikum gehört, dem ohne verständliche und gute Einführungen ein Eindringen in die dort aufgeworfenen Probleme und das davon abhängige Verständnis nicht mehr möglich ist« (Beck, 1966, S. IX). Damit hält höchstens eine Hand voll große Gruppe von Spezialisten je Fachdisziplin ein lupenreines Monopol in ihren Händen: Niemand ist autorisiert, über fachspezifische Forschungsergebnisse zu diskutieren, da es sich bei allen anderen, auch bei Professoren eng verwandter Wissensgebiete, um Nichteingeweihte, also Unwissende handelt, die vorgeblich keine Ahnung von der Materie haben.
Zum Glück für die Menschheit hat sich das Internet als Informationsquelle durchgesetzt, sodass Informationen sofort verbreitet werden können. Die praktizierte Verheimlichung von brisanten Informationen funktioniert deshalb nicht mehr nach altbewährtem Muster. Es ist aber zu beobachten, dass interessierte Kreise das Internet auch zur Denunziation benutzen, indem die Diskussionsrunden von geschulten Wissenschaftlern und gedrillten Laien zur Aufrechterhaltung der alten Dogmen und zur Normierung der Meinungsbildung benutzt werden. Hierzu dient u. a. ein rüder Umgangston einschließlich persönlicher Beschimpfungen, der den allgemein Interessierten veranlasst, diesen Diskussionsrunden fern zu bleiben. Damit ist das Ziel erreicht, der Informationsfluss wurde unterbunden.
Nach wie vor stellt das Buch eine Informationsquelle dar, die längere Zeit Bestand hat und dessen Informationsgehalt nicht so einfach aus der Welt geschafft werden kann. In dem vorliegenden Buch sollen für diejenigen, die sich mit den menschlichen Ursprüngen und Anfängen beschäftigen, Hinweise, Texte und Materialien vorgestellt werden, die in den heutigen Standardwerken fehlen und zudem nicht leicht zu beschaffen sind. Es wird sich zeigen, dass die

derzeit herrschenden Ansichten über die menschlichen Ursprünge einer tiefergreifenden Revision bedürfen.

Wissenschaftliche Manipulation

Der Anthropologe Thomas E. Lee vom *National Museum of Canada* entdeckte in den Jahren 1951 bis 1955 Steinwerkzeuge in »eiszeitlichen« Ablagerungen bei Sheguiandah auf Manitoulin Island, der größten Binnensee-Insel der Welt im nordamerikanischen Huron-See (Lee, 1966). Diese Steinwerkzeuge wiesen fortschrittliche Bearbeitungsspuren auf und sollen nach mehrmaligen Untersuchungen des Geologen John Sanford (*Staatliche Universität Wayne*) in den Jahren 1952 bis 1957 mindestens 65 000 oder sogar bis zu 125 000 Jahre alt sein. »Eine Gruppe von Geologen stimmte anlässlich einer Exkursion zum Fundort mit dieser geologischen Analyse überein« (Sanford, 1971, S. 7). Bei der Frage der Datierung gingen die Meinungen auseinander. Aus der Bandbreite von bis zu 100 000 Jahren einigte man sich auf das Mindestalter von 30 000 Jahren. Nach der Zeitleiter der Menschheitsgeschichte kämen dann nur Neandertaler oder frühmoderne Aurignacien-Menschen als Urheber der Werkzeuge in Nordamerika infrage.

Die Werkzeuge wurden nicht an der Oberfläche gefunden, sondern aus mehreren geologischen Schichten gegraben: »Die stratigraphische Sequenz der Sedimente und der in jeder Schicht enthaltenen Artefakte ist definitiv und eindeutig. Sorgfältige Grabungen und Untersuchungen der Sedimente und der vorgefundenen Artefakte lassen keinen Raum für Zweifel bezüglich der ungestörten Abfolge vorhandener Kulturschichten (Stratigraphie)« (Sanford, 1971, S. 14).

Unter der Leitung des Anthropologen Professor Dr. Patrick Julig, (*Laurentian-Universität* in Sudbury) wurden in den letzten Jahren neue Grabungen vorgenommen. Nach diesen Untersuchungen wurde die Ausgrabungsstätte »vor und nach einer katastrophischen Überflutung vor ungefähr 9600 Jahren« (Julig, 2002) von den Eingeborenen bewohnt. Zur Datierung mit der Radiokarbonmethode dienten organische Stoffe in den betreffenden Schichten der Torfmoore. Bereits der Anthropologe James Griffin (*Universität von Michigan*) hatte 1983 diese Funde zähneknirschend als echt anerkennen müssen, nachdem er dies noch 1979 bestritten hatte (Griffin, 1979, S. 43 ff.). Aber dieses Zugeständnis erweckte den Eindruck, als wenn Werkzeuge nur auf oder nahe der Oberfläche in Torfmooren gefunden wurden. In neueren Grabungsskizzen von Julig (2002) wird sogar ausdrücklich darauf hingewiesen, dass im Gletscherschutt, der wesentlich älter als die Moore ist, *keine* Werkzeuge gefunden wurden.

Die älteren Originalberichte liefern jedoch Argumente gegen diese Schlammflut-Hypothese. Die auch von Julig ausgegrabenen und als echt anerkannten Artefakte in den Schichten der Torfmoore gehören nach Lee zu einem *oberen Niveau* mit Projektilspitzen, das *über* den »eiszeitlichen« Geröllschichten liegt. Diese jüngere Steingerätekultur ist im weitesten Sinne »indianisch« und war über einen Großteil Zentralkanadas weit verbreitet. Im *darunter liegenden* Niveau, also in *älteren Schichten*, wurden entgegen der Grabungsskizze von Julig *im Gletscherschutt* jeweils ganz *unterschiedliche* Werkzeugtypen im Vergleich zu denen aus oberflächennahen Torfmoorschichten gefundenen (Lee, 1983).

Bei konventioneller Datierung ergibt sich für die Artefakte aus dem Gletscherschutt ein viel zu hohes Alter. Deshalb mussten die Funde von uralten Steinwerkzeugen aus den noch darunter liegenden, also älteren Schichten buchstäblich in den Mühlen der Wissenschaft zermahlen werden. Da die Artefakte unbestritten echt sind, wird versucht, alle Steinwerkzeuge als »nacheiszeitlich« zu deklarieren.

Interessant ist in diesem Fall die neuere Interpretation der werkzeughaltigen Schichten als Flutschichten, die meiner Auslegung (siehe Kapitel 2) nahe kommt, nur muss dann das Alter nochmals deutlich reduziert werden, denn auch die älteren eiszeitlichen Geröllschichten der Wisconsin-Eiszeit sind nach meinen Ausführungen in einem nachsintflutlichen Zeithorizont zu sehen. Eine Datierung der Artefakte könnte in diesem Fall ein Alter von weniger als 5000 Jahren ergeben.

Wirklich interessant ist jedoch, welches Licht dieser Fall auf die Praktiken der wissenschaftlichen Welt bei der Ausgrenzung von

Kollegen wirft, die sich nicht der Lehrmeinung wissenschaftlicher Autoritäten unterwerfen. Thomas E. Lee, der Entdecker der Fundstellen, »wurde von seinem Posten im Staatsdienst geschasst und war danach längere Zeit arbeitslos; Publikationsmöglichkeiten wurden vereitelt. Mehrere prominente Autoren stellten das Fundmaterial falsch dar ...; Tonnen von Artefakten verschwanden in den Lagerräumen des *National Museum of Canada* in Kisten. Weil er sich weigerte, den Entdecker zu feuern, wurde der Direktor des *National Museums*, der vorgeschlagen hatte, dass über die Funde eine Monographie veröffentlicht werden sollte, selbst entlassen und ins Exil getrieben; ... aus dem Fundort selbst hat man ein Touristenzentrum gemacht ... (denn) Sheguiandah hätte zwangsläufig das peinliche Eingeständnis zur Folge gehabt, dass die wissenschaftlichen Gralshüter eben doch nicht alles wussten. Es hätte weiterhin bedeutet, dass fast jedes einschlägige Buch hätte umgeschrieben werden müssen. Also musste die Sache sterben. Und sie starb ...« (Lee, 1966, 18 f., vgl. Cremo/Thompson, 1993).
Auch ähnliche andere Funde wurden von den meisten Archäologen zurückgewiesen, da diese der Theorie widersprechen. Bei Hueyatlaco, etwa 120 Kilometer südöstlich von Mexico City, legte die Geologin Virginia Steen-McIntyre in den 1960er-Jahren zusammen mit anderen Mitgliedern eines Forscherteams des *Amerikanischen Amtes für geologische Aufnahmen* technisch hochwertige Steinwerkzeuge frei. Das Geologenteam, das mit finanzieller Unterstützung der *National Science Foundation* tätig war, datierte die oberste geologische Schicht mit mehreren Datierungsmethoden auf ein Alter von *mindestens* 245 000 Jahren!
Robert Fryxell stellte fest, dass nach »Jahrhunderten archäologischer Forschung in der Alten und Neuen Welt unser Wissen um die menschliche Frühgeschichte so ungenau ist, dass wir plötzlich erkennen: Es ist alles falsch, was wir bisher gedacht haben ... Andererseits wird es, je umfassender die gesammelten geologischen Daten sind, umso schwieriger zu erklären, wieso mehrere unterschiedliche und voneinander unabhängige Datierungsmethoden zu Fehlern der gleichen Größenordnung geführt haben sollen« (»Denver Post«, 13. 11. 1973).

Entsprechend war es für Virginia Steen-McIntyre ziemlich schwierig, ihre Funde überhaupt zu veröffentlichen. Der Abdruck des Berichts wurde immer wieder verzögert, bis er schließlich 1981 im »Quaternary Research« erschien, nachdem sie am 30. März 1981 ihren Unmut in einem Brief formuliert hatte:
»Das Problem ... ist viel größer als die Funde von Hueyatlaco. Es betrifft die Manipulation wissenschaftlicher Daten durch die Unterdrückung ›rätselhafter Daten‹, Daten, die die vorherrschende Denkweise infrage stellen. Bei Hueyatlaco ist das sicher der Fall! Da ich kein Anthropologe bin, war ich mir damals, im Jahr 1973, weder der vollen Tragweite unserer Daten bewusst, noch hatte ich realisiert, wie tief verwoben mit unserem Denken die gegenwärtig gültige Theorie von der menschlichen Evolution bereits ist. Unsere Arbeit in Hueyatlaco ist von den meisten Archäologen nur deshalb abgelehnt worden, weil sie ebendieser Theorie zuwider läuft. Punktum. Sie argumentieren im Kreis. *Homo sapiens sapiens* entwickelte sich vor ca. 30 000 bis 50 000 Jahren in Eurasien. Es kann daher unmöglich 250 000 Jahre alte, in Mexiko gefundene Werkzeuge von *Homo sapiens sapiens* geben, weil der Homo *sapiens sapiens* sich vor etwa ... usw. Ein solches Denken sorgt für selbstzufriedene Wissenschaftler, hat aber eine lausige Wissenschaft zur Folge.«
Die Abdruckgenehmigung für Fotografien von Hueyatlaco-Artefakten wird nur erteilt, wenn man das »Wahnsinnsdatum« von 250 000 Jahren nicht nennt und ein Alter von 30 000 Jahren angibt – ein Zeithorizont, der mit dem Auftauchen des modernen Menschen gerade noch zu vereinbaren ist. Fazit: In der Wissenschaft existiert seit gut einem Jahrhundert ein Wissensfilter, der unwillkommenes Material aussiebt. Betrachten wir noch weitere, nicht ins Konzept der Evolutionstheorie und Geologie passende Funde.

Was nicht sein darf

Es geschah an einem Junitag des Jahres 1977. Der deutsche Weltenbummler Ernst Hoening fand rein zufällig in der elf Meter tiefen *Bisonschlucht* im Norden Kanadas ein von Menschenhand geform-

tes Werkstück. Auf der Suche nach weiteren Fundstücken brachte Hoening fossile Knochen von Menschen und Tieren sowie Faustkeilschaber und Faustäxte aus grauer Vorzeit ans Tageslicht. Außerdem wurde ein Fußabdruck in einer geologisch datierbaren Steinplatte entdeckt, die direkt *unterhalb* des Geschiebemergels der letzten Wisconsin-Vergletscherung lag. Die geologische Altersdatierung der Fundschicht wurde »anhand einer Probe in einem mineralogischen Institut in Deutschland mit äußerster Akribie erarbeitet. Die Fundschicht ist älter als 110 000 Jahre, dem heute in Nordamerika allgemein als gesichert geltenden Beginn der letzten Wisconsin-Vereisung. Die Fundschicht im Stone Creek liegt *unterhalb* der Wisconsin-Vereisung« (Hoening, 1981, S. 216 f.) und ist damit offiziell älter als 110 000 Jahre.
Professor R. G. Forbis von der archäologischen Abteilung der *Universität Calgary* empfahl in einem Schreiben vom 13. September 1977 (Hoening, 1981, S. 229): »Man müsste diese Werkzeuge einmal mit den 460 000 Jahre alten aus Chou-Kou-Tien (China) vergleichen können. Die Übereinstimmung ist ja frappierend.« Außerdem bestätigt er, dass ein Stück Knochenkohle aus der untersten Fundschicht in Chicago einer Radiokarbondatierung unterzogen wurde. Ergebnis: Das Alter lag außerhalb des Messbereichs, ist also auf jeden Fall älter als 50 000 Jahre. Forbis distanzierte sich jedoch zwei Jahre später von den Funden, da er »in Wirklichkeit nicht besonders interessiert an der Altsteinzeit ist«.
Das *Lippische Landesmuseum* in Detmold ordnete laut einem osteologischen (knochenkundlichen) Gutachten vom 2. September 1980 (Büchner, 1981) die im Fundkomplex gefundenen menschlichen Knochen dem *Homo sapiens* zu, da sie robuster und größer als beim neuzeitlichen Menschen (*Homo sapiens sapiens*) seien. Zusammen mit den menschlichen Knochen wurden Relikte von Riesenbiber (*Castaroides*) und Riesenfaultier (*Paramylodon*) gefunden. Der bis zu 2,5 Meter große Riesenbiber lebte seit zwei Millionen Jahren in Nordamerika und starb angeblich vor 10 000 Jahren aus. In diese Zeitperiode gehört auch der versteinerte menschliche Fußabdruck, der sich unmittelbar *unter* dem (angeblich) 110 000 Jahre alten Wisconsin-Geröll *in* der noch älteren Kalksandsteinschicht

befindet. Diese ist an der Oberseite, also der Kontaktfläche, genauso wie das ganze Fundmaterial im Stone Creek – immerhin 200 Stück umfassend – durch einen Manganhydroxid-Belag geschwärzt, während die Unterseite dieser Kalksandsteinschicht sandfarben, also hell erscheint. Der Fußabdruck des Uramerikaners befindet sich innerhalb dieser schwarzen Fläche der Steinplatte (Hoening, 1981, S. 260 ff.).
Indem Ernst Hoening Beweise für die Existenz des Menschen am *Stone Creek* für eine Zeitperiode von über 110 000 Jahren vorlegt, spräche dies für die Anwesenheit eines Neandertalers, ja eines Neandertalervorläufers in Amerika. Für diesen Fall müsste die Abstammungs- und Besiedlungsgeschichte des Menschen in Amerika grundlegend überdacht, ja revidiert werden, denn der offiziell gar nicht existierende »amerikanische Neandertaler« hätte in vergleichbaren Zeiträumen wie seine europäischen Brüder gelebt.
Der versteinerte Fußabdruck ist aber eine von Hoening nicht erkannte weit größere Sensation, denn das geologische Gutachten von Dr. Martin Büchner (1981) bestätigt eine von mir seit längerer Zeit dokumentierte geologische Situation, da auf Lockergesteinen in Amerika oft eine meist nur wenige Zentimeter dicke, massive Kalk-, Sand- oder Kalksandsteinplatte ruht, die manchmal oberseitig schwarz gefärbt erscheint und auf der wiederum moränenartige Schichten aus Lockergestein liegen, die jedoch meist von Schlammlawinen stammen müssen, da sie auch in niemals vergletscherten Gebieten vorkommen. Im vorliegenden Fall befindet sich von der Erdoberfläche bis zur Tiefe von elf Metern über der Kalksandsteinschicht mit dem Fußabdruck die angebliche Wisconsin-*Moräne*.
Das gesteinskundliche Gutachten bezog sich auf die unter der »Moräne« liegende Gesteinsplatte mit dem menschlichen Fußabdruck. Ein Fußabdruck ist aber nicht im festen Gestein, sondern nur in einem *weichen* Untergrund möglich! Die Gesteinsverfestigung kann also erst erfolgt sein, nachdem ein Mensch über den weichen Sandschlamm lief. Allerdings: »Verfestigte Ablagerungen eiszeitlichen Alters (wie im vorliegenden Fall mit dem Fußabdruck, HJZ) sind an sich nicht zu erwarten, da diese Schichten auf Grund ihres geringen geologischen Alters in der Regel als Lockersedimente

vorliegen.« Auch wenn Martin Büchner auf eine Abhandlung von E. Th. Sepharim über ein prä-moränales Schotterkonglomerat mit Gletscherschliff (Sepharim, 1973) verweist, sehe ich einen Widerspruch, denn weder ein Schotterkonglomerat noch eine Feinkiesschicht wie am Stone Creek kann durch Gletscher derart glatt geschliffen werden, dass eine massive Gesteinsplatte *aus* und auf Lockersedimenten entsteht. Nie und nimmer!

Ich verweise auf meine Ausführungen in »Darwins Irrtum« und lege dem beschriebenen Sachverhalt meine *Naturbetontheorie* zugrunde. Die dünnen, verfestigten und scheinbar geschliffenen Schichten versteinerten nicht durch Druck der Eisgletscher, sondern durch hydraulische Prozesse, da dem Kies, Sand oder Konglomerat durch überströmendes Wasser ganz einfach ein im Wasser gelöstes hydraulisches Bindemittel (Kalk, Kieselerdezement, Kalkspatzement, Gips o. ä.) und Mineralien zugefügt werden. Die Erhärtung des betreffenden Lockergesteins – wie Sand, Kies, Schotter – erfolgt dann auch nur im oberen Bereich und bildet sich durch den »Betonierungsvorgang« als eine feste, jedoch von der Eindringtiefe des Bindemittels abhängige, nur wenige Zentimeter dicke Felsschicht aus, auf der oft Rippelmarken eines Seebodens versteinert sind. Diese Rippelmarken bezeugen die Entstehung der dünnen, festen Gesteinsschicht *unter Wasser*!

Dauerhafte menschliche Fußabdrücke in Gesteinsschichten werden in diesen Fällen in *weichem Ursprungsmaterial*, wie analog in Flugasche, und nicht im Lockergestein erzeugt. Je nach Art und Eigenschaft des Bindemittels geht die Verfestigung schnell, in geologischer Hinsicht sogar blitzschnell wie mittels Sekundenkleber vor sich. Im Falle von *Stone Creek* handelt es sich um Grünsandstein ohne Fossilien, deren feinkristalline karbonatische Grundmasse mit scharfkantigen, eckigen Sandkörnern u. a. durch Zuführung von Kalifeldspäten und Kalknatronfeldspäten als Bindemittel zu einer Kalksteinplatte verfestigt wurde.

Der Fußabdruck wurde zwingend zu einem Zeitpunkt hinterlassen, als diese Masse noch weich war, um dann im schnell hydraulisch abbindenden (erhärtenden) Kalksandsteingemisch erhalten zu bleiben. Die als »Wisconsin-Moräne« propagierte Schlammlawine

kann sich erst über den Kalksandstein (mit dem darin verewigten Fußabdruck) geschoben haben, als alles erhärtet war, da dieser sonst zerstört worden wäre! Eisgletscher können daher auch nicht das Lockergestein verfestigt und dann glatt geschliffen haben!
Der vorliegende Kalksandstein mit dem Fußabdruck wird gesteinskundlich als Grünsandstein klassifiziert, da in diesem *Glaukonit* als blaugrünes bis schwarzes Kalium-Eisen-Silikat enthalten ist. Aber: »Glaukonit kennzeichnet marine Entstehungsbedingungen, ist also fast ausschließlich in Meeresablagerungen zu finden ... Es gehört nicht in den Bereich von Glazialablagerungen des Festlandes ...« (Büchner, 1981, S. 263 – Gutachten S. 2). Damit wird meine Meinung bestätigt, dass die dünne, auf dem Feinkies liegende Kalksandsteinschicht nicht durch den Druck eines Gletschers verfestigt wurde, sondern auf hydraulischer Basis *unter Wasser* entstand.
»Der schwarze Manganhydroxid-Belag der oberen Schichtfläche ist ... als Infiltration der oberflächennahen Zwischenräume zwischen den Sandkörnern zu erkennen« (ebd. S. 263 – Gutachten S. 2), entstand also, als die Sedimentschicht noch weich war. Diese Schicht erhärtete, bevor die angebliche Eiszeit kam. Die gefundenen menschlichen Relikte, die auch diese schwarze Färbung besitzen, haben demzufolge zeitlich mit der »Wisconsin-Moräne« überhaupt nichts zu tun. Die »Moräne« muss die Folge einer Schlammflut sein, unter der die Knochen, Artefakte und Fußspuren begraben wurden. Wie alt ist dieser »amerikanische Neandertaler« tatsächlich? Einfache Antwort: Genau so alt wie die Kalksandsteinplatte! Wie alt aber ist diese?
Dr. Martin Büchner schreibt (ebd. S. 263 – Gutachten S. 2): »Das mikroskopische Bild des vorliegenden Sandsteins ähnelt sehr dem bei Pettijohn, Potter und Siever (1972, Abb. 6–30, S. 230) gezeigten Beispiel des kreidezeitlichen Grünsandsteins der *Ft.-Augustus-Formation* in Alberta, Kanada ... Eine derartige Anhäufung von Glaukonit wie im vorliegenden Kalksandstein ist in deutschen Ablagerungen der Kreideformation wieder zu finden und färbt hier – wie dort in Kanada – das Gestein grünlich.«
Lesen wir jetzt einmal über Grünsandstein (glaukonitischer Sandstein) in »Elemente der Geologie« (Credner, 1912, S. 268) nach:

»Der Zement ist kalkig, mergelig oder tonig. Die Hauptentwicklung der Grünsandsteine fällt in die Kreideformation«, also in die Dinosaurier-Ära. Dr. Hermann Credner spricht in diesem Zusammenhang von Zement (= Bindemittel) u. a. in kalkiger Form. Und genau dies ist beim Grünsandstein am Stone Creek in Kanada gegeben, denn laut Martin Büchner weist das Gestein eine mit weißem Belag (Kalksinter) versehene, unruhig ausgebildete Außenfläche auf. Diese Schicht aus der Dinosaurierzeit (Kreide) erhärtete mit dem darin enthaltenen Fußabdruck relativ schnell wie ein Kalk-(Zement-)Sandgemisch, und nicht sehr langsam über lange geologische Zeiträume hinweg – nach geologischer Datierung *zu Lebzeiten der Dinosaurier.*
Ich denke, dass die von mir skizzierten Zusammenhänge einfach zu erfassen sind. Genauso einfach ergibt sich dann aber nach korrekter geologischer Altersdatierung die Koexistenz von Dinosauriern und Menschen, denn die Grünsandsteinschicht mit dem darin enthaltenen menschlichen Fußabdruck stammt nach geologischer Sichtweise aus der Kreidezeit. Das ist das jüngste der drei Zeitalter des Erdaltertums, das vor 65 Millionen Jahren mit dem Aussterben der Dinosaurier zu Ende ging. Dann aber müssten Riesenfaultier und Riesenbiber gleichzeitig mit Dinosauriern gelebt haben, da diese fossilen Knochen genauso wie die Fundstücke vom Stone Creek und die Fußabdrücke von Manganhydroxid schwarz gefärbt sind. Entstand der menschliche Fußabdruck im Kreidezeitalter, wie die geologische Datierung des Grünsandsteins ergibt, oder erhärtete dieses Gestein unter Wasser vor vielleicht nur ein paar tausend Jahren? Dann ist aber die geologisch-biologische Zeittafel total falsch und die langen geologischen Zeiträume sind pure Illusion. Demzufolge müssen Dinosaurierfunde in Grünsandstein auch drastisch verjüngt werden, zumindest in die Neandertaler-Ära!

Menschen vor den Dinosauriern

Am 9. Juni 1891 füllte die Herausgeberin der Lokalzeitung in Morrisonville im US-Bundesstaat Illinois, S. W. Culp, ihren Kohlenkas-

ten. Da einer der Kohlebrocken zu groß war, zerkleinerte sie ihn. Er zerbrach in zwei nahezu gleich große Teile. Zum Vorschein kam eine zarte, ungefähr 25 Zentimeter lange Goldkette »von alter und wundersamer Kunstfertigkeit« (»Morrisonville Times«, 11. Juni 1891, S. 1). Die eng beieinander liegenden Enden der Kette waren noch immer fest in der Kohle eingebettet. Dort, wo der jetzt gelöste Teil der Kette gelegen hatte, war ein kreisförmiger Abdruck in der Kohle sichtbar. Das Schmuckstück war offenbar so alt wie die Kohle selbst. Eine Analyse ergab, dass die Kette aus achtkarätigem Gold gefertigt wurde und zwölf Gramm wog.
Als die Besitzerin der Kette 1959 starb, ging diese verloren. Hinweise auf die Herkunft der Kette anhand irgendeines handwerklichen Details sind nicht bekannt.
Die Kohle, in der die Kette eingebettet war, ist angeblich 260 bis 320 Millionen Jahre alt. Nehmen wir an, dass dieser in der Literatur vielfach beschriebene Fall authentisch ist, dann ergeben sich unglaubliche Konsequenzen: Hat eine Kultur in dieser uralten, vor der Dinosaurier-Ära liegenden Zeitepoche existiert, die Goldketten herstellen konnte? Dann wäre die Theorie der menschlichen Evolution der größte Irrtum des zweiten Jahrtausends. Die andere Lösung besteht wieder – wie immer – in fehlerhafter Datierung der Kohleentstehung. Entstand die Steinkohle – generell gesehen – nicht vor Hunderten von Jahrmillionen im Kohlezeitalter (Karbon), sondern vor nur einigen tausend Jahren? Für diesen Fall stellt die Anwesenheit der Goldkette in einem Kohlebrocken kein Rätsel dar. Allerdings erscheinen dann die 300 Millionen Jahre der geologischen Zeitskala als frei erfundene Phantomzeitalter.
Die Anfertigung einer Goldkette ist die Arbeit eines Spezialisten und keinesfalls das Werk eines »Steinzeitmenschen«. Die ältesten bekannten Goldketten sind ungefähr 5000 Jahre alt. Achtkarätiges Gold ist eine Legierung, die aus acht Teilen Gold hergestellt wird, die mit sechzehn Teilen eines anderen Metalls, meist Kupfer, gemischt werden. Aber ein Standard von acht Karat existierte jedenfalls nie. Zum Zeitpunkt der *Entdeckung* der Kette von Morrisonville bestanden Goldlegierungen meist aus 15 karätigem Gold und trugen einen Stempel.

Es handelt sich bei diesem Fund um keinen Einzelfall. Beispielsweise wurden *in* Kohle aus dem Karbon-Zeitalter entdeckt:

• Eine Art Messbecher im Jahre 1912 in Wilburton (Oklahoma). Bei der Verarbeitung von Kohle stemmte Frank J. Kenard ein großes Stück auseinander, und heraus fiel eine Art Topf oder Messbecher aus Eisen. Dieser Fund wurde bezeugt durch Jim Stull, einen Angestellten der *Municipal Electric*, notariell niedergelegt vor Julia L. Eldred.

• Ein Fingerhut (J. Q. Adams in »American Antiquarian«, 1883, S. 331–332).

• Ein Löffel (Harry Wiant in »Creation Research Society Quarterly«, Heft Nr. 1 des 13. Jahrgangs, 1976).

• Ein eiserner Kessel und menschliche Fußabdrücke in Kohle (Wilbert H. Rusch in: »Creation Research Society Quarterly«, 7. Jahrgang 1971).

• Ein Instrument aus Eisen (John Buchanan in: »Proceedings of the Society of Antiquarians of Scotland«, 1. Jahrgang 1853).

Es gibt sogar Funde aus noch älteren geologischen Schichten:

• Im Jahre 1844 trug Sir David Brewster einen Bericht der Britischen Gesellschaft zur Förderung der Wissenschaft vor. Er erklärte, Arbeiter hätten im Steinbruch von Kingoodie nahe Dundee (Schottland) einen Sandsteinblock zerschlagen. Zum Vorschein kam der Kopf eines Nagels, der mit drei Zentimetern des Schafts noch immer fest im Gestein eingebettet gewesen sein soll (Brewster, 1845). Der Sandstein in dem betreffenden Gebiet ist angeblich mindestens 387 Millionen Jahre alt, stammt damit aus dem älteren (unteren) Devon, dem Zeitalter *vor* dem Kohlezeitalter (Karbon).

• Laut einem Bericht in der Zeitschrift »Scientific American« am 5. Juni 1852 (S. 298) befand sich ein metallenes Schiff oder Gefäß mit Silbereinlage in entsprechenden viel zu alten geologischen Schichten.

• In *purem* Fels eingebettet wurde ein Goldfaden in der Nähe von Rutherford Mills (England) entdeckt (»Times« in London, 22. 6. 1844, S. 8 und »Kelso Chronicle«, 31. 5. 1844, S. 5).

• In Kalifornien wurde 1851 ein abgebrochener Eisennagel in einem Quarzbrocken gefunden. Unter dem Titel »Ein Rätsel für die

Geologen« berichtete die London »Times« (24. 12. 1851, S. 5) über diesen Fund.

- Rene Noorbergen (1977) berichtet über den Fund einer Metallschraube im US-Bundesstaat Virginia. Diese war *in* einem kugeligen mineralischen Hohlkörper (einer Geode) eingeschlossen.
- Im Jahre 1889 kam in Nampa im US-Bundesstaat Idaho eine kleine, kunstvoll aus Ton geformte Figur zum Vorschein, die einen Menschen mit Kleidung darstellt (Abb. 22). Dieses Artefakt wurde in 100 Meter Tiefe beim Bohren eines Brunnens entdeckt. Professor F. W. Putnam wies darauf hin, dass sich auf der Oberfläche der Figur eine eisenhaltige Verkrustung bildete und teilweise eine rote Beschichtung aus Eisenoxid erhalten ist (Wright, 1897, S. 379–391).
- »Im 16. Jahrhundert fanden die Spanier einen 18 cm langen Eisennagel im *Inneren eines Felsens* in einem peruanischen Bergwerk; er war ohne Zweifel viele Jahrtausende alt. In einem Land, wo das Eisen so gut wie unbekannt war, galt diese Entdeckung zu Recht als sensationell. Francisco de Toledo, der Vizekönig von Peru, wies diesem Nagel einen Ehrenplatz in seinem Arbeitszimmer zu« (Thomas, 1969).
- »An der Küste von Ekuador hat man Platin-Ornamente gefunden. Diese winzige Nachricht wirft ein großes wissenschaftliches Problem auf: Wie konnten die Einwohner des präkolumbianischen Amerikas Temperaturen von etwa 1770 Grad Celsius herstellen, wenn das den Europäern erst vor zwei Jahrhunderten gelang?« (Mason, 1957).

Abb. 22: Tonfigur.
Gehoben aus 100 Meter Tiefe.

Zu alte Trittsiegel

Scheinbar vor mehreren hundert Millionen Jahren lebende Menschen hinterließen auch im Erdmittelalter, der Dinosaurier-Ära, vielfach Fußabdrücke:

- In Kentucky (»Science News Letter«, 10. 12. 1938, S. 372).
- In Missouri (Henry Schoolcraft und Thomas Benton in: »The American Journal of Science and Arts«, 1822, S. 223–231).
- In Pennsylvania (»Science News Letter«, 29. 10. 1938, S. 278–279).
- In Nevada. Im Fisher Canyon, Pershing County, wurde im Jahr 1927 der Abdruck eines Schuhs entdeckt. Die Sohle ist so deutlich abgebildet, dass sogar Spuren einer Art Zwirn zu sehen sind. Samuel Hubbard, Direktor des Museums für Archäologie in Oakland (Kalifornien), glaubt, dass man 1927 noch nicht in der Lage war, diese Art von Schuhen herzustellen. Das Alter dieses Abdrucks wurde anhand geologischer Datierung der kohlehaltigen Schicht auf 160 bis 195 Millionen Jahre geschätzt.
- Im Jahr 1983 schrieben die »Moskauer Nachrichten« (Nr. 24, S. 10) über den Fund eines anscheinend menschlichen Fußabdrucks in 150 Millionen Jahre altem Gestein in Turkmenistan, gleich neben einem versteinerten riesigen dreizehigen Abdruck eines Dinosauriers. Professor Amannijazow, korrespondierendes Mitglied der *Turkmenischen Akademie der Wissenschaften*, gab zu, dass der Abdruck dem eines menschlichen Fußes ähnlich sähe, betrachtete ihn aber nicht als Beweis für die Koexistenz von Menschen und Dinosauriern.
- Die Mitglieder einer chinesisch-sowjetischen paläontologischen Expedition fanden 1959 »in der Wüste Gobi in einem vom Sand begrabenen Stein den Abdruck eines Millionen Jahre alten Schuhs, der aus einer Zeit stammt, in der es noch keine Menschen gab« (Moskauer Zeitschrift »Smena«, Nr. 8, 1961).
- Im Fachmagazin »American Anthropologist« (Bd. IX/1896, S. 66) wird der Fund eines ungefähr 37 Zentimeter langen perfekten Fußabdrucks beschrieben, der vier Meilen nördlich von Parkersburg im US-Bundesstaat West Virginia entdeckt wurde. Nach mo-

derner geologischer Datierung müsste hier vor 150 Millionen Jahren zu Lebzeiten der Dinosaurier ein Mensch im Osten der USA umhergelaufen sein.

- Mehrere Fuß- und Schuhabdrücke wurden in den 1970er-Jahren im Carrizo Valley in Nordwest-Oklahoma entdeckt. Diese 52 Zentimeter (!) langen Abdrücke befanden sich nicht nur in der für Dinosaurierfunde typischen *Morrison Formation*, sondern wurden sogar unmittelbar neben Trittsiegeln von Dinosauriern in derselben Gesteinsschicht entdeckt. Andere Abdrücke befanden sich in kreidezeitlichem *Dakota-Sandstein*.

Außerdem fand man menschliche Fußabdrücke aus der Zeit *vor* den Dinosauriern in weiteren US-Bundesstaaten: Der Leiter der geologischen Abteilung am *Berea College* in Berea (Kentucky), Professor W. G. Burroughs (1938), schrieb in »The Berea Alumnus« (November 1938, S. 46 f.) von »Geschöpfen, die zu Beginn des oberen Kohlezeitalters auf ihren zwei Hinterbeinen gingen, mit Füßen, die menschlichen ähnlich waren, und auf einem Sandstrand im Rockcastle County, Kentucky, Spuren hinterlassen haben. Es war die Zeit der Amphibien, in der die Tiere sich auf vier Beinen vorwärts bewegten ... und Füße hatten, die keineswegs an menschliche erinnerten; aber in Rockcastle, Jackson und an mehreren Stellen zwischen Pennsylvania und Missouri existierten Geschöpfe mit Füßen, deren *Erscheinungsbild auf seltsame Weise an die Füße von Menschen gemahnt und die auf zwei Hinterbeinen gingen*. Der Verfasser dieser Zeilen hat die Existenz dieser Geschöpfe in Kentucky nachgewiesen. Durch die Mitarbeit von Dr. Charles W. Gilmore, dem Kustos der Abteilung für Paläontologie der Wirbeltiere an der *Smithsonian Institution*, konnte gezeigt werden, dass *ähnliche Wesen auch in Pennsylvania und Missouri lebten*« (Hervorhebung HJZ).

Weiter wurde von den Wissenschaftlern festgestellt, dass die Sandkörner innerhalb der Abdrücke enger beieinander liegen als außerhalb, was auf den Druck zurückzuführen ist, der durch das Körpergewicht über die Füße auf den Untergrund übertragen wird. Am dichtesten liegen die Körner an der Ferse, da hier auch der Druck größer ist als auf dem Vorderfuß.

Den Einwand, Indianer könnten die Abdrücke aus dem Stein gemeißelt haben (»Science News Letter«, 1938, S. 372), wies der Bildhauer Kent Previette (1953) zurück: »Weder auf vergrößerten mikrografischen Fotos noch auf vergrößerten Infrarotfotos waren Hinweise auf Meißel- oder Schneidearbeiten irgendwelcher Art zu entdecken.«
Burroughs Schlussfolgerung war: Menschenähnliche Fußspuren wurden in nassem, weichem Sand abgedrückt, bevor dieser sich vor etwa 250 Millionen Jahren zu hartem Stein konsolidierte. Demzufolge hätten menschliche Wesen bereits vor Beginn der Dinosaurier-Ära im Erdaltertum gelebt.
Eine offizielle Reaktion folgte im »Science News Letter« (1938): »Menschenähnliche Fußspuren in Stein geben den Wissenschaftlern Rätsel auf. Menschlich können sie nicht sein, weil sie viel zu alt sind – aber welche seltsamen zweifüßigen Amphibien könnten sie dann hinterlassen haben?« Man möchte den orthodoxen Fachleuten viel Spaß bei dieser Suche wünschen, die seit 1938 erfolglos blieb und bleiben wird.
Die nachfolgende Feststellung wirft ein bezeichnendes Bild auf die Geologie: »Was nicht sein kann, das nicht sein darf.« Der Standpunkt wurde in »Scientific American« (Bd. 162, 1940, S. 14) kategorisch untermauert: »Wenn der Mensch oder auch nur sein äffischer Vorfahre oder selbst frühe Säugetier-Vorfahren dieses Affenvorfahren in welcher Gestalt auch immer in einem weit zurückliegenden Zeitalter wie dem Karbon existiert haben würden, *dann wäre die ganze geologische Wissenschaft so grundsätzlich falsch, dass Geologen ihren Beruf an den Nagel hängen und Lastwagen fahren sollten …*«
Vielleicht sollten orthodoxe Geologen tatsächlich vorsorglich die Fahrerlaubnis beantragen, denn es gibt auch *menschliche Knochenfunde in viel zu alten geologischen Schichten.* In »Heimatliche Plaudereien aus Neunkirchen« im Saarland – mir zugesandt von Manfred R. Hornig – wird im Jahr 1975 (Seite 40) berichtet: »1908 Besuch der internationalen Studienkommission zur Untersuchung des prähistorischen Fundes eines versteinerten menschlichen Unterschenkelknochens im östlichen Flöz Braun, 2. Sohle, Quer-

schlag 3. 1909 Überführung des ›Braun‹-Fundes nach dem preußischen Staatsmuseum in Berlin (Geheim).« Geheim muss diese Angelegenheit schon behandelt werden, denn Menschen können nicht im Karbon-Zeitalter vor vielleicht 300 Millionen Jahren gelebt haben.

In der Fachzeitschrift »The Geologist« erschien im Dezember 1862 ein interessanter Bericht: »Im Landkreis Macoupin, Illinois, wurden neulich 90 Fuß (27,5 Meter) unter der Erdoberfläche in einem Kohlenflöz, der von einer zwei Fuß (60 Zentimeter) dicken Schieferschicht bedeckt war, die Knochen eines Mannes gefunden ... Die Knochen waren bei ihrer Entdeckung von einer Kruste aus hartem, glänzendem Material überzogen, das so schwarz war wie die Kohle selbst, die Knochen aber weiß und in natürlichem Erhaltungszustand beließ, sobald es abgekratzt wurde.« Die in Mitte des 19. Jahrhunderts abgebaute Kohle im Macoupin County ist aber 286 bis 320 Millionen Jahre alt (Cremo/Thompson, 1997, S. 346). Dieser Mann muss nach den geologischen Datierungen vor den Dinosauriern gelebt haben.

In »Irrtümer der Erdgeschichte« (Zillmer, 2001, Foto 35) wird ein ungewöhnlicher Fund dokumentiert, der existiert und überprüft werden kann. Professor Jaime Guitierrez Lega zeigte mir in seinem Haus in Bogotá (Kolumbien) ein Foto (Zillmer, 2001, Foto 35) von einer versteinerten Hand, die in einem Gebiet mit Dinosaurier-Relikten entdeckt wurde. Anlässlich der Ausstellung »Ancient Mysteries« in Wien (Österreich) wurde dieser weltweit erstmals von mir vorgestellte Fund aus Kolumbien eingeflogen, ausgestellt und untersucht: Das Gesteinsmaterial kann anhand von eingebetteten Leitfossilien geologisch einwandfrei in das Zeitalter der Dinosaurier datiert werden.

Der Hofrat Dr. Reinhart Fous (Chefarzt der Bundespolizeidirektion Wien) und Professor Dr. Friedrich Windisch vom *Anatomischen Institut der Universität Wien* kamen zu dem Ergebnis, dass es sich um einen hominiden rechten Fuß und eine hominide Hand handelt. Diese Fachleute beziehen sich auf einen einzelnen Knochen, *der nur bei menschlichen Extremitäten vorhanden ist*. Fazit: In einem geologisch eindeutig aus dem Erdmittelalter stammenden

Gestein befinden sich Skelettteile, die eindeutig menschlich sind. Also: Dinosaurier und Menschen oder seine Urahnen (Hominiden) lebten gemeinsam – sogar wissenschaftlich und für jeden nachprüfbar bewiesen.
Oder aber man muss zur Rettung der Lehrmeinung nicht nur nach Amphibien suchen, die auf zwei Beinen mit menschenähnlichen Füßen liefen, sondern auch nach einer Dinosaurier-Spezies, die einen spezifisch menschlichen Knochen besaß.
Vielleicht suchen die Wissenschaftler auch vergebens, denn die wissenschaftliche Front bröckelt: »Die ersten Primaten tauchten wahrscheinlich vor etwa 80 Millionen Jahren auf und haben den Dinosauriern noch in die Augen geschaut ...« (»Nature«, Bd. 416, 18. 4. 2002, S. 726–729). Und aufgrund des Studiums fossiler Erbsubstanz glauben die amerikanischen Biologen Sudhir Kumar und Blair Hedges: Die meisten Säugetierarten existierten schon vor 100 Millionen Jahre zur Zeit der Dinosaurier (»Nature«, Bd. 392, 30. 4. 1998, S. 917–920).
In den Phosphatgesteinen im US-Bundesstaat South Carolina sind in einem riesigen Massengrab an Land lebende Säugetiere (u. a. Mammuts, Elefanten, Schweine, Hunde, Schafe) Seite an Seite mit Vögeln und Meerestieren (u. a. Wale, Haie) gefunden worden. Auch Relikte von Menschen wurden ausgegraben (Willis, 1881). Professor F. S. Holmes, Paläontologe und Kurator am *National Historic Museum* in Charleston, dokumentiert in einem Report an die *Academy of Natural Sciences* den Fund einer sechs Meter langen Echse. Er führt ergänzend aus, dass dieser Fund aus der späten Tertiärzeit stammt, »als Elefant, Mammut, Rhinozeros, Megatherium, Hadrosaurus und andere riesige Vierbeiner die Wälder South Carolinas durchstreiften« (Holmes, 1870, S. 31). Mit anderen Worten, ein Fachmann beschreibt den Fund von angeblich vor 80 Millionen Jahren (nach heutiger Auffassung) existierenden Hadrosauriern zusammen mit über 50 Millionen Jahre *jüngeren* Säugetieren, die sogar *zusammen mit Menschen in einem Massengrab* liegen. Auf dem Titelblatt seines Buches »The Phosphate Rocks of South Carolina« (Die Phosphatgesteine von Süd-Carolina) ist zur Dokumentation eindeutig ein Hadrosaurierskelett abgebildet. Auch Ple-

siosaurier sollen gefunden worden sein. Es wird bestätigt, dass Dinosaurierskelette aus der Oberkreidezeit zusammen mit mindestens 30 Millionen Jahre jüngeren Großsäugern und noch wesentlich jüngeren Menschen in einem zusammengeschwemmten, riesigen Massengrab gefunden wurden. Große Säugetiere, Menschen und Dinosaurier starben scheinbar gemeinsam bei einer großen Naturkatastrophe. Diese Phosphatlager sind heutzutage verschwunden, da ausgebeutet.
Falls große Säugetiere und Dinosaurier zeitgleich lebten, sollte man auch Trittsiegel in diesen Schichten finden: In Usbekistan wurden 86 aufeinander folgende Hufabdrücke von Pferden entdeckt, in einer Schicht, die geologisch in das Zeitalter der Dinosaurier datiert wird (Kruzhilin/Ovcgarov, 1984). In einer Veröffentlichung des *Geologischen Dienstes* der USA wurden 1982 Fotografien aus dem Grand Canyon veröffentlicht, die pferdeähnliche Hufabdrücke zeigen. Das Problem ist, dass diese Schicht geologisch 100 Millionen Jahre älter datiert wird als das erstmalige Auftreten von Huftieren in der Evolutionsgeschichte (»Geological Survey Professional Paper 1173«, Washington D. C. 1982, S. 93–96, 100). Ähnliche Abdrücke von Hufen fand man entlang von eintausend Dinosaurier-Trittsiegeln in Virginia (»Science News«, Bd. 136, 8. 7. 1989, S. 21). Die Koexistenz von höher entwickelten Säugern wie Huftieren und Dinosauriern *widerspricht aber den Prinzipien der Geologie und Evolution grundsätzlich*! Fazit: Große Säugetiere, Menschen und Dinosaurier lebten gemeinsam. Diese durch harte Fakten bewiesene Koexistenz widerspricht der propagierten Stufenleiter der (Makro-)Evolution.

Der Tertiär-Mensch

Der angesehene argentinische Paläontologe Florentino Ameghino fand zwischen 1912 und 1914 bei Monte Hermoso (Argentinien) Steinwerkzeuge, Feuerstellen, zerbrochene Säugetierknochen und einen menschlichen Rückenwirbel in einer 5 bis 1,7 Millionen Jahren alten Schicht aus dem Pliozän (vgl. Cremo/Thompson, 1997).

Um eine korrekte Datierung der Geräte zu gewährleisten, lud Florentino Ameghino vier renommierte Geologen ein. Das Expertenteam bestätigte: »Alle Anwesenden erklärten, dass die Steinartefakte ... in intaktem, ungestörtem Terrain und in Primärposition gefunden wurden ... Sie wurden *in situ* gefunden und sollten daher als Objekte menschlicher Arbeit angesehen werden, zeitgleich mit dem geologischen Niveau, auf dem sie abgelagert waren ... diese Menschen lebten in einer Zeit, die mit der Chapadmalal-Phase zusammenfällt« (Roth et al., 1915, S. 422 f.). Diese Formation (Chapadmalalien, auch Chapadmalien oder Chapalmalien) wird auf ein Alter von 2,5 bis 3 Millionen Jahre (Anderson 1984, S. 41) oder 2 bis 3 Millionen Jahre (Marshall et al., 1982, S. 1352) datiert.
Sein Bruder Carlos Ameghino (1915, S. 438 f.) entdeckte bei Miramar in Argentinien in der gleichen geologischen Schicht eine Reihe von Steinwerkzeugen, Spuren von Feuergebrauch und einen Oberschenkelknochen eines pliozänen Toxodons (vgl. Zarate/Fasana, 1989). Dieses ausgestorbene südamerikanische Huftier glich einem behaarten, kurzbeinigen, hornlosen Rhinozeros.
In dem Oberschenkelknochen des Toxodons fand Ameghino eine steinerne Pfeilspitze. Das fast vollständige Toxodon-Hinterbein mit noch intakten Gelenkverbindungen war ein klarer Beweis dafür, dass dieses Hinterbein seit seiner Einbettung in die geologische Schicht nicht mehr bewegt wurde. Zum Zeitpunkt der Entdeckung war noch nicht bekannt, dass dieses Tier erst vor wenigen tausend Jahren in Südamerika ausgestorben war. Allerdings unterschied Carlos Ameghino bereits das jüngere große *Toxodon burmeisteri* vom *Toxodon chapalmalensis* aus Miramar: Diese »Knochen des Toxodons sind von schmutzig-weißer Färbung, wie sie für diese geologische Schicht charakteristisch ist, und nicht schwärzlich, wie es zu erwarten gewesen wäre, falls sie mit den Magnesiumoxiden des (jüngeren) Ensenadien in Berührung gekommen wären« (Ameghino, 1915, S. 442). Auch waren die Knochen mit Chapadmalal-Löss ausgefüllt.
Mit diesem Fund wird bestätigt, dass kulturell fortgeschrittene Menschen in Argentinien zu einer Zeit lebten, als nach Lehrmei-

nung die Menschwerdung auf dem afrikanischen Kontinent mit *Australopithecus* (Lucy) gerade erst begann.

Eine tonangebende Gruppe von Wissenschaftlern setzte zu Beginn des 20. Jahrhunderts alles daran, vermeintliche Beweise für die Existenz tertiärer Menschen ein für alle Mal zu begraben (Hrdlicka, 1912). Eine auch international tragende Rolle spielte der deutsche Vorgeschichtler Hugo Obermaier (1877–1946), dem durch die Hugo-Obermaier-Gesellschaft an der *Universität Erlangen-Nürnberg* ein Denkmal gesetzt wurde. Antonio Romero (1918) berief sich auf das Buch »Fossil Man in Spain« von Hugo Obermaier (1916) und wies Rückschlüsse auf die Existenz von miozänen und pliozänen Tertiär-Menschen in Südamerika kategorisch zurück: Es soll sich um Hinterlassenschaften *moderner* Indianer handeln.

Nach der Entdeckung des Toxodon-Oberschenkelknochens im Chapadmalalien von Miramar wurde auch ein vollständig erhaltener Teil einer Wirbelsäule eines Toxodons gefunden, in der zwei steinerne Steinspitzen steckten. Boule schrieb: »Diese Entdeckungen wurden angefochten. Glaubwürdige Geologen bekräftigen, dass die Gegenstände aus den oberen Schichten kamen, von der Stätte eines *Paradero*, einer alten indianischen Siedlung, und dass sie nur aufgrund (geologischer) Umwälzungen in der (älteren, HJZ) tertiären Schicht gefunden worden sind« (Boules/Vallois, 1957, S. 492).

Für solche Behauptungen in wissenschaftlichen Abhandlungen sind eigentlich unbedingt Referenzen und Literaturhinweise anzugeben. Boule führt für die »glaubwürdigen Geologen« in einer Fußnote jedoch einzig und allein den bereits erwähnten Aufsatz Romeros von 1918 an, in dem die (zu) alten Werkzeuge neuzeitlichen Indianern zugeschrieben wurden. Der Bericht der Geologenkommission blieb hingegen unerwähnt. Erschwerend kommt hinzu, dass Boule dem Aufsatz Romeros (1918) ungeprüft Glauben schenkte, obwohl dessen geologische Ansichten bereits durch die Untersuchungen von Bailey Willis (Hrdlicka, 1912, S. 22 f.) als falsch erkannt worden waren.

»Boules Stellungnahme zu den Miramar-Funden stellt wiederum einen klassischen Fall von Vorurteilen und vorgefassten Meinungen dar, die sich als wissenschaftliche Objektivität maskieren … so erwähnt Boule mit keinem Wort die Entdeckung eines menschlichen Kiefers im Chapadmalalien von Miramar« (Cremo/Thompson, 1997, S. 289).

Vor Ort begab sich auch E. Boman, der den Kritiker Boule regelmäßig als Autorität anführt. Er erörterte mehrmals die Möglichkeit eines Betruges, den er nicht ausschloss, stellte aber fest: »… die abschließende Analyse (gibt) keinen zweifelsfreien und schlüssigen Beweis für betrügerische Manipulationen. Im Gegenteil, viele Umstände sprechen eindeutig für ihre Authentizität …« (Boman, 1921, S. 348).

Betrachten wir jetzt aber noch einmal die Kritik an den Funden von menschlichen Relikten aus dem Tertiär (–65 bis –1,7 Ma). Antonio Romero hatte die Gegend von Miramar besucht und sich die relativ jungen Steinwerkzeuge aus den *Paraderos* (Siedlungen) der Küstenindianer zeigen lassen. Diese wiesen Ähnlichkeit mit den Fundstücken aus der pliozänen Schicht von Miramar auf. Romero war »davon überzeugt, dass sie von den gleichen Urhebern angefertigt waren, die auch jene Stücke hergestellt hatten, die in eine allzu phantastische Epoche gehören sollen« (Romero, 1918, S. 12).

Carlos Ameghino bestätigt selbst, dass »mindestens seit dem Chapadmalalien … in diesem Gebiet Menschen vom Typ *Homo sapiens* existiert haben, die, so überraschend dies auch scheinen mag, eine Kulturstufe erreicht hatten, die mit derjenigen der jüngeren prähistorischen Bewohner der Region vergleichbar ist« (Ameghino, 1915, S. 449).

Die im Oberschenkelknochen des Toxodon gefundene Steinspitze ist an den Längskanten einer Seite und an beiden Enden retuschiert zugespitzt und weist ungefähr die Form eines Weidenblattes auf. Diese argentinische Blattspitze besitzt große Ähnlichkeit mit jenen Solutréen-Blattspitzen, die unter der Bezeichnung *Weidenblatt* bekannt geworden sind (Ameghino, 1915, S. 445). Die nach der Fundstelle Solutréen in Burgund (Frankreich) benannte jüngere Kulturstufe der Altsteinzeit ist bekannt für flächenretuschierte Blatt- und Kerbspitzen. Sie dauerte offiziell ungefähr von vor 22 000 bis vor 17 000 Jahren.

Romeros Kritik (Romero, 1918) ist im Prinzip berechtigt, denn zu der Zeit, als das affenähnliche Geschöpf Lucy in Afrika gerade zu tippeln begann und die Menschwerdung quasi erst begonnen hatte, stellte man in Südamerika technisch hochwertige und handwerklich anspruchsvolle Steinprojektile her? Und dann soll es zwei bis drei Millionen Jahre lang keine Entwicklung in der Geräte- und Waffenherstellung gegeben haben, während sich in Afrika die Entwicklung vom Affen zum Menschen vollzog?
Trotzdem sollte mit dem von Menschen gejagten Toxodon in Argentinien ein authentischer Fall vorliegen und keine Fälschung, insbesondere, da Anfang des 20. Jahrhunderts entsprechende Funde nach den alten wissenschaftlichen Prinzipien durchaus ins Weltbild der Geologen passten, was aber heutzutage undenkbar ist. Wie kann das zusammenpassen?
Ganz einfach: Die Datierung stimmt nicht! Zwischen den Schichten des oberen Pliozäns in Südamerika einerseits und den Schichten mit den Solutréen-Spitzen in Frankreich andererseits existiert ein Zeitraum von zwei Millionen Jahren, der geschlossen werden muss. Verjüngen wir die aus dem jüngeren Tertiär stammende Schicht in Miramar um diesen Zeitraum, gibt es keinen Widerspruch. Die Erdschichten stellen entgegen der offiziellen geologischen Zeitskala keine Zeituhr dar. Erdschichten entstehen durch schnell ablaufende Naturkatastrophen und Überflutungen oder durch große Meteoriteneinschläge, die das Erdmaterial an eine andere Stelle schleudern. Auch Bergrutsche oder Vulkanausbrüche oder ins Landesinnere hineinschießende Tsunami-Wogen erzeugen neue Erdschichten an anderen Orten durch Verlagerung des Erdmaterials. Das Material der Erdschichten ist nicht neu, aber die Erdschicht ist neu gebildet, und darin enthalten sind eingeschwemmte Überreste von Tieren oder auch menschliche Relikte.
Jeder, der meiner Argumentation folgen kann, muss dann zwangsläufig an dem angeblich hohen Alter dieser Sedimentschichten, ob Locker- oder Festgestein, zweifeln. Eine Verkürzung der geologischen Zeiten, um welchen Faktor auch immer, bedeutet aber, dass die sakrosankte geologische Zeitskala und die mit ihr untrennbar verbundene biologische Zeitskala der Evolution nicht stimmen kann.

Professor Dr. Bazon Brock fragt zu Recht: »Grundlegend für alle Modelle von Entstehungsprozessen (unseres Sonnensystems, unseres Planeten Erde, des Lebens) ist der Faktor Zeit, den wir für die Modelle der Evolution in Rechnung stellen. Schon die märchenhafte Formulierung ›Es war einmal vor langer, langer Zeit ...‹ zeigt, dass wir das Argumentieren mit Zeitmaßen jenseits aller Erfahrungskontrolle und Vorstellung dazu nutzen, alle Schwierigkeiten, die wir mit unseren Denkmodellen haben, im Ungefähren des unvorstellbaren Waltens der Zeit verschwinden zu lassen. Das ist wirklich märchenhaft ...« (Brock, 2001, S. 14).

Betrachten wir jetzt zu alte menschliche Funde aus dem Tertiär in Europa. Im Pliozän (–5 bis –1,7 Ma) gegen Ende des Tertiär-Zeitalters brandeten *warme* Meereswogen an die Südhänge der italienischen Alpen und hinterließen viele Korallen- und Weichtierablagerungen.

Im Spätsommer 1860 fand der italienische Geologe Professor Giuseppe Ragazzoni etwa zehn Kilometer südöstlich von Brescia bei Castenedolo fossile Muscheln, die sich in freigelegten pliozänen Schichten am Fuße des Berges *Colle del Vento* befinden. Zu seiner Überraschung fand Ragazzoni in den alten Meeresablagerungen fossile Menschenknochen. Zuerst hielt er plötzlich ein Stück eines Schädeldachs (Craniums) in Händen, »das vollständig mit versteinerten Korallen aufgefüllt und mit dem für diese Formation typischen blaugrünen Lehm (Kink) verbacken war.« Erstaunt suchte Ragazzoni weiter und fand nach dem Schädeldach weitere Knochen von Brustkorb und Gliedmaßen, »die ganz offensichtlich zu einem menschlichen Individuum gehörten« (Ragazzoni, 1880, S. 120).

Da zwei zu Rate gezogene Geologen das Vorkommen menschlicher Knochen in einer derartig alten Schicht für unmöglich hielten und von einem sehr tief ausgehobenen Grab ausgingen, warf Ragazzoni die Knochen »nicht ohne Bedauern« weg. Die Geschichte endet damit aber nicht.

Am 2. Januar 1880 wurden etwa 15 Meter entfernt zwischen der Korallenbank und der darüber liegenden Muschel-Lehmschicht weitere menschliche Knochen entdeckt. Professor Ragazzoni wurde benachrichtigt und grub mit einem Assistenten die Knochen eigenhändig aus. Er fand eine große Anzahl von Schädel-, Wirbel- und Rippenfragmenten, Zähne, Arm- und Schenkelknochen, Schien- und Wadenbeine sowie einen Fußwurzel- und zwei Zehenknochen. Am 25. Januar 1880 wurden in einer Entfernung von zwei Metern in der gleichen Tiefe zahlreiche weitere Knochenfragmente ausgegraben, u. a. sehr viele Oberschädelfragmente. »Alle waren sie vollständig von Lehm und kleinen Muschelschalen- und Korallenfragmenten bedeckt und durchdrungen, was jeden Verdacht beseitigte, dass die Knochen aus Erdbestattungen stammen könnten; im Gegenteil war damit bestätigt, dass sie von Meereswellen hier angeschwemmt worden waren« (Ragazzoni, 1880, S. 122).

Drei Wochen später wurde dann ein vollständiges Skelett »in über einem Meter Tiefe in blauem Lehm entdeckt, der es in einem Zustand langsamer Ablagerungsbildung bedeckt zu haben scheint« (ebd., S. 123). Die durch langsame Ablagerung entstandenen Schichten wurden behutsam abgetragen, um das ganze Skelett freizulegen (ebd., S. 122). »Anders als die 1860 und die früher in diesem Jahr (1880) gefundenen Reste kam dieses komplette Skelett inmitten der Kinkschicht zutage, … über die sich eine Schicht gelben Sandes gelegt hatte.« *Der geschichtete Lehm machte alle Bedenken hinfällig*, das Skelett sei in *neuerer* Zeit mit Fluten eingeschwemmt worden. Der *Kink* war in einem Zustand, »der jede Neuordnung durch Menschen ausschloss« (ebd., S. 123).

Das Cranium wurde von dem Anatom Professor Giuseppe Sergi (*Universität Rom*) restauriert. Es konnte kein Unterschied zu dem einer modernen Frau festgestellt werden. In seinem Bericht stellt er fest: »Sie (die Skelette von Castenedolo) sind ein unwiderlegbares Dokument für die Existenz des tertiären Menschen – keines Vorläufers, sondern eines Menschen von vollkommen humanem Wesen« (Sergi, 1884, S. 315).

Moderne Menschen sollen in Europa aber nicht vor allerhöchstens 40 000 Jahren erschienen sein. Die Kinkschicht, in der die Skelette von Castenedolo gefunden wurden, datierten mehrere Geologen ins *Astien* (Oakley, 1980, S. 46), also in das Mittlere Pliozän. Damit

wird die Existenz des modernen Menschen in Europa auf ein Alter von drei bis vier Millionen Jahren fixiert, als Lucy noch in Ostafrika umhertippelte. Durch solche Funde wird die menschliche Entwicklungsgeschichte als Märchen entlarvt, und die geologischen Datierungen der Schichten müssen infrage gestellt werden. Für diesen Fall wird aber alles jünger, da die Datierungen der gesamten Schichtenfolgen nicht stimmen!
Nach der Anmerkung, dass die Knochen von Castenedolo anatomisch modern seien, führt Professor R. A. S. Macalister 1921 (S. 184 f.) aus: »Gehören sie wirklich zu dem Stratum, in dem sie gefunden wurden, so bedeutet dies einen außerordentlich langen Stillstand der Evolution. Es ist sehr viel wahrscheinlicher, dass an den Beobachtungen etwas faul ist ... Die Annahme eines Pliozän-Datums für die Castenedoloskelette schüfe so viele Probleme, dass wir bei der Frage, ob wir die Authentizität anerkennen oder leugnen sollen, kaum zögern können.«
Verleugnet wurde nicht nur dieser Fund. Noch im Jahre 1969 versuchten Fachleute, diese Funde zu diskreditieren und ein geringeres Alter nachzuweisen. Sie bedienten sich 89 Jahre nach den Ausgrabungen radiometrischer sowie chemischer Testverfahren. Der Testmethode wurden Mängel nachgewiesen, da eine Kontaminierung der Knochen während der 89-jährigen Lagerung im Museum durch Schmutz, Luft und Mikroorganismen nicht auszuschließen ist. Die Wirkung von Säuren und Fäulnis während der langen Einbettungszeit in den Meeressedimenten bildet weitere unbekannte Faktoren, die die Datierungen verfälschen.
Ein Radiokarbontest ergab für die Castenedoloknochen ein Alter von nur 968 Jahren. Allerdings gelten die damals angewandten Methoden heute nicht mehr als zuverlässig. Außerdem wurde ein Fluorgehalt festgestellt, der für rezente (gegenwärtig existierende) Knochen zu hoch war (Oakley, 1980, S. 42). Auch die unerwartet hohe *Urankonzentration* weist auf ein hohes Alter hin.
»Der Fall Castenedolo demonstriert somit sehr eindrucksvoll die Unzulänglichkeiten der von den Paläo-Anthropologen angewandten Methodologie« (Cremo/Thompson, 1997, S. 340). Man kann nicht doppelt gewinnen: Entweder ist die Existenz von modernen

Menschen im Tertiär Realität oder aber man versucht, die fossilen Knochen als Relikte der letzten nacheiszeitlichen Jahrtausende, des Holozäns, darzustellen. Die Grabungsberichte bezeugen aber eindeutig, dass die Knochen in ungestörten pliozänen Meeressedimenten lagerten. Ordnet man die Castenedoloknochen gemäß der Radiokarbondatierung dem Holozän zu, muss man die entsprechenden geologischen Schichten des Mittleren Pliozäns auch um drei bis vier Millionen Jahren verjüngen. Entweder – oder! Die zweite Lösung würde meinen Interpretationen entsprechen, denn die Meeressedimente entstanden nicht im Pliozän, sondern vor wenigen tausend Jahren mit Naturkatastrophen während der Sintflut – *die geologische Altersdatierung ist ganz einfach falsch.*

Meinungsänderung

Im Jahre 1913 entdeckte Professor Hans Reck (*Universität Berlin*) in der ostafrikanischen Olduvai-Schlucht ein menschliches Skelett. Die Skelettreste mitsamt einem kompletten Schädel waren fest in der Matrix einzementiert und mussten mit Hammer und Meißel herausgelöst werden. Auf Grund unmittelbar darunter liegender Fossilien wurde das Recksche Skelett (aus der Schicht II) ins ältere Pliozän (–1,7 bis –0,72 Ma) datiert. Louis Leakey stützte die Altersbestimmung (»Nature«, 1931, Bd. 121, S. 499–500). Diese Meinung wurde 1931 durch die Neuentdeckung von Steinwerkzeugen in den *Olduvai-Schichten I und II* bekräftigt. Heutzutage wird der Schicht II ein Alter von 1,15 Millionen Jahre zugestanden.
In einem im Fachmagazin »Nature« abgedruckten Brief bestätigten Leakey, Reck und A. T. Hopwood (*British Museum of Natural History*), dass das Skelett von Anfang an in Schicht II lag, wie von Reck dargestellt. Die beschriebene Schichtenfolge wird noch heute anerkannt: Die ersten vier Schichten bestehen aus verschiedenartigen, *in Wasser abgelagerten vulkanischen Tuffen*, während die oberhalb liegende *Schicht V* lössartig ist.
Nach heftigen Diskussionen im Fachblatt »Nature« nahmen Reck und Leakey schließlich ihre Stellungnahme zurück und erklärten,

das Skelett sei wahrscheinlich doch in Schicht II nachträglich eingedrungen und nicht älter als der Kontinuitätsbruch unter der oberhalb liegenden Schicht V. Der Grund der Meinungsänderung ist nicht bekannt. War ihr akademisches Ansehen in Gefahr?
Der Grund für diesen Streit liegt darin begründet, dass »der Mensch der Olduvai-Schlucht kein Neandertaler war, sondern eher zum Aurignacien-Typ gehörte« (MacCurdy, 1924, S. 423). Damit ist gemeint, dass es sich um einen modernen Frühmenschen handelt, dessen Skelett keine anatomischen Unterschiede zu unserem aufweist. Moderne Menschen gibt es aber offiziell im Vorderen Orient erst seit 100 000 Jahren und in Afrika seit 140 000, neuerdings 200 000 Jahren. Wenn die Evolutionsleiter der menschlichen Ahnenreihe richtig sein soll, dann kann es vor über einer bis zwei Millionen Jahren natürlich keinen modernen Menschen (*Homo sapiens sapiens*) gegeben haben. Punktum! Also *muss* es aus dogmatischen Gründen zwingend eine Bestattung in einer zu alten Schicht sein, obwohl die Fachleute das einzementierte Skelett aus der ungestörten Matrix herausmeißeln mussten. Falls man in der Schicht II einen *Homo erectus* gefunden hätte, wäre gegen die Datierung von einer Million Jahren überhaupt kein Einwand laut geworden.
Im Jahre 1960 machte man in der Olduvai-Schlucht einen neuen Oberflächenfund: Der Schädel wurde *Homo erectus* (OH 9) zugeordnet. Eigentlich sollte diese Menschenart nicht in jüngeren Schichten der Oberfläche, sondern in tieferen, älteren Schichten gefunden werden. Mit anderen Worten, gerade dieser Schädel hätte von der Zeitbestimmung her ideal in die Schicht II und damit in die menschliche Evolutionsleiter gepasst. So geschah es dann auch! Weil an der Schädelbasis *angeblich* Matrixreste der Schicht II klebten, wurde dieser Oberflächenfund der wesentlich tiefer liegenden Schicht II zugeordnet – mit einem Alter von einer Million Jahren. Diese Schicht passt dann auch haargenau in den propagierten Zeithorizont des *Homo erectus*. Insgesamt handelt es sich um ein exemplarisches Beispiel, wie nicht Passendes passend gemacht wird.
Die Anthropologie hat die Widersprüche mit aktuell-wissenschaftlichem Sachverstand und genialer Einfachheit für die Fachwelt ge-

löst: Skelette in die richtigen geologischen Schichten zu bringen ist für einen orthodox denkenden Fachmann eine einfache Übung. Nicht Eingeweihte und Laien haben dies zu glauben. Glauben sie nicht, sind sie unbelehrbare Unwissende. Der weltbekannte Anthropologe und Starprofessor der *Johann-Wolfgang-Goethe-Universität Frankfurt* (Deutschland), Reiner Protsch, handelte nach dieser Einstellung und bestätigte den modernen Menschen aus der wesentlich zu alten *Bed-II-Schicht*: »Theoretisch sprechen mehrere Fakten gegen ein hohes Alter des Hominiden, zum Beispiel die Morphologie« (Protsch, 1974, S. 382). Protsch ging also nach dem Motto vor: Ein moderner Mensch muss jung sein.

Aber Professor Protsch konnte seine Meinung vorgeblich wissenschaftlich untermauern. Nach 61 Jahren wurden die Reckschen Knochen aus dem verstaubten Museumskeller geholt und mit der Radiokarbonmethode datiert, angeblich. Die Datierung ergab für das Skelett des modernen Menschen aus der nach geologischen Maßstäben eine Million Jahre alten Schicht II ein Alter von rund 17 000 Jahren (Protsch, 1974), und diese Datierung passte dann genau zum Zeithorizont des modernen Menschen. Also wurde wissenschaftlich sogar durch neuzeitliche Messungen nachträglich bewiesen, dass es sich hier tatsächlich um einen Irrtum der damaligen Fachleute handelte und eine Nachbestattung in alten Schichten vorlag?

Es wurde schon damals Kritik an Protschs Datierung laut, da die Begleitumstände der Datierung nicht vertrauenswürdig erschienen. Außerdem waren schon verschiedene Radiokarbondatierungen von Funden aus Olduvai für die Fachleute viel zu jung ausgefallen. Diese für die Menschheitsgeschichte zu niedrigen Zahlen wurden dann auch mit Verunreinigungen durch sekundäre Kohleverbindungen aus dem Erdreich erklärt. Da ja ein zu erwartendes Ergebnis schon vor der Messung feststeht, muss man bei Fehlmessungen die falschen Ergebnisse einfach ignorieren oder nur richtig interpretieren, beispielsweise für außerhalb des Messbereichs liegend erklären oder das Messergebnis rechnerisch korrigieren. Der Phantasie des Experten sind keine Grenzen gesetzt: Der Zweck heiligt die Mittel, denn die Evolution des Menschen ist ja bewiesen. Was machen da schon ein paar Irrtümer aus?

Entsprechend diesem Muster hatte Protsch einen von der Fachwelt sehnsüchtig gewünschten und händeringend erwarteten Dienst erwiesen: Er hatte Licht ins Dunkel gebracht und eine sehr problematische Entdeckung im Sinne moderner Forschung gelöst. Plötzlich passte das Recksche Skelett wie maßgeschneidert in die Evolutionsleiter. Der Fall war für die Fachleute endlich geklärt und abgeschlossen. Der Aufklärer wurde weltweit gefeiert. Weitere Diskussionen werden unterbunden.

Wer ist denn eigentlich dieser Professor Dr. Dr. Reiner Protsch? Es handelt sich um den schon im Zusammenhang mit den Fälschungen der Datierungen von Steinzeitschädeln bereits erwähnten Reiner Protsch, der seit 1991 den Adelstitel *von Zieten* trägt.

War Protsch Fachmann für Datierungen? Laut einem Bericht im Nachrichtenmagazin »Der Spiegel« (34/2004) konnte er mit einem Gerät zur Radiokarbondatierung (C-14-Gerät) wenig anfangen: Erst der Physiker Bernhard Weninger, der 1981 nach Frankfurt wechselte, machte die Messstelle fit. »Die Apparatur war ein ›Potemkinsches Dorf‹«, erinnert sich Weninger: »Sie sah sehr gut aus, doch das Labor hatte keinerlei Eichparameter, die Eigenschaften des Zählers waren völlig unbekannt, es war niemals in Betrieb gewesen vor meiner Zeit.« Anscheinend konnte Starprofessor Protsch 1974 noch keine fachgerechte Radiokarbondatierung durchführen und erfand ganz einfach die von der Fachwelt ersehnte »Verjüngung« des Reckschen Skeletts aus der Olduvai-Schlucht.

»Intern war der C-14-Professor für solche Mogeleien bald berüchtigt. Seine Assistenten sprachen von ›protschern‹ und ›mentaler Datierung‹. Wichtige Fossilien wurden so ins völlig falsche Jahrtausend sortiert. Der angeblich 36 000 Jahre alte ›Neandertaler von Hahnöfersand‹ zum Beispiel starb in Wahrheit um 5500 vor Christus« (»Der Spiegel«, 34/2004). Mit dieser Feststellung wird der Fall Protsch aber nicht zu dem Fall eines einzelnen geltungs- und geldgeilen Wissenschaftlers, also eines Einzelgängers, sondern es handelt sich hier um eine von der Glaubensgemeinschaft der Paläo-Anthropologen voll und ganz akzeptierte Mogelpackung hinsichtlich der Menschwerdung und letztendlich auch der geologischen Datierung.

Ebenso dient die Gründung der *AG Evolutionsbiologie* im Jahre 2002 in Deutschland auch der argumentativen Vertuschung dieser Fälschungen in der Evolutionsforschung mit dem Zweck, »die Einflussnahme des Antidarwinismus auf Schule und Öffentlichkeit ... zu begrenzen« (Pressemitteilung Dr. Georg Kääb, 29. 4. 2004). Entsprechend wird unter der geballten Kraft der vereinigten Gralshüter der Evolution Druck auf die großen Medien ausgeübt, um möglichst alle Publikationen, die sich kritisch mit der Evolution auseinander setzen, zu verhindern. Der AG-Vorsitzende Professor Ulrich Kutschera durfte in der ARD-Fernsehsendung »W wie Wissen« am 20. Oktober 2004 eine einseitige Stellungnahme abgeben und warnte in dieser Sendung vor auflagenstarken *gefährlichen* Büchern wie »Darwins Irrtum«. Die Folge: Über evolutionskritische Veröffentlichungen wird nicht mehr berichtet und diese erhalten einen Sperrvermerk. Ziel ist die Normierung der öffentlichen Meinung, so wie die katholische Kirche im auslaufenden Mittelalter versucht hatte, die vielen Widersprüche der Bibel durch rhetorisch geschulte Spezialisten zu vertuschen, um gleichzeitig ihre Gegner *mit allen Mitteln* mundtot zu machen. Heutzutage wird analog mit allen zur Verfügung stehenden Mitteln gegen Evolutionskritiker verfahren. Betrachten wir deshalb weitere Beweise gegen die Evolution, solange dies in Deutschland noch möglich ist.

Umgepflügt

Während des Goldrauschs 1849 in Kalifornien wurde an den Hängen der Sierra Nevada im Kies alter Flussläufe Gold gefunden. Schon bald ließen Bergwerksgesellschaften Schächte in die Bergflanken treiben oder man schwemmte den goldhaltigen Kies hydraulisch aus. Bei diesen Arbeiten wurden steinerne Artefakte und manchmal menschliche Fossilien gefunden (vgl. Cremo/Thompson, 1997).

Wegen seiner Artefakte erlangte ein *Table Mountain* (Tafelberg) im kalifornischen Tuolomne County am Westrand des Yosemite-Nationalparks Berühmtheit. Der Gipfel des Table Mountain besteht aus einer gewaltigen, angeblich neun Millionen Jahre alten Haube aus Lava. Unter dieser und weiteren Gesteinsschichten befinden sich goldhaltige Schichten aus Flusskies, die über dem 55 Millionen Jahre alten Grundgestein liegen und zwischen 9 und 55 Millionen Jahre alt sein sollen. Um diesen Flusskies abzubauen, wurde ein Netz aus horizontal angelegten, bis zu mehreren hundert Meter langen Stollen ins Grundgestein vorangetrieben, von denen aus vertikale Schächte in die tiefer liegenden Kiesschichten abzweigen. Andere Minen wurden vom Berghang aus schräg in die oberen Schichten dieser Ablagerung geführt.

In der kompakt-harten Kiesschicht entdeckten Bergleute Speerspitzen, Schöpflöffel mit Stielen und ein auffällig gekerbtes Objekt aus Schiefer, das der Griff eines Bogens zu sein schien. Über die Entdecker, die Fundumstände und stratigraphische Positionen ist kaum etwas bekannt. Auch ein Kieferknochen wurde unterhalb der Basaltdecke des Tuolomne-Tafelbergs entdeckt (Becker, 1981, S. 193). Einer Wagenladung Abraum aus dem Inneren des Tafelbergs wurde ein eindeutig künstliches Objekt entnommen, das eine Art Reibstein oder Gerät zum Mahlen darstellte (Whitney, 1880, S. 264). Aus einer anderen Wagenladung mit goldhaltigem Kies barg Oliver W. Stevens 1853 einen Mastodon-Zahn zusammen mit einer großen Steinperle, die eine Durchlochung aufwies (Whitney, 1880, S. 264). Da diese Funde aus angeblich 33 bis 55 Millionen Jahre alten Kiesschichten stammen, muss man wohl auf ein ähnliches Alter der Artefakte schließen.

In einer goldhaltigen Kiesschicht 54 Meter unter der Oberfläche fand Albert G. Walton, einer der Besitzer der Valentine-Mine, einen Steinmörser mit einem Durchmesser von 36 Zentimetern (Whitney, 1880, S. 265). In dieser Mine wurde auch das Fragment eines fossilen menschlichen Schädels entdeckt. 1862 wurde ein weiterer Steinmörser mit einem Durchmesser von 79 Zentimetern in einer Kiesschicht 60 Meter unter der Oberfläche einer 18 Meter dicken Basaltschicht ausgegraben, etwa 550 Meter vom Tunneleingang entfernt (Whitney, 1880, S. 266).

Insgesamt wurden unzählige Artefakte im Umkreis von 160 Kilometern in Dutzenden von Bergwerksstollen entdeckt. Täuschungs-

und Fälschungsversuche von Bergleuten über viele Jahre hinweg scheiden daher aus. Oder wollte man bereits Mitte des 19. Jahrhunderts vorsorglich unsere modernen Paläo-Anthropologen verwirren? Wozu? Zu Beginn des Goldrauschs war Darwins Buch über die Entstehung der Arten noch gar nicht erschienen. Da die Evolutionstheorie erst um die folgende Jahrhundertwende wissenschaftlich allmählich akzeptiert wurde, begann sich erst zu dieser Zeit, über 50 Jahre nach den ersten Funden, Widerspruch zu regen, denn über 30 Millionen Jahre alte steinzeitliche Artefakte liegen definitiv außerhalb der Vorstellungswelt von Geologen und Anthropologen.

Es wurde bemängelt, dass an den vielfach gefundenen Steinmörsern »Alters- oder Abnutzungsspuren, die von der Beförderung in tertiären Gießbächen herrühren müssten«, fehlen (Holmes, 1899, S. 471). Da die einfachen Mörser meist aus hartem Andesit bestehen, sind ausgeprägte Altersspuren allerdings nicht zu erwarten. Andererseits wurde vermutet, dass die Steinmörser von in der näheren Umgebung lebenden Indianern in die Bergwerksstollen gebracht wurden (Holmes, 1899, S. 499 f.).

Diese Meinung erscheint unrealistisch, da in der Goldrauschära ab 1849 die Indianer aus der Bergbauregion vertrieben wurden. Deshalb haben sie schwerlich Mörser in die Bergwerksstollen gebracht, solange die Bergleute Gold abbauten. Allerdings wandte William J. Sinclair im Jahre 1908 ein: »Es gab eindeutige Hinweise darauf, dass in der Nachbarschaft früher einmal ein Indianerlager war. Eine nur halbstündige Suche förderte ein paar Meter nördlich der Gebäude der Minengesellschaft einen Stößel und einen flachen Reibstein zutage. Holmes berichtet von ähnlichen Funden ...« (Sinclair, 1908, S. 120). Der Geologe Professor J. D. Whitney von der *Universität von Kalifornien*, in dessen Besitz viele der im Tuolomne County gefundenen Artefakte gelangten, hatte bereits 1880 darauf hingewiesen, dass tragbare Mörser, wie sie in den Bergwerksstollen gefunden wurden, von den zur Zeit des Goldrauschs in Kalifornien lebenden Indianern *nicht* verwendet wurden (Whitney, 1880, S. 279).

Holmes gab zu bedenken, »wenn Professor Whitney der Geschichte der menschlichen Evolution, wie sie heute verstanden wird, volle Anerkennung gezollt hätte, vielleicht hätte er dann, *ungeachtet der imposanten Fülle von Zeugnissen* ... gezögert, mit seiner Schlussfolgerung an die Öffentlichkeit zu gehen« (Holmes, 1899, S. 424). Mit anderen Worten: Erkenntnisse, die der Evolution widersprechen, dürfen den elitären Kreis der Experten nicht verlassen – um Verunsicherungen der Öffentlichkeit zu vermeiden.

Betrachten wir die Konsequenzen der scheinbar zu alten Artefakte einmal genauer. Man versucht offiziell natürlich, die modernen Funde in zu alten Schichten zu diskreditieren, um die Theorie der menschlichen Evolution zu retten. Die Argumentation lautet, dass die steinzeitlichen Artefakte aus dem tiefen Inneren verschiedener Berge der Sierra Nevada identisch mit solchen seien, die man außerhalb dieser Berge an der Erdoberfläche finden kann.

»Untersucht man aber die Werkzeuge, die vermeintlich alten wie die mit Sicherheit jungen, stellt man schnell fest, dass es sich um simple Artefakte handelt, wie sie überall auf der Welt und zu jeder Zeit von Kulturen des neolithischen (jungsteinzeitlichen) Typs angefertigt wurden.« Diese Feststellung muss man unterstreichen. Nicht unterstreichen würde ich die Folgerung: »Wenn aber ganz unterschiedliche Völker ... unabhängig voneinander ähnliche Werkzeuge herstellten, liegt die Möglichkeit nah, dass dies auch bei Menschen möglich ist, die ... Millionen von Jahren trennen« (Cremo/Thompson, 1997, S. 321).

Möglich könnte es sein, nahe liegt es aber nicht, dass ähnliche neolithische Kulturen vor über 30 Millionen Jahren und dann noch einmal vor wenigen tausend Jahren existierten. Wo ist denn da die Entwicklung geblieben? Diese identischen Artefakte der sehr alten und sehr jungen Kulturen liegen nach 30 bis 55 Millionen von Jahren quasi nebeneinander – innerhalb und außerhalb der Berge. Liegt es logischerweise nicht nahe, die identischen einerseits offen herumliegenden und andererseits im Inneren der Berge eingeschlossenen Artefakte einer einzigen jüngeren Zeitphase und Besiedlungsphase des amerikanischen Westens zuzuordnen? Diese Kulturen lebten schon allein aus Gründen der Kontinuität vor relativ kurzer Zeit, da keine Kulturen über 30 Millionen Jahre hinweg nachweisbar sind!

Aus diesen Überlegungen heraus müssen die Ergebnisse der geologischen Datierungen tertiärer Schichten in den Tafelbergen und in der Umgebung als wesentlich zu alt abgelehnt werden. Die Tafelberge und die Flusstäler bildeten sich nicht vor 30 bis 55 Millionen Jahren, und die Basalthauben aus der glutflüssigen Lava nicht vor 9 Millionen Jahren, sondern es handelt sich um Wasser- und Schlammfluten, die durch die heftige Vulkantätigkeit verursacht wurden, wobei begleitend und nachfolgend austretende Lava sich auf die verwüstete Landschaft legte und die schützenden Basalthauben der Tafelberge schuf. Es handelt sich um eine kurzzeitig ablaufende Katastrophe als Statthalter langer geologischer Zeiträume, also wieder um einen Zeitimpakt.

In den Mythen der Indianer sind diese katastrophischen Ereignisse noch lebendig, so wie die Eingeborenen über die Bildung des Grand Canyon mit der großen Flut berichten. Wie eingangs beschrieben, ist dieses Szenario jetzt wissenschaftlich bestätigt worden, da sich Teile des Grand Canyon noch vor 1300 Jahren bildeten. Wurde nicht auch das Gebiet der Sierra Nevada in Kalifornien durch Wasserfluten und Vulkanausbrüche umgepflügt? Dieses Gebiet liegt westlich eines sich in Nord-Süd-Richtung erstreckenden Vulkangürtels, der sich bis nach Alaska hin erstreckt.

Gerade das Gebiet der Sierra Nevada liegt im Bereich eines sehr aktiven *Hot Spots*, zu vergleichen mit dem im Gebiet des Ostafrikanischen Grabens. Heftige Vulkantätigkeit besorgte in Ostafrika und im Westen Amerikas die Vernichtung von Flora und Fauna, ein zertrümmertes, von riesigen Wassermassen verschwemmtes Gemisch mit Lava- und Andesitbrocken hinterlassend. Diese mehrfach geschichteten Schwemmlandschaften wurden unmittelbar anschließend von reißenden Flüssen durchschnitten und mit Lava bedeckt, die zu mächtigen Basalthauben aushärtete. Deshalb findet man im Gebiet der Sierra Nevada nicht rein zufällig scheinbar sehr alte Funde.

Weiter nördlich, nicht weit von Seattle entfernt, liegt der Vulkan Mount St. Helens im Bereich der sich in Nord-Süd-Richtung von British Columbia bis nach Kalifornien erstreckenden *Cascade Range*, einem Gebirge mit vielen Vulkanen (u.a. Glacier Peak,

Mount Rainier) entlang der Pazifikküste. Der zu diesem 50 bis 80 Kilometer breiten Vulkangürtel gehörende *Lassen Peak* in Nord-Kalifornien brach noch 1911 aus.
Die Auswirkungen der Vulkanausbrüche des *Mount St. Helens* in den Jahren 1980 und 1983 waren gigantisch und wurden geologisch eingehend studiert und untersucht. Innerhalb von Stunden wurde 1980 die blühende, mit Bäumen bestandene Gegend in eine Mondlandschaft verwandelt, entstanden bis zu 50 Meter hohe Tafelberge, in denen ein Mix von Baumstämmen, Hausresten, Autoteilen und technischen Geräten verwirbelt wurde. Dabei wurde altes und neues vulkanisches Material mit jeweils darin enthaltenen Artefakten vermischt.
Wassermassen schossen über die abgelagerten Schlammschichten hinweg und rasierten die Oberfläche der Schlammschichten glatt. Es entstanden bis zu 50 Meter und höher aufgeschüttete Schlammschichten, die wie mit einem Messer oben glatt gekappt waren. In diese frischen Schlammschichten wiederum fraßen sich dann die nachfolgenden, aus dem Vulkan ausgetretenen Wassermassen. Es bildeten sich neue Flusstäler, und diese wiederum trennten die Schlammschicht in voneinander isoliert liegende Bereiche: Tafelberge waren entstanden. In wenigen Stunden verwandelte sich eine grüne, bewaldete Landschaft in eine wüste Schlammlandschaft. In diesen neuzeitlichen Tafelbergen *verschüttete* und in den neu gebildeten Flusstälern *frei liegende* Artefakte sind *gleich alt*!
Dieses Szenario der plötzlichen Landschaftsumbildung haben unsere Geologen beim *Mount St. Helens* detailliert studieren können, obwohl sich dafür nur wenige Fachleute wirklich interessierten oder sogar vor Ort waren. Nur, als in der Sierra Nevada vor wenigen tausend Jahren ein ähnliches Szenario ablief, waren keine Geologen zugegen, sondern nur Eingeborene oder neolithische Siedler, die diese Ereignisse in ihren Mythen am Leben erhielten, die von Geologen lapidar als Phantasiegeschichten abgetan werden.
Dieses Verhalten zeigt erneut, wie die wissenschaftlich verordneten Scheuklappen den Blick auf wertvollste Indizien blockieren.

Meine seit 1987 kontinuierlich vorgenommenen geologischen Beobachtungen hinsichtlich der Superfluten in diesem Gebiet wurden durch eine neue Untersuchung bestätigt. Im südlichen Bereich der Sierra Nevada wurde der Nachweis für (laut amerikanischer Bezeichnung:) *alluviale* (angeschwemmte) Sedimentation durch Sturzfluten aus den Gebirgen der Sierra Nevada bestätigt, und zwar im Bereich des Mount Whitney und der Stadt Lone Pine (Blair, 2002, S. 113–140).

Da die tertiären Schichten in diesem Überflutungsbereich gänzlich fehlen, liegen die in mehreren übereinander liegenden Schichtpaketen abgelagerten Flutschichten direkt auf vulkanischem, kieselsäurereichem Tiefengestein, das in der jüngeren Kreidezeit in die älteren vulkanischen Juraschichten eingedrungen ist (ebd. S. 117, vgl. Evernden/Kistler, 1970).

Diese Flutschichten gelten offiziell als eiszeitliche Endmoränen, also Geschiebe und Geröll schmelzender Gletscherzungen.

Wenn dieses im Zusammenhang mit dem *Mount St. Helens* und der Sierra Nevada beschriebene Szenario stimmt, dann sind *definitiv* die geologischen Datierungen falsch. Da die angeblich seit 55 Millionen Jahren über dem gewachsenen Felsniveau (Primärgestein) angeblich schön langsam gebildeten (tertiären) Schichten der Sierra Nevada katastrophisch in einem kurzen Zeitraum (= Zeitimpakt) gebildet wurden, kann man folglich den Millionen Jahre andauernden Zeitraum, der für eine langsame Bildung der tertiären Schichten erforderlich wäre, auf höchstens wenige Jahre reduzieren. Fazit: Das Tertiär-Zeitalter der Sierra Nevada ist ein Phantomzeitalter. Andernfalls scheint unter Anerkennung der offiziellen geologischen Zeittafel die Existenz von Menschen schon vor zigmillionen Jahren bewiesen zu sein!

Betrachten wir jetzt noch einmal ein Artefakt aus dem Tuolomne-Tafelberg, das 1869 von Clarence King – einem damals bekannten und hoch geschätzten amerikanischen Geologen – *in situ* entdeckt wurde. In kompaktem, hartem, goldführendem Kies steckte ein mit dem harten Kies eng verkeiltes Stück eines zylindrischen Steinstößels. Nach seiner Entfernung hinterließ es einen formidentischen Abdruck im Gestein (Becker, 1891, S. 193 f.).

Die beschriebenen Fakten schließen eine sekundäre Ablagerung aus. Auch der die Tuolomne-Funde kritisierende Holmes (1899, S. 453) gab nach Untersuchung der Örtlichkeit zu, dass dieser Fund »nicht folgenlos infrage gestellt werden kann«, obwohl er in der Nähe einige neuzeitliche indianische Mahlsteine registrierte. Der Kingsche Stößel befindet sich heute in der Sammlung der *Smithsonian Institution*. Moderne Geologen diskreditierten diesen Fund, der aus einer angeblich neun Millionen Jahre alten Schicht ausgegraben wurde, mit dem Hinweis, dass man heutzutage die Matrix mit dem Abdruck des Stößels nicht mehr überprüfen kann, obwohl das Fundstück und der veröffentlichte Bericht vorhanden sind.
Dieses Argument ist absolut absurd, da bei fast allen offiziell anerkannten paläo-anthropologischen Entdeckungen ausschließlich Fundstücke und Berichte existieren, welche die alleinige Legitimation eines Fundes darstellen. Wenn bestimmte Entdeckungen ins Schema und in das sakrosankte Zeitgefüge der Geologie und Evolution passen, dann wäre eine fehlende Matrix natürlich kein Problem für die Experten. Tatsache ist, dass bei kaum einem anerkannten Fossilfund ein solcher Negativabdruck vorhanden ist.
Das bekannteste Fossil wurde im Februar 1866 in 40 Meter Tiefe in einer Mine auf dem Bald Hill in der Nähe von Angels Creek im US-Bundesstaat Kalifornien entdeckt: der 33 bis 55 Millionen Jahre alt datierte, berühmte Calaveras-Schädel (Whitney, 1880, S. 267–273; vgl. »Handbook of American Indians«, I, S. 188 f., und Schmidt, 1894, S. 31 ff.). Bis zum heutigen Tag besteht ein Streit, ob dieser Schädel echt oder ein Schwindel ist, also aus einer jüngeren indianischen Begräbnisstätte stammt. Dieser Fall soll hier nicht diskutiert werden, obwohl Sir Arthur Keith erklärte: »Die Geschichte des Calaveras-Schädels ... kann nicht übergangen werden. Er ist das Schreckgespenst, das ... die Überzeugungskraft eines jeden Experten fast bis zum Zerreißen strapaziert« (Keith, 1928, S. 471). Immerhin »hatte Professor Wyman, der den Fund wissenschaftlich beschreiben sollte, große Mühe, den zementartigen Kies zu entfernen, mit dem der Schädel verschmolzen war« (»Journal of Transactions of the Victoria Institute«, 1880–1881, S. 191–220).

Aber der Calaveras-Schädel stellt keine isolierte, einzigartige Entdeckung dar. Ein nach Paul K. Hubbs benanntes Schädelfragment wurde in 25 Meter Tiefe in einem goldhaltigen Geschiebe in der Nähe eines Wirrwarrs von Mastodon-Knochen gefunden. Der Fundort lag unter einer kompakten, harten Basalthaube, die von der damaligen vulkanischen Aktivität dieser Gegend zeugt. Dieses Knochenstück befindet sich in der Sammlung des Museums *Natural History Society* in Boston und ist wie folgt beschriftet: »Gefunden im Juli 1857. Überreicht an Rev. C. F. Winslow vom Ehrenw. Paul K. Hubbs, im August 1857.«

Ein ähnlich beschriftetes Fragment vom selben Schädel befand sich auch im Museum der *Philadelphia Academy of Natural Sciences*. »Klar ist, dass wir nie etwas von dem Schädelfragment gehört hätten, wäre nicht Mr. Hubbs vor Ort gewesen, als das Bruchstück gefunden wurde« (Whitney, 1880, S. 265).

Nach Whitney waren alle menschlichen Fossilien, die in der Goldabbauregion zum Vorschein kamen, vom anatomisch modernen Typ. Hierzu gehörte auch ein menschlicher Kiefer aus dem Tuolomne-Tafelberg (Whitney, 1880, S. 264 ff.) und weitere Knochen, die 1855 bis 1856 auftauchten. Aus einem anderen Stollen, auf dem Höhenniveau von Mastodon-Zähnen und Elefanten-Knochen, wurde sogar ein vollständiges Skelett eines modernen Menschen ausgegraben (Winslow, 1873, S. 257–259). Auf Grund der Funde von Mastodon-Zähnen nahe dem primären Felsuntergrund müsste man anhand der geologischen Zeittafel darauf schließen, dass Menschen und Mastodons mit 33 bis 55 Millionen Jahren um ein Vielfaches älter sein müssten, als die offizielle Evolutionsleiter angibt.

Sind diese geologischen Altersdatierungen richtig? Denn Mastodons lebten noch bis zum Ende der »Eiszeit« vor 12 000 bis 10 000 Jahren in Amerika. Bis zur »Eiszeit« glichen die großen Ebenen Amerikas, auch die Sierra Nevada in Kalifornien, der heutigen afrikanischen Serengeti. Unbestritten grasten hier riesige Bisonherden neben wilden Kamelen, Lamas und wilden Pferden. Gigantische Woll-Mammuts weideten neben Mastodon-Herden. Es gab Biber, so groß wie Bären, die wiederum noch gigantischer waren, größer

als jeder heute lebende Eisbär. Neben verschiedenen kleinen Faultierarten existierte damals auch ein Riesen-Faultier von der Größe eines Elefanten. Die amerikanischen Löwen waren größer als ihre heute lebenden afrikanischen Verwandten oder die legendären Säbelzahn-Tiger.
Allerdings gibt es Beweise für die Koexistenz von Mensch und Riesen-Faultier und Mastodon. Im Mai des Jahres 1839 entdeckte Dr. Albert C. Kochs verkohlte Mastodon-Knochen zusammen mit Steinäxten und Pfeilspitzen entlang des Mississippi in Missouri. Menschen lebten aber nicht nur mit urzeitlichen Großformen von Säugetieren gemeinsam, sondern anscheinend auch mit Tieren, die in der späten Tertiärzeit (Pliozän) vor weit über zwei Millionen Jahren gelebt haben sollen.

Zu alte Werkzeuge

Am 25. November 1875 berichtete Geologie-Professor Giovanni Capellini (*Universität Bologna*) über eine sensationelle Entdeckung, die er beim Säubern eines vollständig versteinerten Knochens eines ausgestorbenen Kleinwals gemacht hatte: eine scharf geschnittene Kerbe. Diese muss mit einem scharfen Instrument vor der Versteinerung verursacht worden sein, denn es ist unmöglich, sogar mit einer Stahlspitze einen Kratzer auf der Oberfläche des versteinerten Knochens zu hinterlassen (de Mortillet, 1883, S. 56, vgl. Cremo/Thompson, 1997, S. 75).
Bei der weiteren Untersuchung kamen noch drei weitere Einschnitte zum Vorschein. Anscheinend stammen die Schnitte von einem sehr frühen Menschen, denn die Knochen stammen von dem ausgestorbenen Kleinwal *Balaenotus*, der charakteristisch für das jüngere (obere) Pliozän vor über zwei Millionen Jahren in Europa war. Die Walknochen wurden wahrscheinlich in den seichten Küstengewässern vor der alten Insel Monte Vaso im Gebiet der heutigen Toskana abgelagert. Diese Insel gehörte gegen Ende des Tertiärs zu einem im Bereich des heutigen Mittelitaliens befindlichen Archipel.

Um seine Hypothese von Schnittspuren zu überprüfen, inspizierte Capellini die Knochen von gerade geschlachteten Tieren. Sie zeigten ein ähnliches Muster von Schnitten. Dann testete er alte Werkzeuge aus Feuerstein, die er in der Region ausgegraben hatte. Es zeigte sich, dass man auf frischen Knochen dieselbe Art von Einschnitten anbringen konnte.

Professor Capellini stellte zu seiner Verwunderung fest, dass Schnittspuren auf einer großen Anzahl von Knochen vorhanden waren, die aber nur am oberen Teil des Rückgrats und an der Außenseite der rechten Rippen auftraten. Aufgrund dieser spezifischen Verteilung entwickelte Capellini die These, dass der Wal im seichten Wasser des Urmeeres gestrandet war und auf seiner linken Seite gelegen hatte. Menschen schnitten dann mit Feuersteinmessern Fleisch aus seiner rechten Seite.

Capellini sah hierin einen Beweis, dass Menschen zur selben Zeit wie die zerlegten Wale vor über zwei Millionen Jahren in der Toskana gelebt haben. Er präsentierte seine Funde 1876 in Budapest und 1878 in Paris auf internationalen Kongressen (Capellini, 1877). Das Ergebnis seiner Untersuchungen wurde von mehreren anderen Wissenschaftlern bestätigt (Binford, 1981, S. 111).

Das Museum von Florenz erhielt eine große Sammlung von Walknochen, die im toskanischen Fine-Tal ausgegraben worden waren. Auch an diesen Knochen stellte Capellini identische, offenbar ebenfalls von Menschenhand stammende Schnittspuren fest. In Italien tauchten weitere ähnliche Knochen auf. Ein fossiler Tierknochen von einem Elefanten oder Nashorn weist an der breitesten Stelle mittig ein rundes, gebohrtes Loch auf. Dieser Knochen, der fest eingebettet in einer über zwei Millionen Jahre alten Schicht aus dem Astien (oberes Pliozän) von San Valentino lag, wurde auf einer Tagung des *Geologischen Komitees Italiens* 1876 vorgestellt, »mit Spuren menschlicher Bearbeitung, die so augenscheinlich waren, dass alle Zweifel daran ausgeschlossen waren« (de Mortillet, 1883, S. 73).

Handelt es sich um ein örtlich begrenztes Phänomen? Nein: In Muschelablagerungen von Barrière bei Pouancé im Nordwesten Frankreichs entdeckte Abbé Delaunay einen Knochen von *Halitherium*, einer ausgestorbenen Seekuh, mit Kerbspuren, die offenbar menschlichen Ursprungs waren. Der Fund löste eine Sensation aus, als er 1867 den Mitgliedern des *Internationalen Kongresses für Prähistorische Anthropologie und Archäologie* in Paris vorgestellt wurde (de Mortillet, 1883, S. 53).

Der fossile Knochen war fest in einer ungestörten Schicht eingebettet. Diese maritime Ablagerung wird heutzutage ins ältere (untere) Miozän datiert. Menschen, die offenbar dieses Halitherium zerlegten, müssten vor ungefähr 20 Millionen Jahren oder noch früher gelebt haben. »Das ist viel zu früh für den Menschen«, schreibt de Mortillet (1883, S. 55). Wenn Vertreter der Evolutionstheorie sich in dieser Art und Weise äußern, wird die Voreingenommenheit bei der Interpretation von Fakten und Funden dokumentiert. Die Kerben auf den Knochen interpretierte de Mortillet als Beißspuren von Haien.

In dem Buch »Human Origins« (Menschliche Ursprünge) wird diese Frage ausführlich diskutiert: »Die Schnittspuren können mit Tausenden zweifellos von Menschenhand stammenden Einschnitten auf Rentierknochen und, aus späterer Zeit, aber auch mit Schnitten verglichen werden, wie sie von heutigen Feuersteinmessern auf frischen Knochen verursacht werden ... ein gewöhnlicher Zimmermann (könnte) ohne Schwierigkeiten zwischen einem sauberen Schnitt, der von einem scharfen Messer stammt, und einer Kerbe unterscheiden, die auf wiederholte Stiche mit einem Beitel zurückgeht« (Laing, 1894, S. 353 f.). Eine Studie über die von Menschenhand stammenden Einschnitte auf Knochen aus der Olduvai-Schlucht kam zu folgendem Ergebnis: »Das Kratzen und Nagen der Zähne von Fleischfressern hinterlässt Rillen mit rundem beziehungsweise flachem Grund; in beiden Fällen fehlen die feinen, parallelen Schrammen der Schnitt- oder Kratzspuren« (Potts/Shipman, 1981, S. 577). Und ein moderner Spezialist stellt fest: »Es ist eher unwahrscheinlich, dass man ... Schnittspuren, die – durch die Benutzung von Werkzeugen – beim Zerlegen oder Filetieren auf Knochen eines Tieres entstehen, mit Fressaktionen von Tieren verwechselt« (Binford, 1981, S. 169).

Es gibt viele weitere Funde von Schnittspuren an fossilen Knochen, die viel zu alt für die propagierte Menschheitsgeschichte sind. Als weiteres Beispiel soll der bei Gannat (Frankreich) entdeckte,

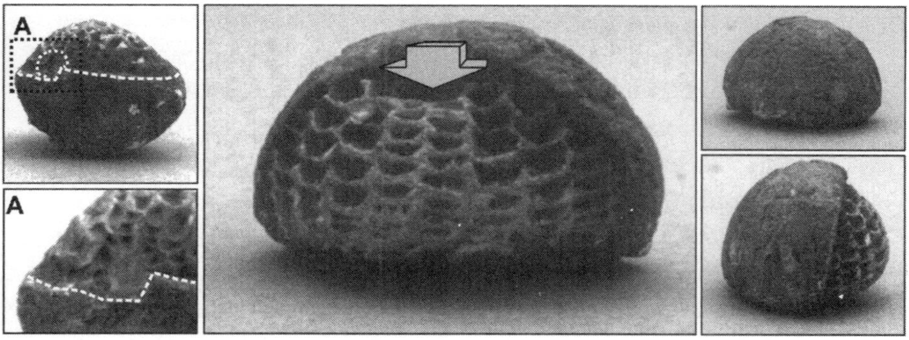

Abb. 23: ***Geschälter fossiler Seeigel.*** *Die Eingeweide sind zum höchsten Punkt hin eingedrückt (Pfeil) und beschädigt. Hier kann ein Messer in den Seeigel eingedrungen sein, das, nach dem Durchbrechen der Schale folgend, exakt in Tiefe der Schalendicke geführt wurde. Der Schnitt wurde von oben nach vorn und zur Unterseite zum Mund hin geführt und am Mund abgesetzt. Das andere Ende des umlaufenden Schnittes trifft versetzt auf den Mund als Orientierungspunkt, durch den der Schnitt trotz Abweichung von der Symmetrieachse verlaufen sollte. Fotos und Interpretation: Volker Ritters, 1998.*

angeblich 15 Millionen Jahre alte Oberschenkelknochen eines ausgestorbenen Nashorns dienen, dessen Oberfläche parallele Einschnitte aufweist (de Mortillet, 1883, S. 52). Nach Mortillet sollen die kurzen parallelen Furchen auf unterirdischen Druck zurückzuführen sein, also Spuren rein geologischer Phänomene darstellen. Laut Binford (1981, S. 169) handelt es sich jedoch um spezifische Spuren, wie sie unverwechselbar beim Schlachten entstehen.
Einen versteinerten Seeigel, der zur Hälfte geschält ist und seine Weichteile zeigt, kann es nicht geben, denn die freigelegten Innereien wären nicht lange frisch und in guter Form geblieben, um langsam zu versteinern. Und doch beschreibt Volker Ritters einen solchen in seinem Besitz befindlichen Seeigel, der ein weiteres Rätsel besitzt: Die Schale wurde komplett durch einen glatten Schnitt geteilt (Ritters, 1998, S. 7). Aber dieser fossile Seeigel (*Ananchytes ovata*) war eine der häufigsten Arten der oberen Kreidezeit. Wer schälte im Erdmittelalter vor 70 Millionen Jahren zur Lebzeit von *Tyrannosaurus Rex* einen Seeigel mit einem scharfen Werkzeug?

Wenn Menschen vor zigmillionen Jahren Seeigel schälten, Tiere schlachteten und Schnitte an Knochen hinterließen, dann sollte es auch entsprechend alte Werkzeuge geben. Ein Blick in die Fachliteratur zeigt, dass in Europa in vielen Gesteinsschichten, die für Artefakte angeblich viel zu alt sind, doch fortschrittliche Steinwerkzeuge aufgetaucht sind.
Der französische Archäologe Eugène Bonifay entdeckte 1989 bei Saint-Eble in Zentralfrankreich eine Anzahl einfacher Steinobjekte unter einer Schicht von Vulkanasche. Der heute erloschene Vulkan soll vor zwei Millionen Jahren ausgebrochen sein (»Science«, Bd. 246, 6. 10. 1989, S. 28–30).
In zwei bis vier Millionen Jahre alten Schichten wurden schon vor über hundert Jahren in England bei Ightham Steinwerkzeuge entdeckt, die fortschrittlicher sind als die zuvor beschriebenen Objekte. Sie zeigen eine bemerkenswerte Ähnlichkeit mit den von den Leakeys in Ostafrika ausgegrabenen Werkzeugen aus der Olduvai-Schlucht.
In einer Muschel-Mergel-Formation (*Red Crag*) wurden zahlreiche Haifischzähne von *Charcharodon* gefunden, die 2 bis 2,5 Millionen Jahre alt sein sollen. Zahlreiche Exemplare wurden 1872 auf einer Versammlung von Anthropologen vorgestellt. Diese waren alle mittig durchbohrt, so wie man es bei Südseeinsulanern sehen kann, die daraus Waffen und Halsbänder anfertigen (Nilsson, 1983, S. 106). »Die Durchlöcherung mechanischer menschlicher Tätigkeit zuzuschreiben, schien die wahrscheinlichste Erklärung der Fakten« (Charlesworth, 1873, S. 91 f.). Natürliche Abnutzung oder Zahnfäule werden kaum serienweise mitten im Zahn saubere runde Löcher hinterlassen.
In dieser alten *Red-Crag-Formation* wurde an mehreren Orten *in situ* auch eine große Anzahl von bearbeiteten Feuersteinen tief unter der Oberfläche ausgegraben: Schaber und Faustkeile. Eine internationale Kommission aus Fachleuten für Vorgeschichte wurde eingesetzt, um künstlich bearbeitete Feuersteine aus der tiefsten Schicht des *Red Crag* bei Ipswich zu beurteilen. Die Kommission entschied 1923, »dass in den unberührten Grundschichten des Crag bearbeitete Feuersteine vorkommen (wir haben sie mit eigenen

Augen gesehen). Diese sind durch nichts anderes als durch die Hand eines im Tertiär existierenden Menschen oder Hominiden geschaffen worden. Wir halten diese Tatsache als Prähistoriker für absolut erwiesen« (Lohest et al., 1923, S. 67).

Somit wurde wissenschaftlich bestätigt, dass von Menschen hergestellte Werkzeuge auf ein Alter von zwei bis fünf Millionen Jahren datiert wurden. Dieses Untersuchungsergebnis muss man fett unterstreichen. Es wird bestätigt, dass zu Lebzeiten von Lucy in England und Irland – in Gebieten des *Red Crag* – bereits Werkzeuge hergestellt und benutzt wurden. Gab es zeitgleiche Entwicklungen in Afrika und Europa? In Europa gab es aber anscheinend keinen affenähnlichen Vorfahren des Menschen wie *Australopithecus* in Afrika. Zwingt das Untersuchungsergebnis der Kommission nicht zum Umdenken? Ja! Aber heutzutage sind diese – wie fast alle in diesem Buch dokumentierten Fälle – vergessen, da die Front der Fortschrittsverweigerer – die Wissenschaftler der Erd- und Menschheitsforschung und die großen Medien – kaum ein Interesse daran hat, die Evolutionstheorie zu hinterfragen: Man verdient zu gut daran, und dies fast ohne Anzweiflungen. Deshalb sind die wissenschaftlich anerkannten, aber für die Evolutionstheorie viel zu alten Funde heutzutage vergessen und unbekannt.

Weist jemand auf dieses Untersuchungsergebnis aus dem Jahre 1923 hin und damit auf die Existenz des Tertiärmenschen, wird dieses als Irrtum abgetan, weil es den aus den afrikanischen Grabungen hervorgegangenen Theorien widerspricht. *Ist nur ein einziger hier dargestellter Fund echt und ist die geologische Datierung richtig, wird die Evolutionstheorie definitiv pulverisiert und als der größte Irrtum des Jahrtausends entlarvt.*

Analog zu den zuvor beschriebenen Entdeckungen finden sich in der Geschichte der Paläo-Anthropologie einige weitere Abhandlungen, die der allgemeinen Auffassung den Todesstoß versetzen. Natürlich können solche Funde von Werkzeugen aus Feuersteinen (Eolithen) in viel zu alten Schichten nicht unwidersprochen bleiben. Ein »Vernichtungswerk« verfasste der bekannte Abbé Henri Breuil (1910) bereits Anfang des 20. Jahrhunderts. Er beschäftigte sich mit Funden aus den Kiesgruben bei Clermont nordöstlich von Paris.

Über einem Kreidebett lag eine Lehmschicht mit Lagen aus kantigen Feuersteinen, durchsetzt mit grünlichem Bracheux-Sand, der zum unteren Eozän gerechnet wird (Obermaier, 1924, S. 12). Wurden diese Feuersteine (Eolithe) von Menschen entsprechend der geologischen Zeitskala bereits vor 50 Millionen Jahren bearbeitet? Um diese Frage zu verneinen, *muss* man diesen Werkzeugen zwingend eine natürliche und nicht künstliche Herkunft bescheinigen. Nach Breuils Auffassung »handelt es sich um Feuersteine, die sich im Inneren des Bettes befanden, als die Absplitterungen auftraten, wobei die Bruchstücke in gegenseitigem Kontakt blieben« (Breuil, 1910). Tatsächlich treten solche natürlichen Absplitterungen auch auf, lassen jedoch »nur selten charakteristische Schlagzwiebeln zufällig entstehen« (»Journal of Field Archaeology«, Bd. 10, 1983, S. 297–307).
Wenn Breuil Recht hätte mit seiner Annahme, dass durch geologischen Druck ausgeprägte Kantenretuschen entstanden sind, dann dürften keine entsprechenden, auch nicht in jüngeren Schichten gefundenen, offiziell anerkannten Objekte mit Spuren grober Abschlagtechnik als Hinweis auf menschliche Aktivitäten akzeptiert werden!
Demzufolge müsste die meisten der rudimentären Olduvai-Steinwerkzeuge aus Ostafrika als wissenschaftlich wertlos zurückgewiesen werden. Da die 50 Millionen Jahre alten Eolithe aus Clermont solchen – 1,5 Ma bis 200 000 Jahre alten – des *Homo erectus* (Acheuléen) ähneln, müsste man viele andere Steinwerkzeuge dieser altsteinzeitlichen Periode auch auf zufällige Entstehung zurückführen. Dadurch wird aber die schon geringe Anzahl der gefundenen Eolithe drastisch reduziert. Gab es für diesen Fall überhaupt eine Steinzeit? Befürworter der Eolithen-Funde weisen auf die australischen Aborigines hin, die noch in unserer Zeit ähnliche Werkzeuge herstellen.
Die Ablehnung der 50 Millionen Jahre alten Eolithe resultiert dann auch aus der Evolutionstheorie heraus, liegt also im Glaubensbereich: »Vom Gesichtspunkt der Paläo-Anthropologie aus betrachtet ist das alles unhaltbar. Die nächsten Verwandten des eozänen Menschen von Clermont wären *Pachylemuren* (Halbaffen)!« (Schlosser, 1911, S. 58; vgl. Obermaier, 1924, S. 16f.).

Fachleute wie Breuil (1910), Schlosser (1911), Obermaier (1916) argumentieren wie heutige Experten, dass zusammen mit Steinwerkzeugen, falls diese künstlich hergestellt worden sein sollen, es auch Skelettfunde aus diesen für die Evolutionstheorie viel zu alten Schichten geben müsse. Damit erkennen wir aber die mehr als fragwürdige Vorgehensweise der Paläo-Anthropologie, denn die in diesem Buch exemplarisch beschriebenen Funde vollmenschlicher Skelettreste aus dem Pliozän, Miozän, Eozän und noch älteren geologischen Zeitaltern, die modernen Menschen zugeordnet werden müssen, sind allesamt nicht offiziell akzeptiert worden, *auch wenn sie von Fachleuten entdeckt wurden.*
Wenn Funde tertiärer Menschen und entsprechender Eolithe in praktisch allen tertiären Schichten seit der Dinosaurier-Ära einerseits mit Hinweis auf die Gültigkeit der Evolutionstheorie abgelehnt werden, und andererseits die angebliche Fundleere dieser Schichten ausdrücklich die Richtigkeit der Annahmen der Evolutionstheorie beweisen soll, erkennt man die fragwürdige Beweisführung der Paläo-Anthropologie als unhaltbaren und unlogischen Zirkelschluss, einen Beweis, der sich selbst beweist.

Eine uralte Hütte

Als sich vor angeblich knapp zwei Millionen Jahren mit *Homo erectus* der erste *Homo sapiens* zu entwickeln begann, scheint eine erst seit wenigen tausend Jahren beherrschte Bautechnik bereits bekannt gewesen zu sein.
In den 1960er-Jahren machte Louis Leakey in der Olduvai Gorge (Nord-Tansania) einen sensationellen Fund. Dort entdeckte er in der *Bed-II-Schicht, dass Australopithecus, Homo habilis und Homo erectus zur selben Zeit lebten.*
Alan Walker bestätigt diese Tatsache, indem er erklärte: »Es liegen Hinweise aus Ostafrika auf das langzeitige Überleben von kleinwüchsigen *Australopithecus*-Individuen vor, die zuerst Zeitgenossen des *Homo habilis* waren und dann des *Homo erectus*« (»Science«, Bd. 207, 1980, S. 1103). Leakey entdeckte in der gleichen Schicht

(Bed II) aber auch Überreste einer *Steinhütte*. Der Aufsehen erregende Aspekt dieses Fundes war, dass diese Bauart, die immer noch in einigen Teilen Afrikas angewandt wird, nur von *Homo sapiens* ausgeführt worden sein konnte. Aufgrund von Leakeys Entdeckungen haben *Australopithecus*, *Homo habilis*, *Homo erectus* und der neuzeitliche Mensch vor etwa 1,7 Millionen Jahren gleichzeitig gelebt (Leakey, 1971, S. 272, und Kelso, 1970, S. 211).
Der Paläontologe Stephan Jay Gould von der *Harvard-Universität*, ein bekannter Evolutionist, erklärt die Sackgasse der Evolution folgendermaßen: »Was würde aus unserer Stufenleiter, wenn es drei nebeneinander bestehende Stämme von Hominiden (*Australopithecus africanus*, die robusten Australopithecinen, und *Homo habilis*) gibt, keiner deutlich von dem anderen abstammend? Darüber hinaus zeigt keiner von ihnen irgendeine evolutive Neigung während ihres Daseins auf Erden« (»Natural History«, Bd. 85, 1976, S. 30). Gould ist vorbehaltlos zuzustimmen, er bringt das unlösbare Dilemma der Evolutionstheorie auf den Punkt.

5 Irrtum Neandertaler

Der Paläo-Anthropologe Dr. David Pilbeam, Professor an der Yale University, behauptete: »Möglicherweise haben Generationen von Studenten der Evolution des Menschen in der Dunkelheit herumgewirtschaftet, da die uns zur Verfügung stehenden Daten zu spärlich und glitschig sind, um daraus Theorien zu formen. Vielmehr stellen die Theorien eher Aussagen über uns selbst als über die Vergangenheit dar und sind damit Ideologie. Die Paläontologie gibt eher den Blick auf den heutigen Menschen frei als über die Herkunft des Menschen. Aber das ist Ketzerei« (»American Scientist«, Bd. 66, Mai/Juni 1978, S. 379) – oder die Wahrheit, denn die Lehrmeinung ist schlichtweg falsch.

Die Evolution des Neandertalers

Die Elite der Paläontologen ist sich selbst über die grundlegenden Umrisse des menschlichen Stammbaums uneinig. Neue Zweige sprießen unter großem Spektakel, nur um angesichts neuer Fossilienfunde wieder zu verdorren und abzusterben.
Ohne großes Aufsehen zu erregen, wurden in den naturwissenschaftlichen Museen der Welt die Neandertalerbilder mit vornüber gebeugten affenartigen Modellen gegen menschlichere, aufrecht gehende Gestalten ersetzt. »Falls er (der Neandertaler) wieder belebt werden könnte und man ihn gebadet, rasiert und modern angezogen in eine New Yorker Untergrundbahn setzen würde, wäre es zweifelhaft, ob er mehr Aufmerksamkeit als jeder andere Fahrgast erregen würde (Strauss/Cave in: »Quarterly Review of Biology«, Bd. 32, 1957, S. 348–363).

Die früher aufgrund der Rekonstruktion von Marcellin Boule (»Ann. Paléontol.«, 7/1912, S. 105–192) als primitiv angesehenen Körpermerkmale des Neandertalers wurden als Ausdruck und Resultat einer niedrigeren kulturellen Stufe (Stringer/Gamble, 1933; Trinkaus, 1983) sowie einer einfacheren sozialen Organisation angesehen (Trinkaus in: »Journal of Human Evolution, Bd. 25, 1993, S. 393–416). Hierin sah man auch die Ursache für das Aussterbens der Neandertaler: Nach Darwins Gesetz des Stärkeren (heutzutage abgewandelt: Überleben des Fittesten) musste er dem scheinbar fortentwickelten modernen Menschen Platz machen.
Das brutal-primitive Bild von einem mit gekrümmten Knien nach vorn gebeugten Wesen mit animalischen Verhaltensweisen wurde über ein halbes Jahrhundert lang zum Zwecke einer visualisierten Evolution des Menschen aufrecht erhalten und durch das Zusammenspiel von Medien und Wissenschaft als Dogma genährt und manifestiert. Diese systematisch angewandte Ideologie hat als Gehirnwäsche über Jahrzehnte hinweg ihren Zweck erfüllt: Die Evolution des Menschen wurde ins Unterbewusstsein förmlich eingepflanzt und dort verwurzelt. Jedoch: »Die Geschichte der menschlichen Evolution wurde erdichtet, um andere Interessen als wissenschaftliche Bedürfnisse zu befriedigen« (»Science 81«, Oktober 1981, S. 40–53).
Aber der Neandertaler macht seit wenigen Jahren eine regelrechte »Evolution« durch. Immerhin liegt das Gehirnvolumen des Neandertalers *über* dem Durchschnitt des modernen Menschen. Das Schädelvolumen eines Neandertalerskeletts aus der israelischen Amud-Grotte betrug sage und schreibe 1740 Kubikzentimeter! Heutige Menschen bringen es gerade noch im Schnitt auf etwas mehr als 1400 Kubikzentimeter, und Albert Einsteins Gehirn unterschritt diesen Wert sogar noch um zwölf Prozent! Ein direkter Zusammenhang zwischen Hirnvolumen und Intelligenz lässt sich zwar nicht unbedingt herstellen, aber im Fachmagazin »American Journal of Physical Anthropology Supplement« (Bd. 12, 1991, S. 94) diskutiert R. L. Holloway über das ganz und gar nicht primitive Gehirn der Neandertaler.
»Detaillierte Vergleiche der Überreste des Neandertalers mit dem

Abb. 24: Neandertaler. Von ein und demselben Schädel kann je nach Einstellung des Anthropologen eine Rekonstruktion mit modernem oder affenähnlichem Profil e rstellt werden. Nach Junker, 2002, S. 26.

Skelett des neuzeitlichen Menschen haben gezeigt, dass es keinerlei eindeutige Hinweise in der Anatomie des Neandertalers gibt, dass seine Fähigkeiten in Bezug auf Fortbewegung, Nutzung der Hände, Intellekt oder Sprache denen des modernen Menschen nachstanden«, schreibt der an der *University of New Mexico* tätige Paläo-Anthropologe Erik Trinkaus (»National History«, Bd. 87, Dez. 1978, S. 10).
Die Neandertaler verfügten auch über modern erscheinende technische Möglichkeiten, u. a. um ausgefeilte Werkzeuge und einen Superklebstoff anzufertigen. Funde aus dem Nordharz belegen, dass die Neandertaler Birkenrindenpech herstellten, um Steinklingen mit Holzgriffen zu verkleben. Bei der Herstellung von Birkenrindenpech muss jedoch über längere Zeit zuverlässig eine Temperatur von 360 bis 400 Grad eingehalten werden: Dieser Klebstoff, der auch als Kaugummi gedient haben soll (BdW, 16. 1. 2002), kann nicht rein zufällig entdeckt oder hergestellt werden (BdW, 8. 1. 2002).
Geschickte Handwerker brauchen aber feinmotorische Fähigkeiten und Hände, die nicht affenähnlich sind. Eine Computeranalyse ergab dabei, dass Neandertaler im Gegensatz zu den Menschenaffen Daumen und Zeigefinger problemlos zu einem O formen konnten. Dies ist eine Voraussetzung, um geschickt mit Werkzeugen umgehen zu können, betonen die Forscher. Außerdem waren die Hände

unserer ausgestorbenen Verwandten anscheinend genauso geschmeidig wie die des modernen Menschen (»Nature«, Bd. 422, 27. 3. 2003, S. 395).
Neandertaler hatten auch eine Vorliebe für Musik, denn sie musizierten nach der diatonischen Tonleiter. Löcher mit unterschiedlichen Abständen auf einer 1995 in Slowenien entdeckten Flöte aus Bärenknochen deuten darauf hin, dass bereits vor angeblich 50 000 Jahren Halb- und Ganztöne erzeugt werden konnten. (»Scientific American«, September 1997).
Aber auch Schmuck wurde schon früh hergestellt. In El Greifa (Libyen) wurden scheinbar 200 000 Jahre alte Fragmente von Schmuckperlen gefunden, die aus Straußeneierschalen gefertigt wurden. In Arcy-sur-Cure südöstlich von Auxerre (Frankreich) schmückten sich Neandertaler mit Elfenbeinringen und Ketten aus Tierzähnen und -knochen.
Zwischen 1953 und 1960 entdeckte Ralph S. Solecki in der Höhle von Shanidar im Irak neun Neandertalerskelette. Einer von ihnen ist anscheinend mit Blumenbeigaben beerdigt worden. Grabbeigaben wie Blumen, Ritzzeichnungen und Nahrung stießen die früheren Vorstellungen eines halbmenschlichen Untiers endgültig um und lassen sogar auf den Glauben an ein Weiterleben nach dem Tode schließen (Solecki, 1971). Auch die Kelten als Nachfolger der Cro-Magnon-Menschen bzw. Megalithiker glaubten wie viele Kulturen an ein Leben nach dem Tod.
Auch in sozialer Hinsicht erscheint die Verhaltensweise des Neandertalers nicht affenähnlich, sondern modern. Denn ein anderes Skelett in dieser irakischen Höhle war angeblich teilweise blind, einarmig und verkrüppelt. Sein Überleben ist ein weiterer Beweis einer komplexen sozialen Struktur. Diese wird auch bestätigt durch einen anderen Fund in L'Aubesier (Frankreich). Es handelt sich um einen angeblich 179 000 Jahre alten zahnlosen Kiefer. Der Träger des Kiefers hatte lange vor seinem Tod alle Zähne verloren. Erik Trinkaus von der *Washington University* in St. Louis (Missouri) schlussfolgert, dass dem Zahnlosen die Mitglieder seiner Gruppe über geraume Zeit hinweg spezielle Nahrung zubereitet haben müssen (»Journal of Human Evolution«, November 2002;

vgl. »Science«, Bd. 301, 5. 9. 2003, S. 1319). Schon damals gab es also anscheinend Sippen mit entsprechend ausgeprägter sozialer Struktur.
In »Science« (Bd. 299, 7. 3. 2003, S. 1525–1527) wird bestätigt, dass zwischen dem Verhalten von Neandertalern und frühmodernen Cro-Magnon-Menschen hinsichtlich Werkzeugbearbeitung, Totenbestattung, Interesse an Mineralpigmenten, der Kontrolle des Feuers und in der Abhängigkeit von Fleischressourcen *kein* Unterschied zwischen beiden Menschengruppen bestand. Außerdem zeigen die Skelette beider Spezies körperliche Schwächen und Behinderungen, die eine Pflege durch Sippenmitglieder erforderlich machte. Mehr kulturelle, soziale und humanitäre Übereinstimmungen zwischen zwei steinzeitlichen Völkergruppen kann es kaum geben (Klein, 2003).
Auch das lange vermutete anatomische Hindernis für eine modulierfähige Sprache gab es offenbar gar nicht: 1993 belegte der Fund eines Zungenbeins in der Kebarahöhle in Israel, dass der Aufbau des Kehlkopfes bei Neandertalern und heutigen Menschen identisch ist. Manche Wissenschaftler glauben noch immer, dass die Sprache erst vor 40 000 Jahren mit dem Cro-Magnon-Mensch nach Europa gekommen sei. Dieser Auffassung widersprachen jedoch Wissenschaftler von der *Duke University* im April 1998: Der Neandertaler konnte sprechen (BdW, 17. 2. 1999). Selbst die Unterschiede im Körperbau sind weit weniger eindeutig, »wenn man den Neandertaler nicht über Extremfunde definiert« (BdW, 1. 10. 1996).
Fazit: »Der Neandertaler unterscheidet sich kaum vom modernen Menschen« (»Nature«, Bd. 394, 20. 8. 1998, S. 719–721). Einer der führenden Neandertalerforscher, Erik Trinkaus, schlussfolgert: »Detaillierte Vergleiche von Skelett-Relikten des Neandertalers mit solchen von modernen Menschen haben gezeigt, dass aufgrund der Anatomie *keine Rückschlüsse auf Unterschiede* hinsichtlich Motorik, Intelligenz und Sprache im Vergleich zu den Möglichkeiten des modernen Menschen gezogen werden können« (»Natural History«, Bd. 87, 1978, S. 10; Hervorhebung HJZ).

Art oder Unterart?

Jahrzehntelang wurde der Neandertaler als eigene Art (*Homo neanderthalensis*) geführt. Es wurde damit deutlich gemacht, dass unser »Vorläufermodell« primitiver als der moderne Mensch und mit ihm nicht fortpflanzungsfähig war. Nachdem man dann erkannte, dass Neandertaler und moderne Menschen außer einer etwas anderen Körperform nichts unterscheidet, wurde der Neandertaler zu einer Unterart des Menschen befördert. Einige Forscher adelten ihn zum *Homo sapiens neanderthalensis*.

Gentechnische Untersuchungen durch eine Gruppe von Wissenschaftlern um den Anthropologen Svante Pääbo ergaben im Juli 1997 jedoch ein sensationelles Ergebnis. Die Fachzeitschrift »Cell«, die den Befund veröffentlicht hatte, titelte: »Neandertaler waren nicht unsere Vorfahren«, auch wenn sich die Wissenschaftler *vorsichtiger* äußerten.

Ein Schädelvergleich von 225 heutigen Menschen sowie fünf fossilen Exemplaren des *Homo sapiens* mit fünf Neandertalerschädeln soll bis heute der konkreteste Beweis dafür sein, »dass der Neandertaler tatsächlich eine eigene Art innerhalb der Gattung *Homo* ist« (»PNAS«, 3. 2. 2004, Bd. 101, S. 1147–1152). Über diese Feststellung kann man streiten, insbesondere wenn man die unterschiedlichen Schädelformen heutiger Menschen betrachtet.

Allerdings entstehen innerhalb von Arten in wenigen Generationen isolierte Populationen, die sich morphologisch, physiologisch oder wie auch immer von anderen Populationen unterscheiden, trotzdem aber zur selben Art gehören. Auch die Untersuchungsergebnisse von Pääbo können in diese Kategorie fallen.

Für den Fall, dass der Neandertaler sich endgültig als eigene Art herausstellt, vermutet man einen gemeinsamen Vorfahren mit modernen Menschen vor 500 000 bis 600 000 Jahren (»Nature Review Genetics«, Bd. 2, 2001, S. 353), der nach Tattersall (1995) der *Homo heidelbergensis* (frühere Bezeichnung: *archaischer Homo sapiens*) gewesen sein kann.

Wo hat sich denn für diesen Fall der moderne Mensch seit dieser Zeit versteckt gehalten? Denn der älteste *Homo sapiens sapiens* soll vor 140 000, nach den neuen Funden in Äthiopien (Omo 1 und 2) vor 200 000 Jahren in Afrika gelebt haben. Aber er kann dort über 100 000 Jahre lang bis vor 30 000 Jahren nicht nachgewiesen werden. In Israel soll der frühmoderne Mensch vor 100 000 Jahren angekommen sein. Aber er ist auch dort nicht ununterbrochen bis vor 30 000 Jahren präsent. Was nutzt ein alter Fund, wenn praktisch für die Zeit seit der Trennung vom Vorgängermodell, das der *Homo heidelbergensis* gewesen sein soll, *keine* Funde vorgewiesen werden können? Falls der Neandertaler eine eigene Art sein soll, fehlt ganz einfach die Entwicklungskette des Neandertalers, die man zusätzlich nachweisen müsste.

Berücksichtigt man die in »Nature Genetics« (Bd. 15, 1. 4. 1997, S. 363–368) veröffentlichte empirische Untersuchung und kürzt die berechnete Existenz eines gemeinsamen Vorfahren von Neandertaler und modernem Mensch entsprechend um den Faktor 20, lebte dieser anstatt vor 600 000 Jahren vor nur 30 000 Jahren.

Viele Wissenschaftler gehen derzeit jedoch davon aus, dass der Neandertaler eine Unterart des modernen Menschen darstellt. Es kann daher auch Mischlingskinder mit dem modernen Menschen gegeben haben, denn der Konkurrent des Neandertalers soll der Cro-Magnon, ein frühmoderner Mensch, gewesen sein. Dieser Typus wurde nach der Höhle in der Dordogne benannt, wo man erstmals seine fossilen Überreste fand. Aus dem Cro-Magnon-Mensch soll dann der moderne Mensch entstanden sein. Aber mit dieser Begriffswahl wird eine Entwicklung vorgespiegelt, die es gar nicht gibt. Denn der Cro-Magnon-Mensch ist mit dem heutigen Menschen identisch: Es gibt keine Weiterentwicklung. Die Benennung nach einer Höhle führt nur dazu, diese Tatsache zu verschleiern.

Einfach verschwunden?

Weit über einhundert Jahre lang wurde uns vorgegaukelt, dass der frühmoderne Mensch (Cro-Magnon-Mensch) den »affenmenschlichen« Neandertaler beim Aufeinandertreffen räumlich verdrängte und ausrottete. Diese Meinung beginnt sich aufgrund der zuvor beschriebenen Erkenntnisse zu ändern. Der Paläo-Anthropologe Ralph L. Holloway von der *Columbia-Universität* in New York stellt fest, dass alle Asymmetrien, die für den modernen Menschen typisch sind, sich auch bei den Neandertalern finden: »Im Augenblick ist es nicht möglich, zwischen beiden Gehirnen einen Unterschied festzumachen« (Wong, 2004, S. 71). Warum starb der Neandertaler aus, wenn er intellektuell und handwerklich den frühmodernen Menschen mindestens ebenbürtig war?

Lange waren die Forscher davon überzeugt, dass der Neandertaler durch die westwärts durch Europa gerichtete Expansion der Cro-Magnon-Sippen auf die Iberische Halbinsel zurückgedrängt worden sei, da die ältesten Überreste aus Zafarraya in Spanien 32 000 Jahre alt sein sollen.

Aber vor kurzem wurden Funde aus Vindija in Kroatien mit Radiokarbondatierungen auf ein Alter von 28 000 bis 29 000 Jahren datiert (»PNAS«, Bd. 96, 26. 10. 1999, S. 12 281–12 286). Vindija liegt jedoch inmitten einer Region, die schon in einer frühen Phase der Expansion frühmoderner Menschen ethnisch hätte »gesäubert« sein sollen. Für die Vertreter der Verdrängungstheorie ist diese späte Existenz von Neandertalern ein herber Rückschlag. Anderseits wurde der Neandertaler durch diesen Fund noch etwas jünger und die Phase der Koexistenz länger, falls die Altersbestimmungen richtig sind.

Es gibt eine wissenschaftliche Alternative zur Verdrängungstheorie: die Hybridisierungstheorie. »Der Neandertaler hat sich zum *Homo sapiens* weiterentwickelt«, so behauptet Milford Wolpoff, Anthropologe von der *Universität von Michigan*: Die Grundlage für diese Annahme sei eben jener Fund von Vindija. Die neue Datierung zeige, dass beide Menschentypen über mehrere Jahrtausende hinweg in Europa nebeneinander existierten, wie auch der 34 000 bis 36 000 Jahre alte Fund eines frühmodernen Kiefers aus der Höhle *Pestera cu Oase* (Rumänien) beweisen soll. Somit hätten sie genügend Zeit und Gelegenheit gehabt, *um sich biologisch zu vermischen.*

Das fast vollständige Skelett eines vierjährigen Kindes aus dem zentralportugiesischen Lapedo-Tal soll diese Vermischungstheorie weiter stützen. Da die Knochen Charakteristika beider Menschentypen aufweisen, »sind sie ein Beweis dafür, dass möglicherweise Vermischungen zwischen dem Neandertaler und dem *Homo sapiens* stattgefunden haben« (»PNAS«, Bd. 96, 22. 6. 1999, S. 7604–7609). Kontrovers ist die Datierung mit einem Alter von 24 500 Jahren. Deshalb sind andere Forscher überzeugt, dass es sich um einen modernen Menschen handeln müsse, denn Neandertaler waren ja angeblich bereits ausgestorben (»Science«, 30. April 1999, S. 737). Ian Tattersall vom *Amerikanischen Museum für Frühgeschichte* in New York äußerte in einem begleitenden Kommentar über das Mischlingskind die Auffassung, dass die gedrungenen Körperproportionen eine Anpassung frühmoderner Menschen an ein kühles Klima darstellen. Ein Gesichtspunkt, der uns noch beschäftigen wird.

Auch falls es Mischlingskinder gab, fand nach neuen Genanalysen an Überresten von 24 Neandertalern und 40 frühmodernen Menschen eine Vermischung beider Spezies jedoch nicht statt (»PNAS«, 1. 10. 2002, Bd. 99, S. 13342–13347). Da nicht alle Neandertalergene untersucht wurden, besteht die Möglichkeit, dass der moderne Mensch ein paar Gene vom Neandertaler empfangen hat (»Science«, Bd. 299, 7. 3. 2003; S. 1525–1527). Da es nur wenige solcher sexuellen Kontakte gab, haben diese langfristig sicher keine signifikanten Spuren in den Genen hinterlassen.

Anscheinend hat sich auf Grund der Altersbestimmung von Knochen ergeben, dass Neandertaler und frühmoderne Menschen Tausende von Jahren parallel lebten. Ergeben die Datierungen überhaupt zuverlässige Ergebnisse? Richard G. Klein meint, dass durch Kontamination des untersuchten Kohlenstoffs auf 50 000 bis 40 000 Jahre datierte Proben 10 000 bis 20 000 Jahre *jünger sein können.* Auch in Fachblättern wie »Science« (Bd. 299, 7. 3. 2003, S. 1525–1527) wird neuerdings die Fehlerhaftigkeit der Datierungsmethoden diskutiert. Wie schon gezeigt wurde, werden Altersschätzungen oft willkürlich vorgenommen, ja sogar frei erfunden!

Meist kann das Alter gar nicht mithilfe von direkten Datierungsmethoden bestimmt werden. Die meisten Fundstätten beinhalten keine Knochen, sondern nur eine bestimmte *Art* von Steinwerkzeugen, aus deren Herstellungstechnik auf die Anwesenheit von Neandertalern oder modernen Menschen geschlossen wird. Wird nicht nur einfach eine bestimmte Werkzeugtechnik dokumentiert, die *beide* Gruppen benutzt haben können? Außerdem kann man aus Stein bestehende Werkzeuge nicht direkt datieren, denn es gibt keine Messmethode dafür. Eine Zuordnung von bestimmten Funden in bestimmte Zeitabschnitte ist demzufolge nicht so einfach, nur indirekt oder gar nicht möglich. Wenn Fachleute allerdings von einer durch die Abfolge geologischer Schichten dokumentierten fixierten chronologischen Zeitleiter ausgehen, dann ergeben sich Paradoxien.

Manche Wissenschaftler kommen zu dem kuriosen Schluss, »dass nur geologische Schichten durcheinander geraten waren«, da Artefakte frühmoderner Menschen (Aurignacien, beginnend vor höchstens 40 000 Jahren in Europa) oft *neben* solchen des späten Neandertalers (Châtelperronien: ungefähr –34 000 bis –30 000 Jahre) zu liegen kamen. »Andere Forscher glauben, dass solche Dinge von modernen Menschen stammen. Die Neandertaler hatten sie entweder aufgelesen, eingetauscht oder die Fertigung nachgeahmt, ohne aber die symbolische Bedeutung mancher der Gegenstände wirklich zu begreifen« (Zilhao/d'Errico, 2004, S. 68). Oder wird nicht einfach eine Übergangsphase dokumentiert, in der beide Techniken von beiden Gruppen angewandt wurden, bis sich die bessere überregional durchsetzte?

Joao Zilhao (*Portugiesisches Institut für Archäologie* in Lissabon) und Francesco d'Errico (*Universität Bordeaux*) bewerteten das Material aus der *Grotte du Renne* neu und kamen zu dem Schluss, dass diese Fossilien und Artefakte unterschiedlicher Kulturepochen tatsächlich zusammengehören, denn fertige Objekte und Abfälle liegen in derselben Schicht (Zilhao/d'Errico, 2004, S. 68). »Was lange Zeit als eigentlich trennendes Element zwischen den Neandertalern und frühmodernen Menschen galt, nämlich die Schaffung von symbolhafter Kultur, ist nicht mehr erkennbar« (Zilhao/d'Errico, 2004, S. 69).

Federico Bernáldez de Quirós und Victoria Cabrera, die bereits

1910 bis 1915 am bereits von Obermaier ausgegrabenen Fundort El Castillo arbeiteten, »sehen keinerlei Unterschiede zwischen der Wirtschaftsform oder der Lebensweise der Moustérien-Bewohner der Höhle (der Neandertaler) und den Bewohnern der Aurignacien-Schichten (der Cro-Magnon-Menschen), die unmittelbar darüber liegen und die auf etwa 40 000 Jahre datiert sind. Außerdem sehen sie eine große Kontinuität bei den Steinwerkzeugen. Sollte es sich um dieselbe Menschenart handeln?« (Arsuaga, 2003, S. 310). Demzufolge wäre auch keine Verdrängung, sondern Kontinuität dokumentiert.

Das Fazit dieser Untersuchungen erscheint folgerichtig: Die der Châtelperronien-(Neandertaler-)Kultur zugeordneten Artefakte ähneln den frühmodernen Aurignacien-Artefakten oberflächlich, weil sie ganz einfach nur mit einer anderen, älteren Technik hergestellt wurden. Deshalb ist es auch kein Rätsel, wenn Artefakte in denselben Schichten liegen. Der Fehler liegt in dem Umstand begründet, dass die Lehrmeinung bestimmte Arten von Artefakten oder Verzierungsmustern immer mit einer Kultur gleichsetzt. So entstehen dann fiktive Châtelperronien-, Aurignacien- oder auch Bandkeramiker-Völker, obwohl es sich nur um Kultur- und Technikstufen handelt. Da man meistens auch keine fossilen Menschenknochen, sondern nur durch eine spezielle Herstellungstechnik angefertigte Steinartefakte findet, schließt man auf die Anwesenheit bestimmter verschiedener Menschenspezies.

Entsprechend könnte man in Deutschland auf die Existenz von drei verschiedenen Völkern im 20. Jahrhundert schließen. Denn vor dem Ersten Weltkrieg, zwischen den Kriegen und nach dem Zweiten Weltkrieg sind in Deutschland anscheinend total unterschiedliche Kulturen heimisch, die sich radikal durch unterschiedliche Kunst, Architektur, Technik und Herrschaftssysteme voneinander unterscheiden. Derart kann fälschlicherweise sogar eine Wanderbewegung oder sogar das Aussterben bestimmter Menschengruppen vorgegaukelt werden. Analog könnte man aus der weltweiten Verbreitung von Coca-Cola-Dosen auf eine weltweite Völkerwanderung eines amerikanischen Volkes nach dem Zweiten Weltkrieg schließen.

Wenn man in jüngeren Schichten keine Artefakte findet, die mit einer (angeblich) älteren, den Neandertalern zugeordneten Technik hergestellt wurden, dann schließt man auf ein Aussterben der Neandertaler. Hat man nicht ganz einfach eine ältere Technik verlassen und eine technische Innovation eingeführt? Sind die Menschen des 19. Jahrhunderts in Europa ausgestorben, weil man einhundert Jahre später große Dampfmaschinen nur noch in Museen findet?
Außerdem lebten unsere Vorfahren bereits in Zelten und Häusern und nicht nur in Höhlen, wie viele Funde beweisen. Die älteste Hütte Europas stand nach offizieller Datierung bereits vor etwa 600 000 Jahren in Prezletice (Prag-Ost) in Tschechien. Die frühesten Hütten in Deutschland konnten bei Grabungen in Bilzigleben (Thüringen) nachgewiesen werden und sollen 300 000 Jahre alt sein. Auch gab es in der Altsteinzeit Fernhandel und damit einen friedlichen Kulturaustausch sowie die Weitergabe von neuen Techniken. Benutzten Neandertaler und frühmoderne Menschen nicht ganz einfach dieselben Techniken? Der Neandertalerexperte Professor Gerhard Bosinski, Leiter des *Neuwieder Museums für die Archäologie des Eiszeitalters*, unterstreicht: »Wie man heute weiß, unterschied sich die Lebensweise des Neandertalers nicht prinzipiell von der des modernen Menschen« (BdW, 1. 10. 1996).
Das Neandertalerskelett von St. Césaire aus dem Châtelperronien »unterscheidet sich wenig von *frühen* Neandertalern und zeigt keinerlei Anzeichen für eine Evolution hin zum modernen Menschen« (Gambier, 1989, S. 207). Gab es keine Entwicklung des Neandertalers in Europa und sind die Neandertaler aus dieser Sichtweise überhaupt ausgestorben?

Sie leben

Bei der Entdeckung des ersten Neandertalers im Jahre 1856 berichtete u. a. die »Bonner Zeitung« in einer kurzen Notiz, dass beim Hinwegräumen des *Tonschlamms* ein menschliches Gerippe gefunden worden sei, das offensichtlich zum »Geschlecht der Flachköpfe« gezählt habe. Dieses Geschlecht, so die Notiz, würde noch

Abb. 25: ***Andere Indianer.***
Ein »Flachkopf« aus Crosby County um 1600. Vergleiche Foto 53: Schädel aus den Kow Sümpfen in Australien.

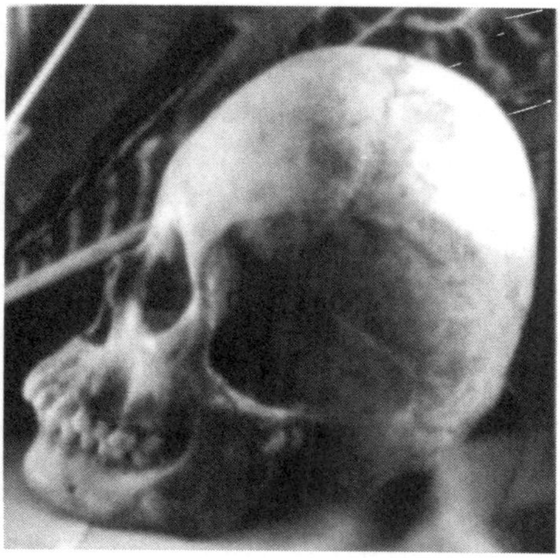

heute den amerikanischen Westen bevölkern und die Frage stelle sich, ob das Gerippe zu einem europäischen Urvolk oder zu einer mit Hunnenkönig Attila umherstreifenden Horde gehört habe.
Im Fachmagazin »Nature« (Bd. 85, 8. 12. 1910, S. 176) erschien ein Hinweis auf einen Artikel im »Philippinischen Wissenschaftsmagazin« (Juni 1910), der von Dr. R. B. Nean vom *Anatomischen Laboratorium* in Manila verfasst wurde. Es wird berichtet, dass auf der philippinischen Insel Luzon eine Gruppe von Menschen von altsteinzeitlichem Typus entdeckt wurde. Diese Individuen besäßen ähnliche Schädelmerkmale wie der klassisch flachstirnige, nach seinem Fundort in Belgien benannte Spy-Neandertaler: ähnlich geformte, große Köpfe mit starken Augenbrauenwülsten, massivem Unterkiefer und extrem breiter Nase. Ferner weist der Körperbau dieser Menschen den massigen, untersetzten Körperbau der Neandertaler bei einer Größe von ungefähr 160 Zentimetern auf. Vergleichbar mit dem Neandertalertypus ist aber nicht nur die charakteristische Körperrelation von Gewicht zur Größe, sondern auch die von Rumpflänge zur Länge der Gliedmaßen, was sich in den relativ kurzen Oberschenkelknochen manifestiert. Handelt es sich bei diesen Menschen um eine Art Neandertaler? Interessant ist der in der Untersuchung angestellte Vergleich dieser Menschen mit *Urvölkern in Sibirien und Australien.*

Gab es Neandertaler auf den Inseln Südostasiens? Es gibt umfangreiche Fachliteratur, die altsteinzeitliche Artefakte auf dem nördlichen Teil der philippinischen Insel Luzon dokumentieren (u. a. Koenigswald, 1956; Ronquillo, 1981). Diese Funde wurden kontrovers diskutiert, da sie dem bisherigen Zeitmodell der Besiedlung des westpazifischen Raumes widersprechen und Schiffsreisen in der Altsteinzeit voraussetzen würden. Die Wasserstraßen, falls überhaupt vorhanden, waren damals jedoch wesentlich schmaler, da der Meeresspiegel viel tiefer lag als heutzutage.
Im Rahmen eines archäologischen Studienprogramms wurden von der *Philippinischen Universität* in Aruba in Zental-Luzon zahlreiche neue Funde von Faustkeilen dokumentiert, die mit der von den Neandertalern praktizierten Lavallois-Technik bearbeitet wurden (Mijares, 2001; vgl. Pawlik, 2001). In einem Gebiet, in dem lebende »Quasi-Neandertaler« gefunden wurden, sind also auch den Neandertalerartefakten ähnelnde Werkzeuge der mittleren Altsteinzeit zu finden. Außerdem wurden viele Steinwerkzeuge entdeckt, die Wissenschaftler in Europa mit Sicherheit der Acheuléen-Periode (*Homo erectus*) zurechnen würden (Pawlik, 2001), also der älteren Altsteinzeit.
Die den Neandertalern zugeschriebene Levallois-Technik stellt in Südostasien eine Ausnahme dar und wurde außer auf Luzon (Philippinen) bisher nur in der Ausgrabungsstätte *Leang Burung 2* in Sulawesi (Indonesien) nachgewiesen und dort auf ein Alter von sogar nur 19 000 bis 31 000 Jahren datiert (Glover, 1981), eigentlich über 100 000 Jahre zu jung ins Zeitalter frühmoderner Menschen.
Im Fachmagazin »Nature« (Bd. 77, 23. 4. 1908, S. 587) wurde über einen ungewöhnlichen Fund berichtet, der im »Anzeiger der Akademie der Wissenschaften in Krakau« (Jahrgang 1908, S. 103–126) ausführlich beschrieben wurde, dokumentiert durch Fotos. In einem Grab in Nowosiolka (Polen) wurde neben einem Kettenpanzer und mehreren eisernen Speerspitzen ein Skelett entdeckt. In dem offenbar kompetent abgefassten Artikel (Stolyhwo, 1908) wird dieses Skelett verglichen mit solchen aus der prä-skythischen Kurgan-Kultur, die im –5. bis –3. Jahrtausend in der Ukraine und in Südrussland bis hin zum Ural lebte und Bauwerke aus frühzeit-

Abb. 26: ***Unter uns.*** *Vergleich eines anerkannten Neandertalerschädels mit der abgezeichneten Form des in einem Grab neben einem Kettenpanzer gefundenen Schädels (Stolyhwo, 1908, S. 103–126).*

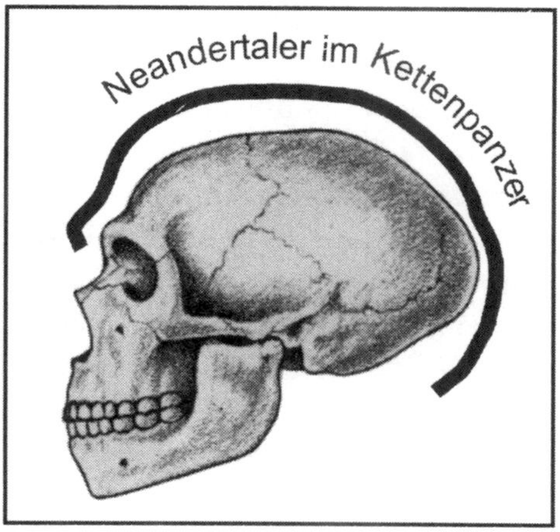

lichem Zyklopenmauerwerk errichtete. Interessant und kontrovers ist die eingehende Beschreibung und Vermessung des Schädels, denn dieser weist eine hohe Ähnlichkeit mit Neandertalerschädeln auf.

Ein altsteinzeitlicher Schädel in einem Grab aus historischer Zeit neben einem Kettenpanzer erscheint undenkbar, und man könnte diskutieren, dass es sich um einen modernen Menschen handelt, der einen Schädel mit steinzeitähnlichen Proportionen besitzt (Stolyhwo, 1908, S. 103–126).

Würden wir aus der Beschreibung des Schädels in »Nature« folgern, dass der Schädel aus Nowosiolka zu einem Neandertaler gehört, dann würde man entgegnen, dass Neandertaler kein Eisen verarbeiteten und es sich allein deshalb schon um keinen Steinzeitmenschen handeln kann. Warum findet man nur Steinzeitwerkzeuge? Falls Neandertaler Jahrzehntausende alt sind, kann man bei Ihnen nur Steinwerkzeuge finden, denn Eisen wäre schon längst korrodiert, hätte sich quasi in Luft aufgelöst. Artefakte aus Eisen überdauern in der Natur höchstens wenige Jahrtausende, wenn überhaupt.

Bereits in »Irrtümer der Erdgeschichte« (S. 198 ff.) wurde ausführlich diskutiert, dass für die angeblich Jahrhunderttausende andauernde Altsteinzeit viel zu wenig Steinwerkzeuge gefunden wurden.

Verteilt man die in Frankreich aufgefundenen Steinwerkzeuge auf 4000 Generationen, dann ergeben sich lediglich 15 Werkzeuge pro Generation für ganz Frankreich. Genaue Untersuchungen der Fundstätte Combe Grenal (Dordogne) in Frankreich durch die amerikanischen Archäologen Louis und Sally Binford (1966) ergaben, dass für unterschiedliche Einsatzzwecke bis zu sechs verschiedene Sätze mit je acht Einzelgeräten, also fast 50 verschiedene Einzelgeräte benutzt wurden (»American Anthropologist«, Bd. 68, 1966, S. 238 ff.). Aus dieser Sichtweise fand man bisher pro Generation höchstens ein Spezialgerät in ganz Frankreich.

Aus alt wird jung

Bereits in »Irrtümer der Erdgeschichte« (2001, S. 197) hatte ich für die Zeit von *Homo erectus* über den Neandertaler bis zur Gegenwart eine Zeitreduzierung von 800 000 auf höchstens 5000 Jahre vorgeschlagen und war der Meinung von Gunnar Heinsohn (2003, S. 85 und 131) gefolgt. Heribert Illig (1988, S. 145 ff.) hatte nach der Auswertung stilistischer, ethnologischer und paläographischer Daten für die Entstehung des modernen Menschen bis heute eine Reduzierung auf nur 4000 Jahre vorgeschlagen und das späte Aurignacien und Magdalénien entsprechend ins –3. bis –2. Jahrtausend drastisch verjüngt (ebd., S. 155).

Obwohl aus den letzten Jahren zwei neue Funde größerer Schädelfragmente zu erwähnen sind (Berg, 1997; Czarnetzki, 1998), ist die Gesamtzahl aussagekräftiger Neandertalerfunde in Deutschland nach wie vor *sehr bescheiden*. Ein gesicherter stratigraphischer und archäologischer Zusammenhang ist für diese Funde zudem nur in Ausnahmefällen gegeben.

Die 1967 aus dem Fundmaterial der ehemaligen Lahntalhöhle Wildscheuer identifizierten zwei Neandertaler (Knußmann, 1967) haben seit ihrer Publikation einen festen Platz in der Literatur über Menschheitsgeschichte (u. a. Probst, 1999, S. 356 und 376). Die zwei Schädelfragmente (Wildscheuer A und B) wurden auf ein Alter von 75 000 und 60 000 Jahren datiert.

Im Juni 1999 wurde eine erste vergleichende Begutachtung im Museum Wiesbaden vorgenommen (Turner et al., 2000). Die Untersuchungen ergaben eine völlige Übereinstimmung der beiden Neandertalerschädelfragmente aus der Wildscheuerhöhle mit den Schädelknochen eines Höhlenbären (*Ursus spelaeus*) aus der belgischen Grotte Scladina: *Die 32 Jahre lang als Neandertaler gefeierten Funde entpuppten sich als Höhlenbären*!
Leider ist dies nicht der einzige Irrtum. In den Höhlen der Schwäbischen Alb fand man einige wenige steinzeitliche Menschenknochen. Dafür wimmelt es dort von Altsteinzeit-Artefakten, u. a. in der berühmten Vogelherdhöhle im Lonetal mit ihren acht Fundschichten aus der mittleren und jüngeren Altsteinzeit. Es handelt sich um figürliche Darstellungen von eigentümlicher Perfektion, die vor 30 000 bis 40 000 Jahren aus Elfenbein geschnitzt worden sein sollen – weltweit gefeiert als Eiszeitkunst.
Diese fein gearbeiteten Kunstwerke der Aurignacien-Kultur traute man den Neandertalern nicht zu. Völlig aus der Luft gegriffen war das nicht. Schließlich fanden sich in einigen entsprechend alten Schichten tatsächlich Knochen anatomisch moderner Menschen. Weltbekannt ist der Schädel, den Gustav Riek 1931 in der Vogelherdhöhle aus einer der fundreichsten, mit »Eiszeitkunst« gespickten Aurignacien-Schichten ausgrub. Er selbst hatte der Fundschicht »einen völlig ungestörten Verlauf« bescheinigt. Über 70 Jahre lang wurde diese Feststellung auch nicht bezweifelt und in alle Veröffentlichungen übernommen.
Am 8. Juli 2004 erschien im Fachblatt »Nature« (Bd. 430, S. 198–201) ein Bericht, in dem Nicholas Conard, ein Nachfolger Rieks auf dem *Lehrstuhl für Ur- und Frühgeschichte* in Tübingen, die Ergebnisse der Radiokarbondatierungen der Skelettreste vom Vogelherd vorstellt. Die wissenschaftliche Sensation: Die sechs untersuchten Knochenfragmente sind nicht ungefähr 32 000 Jahre alt, sondern gerade einmal 3900 bis 5000 Jahre (ebd. S. 198). Aus dem altsteinzeitlichen Aurignacien-Schädel wurde ein gerade noch jungsteinzeitlicher moderner Mensch.
Da Ausgräber Riek ausdrücklich einen ungestörten Schichtenverlauf mit dem darin befindlichen Schädel bestätigt hatte, muss man

jetzt den entsprechenden geologischen Schichten auch ein analoges junges Alter zuordnen: Schichten der mittleren und jüngeren Altsteinzeit werden demzufolge jungsteinzeitlich, verjüngt um über 27 000 Jahre. Damit wird die zusammen mit dem Schädel in ähnlichen Schichten eingebettete angebliche »Eiszeitkunst« aber auch entsprechend jünger, also jungsteinzeitlich.
Aber nein: Die weltberühmten rund zwanzig Skulpturen sollen nach wie vor ihr Alter behalten, denn sie sind die ältesten bekannten echten Kunstwerke von Menschenhand. Um diese Ansicht zu retten, wird dem Ausgräber Riek jetzt unterstellt, dass ihm entgegen seiner eindeutigen Aussage etwas durcheinander geraten sein müsse: Angeblich irrte Riek, und deshalb müssen die Knochenfragmente wohl bei einer jungsteinzeitlichen Bestattung in die wesentlich älteren Aurignacien-Schichten geraten, also vergraben worden sein – glaubt Conard. Da diese geologischen Schichten weggebuddelt wurden, gibt es natürlich keinen Beweis für die Behauptung, dass Ausgräber Riek irrte. Kraft des Glaubens sollen die angeblich eiszeitlichen Skulpturen ihr Alter behalten, ansonsten müsste die Menschheitsgeschichte grundlegend umgeschrieben werden. Es handelt sich hier um als wissenschaftliche Methode ausgegebene Taschenspielertricks!
Die Ablagerungen in der Vogelherdhöhle sind ungefähr 2,40 Meter dick, wobei die unterste Schicht über 350 000 Jahre alt sein soll. In ungefähr 1,50 Meter Tiefe liegt die Grenze des älteren Aurignaciens (Schicht V) mit einem Alter von nur gut 30 000 Jahren (nach Zotz, 1951, S. 264). Wenn man jetzt diese Schicht V (= älteres Aurignacien) anhand des Schädelfundes von 32 000 auf ein Alter von 3900 bis 5000 Jahren reduziert, werden auch die darüber liegenden geologischen Schichten entsprechend jünger. Eigentlich sollte die oberste Schicht (Schicht I) bereits 4500 Jahre alt sein und zur Jungsteinzeit gehören. Die Schichten II bis IV müssen entsprechend auch als wesentlich jünger angegeben werden. Und ist es richtig, dass für die restlichen unteren 90 Zentimeter (unter der zu verjüngenden Schicht V) weit über 300 000 Jahre veranschlagt werden? Sind alle Schichten anstatt 350 000 nicht eher 5000 Jahre alt und wurden schnell von Wasserfluten angeschwemmt?

Auf jeden Fall ist ein Schlüsselfund der ersten modernen Menschen in Europa, der die plötzliche Entstehung der kulturellen Modernität mit dem Auftauchen des Cro-Magnon-Menschen beweisen sollte, wie durch eine Zeitmaschine in geschichtlich greifbare Zeiträume gerückt. Erschien der moderne Mensch auch erst vor 4000 Jahren? Tatsächlich ist der Fund vom Vogelherd der letzte einer Reihe einstiger Schlüsselfunde, die durch moderne Datierungen in den letzten Jahren regelrecht vom Tisch gefegt worden sind. Die Frage nach der Urheberschaft der frühesten Kunst ist wieder völlig offen. »Erst kürzlich sind weitere Kunden verloren gegangen«, stellt Thorsten Uthmeier von der *Universität Köln* fest. »So ist etwa das Skelett aus der Cro-Magnon-Höhle in der Dordogne neu datiert worden. Wie die Vogelherdknochen galt es als Beleg dafür, dass die Kunst des frühen Aurignaciens dem modernen Menschen zuzuschreiben ist. Mit einem Alter von nur rund 25 000 Jahren sind aber auch diese Gebeine zu jung. Frühestens in der (späteren) Phase des Gravettien hätte sich der Cro-Magnon-Mensch in der Kunstwelt einen Namen machen können« (»FAZ«, 11. 7. 2004, S. 51).

Das älteste, was an Material von modernen Menschen in Europa gefunden wurde, sind derzeit die als 32 000 Jahre alt angesehenen Mladeč-Schädel in der tschechischen Republik. Mit anderen Worten: Hier wird der moderne Mensch in Europa zum ersten Mal greifbar. Allerdings sind diese Knochen noch nicht mit neuen Methoden altersdatiert worden …

Ich schlage vor, mit der Verjüngung der Knochen auch die Kunstwerke des Aurignacien-Zeitalters auf Grund einfacher Logik von über 30 000 Jahren auf ein Alter von 4000, allerhöchstens 5000 Jahre zu verjüngen, da sie in vergleichbaren geologischen Schichten wie die Vogelherdknochen liegen.

Damit werden aber entsprechend auch alle Zeitepochen der geologischen Schichten, die über den Fundschichten liegen, auf übersichtliche wenige Jahrtausende zusammengepresst.

Mit anderen Worten: Die Existenz des frühmodernen Menschen aus der Aurignacien-Kultur sollte auf ein Alter von 4000 Jahren reduziert werden, da die Mittelsteinzeit eine *Phantomzeit* darstellt, wie noch begründet werden wird. Die Altsteinzeit bildete damit eine kurze, traumatische Kulturphase nach der Sintflut vor ungefähr 5000 (eventuell nur 4500) Jahren, wenn meine Ausführungen in »Darwins Irrtum« zugrunde gelegt werden.

Wenn Wissenschaftler streiten und jetzt die Kunstwerke des Aurignaciens den Neandertalern zuschreiben, kann eine solche Vorstellung auch in die Sackgasse führen, denn jetzt scheinen sich sogar die einzigen handfesten Belege für eine gewisse kulturelle Modernität bei Neandertalern aus der Altsteinzeit zu verjüngen und damit zu verflüchtigen. Neandertalerknochen, die man in Frankreich gemeinsam mit der fortgeschrittenen Werkzeugkultur des so genannten Châtelperronien fand, droht ein ähnliches Schicksal wie den Knochen vom Vogelherd. »Jean-Guillaume Bordes von der *Universität Bordeaux* machte in Blaubeuren auf neuere Untersuchungen an den alten Funden aufmerksam. Demnach gibt es ernste Zweifel daran, ob die Châtelperronien-Werkzeuge wirklich etwas mit Neandertalern zu tun haben.

Wenn es um Mensch, Neandertaler und die Anfänge der Kunst geht, so scheinen wir immer weniger zu wissen, je genauer wir hinschauen. Doch das liegt wohl am Thema, das wie kaum ein zweites dazu anregt, die immensen Lücken im Datenmaterial mit Einbildungskraft zu füllen« (»Frankfurter Allgemeine Zeitung«, 11. 7. 2004, S. 51).

Man sollte ganz einfach die acht Fundschichten mit Kunstwerken des Aurignaciens aus der Vogelherdhöhle und benachbarten Höhlen genauso verjüngen wie die Knochenfragmente. Dann bleibt es eine Kunst des modernen Menschen. Aufgeben muss man das Märchen von der angeblichen Eiszeitkunst, insbesondere da es ein Großes Eiszeitalter ja nicht gegeben hat (ausführlich in: »Irrtümer der Erdgeschichte«).

Logischer wird der ganze Datensalat, wenn man den Neandertaler auch in die gleiche Zeitschiene mit jungsteinzeitlichen Menschen, also vor höchstens 5000 Jahren verschiebt. Das kann man nicht so einfach? Wenn nicht nur die Datierungen frühmoderner Aurignacien-Knochen, sondern auch solche von Neandertalern gefälscht wurden, geht das sogar relativ schnell und problemlos.

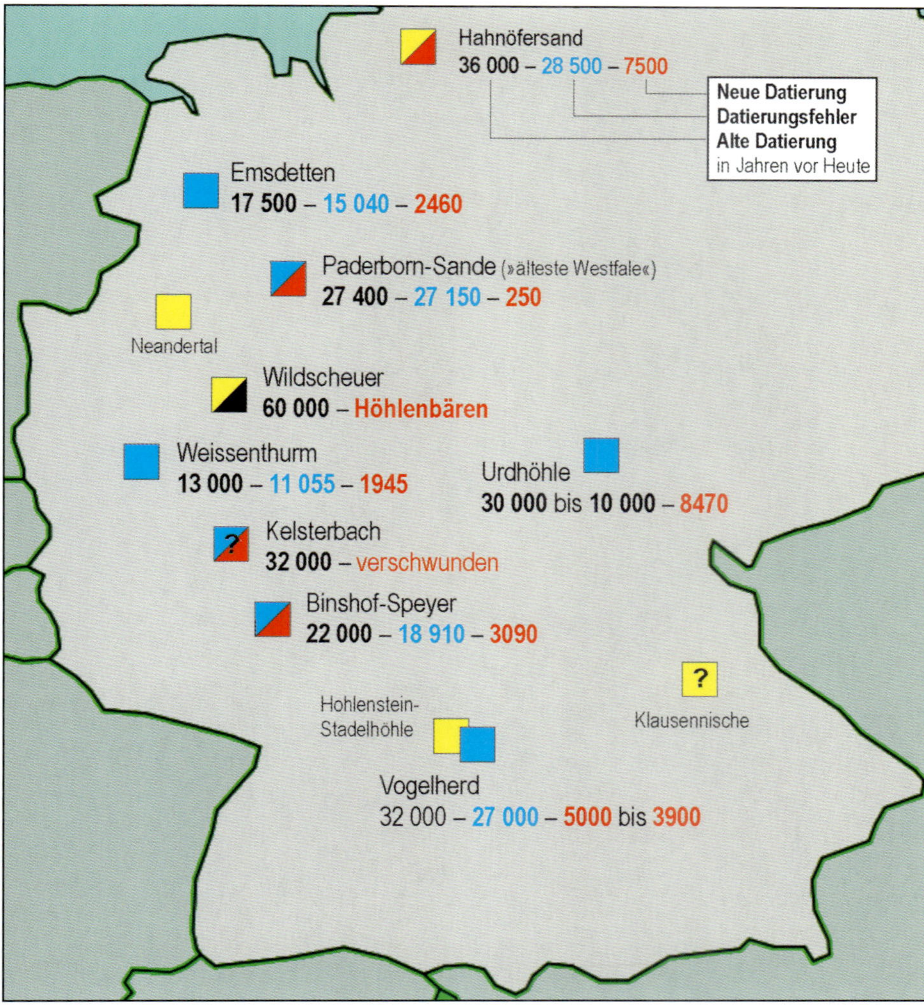

43

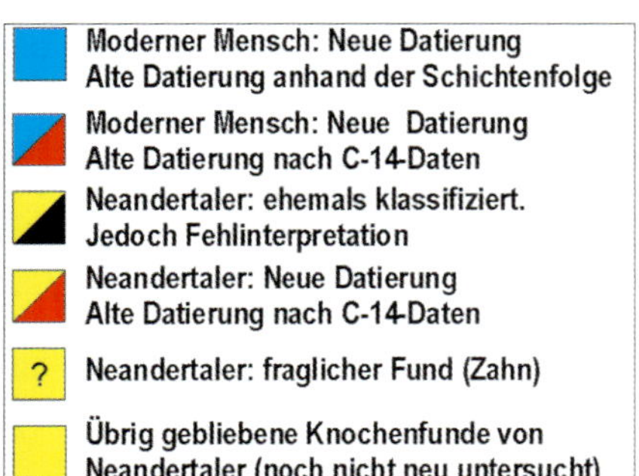

43 Der moderne Mensch soll vor 35 000 Jahren nach Mitteleuropa eingewandert sein. Neue Untersuchungen zeigen jedoch, dass – wie in »Darwins Irrtum« vorausgesagt – die meisten Knochen aus der jüngeren Altsteinzeit (auch Neandertaler) wesentlich jünger sind und in die Jungsteinzeit gehören (Hinweis: Mittelsteinzeit = Phantomzeit). Ältere Knochen gibt es eventuell. Diese sind aber Raritäten, auf deren Basis keine Geschichte des »vorsintflutlichen« Menschen erstellt werden kann. Neue ergänzte Abbildung nach »Spiegel« (34/2004).

44

44 In Venezuela wurde eine Expedition von zwei Riesenaffen angegriffen. Ein Exemplar wurde erschossen und zum Fotografieren sitzend fixiert, aufgerichtet mit einem Stock. Der Riesenaffe war 1,60 Meter groß und besaß 32 Zähne. In der Zeitschrift »The Anomalist« versuchte man 1996 diese mysteriösen Geschöpfe als gewöhnliche Klammeraffen darzustellen. Dafür ist die Statur zu groß und die Züge sind zu anomal. Außerdem gibt es in Amerika keine Menschenaffen, denn die Besiedlung dieses Kontinents soll ja erst vor wenigen tausend Jahren erfolgt sein, und die Abwesenheit von großen Affen in Amerika gilt als Beweis, dass sich die Menschwerdung in Afrika vollzogen haben soll.

45 Dieser 1,80 Meter große »Eismensch« wurde angeblich in einem massiven Eisblock eingeschlossen aus der Beringsee vor der Ostküste Sibiriens gefischt. Nach Presseberichten der US-Marine jedoch soll der Riesenaffe in Vietnam geschossen worden sein, wurde dann nach Amerika geflogen und eingefroren. Der amerikanische Journalist Iwan T. Sanderson hat ihn fotografiert und der Zoologe Bernard Heuvelmans untersucht. Später wurde der Körper gegen eine Imitation ausgetauscht und man zeigte ihn auf amerikanischen Jahrmärkten. Musste der Original-Kadaver verschwinden, da er als lebender »Yeti« nicht in die Entwicklungsgeschichte des Menschen passt? Foto links: Rekonstruktion, rechts: Original-Foto.

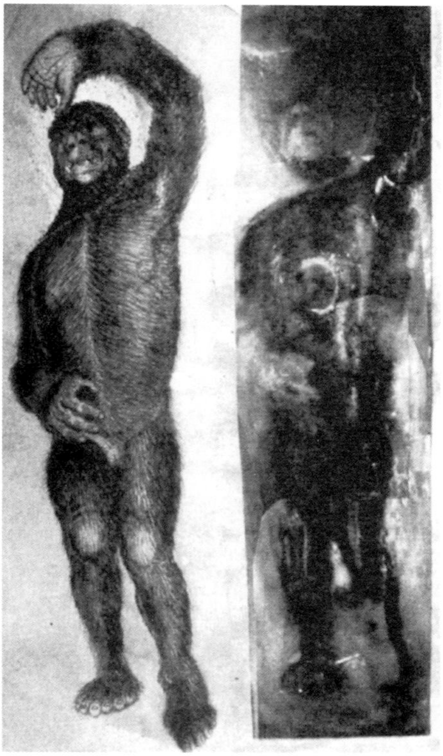

45

46

46 Beispiel eines Faustkeils sehr großen Ausmaßes aus dem Acheuléen aus dem östlichen Marokko (Saurat, 1955, Tafel 10). Lässt sich auf Grund solcher Funde auf große Menschen in der Vergangenheit schließen?

47

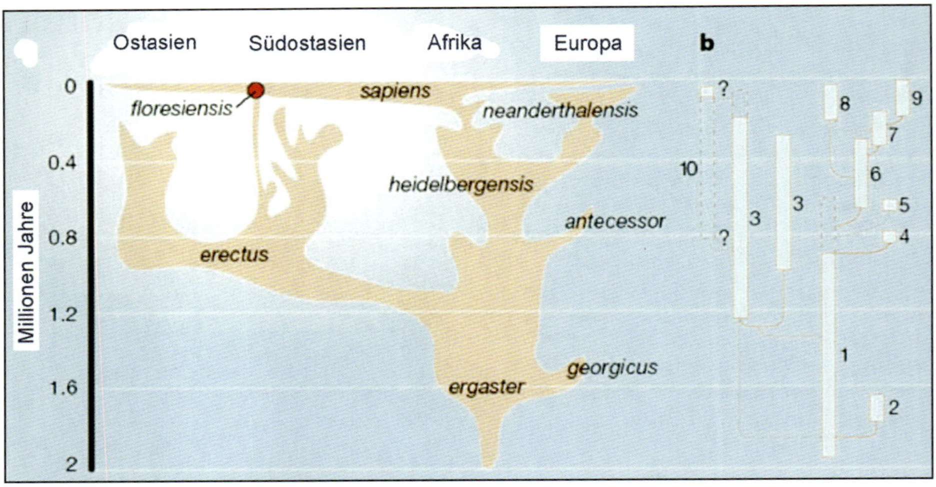

48

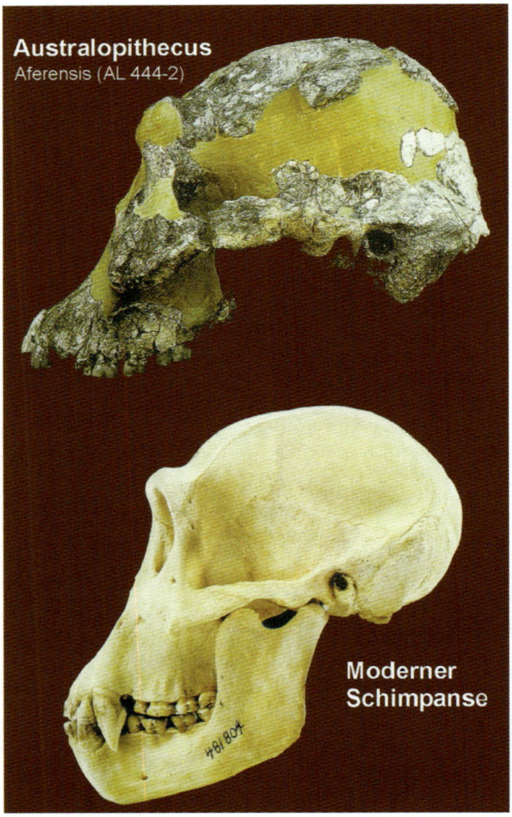

47 Die Entwicklung der Homo-Spezies (nach Lahr/Foley in: »Science News«, 27. 10. 2004): 1 Homo ergaster bzw. afrikanischer erectus; 2 Homo georgicus; 3 japanischer und chinesischer Homo erectus; 4 Homo antecessor; 5 Homo cepranensis; 6 Homo heidelbergensis; 7 Homo helmei; 8 Homo neanderthalensis; 9 Homo sapiens; 10 Homo floresiensis.

48 Der Schädel von Australopithecus afarensis (oben) unterscheidet sich nicht von dem eines modernen Schimpansen.

49 Schädel des Homo floresiensis.

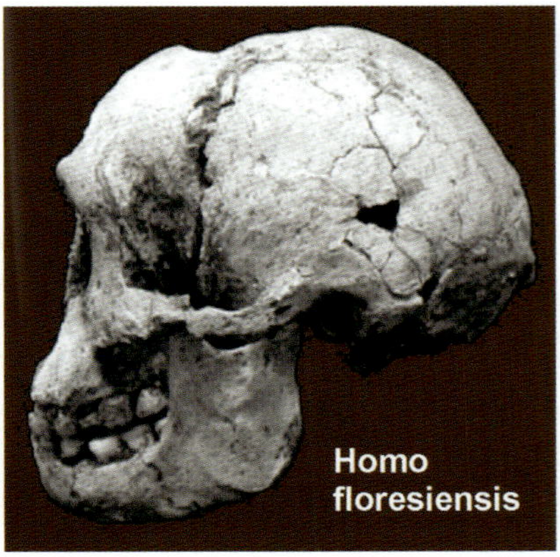

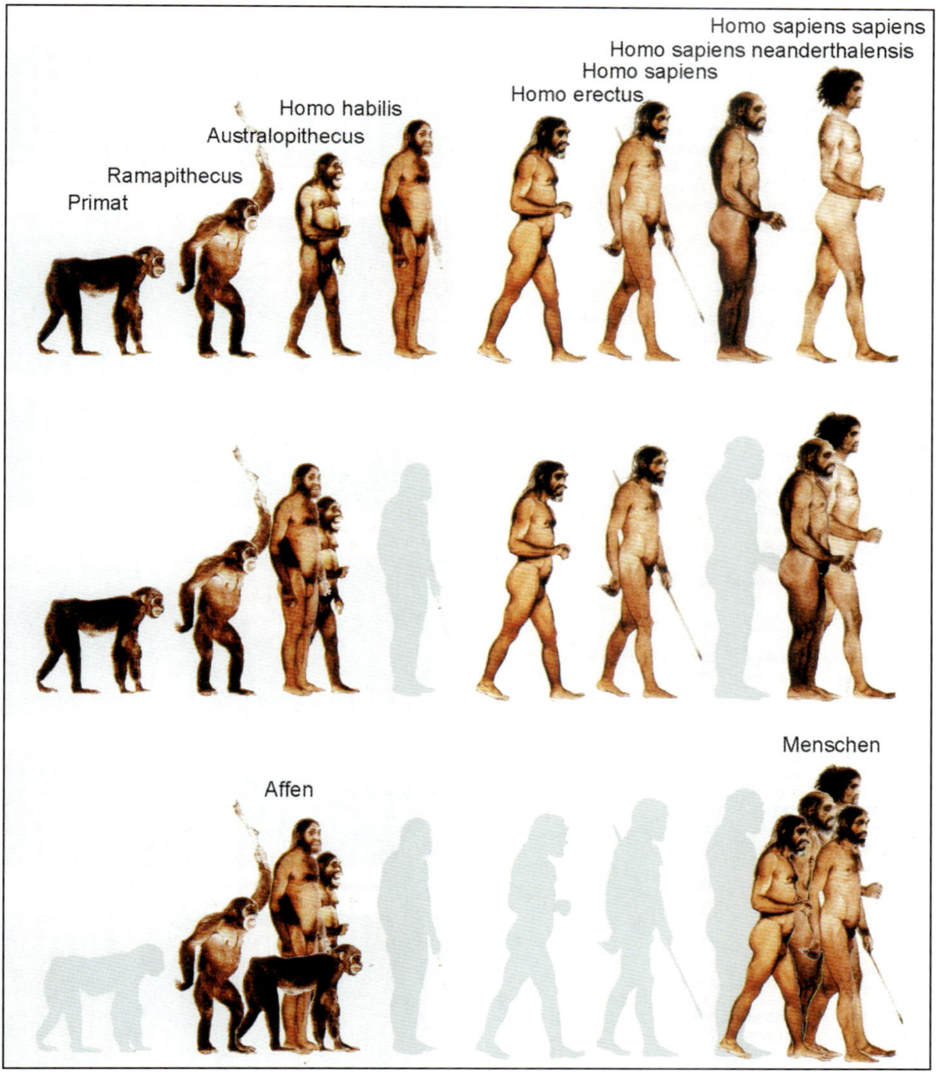

50

50 Die Entwicklungsstufen vom gemeinsamen Vorfahren bis zum modernen Menschen werden in der oberen Reihe dargestellt, so wie sie bis 1997 ein Dogma der Evolutionstheorie waren. Nach neuesten Forschungen ist Homo habilis zum Affen (Australopithecus habilis) reklassifiziert worden. Der Neandertaler schied als Vorfahre des Menschen aus und wird teilweise als eigene Art (Homo neanderthalensis) oder als Unterart des modernen Menschen (Homo sapiens neanderthalensis) geführt. Die untere Reihe zeigt die in diesem Buch vertretene Meinung, dass es nur Menschen und Affen ohne Zwischenformen gibt. Alle Homo-Arten vom Homo erectus bis zum Jetztzeitmenschen sind nur unterschiedliche Varianten des modernen Menschen durch Anpassung und Mikroevolution. Grundzeichnung aus »Chronik der Menschheit« (1997).

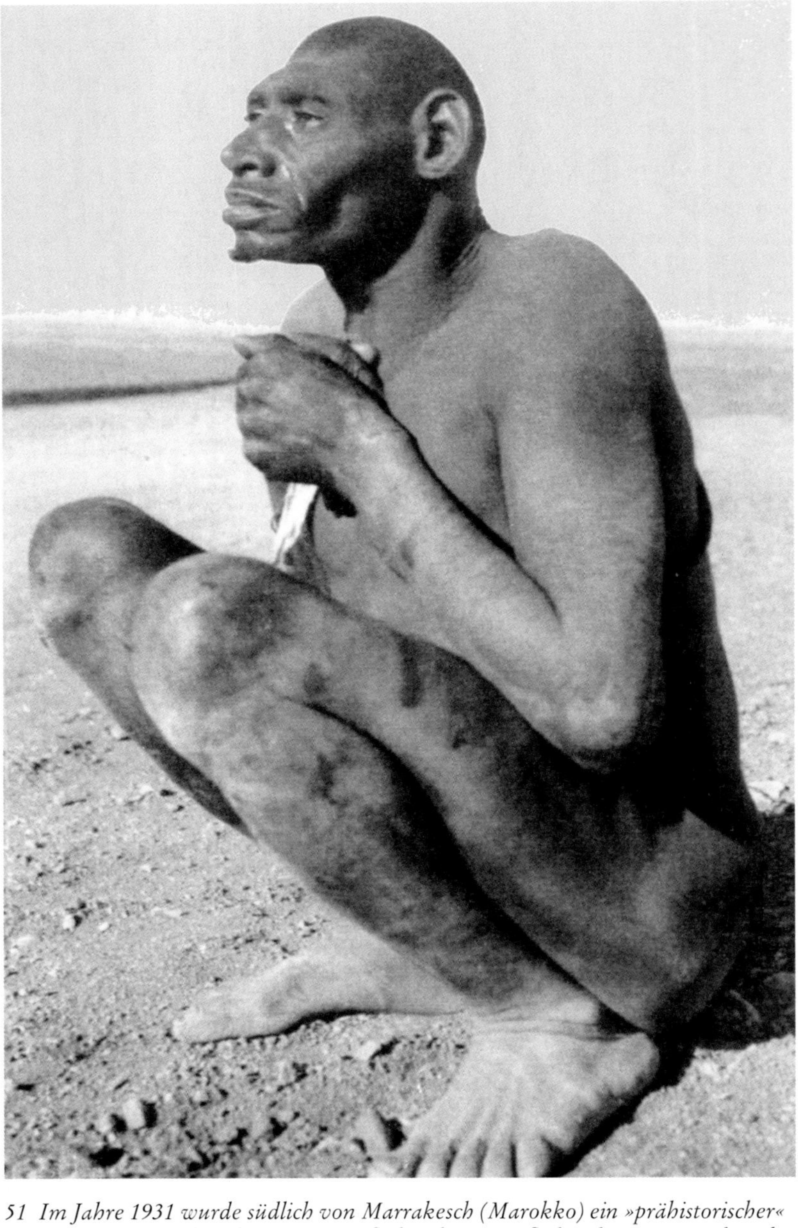

51

51 Im Jahre 1931 wurde südlich von Marrakesch (Marokko) ein »prähistorischer« Mensch vom Neandertaler-Typus mit fliehender Stirn, fliehendem Kinn und stark überwölbten Brauenbögen entdeckt. Er lief nackt herum, benutzte nur rudimentäre Gerätschaften, lebte in einer Höhle und aß rohes Fleisch.

Alter	Kultur	Phase	Beispiel
12 000	spätes Magdalénien V-VI	Klassisch Stil IV	
	mittleres Magdalénien III-IVI		
	frühes Magdalénien I-II	Archaisch Stil III	
17 000	Solutréen		
	Übergangsphase	Primitiv Stil II	
22 000	Gravettien		
27 000		Primitiv Stil I	
	Aurignacien		
32 000			

52

52 Ungefähr 20 000 Jahre lang soll die Entwicklung der künstlerischen Darstellung der Pferdeköpfe während der jüngeren Altsteinzeit nach herrschender Datierung gedauert haben (nach Leroi-Gourhan in: »Scientific American«, 1968, Bd. 218, Nr. 2, S. 63, neu erstellt und übersetzt). Gunnar Heinsohn (2003, S. 87) fragt, ob für diese Entwicklung nicht 20 000, sondern 1000 Jahre ausreichend bemessen sind. Ist auch dieser Zeitraum zu lang? Reichen nicht wenige Generationen, allerhöchstens 200 bis 500 Jahre aus?

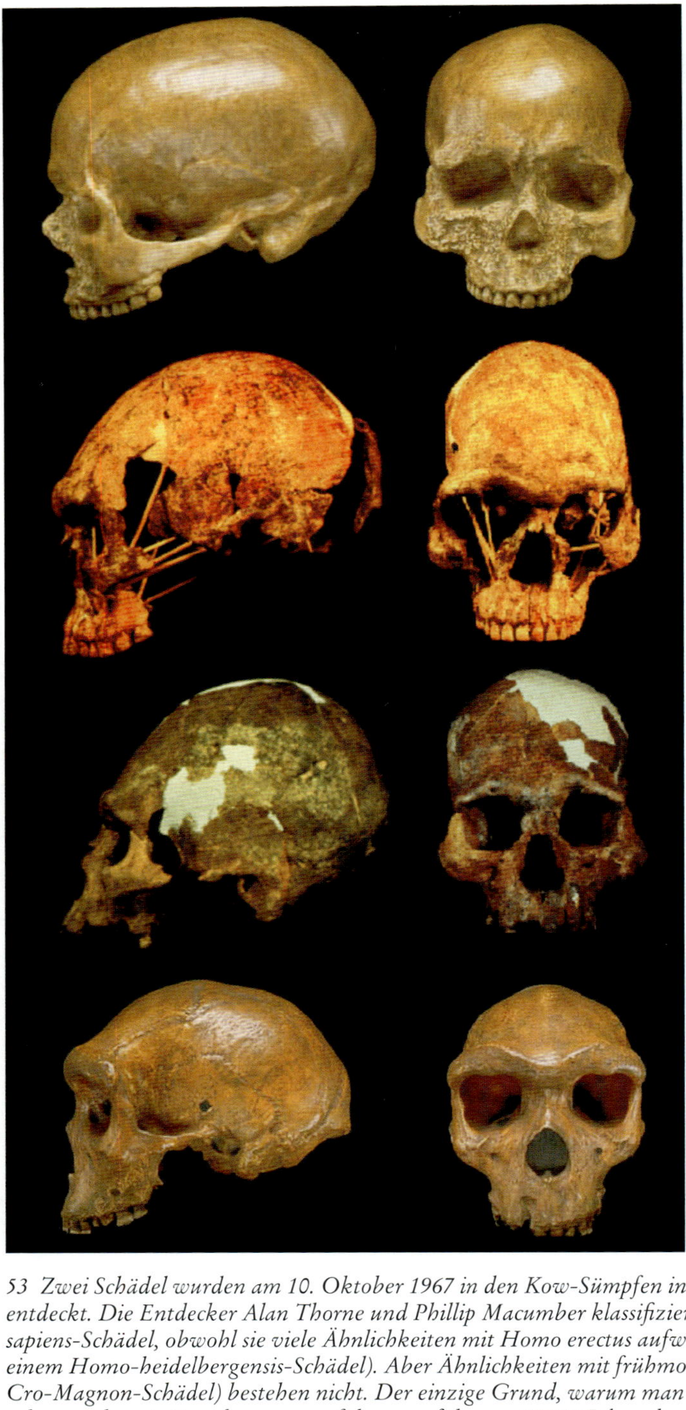

Der 1868 in Les Eyzies (Dordogne) entdeckte Schädel wird als frühmodern (Cro-Magnon 1) eingestuft, bis vor kurzem mit einem Alter von 30 000 Jahren datiert.

Zwei in den Kow-Sümpfen in Australien gefundene Schädel, Kow Swamp 1 und Kow Swamp V genannt.

Der sogenannte Rhodesien-Mann (Broken Hill 1) wurde 1921 entdeckt, heute als Homo heidelbergensis geführt.

53

53 Zwei Schädel wurden am 10. Oktober 1967 in den Kow-Sümpfen in Victoria (Australien) entdeckt. Die Entdecker Alan Thorne und Phillip Macumber klassifizierten beide als Homo-sapiens-Schädel, obwohl sie viele Ähnlichkeiten mit Homo erectus aufwiesen (siehe Vergleich mit einem Homo-heidelbergensis-Schädel). Aber Ähnlichkeiten mit frühmodernen Menschen (siehe Cro-Magnon-Schädel) bestehen nicht. Der einzige Grund, warum man sie als Homo sapiens ansah, war, dass sie Berechnungen zufolge ungefähr nur 10 000 Jahre alt waren. Die Evolutionisten wollten nicht die Tatsache akzeptieren, dass Homo erectus, der für sie ein »primitives« Vorläufermodell war, noch vor kurzer Zeit zusammen mit modernen Menschen gelebt hat.

Tatort Universität Frankfurt

In »Darwins Irrtum« wird die Steinzeit mit dem Neandertaler als rein nachsintflutliche, falsch interpretierte Epoche dargestellt. Nach den ergänzenden Ausführungen in »Irrtümer der Erdgeschichte« ist die Mittelsteinzeit eine Phantomzeit und die Altsteinzeit eine sehr kurze Phase vor höchstens 5000 Jahren (Zillmer, 2001, S. 197ff.). Zum Entsetzen der Paläo-Anthropologen wird diese Meinung durch eine Meldung vom August 2004 gestützt:
»Zahlreiche Steinzeit-Schädel in Deutschland sollen weit jünger sein als bislang behauptet. Der Frankfurter Anthropologe Professor Reiner Protsch von Zieten habe bedeutende Fundstücke um Zehntausende von Jahren zu alt geschätzt, berichtete das Nachrichtenmagazin ›Der Spiegel‹ mit Verweis auf neue radiologische Datierungen der britischen *Universität Oxford.*
Statt mehr als 30000 Jahre seien die Schädel zum Teil nur wenige hundert Jahre alt. Das habe eine Überprüfung mit der so genannten Radiokarbonmethode (C-14-Methode) ergeben ... ›Die Anthropologie muss jetzt ein neues Bild des anatomisch modernen Menschen in dem Zeitraum zwischen vor 40000 und 10000 zeichnen‹, sagte der Greifswalder Archäologe Thomas Terberger ... Der Neandertaler von Hahnöfersand sei statt 36300 nur 7500 Jahre alt, bestätigte der ehemalige Leiter des Hamburger Helms-Museums, Ralf Busch. Die Frau von Binshof-Speyer ist ... nicht 21300 Jahre alt, sondern habe 1300 vor Christus gelebt. Der Schädel von Paderborn-Sande (›der älteste Westfale‹) sei nicht 27400 Jahre alt, sondern der Mensch sei um 1750 nach Christus gestorben ... Leider habe man nach dem ›Aussortieren der faulen Eier‹ kaum noch bedeutende Menschenfunde aus dem Zeitraum zwischen 40000 und 30000, sagte Terberger ... ›Ältester Knochenfund in Deutschland ist ... nun ein Skelett aus der mittleren Klausenhöhle in Bayern mit 18590 Jahren‹« (»dpa«, 16. 8. 2004, 17:59 Uhr).
Verantwortlich für die falschen Datierungen soll Professor Reiner Protsch sein. Ein weiterer Schlüsselfund der Steinzeitkunde, die Kelsterbacher Dame, nach Protsch 32000 Jahre alt, galt als ältester bekannter, anatomisch moderner Mensch nach den Neandertalern

in Europa. Damit war die These widerlegt, zu diesem Zeitpunkt hätte in Deutschland nur unser Vorgänger, der Neandertaler, gelebt. Jetzt ist der Schlüsselfund verschwunden und kann daher nicht neu datiert werden. Kriminalpolizei und Staatsanwaltschaft nahmen Ermittlungen auf. Ohne diesen Schädel kann die Koexistenz von Neandertalern und modernen Menschen in Deutschland nicht bestätigt werden.
Wir hatten Protsch bereits in Zusammenhang mit der gefälschten Datierung der Reckschen Knochen aus der Olduvai-Schlucht kennen gelernt. Ehemalige Mitarbeiter berichten im Nachrichtenmagazin »Der Spiegel«, wie der Forscher sich Datierungen *einfach ausdachte*. Fazit: *Alle wussten, dass falsche Altersangaben für die Steinzeitschädel ausgegeben wurden*. Da die ausgedachten Altersangaben genau in die offizielle Theorie passen, heiligt nach Meinung der Forscher anscheinend der Zweck die Mittel, im Sinne der Wissenschaft!
Befremdend oder aber bezeichnend ist, dass die extrem jungen, im Extremfall um fast 29 000 Jahre auseinander liegenden Datierungen keinen Aufruhr in der Fachwelt und der Hochschulszene verursachten. Erst nachdem »Der Spiegel« das Thema aufgegriffen hatte, schaltete die Frankfurter Leitung der Universität sofort die Kommission für den Umgang mit wissenschaftlichem Fehlverhalten ein.
Allerdings wird nur Professor Protsch zur Rechenschaft gezogen, wenn überhaupt. Verdrängt wird die Rolle seiner Helfer, Koautoren und Mitarbeiter. In seiner Rechtfertigung nennt Protsch als Ursache möglicher Fehldatierungen Verunreinigungen der Funde etwa durch Mikroorganismen. Einen mit Erdöl beschmierten sieben Jahre alten Knochen würde man leicht als Jahrtausende alt datieren: Als Anthropologe muss man ja wissen, wie leicht man einen Fund älter und damit zeitlich passend machen kann. *Für Protsch sind Datierungen angeblich Experimente, keine absoluten Aussagen und deshalb keine Fälschungen.* Ist damit gemeint: Narrenfreiheit für Anthropologen? Klar, denn seine (Gedanken-)Experimente sind reine Erfindungen. Das Gerät zur Radiokarbondatierung war vor 1981 »niemals in Betrieb gewesen« (»Spiegel«, 34/2004), und

das Labor besaß auch keine Eichparameter: Der absolute Fachmann für Steinzeitschädel konnte gar keine fachgerechte Radiokarbondatierung durchführen, schrieb aber mit seinen Phantasiedatierungen über Jahrzehnte hinweg Menschheitsgeschichte als eine Art Grimms Märchen, das von den großen Medien in phantasievollen Bildern als »bewiesene« Tatsachen dem staunenden Publikum vorgespielt wurde.

Nachdem zahlreiche Steinzeitschädel jedoch in einen jüngeren geschichtlichen Zeithorizont verschoben wurden, betrachten wir noch einmal die kontrovers diskutierten, aber von einer wissenschaftlichen Kommission als echt anerkannten Funde fortschrittlicher Werkzeuge in (für die Menschheitsgeschichte zu alten) tertiären *Red-Crag-Formationen* in England aus einer Zeit, als Lucy in Afrika »zu tippeln versuchte« (Lohest et al., 1923, S. 67). In »Der Mensch im Eiszeitalter« kommt Josef Bayer (1927, S. 205) auf den Gedanken, den *Red Crag*, wenn nicht schon den *Coralline Crag*, ins Quartär (Diluvium) einzubeziehen, also wesentlich zu verjüngen. Damit rutschen die (eigentlich zu alten) Steinwerkzeuge zumindest ins Homo-Zeitalter Europas. Die Funde werden durch die Zeitschrumpfung hinsichtlich der Menschheitsgeschichte weniger widersprüchlich. Aber das Alter der diese Werkzeuge beinhaltenden und der darüber liegenden geologischen Schichten muss auch entsprechend verjüngt (reduziert) werden – denn die beiden Zeitleitern der Geologie und Evolution sind untrennbar miteinander verknüpft, auf Gedeih und Verderb. Josef Bayer hat »erwiesen, dass die bisher herrschende Lehrmeinung an einer Vermehrfachung der tatsächlichen Zeitabschnitte krankte, dass also auch die absolute Zeitlänge des Quartärs (Diluviums, HJZ) viel kürzer ist, als bisher angenommen wurde …« (Bayer, 1927, S. 452).

Aus dieser Sichtweise werden einzelne Fälle verständlich, in denen Funde wesentlich verjüngt werden. Herman Müller-Karpe hatte sich getraut, einen Knochenkratzer der Inuit im nordkanadischen *Old-Crow-Gebiet* um den Faktor 20 zu verjüngen. Mit der AMS-Methode (einer verbesserten Radiokarbonmethode) wurde gezeigt, dass der Knochen nicht 27 000 Jahre alt war, wie eine Datierung der 1960er-Jahre ergeben hatte, sondern von einem Tier stammte, das vor nur 1350 Jahren gestorben war (Strauss, 1991, A12; vgl. Heinsohn, 2003, S. 83). Muss man auch andere in früherer Zeit datierte Funde neu untersuchen, und müssen diese dann auch um ein Vielfaches verjüngt werden? Aber auch die mit der AMS-Methode ermittelten Werte sind noch zu hoch, wie auch die Datierung von Höhlenzeichnungen nahe legt.

Die Felsbilder in der Grotte Chauvet (Ardèchetal, Frankreich) wurden zunächst von Jean Clottes auf Grund stilistischer Merkmale dem *mittleren* Jungpaläolithikum (mittlere jüngere Altsteinzeit) zugeordnet. »Als dann AMS-Daten (von Farbpartikeln und von organischem Material aus Felskrusten, HJZ) gewonnen wurden, welche die Malereien in das Aurignacien wiesen, galt die Grotte Chauvet als Beweis dafür, dass es schon im frühen Jungpaläolithikum in Frankreich herausragende Kunstwerke und Künstler gegeben hat – kurz, dass die Kunstgeschichte neu geschrieben werden muss, und dass die klassischen Methoden der Felsbildforschung versagt haben. Das blinde Vertrauen in die ›exakten‹ Wissenschaften geht so weit, dass selbst ein eindeutiges ›Leitfossil‹ des ausgehenden Solutréens und beginnenden Magdaléniens, ein neu entdecktes ›claviformes Zeichen‹, zu einem einfachen, nicht aussagefähigen Symbol deklariert und somit wegdiskutiert wird, obwohl es genau in den archäologisch zu erwartenden Zeithorizont gehört«, gibt Dr. Christian Züchner (2000) vom Institut für Ur- und Frühgeschichte der *Universität Erlangen-Nürnberg* zu bedenken.

Mit anderen Worten: Die Datierungen mit der AMS-Methode ergeben doppelt so hohe Alter wie nach der bisherigen archäologischen Datierung. Sind die neuen Datierungen zu alt, da insbesondere die in die Aurignacien-Kulturstufe datierten Felsbilder mit gleichen Details nach einer Unterbrechungspause von 15 000 Jahren im Magdalénien wieder auftauchten (Züchner in: »Quartär« 51/52, 2001, S. 107–114)? Wenn man die Frische der phantastischen Höhlenbilder berücksichtigt, sollten aber auch die archäologischen Datierungen zu hoch angesetzt sein, insbesondere, wenn man bedenkt, dass angeblich während der letzten Eiszeit Wärme liebende Tiere und nackte Menschen gezeichnet wurden. Gehören diese Bilder in den sich neu herauskristallisierenden Zeitraum vor 5000 bis 4000 Jahren?

Denn auch die stilistische Entwicklungsphase bestimmter Motive der Felsbilder erscheint wesentlich zu lang. Gunnar Heinsohn (2003, S. 87) fragt zu Recht (vergleiche Foto 52): »Ob man den Jetztmenschen zu hoch einschätzt, wenn man ihm nicht 20 000, sondern nur etwa 1000 Jahre für seine zeichnerische Entwicklung bis zum Pferdekopf der ›klassischen‹ Periode des Spät-Magdalénien zumisst?« Für die Verfeinerung der Darstellung eines männlichen Bisons soll man 9000 Jahre benötigt haben. »Könnten nicht auch 900 oder 700 Jahre gereicht haben oder womöglich weniger?« (ebd. S. 87).
Im Fachblatt »Science« (Bd. 283, 26. 3. 1999, S. 2029–2032) wird gefragt, ob der Mangel an Funden nicht für falsche Interpretationen verantwortlich ist. Interpretiert man das Vorkommen der steinzeitlichen Werkzeuge nicht nach dem Standardmodell, sondern berücksichtigt einen demographischen Faktor, so ergibt sich ein komprimiertes Zeitmodell. In der Folge wird erst mehr als 15 000 Jahre später – als nach dem Standardmodell veranschlagt – die gefundene Menge an Werkzeugen produziert. Folglich wird durch die Werkzeugfunde nicht ein plötzliches Auftreten moderner Menschengruppen und damit eine Verdrängung von Neandertalern nachgewiesen, »sondern es wird vielmehr ein allmählicher Fortschritt in

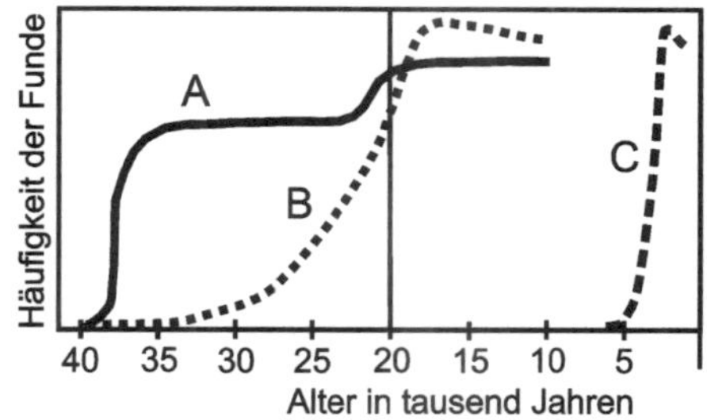

Abb. 27: Ansichtssache. *Fortschrittliche Steinwerkzeuge sollen nach Lehrmeinung mit der Einwanderung frühmoderner Sippen in Europa schlagartig aufgetaucht sein (A). Berücksichtigt man ein demographisches Modell (B), ergibt sich aus denselben Funden eine langsame (graduelle) Entwicklung (»Science«, Bd. 283, 26. 3. 1999, S. 2029). Mit Modell B müsste auch das Alter der geologischen Schichten »gestreckt« werden (Zeitinflation). Ohne diese Zeitdehnung und analog der um bis zu 28 000 Jahre verjüngten Schädel frühmoderner Menschen entwickeln sich nach Zillmer die Steinwerkzeuge explosionsartig (wie Modell A), jedoch erst vor ungefähr 5000 Jahren nach einer Naturkatastrophe (C).*

der Altsteinzeit dokumentiert, der von den Menschengruppen rund ums Mittelmeer getragen wurde, mit Schwerpunkt in Südfrankreich und an der Nordküste Spaniens« (ebd. S. 2029).
Bei dieser Untersuchung handelt es sich um eine alternative Interpretation archäologischer Funde im konventionellen Zeitrahmen. Da man das Alter der Bearbeitung von Steinwerkzeugen nicht bestimmen kann, könnten die Steinwerkzeuge altersmäßig auch ihren durch neue Altersdatierungen verjüngten Besitzern in den Zeithorizont vor ungefähr 5000 Jahren folgen. Damit zeugen die Steinwerkzeuge erst ungefähr 20 000 Jahre später in der Jungsteinzeit von einer kontinuierlichen Entwicklung der Völker ohne Vertreibung der Neandertaler. Die Steinwerkzeuge liegen jedoch in geologischen Schichten, deren Alter bekannt ist? Sehen wir uns einmal die Stratigraphie (= Schichtenfolge) der Höhlen an.

Scharf geschnitten

Der Begründer der altsteinzeitlichen Chronologie, Gabriel de Mortillet (1821–1898), war der Meinung, dass auf die Altsteinzeit unmittelbar die Jungsteinzeit folgte. Edouard Cartailhac (1845–1921) vertrat die Auffassung, dass *zwischen Altsteinzeit und Jungsteinzeit große Teile des europäischen Kontinents eine Zeit lang unbewohnt gewesen waren*. Die dieser Zeit zugewiesenen Schichten sind höchst karg und fast fundleer, weshalb sie nicht für 3000 bis 4000 Jahre Mittelsteinzeit ausreichen können. Die ausschließlich der *Spätphase* dieser Zeit zugewiesenen Siedlungsorte sind noch nicht einmal als ganzjährig genutzt nachweisbar (Champion et al., 1984, S. 103).
Zweifellos gibt es über dem Magdalénien solche Schichten, die etwas Neues bergen, aber doch noch keine voll entwickelte Jungsteinzeit darstellen. Diese Phase wäre, vom stratigraphischen Befund her gesehen, aber eine extrem kurze Phase der Menschheitsgeschichte: »Lange vertikale Stratigraphien sind überall rar« (Champion et al., 194, S. 97) und in »England ist für die gut 4000 mittelsteinzeitlichen Jahre kein einziges Begräbnis bekannt« (Champion et al.,

1984, S. 108). Die bereits von Heribert Illig (1988, S. 29, 160) begründeten Zweifel an der Existenz einer mehrere Jahrtausende währenden Mittelsteinzeit werden also durch die stratigraphische Überprüfung bestätigt.

Die Verlegenheit, eine Mittelsteinzeit von etlichen tausend Jahren archäologisch nicht belegen zu können, bringt Archäologen sogar in Fälschungs- und Vertuschungsversuchungen. »So wurde zu einer der besten deutschen Stratigraphien – der *Ilsenhöhle* im Burgberg der thüringischen Stadt Ranis – ursprünglich ein Ausgrabungsbericht *ohne* Mittelsteinzeit vorgelegt (Hülle, 1939, S. 105 ff.). Im Jahr 1961 erschien eine Darstellung mit einer hauchdünnen mittelsteinzeitlichen Schicht, die aber direkt, also ohne sterile Zwischenschicht, unter der Bronzezeit liegt, sodass es noch Altsteinzeit oder schon Jungsteinzeit sein müsste und somit eine eigene Epoche wohl nicht repräsentieren konnte. Der ursprüngliche Ausgräber der Ilsenhöhle »hat sich die Manipulation seines Lebenswerkes nicht gefallen lassen« und einen stratigraphischen Aufriss ohne Mittelsteinzeit vorgelegt (Heinsohn, 2003, S. 106).

Auch in der schon beschriebenen Vogelherdhöhle fehlt eine Schicht, die der Mittelsteinzeit zugeordnet werden könnte. Blumenreich heißt es dann zum Beispiel im Internet-Lexikon von »www.akademie.de« (Stand 20. 12. 2004): »Der Nutzung in der Jungsteinzeit ging eine Begehung in der Mittelsteinzeit voraus.« Diese Vermutung ist frei erfunden, aber man hat wenigstens die Mittelsteinzeit für unkritische Leser erwähnt.

Wird durch die geologischen Schichten, die Stratigraphie, ein allmählicher Übergang von einer Kulturstufe zur anderen bezeugt oder sind die Schichten scharf getrennt, wie mit einem Messer geschnitten? Gunnar Heinsohn hat sich diesem Thema ausführlich gewidmet und weist darauf hin, dass »die Stratigraphien etlicher Höhlen ... so genannte Sinterschichten (Kalktuff) und Löss-Schichten (auch Lehmschichten genannt) zwischen den Kulturschichten (enthalten). Diese Zwischenschichten sind archäologisch weitgehend steril und haben zu bis heute unausgestandenen Kontroversen geführt« (Heinsohn, 2003, S. 74). Die sterilen Zwischenschichten sind ein Zeugnis von kurzfristigen Wassereinbrüchen.

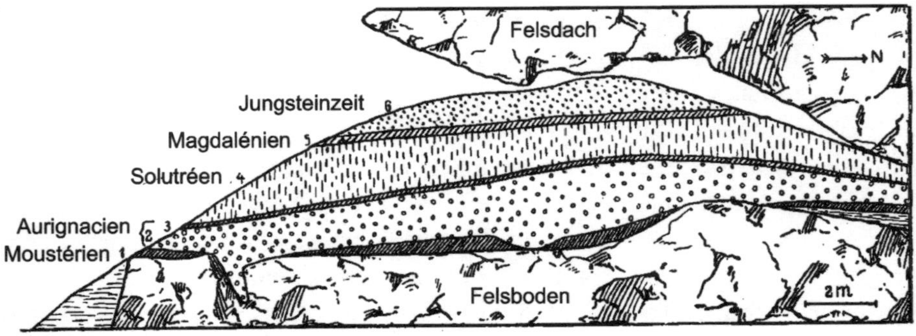

Abb. 28: Löss-Schichten. *Die Stratigraphie der Grotte von Trilobite bei Arcy-sur-Cure zeigt direkte Übergänge vom Neandertaler-Moustérien zum frühmodernen Aurignacien. Mittelsteinzeitliche Schichten fehlen. Die »Kulturschichten« sind durch sterile Zwischenschichten getrennt. Die Löss-Schichten (1, 2, 4 und 6) wurden in die Höhle geschwemmt und jeweils durch Lehm- und Sinterschichten (Kalktuff) überlagert (3, 5), die durch das aus den Klüften des Felsdaches austretende Wasser mit dem darin gelösten Kalk gebildet werden. Anstatt 30 000 Jahre sollten für die Bildung dieser Schichten 100, höchstens 1000 Jahre ausreichen. Schichtenfolge aus Bayer, 1927, S. 58; vgl. Heinsohn, 2003, S. 67 ff. Ähnliche Stratigraphien wie in den Höhlen findet man auch am Fuße von Steilabhängen, angelehnt in Form von geschichteten Terrassen.*

Ein sehr schönes Beispiel ist das Profil des *Abri von Laussel* (Bayer, 1927, S. 57). Durch getrennt liegende Schichten scheint ein direkter, abrupter Übergang vom *Homo erectus* (Acheuléen) zum Neandertaler (Moustérien) dokumentiert zu sein, während alle weiteren Kulturschichten bis zum Solutréen durch sterile Zwischenschichten getrennte Horizonte ergeben. Das Magdalénien, die Mittel- und Jungsteinzeit fehlen komplett. Auch das Profil der *Grotte von Trilobite* zeigt scharf getrennte Kulturschichten vom Moustérien bis zur Jungsteinzeit, jedoch ohne Acheuléen (*Homo erectus*) und wieder ohne Mittelsteinzeit. Anscheinend wird in dieser Grotte der *abrupte* Übergang vom Neandertaler-Moustérien zum modernen Aurignacien-Menschen (Cro-Magnon) dokumentiert.
Welche Konsequenzen ergeben sich aus den scharfen Trennungen der Kulturschichten für die Entwicklung des Menschen? Die These

von der multiregionalen Entstehung des modernen Menschen betont den allmählichen Übergang des Neandertalers zum frühmodernen Menschen in Eurasien. Deshalb wird von den Multiregionalisten auf einen geringen anatomischen Unterschied hingewiesen, obwohl der Neandertaler sich schon auf Grund der stämmigen Statur vom modernen Menschen stark unterscheidet. Da die beschriebenen europäischen Stratigraphien meist jedoch scharf gegeneinander abgegrenzt sind, scheint eine sich – nach Charles Darwin – allmählich (graduell) vollziehende Evolution ausgeschlossen zu sein. Der stratigraphische Befund scheint für die Verdrängungsthese zu sprechen. Einerseits beweist die oft auftretende scharfe Trennung dieser Kulturschichten, dass sich kein allmählicher Übergang vom *Homo erectus* zum Neandertaler vollzogen haben kann, wenn man den gewaltigen anatomischen Sprung des Gehirnvolumens von 1000 auf über 1500 Kubikzentimeter bei einhergehender Veränderung der Schädelform berücksichtigt. Andererseits verwundert beim Übergang vom *Homo erectus* (Acheuléen) zum Neandertaler (Moustérien) und vom Neandertaler zum modernen Menschen manchmal das gemeinsame Auftreten von Fundstücken beider Kulturen.
Warum soll sich überhaupt eine plötzliche anthropologische Transformation eingestellt haben, wenn vom frühen bis zum späten Neandertaler fast 100 000 Jahre lang »keinerlei Anzeichen für eine Evolution hin zum modernen Menschen« zu verzeichnen sind (Gambier, 1989, S. 207)? Auch der technische Standard der Werkzeugherstellung stagnierte während dieser Zeit, um dann urplötzlich revolutioniert zu werden. Da archäologisch der Übergang vom Neandertaler zum modernen Menschen stratigraphisch direkt ist, scheint die schnelle Verdrängung des Neandertalers die zu den Funden und Fakten am besten passende Hypothese zu sein. Auch in seiner angeblichen Heimat, sei es in Afrika oder Israel, können keine feinen Übergangsstufen vom Neandertaler zum modernen Menschen nachgewiesen werden. Die Kontroverse zwischen Multiregionalisten und Verdrängungsanhängern bleibt innerhalb der herrschenden Lehre unlösbar.
Deshalb schlug Gunnar Heinsohn vor: Neandertalerfrauen beka-

men Säuglinge, die unmittelbar vollständig entwickelte moderne Menschen waren (Heinsohn, 2003, S. 61). So könnte erklärt werden, dass in ein und derselben Schicht Werkzeuge von angeblichen Eltern (Neandertaler) und Kindern (moderner Mensch) liegen, während in der darüber liegenden Schicht ausschließlich Funde von modernen Menschen zu finden sind. Der Nachwuchs rottete seine Eltern nicht aus, sondern sah seine Eltern im natürlichen Sterbealter verscheiden (Heinsohn, 2003, S. 126).
Begründet wird diese sich plötzlich in großen Entwicklungsschritten vollziehende »Hypo-Makroevolution« von Heinsohn durch eine elektromagnetische Mutationskatastrophe am Ende der Neandertalerära. Eine ähnliche Katastrophe hätte dann allerdings auch am Ende der Ära des *Homo erectus* zu einer plötzlichen Transformation zum Neandertaler führen müssen. Tatsächlich hat es große Katastrophen in der Vergangenheit gegeben, begleitet von elektrischen Entladungen und verstärkter Radioaktivität – worauf schon Immanuel Velikovsky (1980, S. 258–260) unter Verweis auf die Folgen der Hiroshima-Atombombe hinwies.
Allerdings ist eine sich auf Grund erhöhter Strahlenaktivität vollziehende Höherentwicklung der Arten trotz intensiver Laborversuche noch nie nachgewiesen worden. Sie ist wohl eher für die Auslöschung und Verstümmelung der Arten verantwortlich, sodass radioaktiv bestrahlte Taufliegen zum Beispiel plötzlich mehr als vier Flügel besitzen. Am Ende der Eiszeit (= Ende der Sintflut) sollen ungefähr 80 Prozent aller Tierarten, wie Mammut und Riesenhirsch, durch Klimaveränderung und/oder Ausrottung durch den Menschen verschwunden sein. Allerdings wurde der Aussterbezeitpunkt der Riesenhirsche aufgrund von Fossilfunden in Sibirien von 10500 auf 7700 Jahren reduziert (»Nature«, Bd. 431, 7. 10. 2004, S. 684–689). Aber auch Mammuts überlebten. Auf der 120 Meilen vor der nordost-sibirischen Küste *innerhalb* der mittleren sommerlichen Packeisgrenze liegenden *Wrangel-Insel* wurde eine Zwergversion des Mammuts mit einer Schulterhöhe von nur 1,80 Meter entdeckt. Diese Zwergmammuts sollen dort noch vor 3700 Jahren existiert haben (Lister, 1997, 34f., und »Nature«, Bd. 382, 1993, S. 337–340). Wie kamen Mammuts überhaupt dort-

hin? Warum lebten auf diesen heutzutage unwirtlichen Inseln überhaupt noch Mammuts? Wurden sie von der Erhöhung des Meeresspiegels mit einhergehender Überflutung der flachen Kontinentalschelfe im Nordpolarmeer überrascht und auf einer Bergkuppe, der späteren Insel eingeschlossen (vgl. Foto 69)?

In Amerika wurde eine komplette Steppen-Megafauna von Pferd und Kamel über Riesenfaultier bis hin zum Mastodon durch Naturkatastrophen und abrupte Klimaänderungen ausgerottet. Stimmen die ganzen Datierungen überhaupt? Der Nachrichtendienst »CBC« verbreitete die Meldung, dass entgegen der Lehrmeinung die nordamerikanischen Indianer Pferde kannten, jagten und schlachteten (BdW, 11. 5. 2001).

Aber bleiben wir bei der Entwicklung des Menschen. Anhand der stratigraphischen Funde scheint eine plötzliche Mutation innerhalb nur einer Generation (Heinsohn, 2003, S. 74) unter den diskutierten stratigraphischen, archäologischen, kulturellen und künstlerischen Bedingungen ein Ausweg aus der Sackgasse zu sein – stellt sich nur die Frage, ob es nicht eine andere Lösung für das plötzliche Auftreten von *Homo erectus*, Neandertalern und modernen Menschen gibt, denn, dass moderne Menschenbabys urplötzlich voll entwickelt aus dem Schoß von Neandertalermüttern schlüpfen, erscheint mir recht unglaubwürdig.

Zu beachten ist auch, dass der moderne Mensch vor 140 000 Jahren Afrika verlassen haben soll, um vor 100 000 Jahren in Israel anzukommen und den Neandertaler abzulösen. Aber in den Höhlen von Amud und Kebara in Israel hat man Überreste von Neandertalern gefunden, die nur 60 000 Jahre alt sind. Moderne Menschen wurden dort aus dieser Zeit nicht gefunden. Verdrängte der Neandertaler den modernen Menschen wieder? Seltsam erscheint, dass die Neandertaler zu dieser Zeit dieselbe Art der Werkzeugbearbeitung, die Nutzung des Feuers und die Praxis des Bestattens handhabten, genauso wie die modernen Menschen, die vor ihnen dieselben Höhlen in diesem Gebiet bewohnten (Arsuaga, 2003, S. 301 f.). Oder hatten die modernen Menschen diese Gegend aus ganz anderen Gründen verlassen, zum Beispiel wegen einer drastischen Änderung der klimatischen Verhältnisse?

Wandernde Fleischesser

Die Auswertung von Neandertalerknochen durch ein internationales Forscherteam ergab, dass Neandertaler fast ausschließlich Fleisch aßen und deshalb wohl erfolgreiche Jäger waren. Hätten sie sich in erster Linie von Aas ernährt, hätten sie auch Pflanzenkost zu sich nehmen müssen, um überleben zu können (Richards et al. in: »PNAS«, 20. 6. 2000, Bd. 97, S. 7663–7666).

Eine weitere Untersuchung von Knochenresten frühmoderner Menschen, die in Tschechien, Großbritannien und Russland gefunden wurden, verglich solche mit denen von Neandertalern, die etwa zur gleichen Zeit lebten. Während Neandertaler offenbar ausschließlich auf Großwildjagd gingen, konnten frühmoderne Menschen nicht nur fischen, sondern auch Fisch durch Trocknen haltbar machen, vermuten die Forscher. Überdies hat der Frühmensch wohl auch schon Vögel mithilfe von Fallen gefangen.

»Die Neandertaler verbrachten ihre meiste Zeit mit der Jagd. Wenn ihre Beutetiere ihr Revier wechselten oder ein neuer Jagdkonkurrent auftauchte, wussten die Neandertaler nicht, wo sie als nächstes ihr Jagdglück versuchen konnten« (»PNAS«, 22. 5. 2001, S. 6528–6532). Für den Archäologen Curtis Runnels war der Untergang der Neandertaler mit dem Verschwinden der großen Herden von Bisons und Riesenhirsch besiegelt, das mit klimatischen Änderungen einherging (»Science«, Bd. 303, 4. 2. 2004, S. 759).

Wenn die Neandertaler anscheinend Fleischesser waren und dem Wild folgten, kann man auf ein Leben als *Nomaden* schließen. Dieses unterschied sich von den zur gleichen Zeit lebenden sesshaften Frühmenschen. Auch bis in unsere Zeit leben verschiedene Volksgruppen nebeneinander, die einerseits sesshaft und andererseits nomadenhaft leben. Eine Vermischung findet im Normalfall *nicht* statt, außer wenn die Nomaden durch künstliche Grenzziehung zur Sesshaftigkeit gezwungen werden. Aber sexuelle Kontakte und vereinzelt daraus entstandene hybride Wesen sind trotzdem möglich und sogar wahrscheinlich.

Das vermeintliche Aussterben von Neandertalern, das oftmals auch nur durch fehlende »typische« Neandertalerwerkzeuge in be-

stimmten geologischen Schichten gestützt wird, könnte ganz einfach darauf hindeuten, dass diese Menschen infolge klimatischer Änderungen als Nomaden den Wanderungen der Tiere folgten und neue Lebensräume aufsuchten.
Im Zagros-Gebirge im Südwesten des Iran jagten Neandertaler wilde Schafe und Ziegen. Bevor diese wilden Tiere ausstarben (oder klimatisch bedingt wegwanderten?), so das Fazit einer Studie, domestizierte diese der moderne Mensch (»Science«, Bd. 287, 24. 3. 2000, S. 2174–2175). Könnte man es auch so sehen, dass die Neandertaler Schafe und Ziegen nicht ausschließlich jagten, sondern als Nomaden in Herden hielten und zwischendurch auf Jagd gingen? Mit einhergehenden Klimaänderungen kamen dann die sesshaften Bauern mit domestizierten Tieren? Interessant ist, dass angeblich die frühe Domestizierung in Form der Hirtenkultur erst vor 10 000 Jahren begann und die regelrechte Zucht erst 1000 Jahre später einsetzte (Marean, 2000, S. 2174). Dieser Übergang soll mit dem Aussterben der Neandertaler und dem Auftauchen moderner Menschen zu tun haben. Man muss nicht immer das »Gesetz des Stärkeren (Fittesten)« der Evolutionstheorie anwenden. In der so genannten Steinzeit war die Populationsdichte derart gering, dass genügend Platz für alle Menschen und große Lebensräume für unterschiedliche Lebensarten vorhanden waren. An einigen Orten fand sicher eine kontinuierliche Entwicklung vom Nomadentum zur Sesshaftigkeit statt, bedingt durch die drastische Verschlechterung des Klimas und der Verringerung der Steppenflächen, wie zum Beispiel nach der Sintflut. Damit einher ging dann eine natürliche Hortung der noch vorhandenen Fleischressourcen und damit die Domestizierung der Tiere.
Neandertaler wohnten nicht in Höhlen, obwohl zum Beispiel in der Kartsteinhöhle bei Euskirchen (Deutschland) wahrscheinlich eine Hütte in eine Nische der Höhlenwand eingebaut war. In oder vor dieser Hütte unterhielten ihre Bewohner eine Herdstelle, deren Aschereste gefunden wurden. Im freien Land bauten die Neandertaler Hütten oder Zelte aus Hölzern, großen Knochen und Fellen.
In Russland und in der Ukraine fand man Aufsehen erregende Spu-

ren von Neandertalerhütten, die aus Tierhäuten auf einem Gerüst aus Ästen und Mammutknochen errichtet wurden. Die Außenseite war mit weiteren massigen Mammutknochen und -stoßzähnen verkleidet und beschwert. Diese Gegend war eine fruchtbare Savannenlandschaft, die auch die Heimat der prä-skythischen, Grabhügel bauenden Kurgan-Kultur (*Kurgan* ist Türkisch-Russisch für *Grabhügel*) im –5. bis –3. Jahrtausend war. Dies ist der Zeitraum, in den die Knochen frühmoderner Menschen der Aurignacien-Kultur durch neue Datierungen platziert wurden. Ich erinnere an das Grab mit einem neandertalerähnlichen Skelett, das in Nowosiolka (Polen) neben einem Kettenpanzer und mehreren eisernen Speerspitzen gefunden wurde. Der Vergleich dieses Skeletts mit solchen der Kurgan-Kultur (Stolyhwo, 1908) ist allein schon aus geographischen Gründen interessant, denn in die Heimatgebiete der Kurgan- bzw. Skythen-Völker nördlich des Schwarzen Meeres wurden vor

Abb. 29: Hütten. *In der Ukraine fand man Aufsehen erregende Neandertalerhütten (aus: Dorling, 1994, S. 18). Ähnliche Hütten baute der moderne Mensch, so bei Pushkari in der russischen Tundra.*

deren Existenz die aus dem eisigen Norden kommenden Neandertaler und frühmoderne Menschen (Aurignacien) abgedrängt. In der russischen Tundra wurden Hütten entdeckt, wie in Pushkari, die den Behausungen der Neandertaler ähneln, aber dem modernen Menschen der jüngeren Altsteinzeit zugeordnet werden.
Auch die Saiga-Antilope, die *während der letzten* (angeblichen) *Kaltzeit* flächendeckend in der sich von Südfrankreich bis zur Beringstraße ersteckenden Baumsavanne in Eurasien zu Hause war, lebt heute nur noch in demselben Rückzugsgebiet ehemaliger »Steinzeitmenschen« im Bereich des Schwarzen und Kaspischen Meeres, während die auch in Eurasien lebenden Mammuts, Elefanten, Hyänen und Nashörner ausstarben. Auch Löwen gab es während der angeblichen Kaltzeit in Europa, wie angeblich 32 000 Jahre alte Zeichnungen von frühmodernen Menschen in der Höhle von Cauvet, Frankreich, beweisen.
Wenn Vergleiche des Neandertalers mit Menschen der Steppenvölker im Bereich des Schwarzen und des Kaspischen Meeres anklingen, dann ist zu beachten, dass »Gesicht und Körper der Mongolen so gebaut sind, dass sie einen Schutz gegen extreme Kälte« bieten. Körper und vor allem Kopf sind so weit wie möglich abgerundet. Die Körperoberfläche ist im Verhältnis zum Volumen kleiner, um den Wärmeverlust zu verringern. Die Nase ist wegen Erfrierungsgefahr klein, genauso wie die Nasenlöcher. »Die Augen werden durch Lider geschützt, die als richtige Fettbeutel ausgebildet sind ... und sie lassen nur eine sehr kleine Öffnung frei, die noch gutes Sehen ermöglicht, aber gegen den eisigen Wind des sibirischen Winters schützt« (Cavalli-Sforza, 1999, S. 23). Schlitzaugen scheinen eine Anpassung an klimatische Verhältnisse zu sein.
Wenn der Neandertaler im Gegensatz zum Cro-Magnon-Mensch an das kältere Klima besser angepasst gewesen sein soll, bedeutet dies, dass die Neandertaler entweder Höhlen nicht verlassen konnten oder »aber ständig Kleidung zum Schutz vor Kälte trugen. Zur Herstellung der Kleidung wurden Tierhäute ausgebreitet und mit Faustkeilen von Fett und Sehnen befreit. Nach dem Trocknen wurde aus den Fellen das entsprechende Kleidungsstück genäht« (Dorling, 1994, S. 18).

Einen interessanten Hinweis liefert der Fund einer stählernen Nähnadel. Das fossile Artefakt wurde auf ein Alter von 26 000 Jahren datiert (Johanson, 1996, S. 99). Auch wenn ich diese Altersbestimmung analog der Neandertalerschädel auf höchstens 5000 Jahre in die Jungsteinzeit verjünge, handelt es sich um einen sensationellen Fund, denn nach herrschender Lehrmeinung begann die Eisenzeit in Europa mit der Hallstattzeit erst vor ungefähr 2700 Jahren. Dieser Fund unterstützt die in meinen ersten Büchern geäußerte Meinung, dass die Einteilung in die Stein-, Bronze- und Eisenzeit grundsätzlich falsch ist.

Die Neandertaler ähneln von der Lebensweise her den Inuits (Eigenname: Yuit), die unter dem indianischen Schimpfnamen Eskimo bekannt sind, was soviel wie *Rohfleischesser* bedeutet. Deren Lebensraum ist die Arktis, Sibirien, Grönland und Nordkanada. Obwohl die Entfernungen zwischen den Gebieten teilweise mehr als 5000 Kilometer Luftlinie betragen, weisen die Inuit überall eine ähnliche Sprache und Kultur auf. Eine Ausnahme bilden die Inuit Südalaskas und der Aleuten, die Elemente der indianischen Nordwestküsten-Kultur übernommen haben.

In arktischen Regionen gibt es häufiger Menschen mit einem kompakten Körperbau oder einem generell größeren Körpervolumen im Verhältnis zur Körperoberfläche. Diese Merkmale sind sehr hilfreich, um Körperwärme besser konservieren zu können. Hellere Haut ist vermutlich weniger anfällig für Frost als dunkle. Alle diese Merkmale sind am häufigsten bei nordischen Völkern wie den Eskimo, den Samen (Lappen) und den Sibiriern anzutreffen. Trotzdem weisen alle menschlichen Gruppen dieselben körperlichen Reflexe auf, zum Beispiel das Zittern der Muskulatur zur Wärmeerzeugung. Die *entscheidenden Anpassungen* des Menschen an klimatische Bedingungen sind biologischer, aber auch speziell kultureller Natur, mittels Kleidung, Behausung und dem Gebrauch des Feuers.

Die Skelettreste der Neandertaler weisen eine besondere Kombination von Merkmalen auf. Diese betreffen neben Schädel und Unterkiefer den Körperbau im Allgemeinen. Neandertaler hatten eine kräftige, untersetzte Statur mit einer Größe von 1,60 bis 1,70 Me-

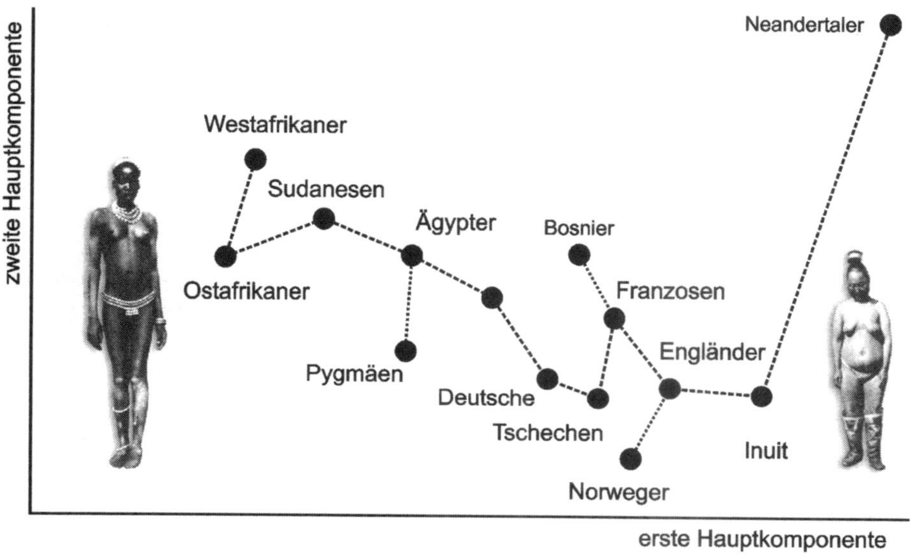

Abb. 30: ***Körperproportionen.*** *Der kompakt gebaute Neandertaler war noch besser als die Inuit an kaltes Klima angepasst (Hublin, 2004, S. 58).*

tern. Die Männer wogen etwa 70, die Frauen ungefähr 55 Kilogramm. Dem schweren Skelett entsprach eine starke Muskulatur. Im Verhältnis zum Rumpf waren die Gliedmaßen eher kurz, ähnlich wie bei heutigen arktischen Völkern, den heutigen Eskimos und Lappen.

Offenbar waren diese Menschen an kaltes Klima gut angepasst: »Beim heutigen Menschen hängen die Körperproportionen eng mit der geographischen Breite des Lebensraumes zusammen.« Man bestimmt dazu Verhältnisse von Gewicht zur Größe und von Rumpflänge zur Länge der Extremitäten. Aus diesen Maßen werden aus Durchschnittswerten von Bevölkerungen so genannte Hauptkomponenten errechnet. Wie aus der Abbildung 30 hervorgeht, sind Menschen nördlicher Länder bei der ersten Hauptkomponente weit rechts im Diagramm einzuordnen: »Der Körperbau ist umso kompakter, je kälter das Klima wird. Der Neandertaler war offenbar gut an harsche Wetterverhältnisse angepasst« (Hublin, 2004, S. 58).

Unterliegt man einem Irrtum, wenn man aus der oben genannten Ähnlichkeit zwingend auf einen gemeinsamen Vorfahren der Neandertaler und Cro-Magnon-Menschen schließen muss? Es wurde bereits gezeigt, dass Werkzeuge der Neandertaler und frühmoderner Menschen zusammen oder sogar in einer anscheinend falschen, umgekehrten Schichtenfolge liegen können – quasi entgegen der vermuteten Entwicklungsrichtung.

Das Rätsel des Neandertalers scheint sich zu lösen, wenn wir den Neandertaler nicht als primitiveres Vorläufermodell oder gar als toten Seitenast des menschlichen Entwicklungsbaumes ansehen. Im Einklang mit vielen Veröffentlichungen des Fachmanns Erik Trinkaus (»PNAS«, Bd. 94, 1997, S. 13 367–13 373 und »Curr. Anthropology«, Bd. 41, 2000, S. 569–607) stellen Unterschiede zwischen Neandertalern und modernen Menschen »stattdessen ein Ergebnis der Anpassung körperlicher Merkmale an ein kühleres Klima« dar (»PNAS«, Bd. 100, 10. 6. 2003, S. 6926).

Timothy D. Weaver (2003) untersuchte die Form und Eigenschaften der Oberschenkelknochen verschiedener lebender als auch ausgestorbener Völker. In dieser Hinsicht unterscheiden sich heutzutage lebende Menschen durchschnittlich nach den klimatischen Bedingungen im jeweiligen Lebensraum: beispielsweise Ost- und Südafrikaner und Australier in wärmeren von Briten, Aleuten und Inuits in kühleren Klimaten. Entsprechend fallen der moderne Mensch in die erstere und der europäische Neandertaler (Neandertal 1 und Spy 2) in die zweite Gruppe. Wir erhalten die Bestätigung, dass Neandertaler ganz einfach die an die kälteren bis arktischen Verhältnisse besser angepassten (modernen) Menschen sind. Eine speziellere Untersuchung menschlicher Körperabmessungen kommt sogar zu dem Schluss, dass die Körper der Neandertaler von einer hyperpolaren Anpassung zeugen (»Journal of Human Evolution«, Bd. 32, 1997, S. 423–447).

Diese Eigenschaften der Körper von Bewohnern kalter Klimazonen bewirken einen besser angepassten Wärmehaushalt als bei Menschen der Tropen. Der Unterschied beruht nach einer im Fachblatt »Science« (Bd. 303, S. 323) veröffentlichten Studie auf Veränderungen in der Erbsubstanz der Mitochondrien. Der Neander-

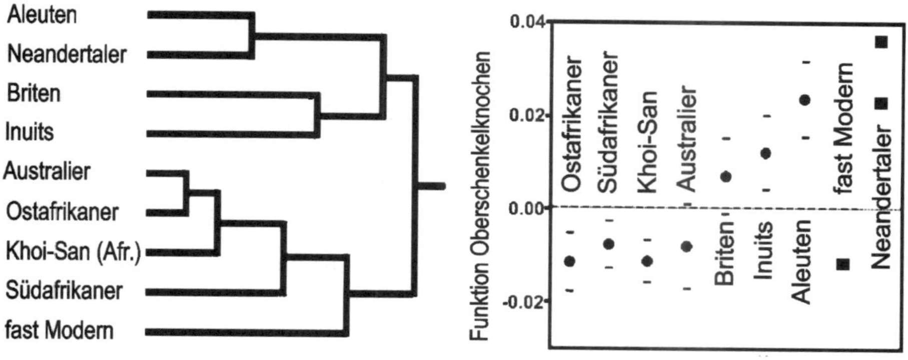

*Abb. 31: **Klimaanpassung.** Ein Vergleich der unterschiedlichen Funktion (Form) des Oberschenkelknochens ergab, dass Neandertaler – vergleichbar mit den Aleuten und Inuits – zu den an kaltes Klima angepassten Völkern gehören, während der moderne Mensch an wärmeres Klima angepasst ist. Die gestrichelte horizontale Linie zeigt den Durchschnittswert heutiger Völker an (Weaver in: »PNAS«, Bd. 100, 10. 6. 2003, S. 6926).*

taler erscheint unter Berücksichtigung der drastischen Verjüngung der wenigen noch als »echt« geltenden Neandertalerschädel nicht als Vorläufer des modernen Menschen oder sogar als eigene Art, sondern nur als eine der Kälte besonders gut angepasste Form, lediglich als Variante des modernen Menschen.
Diese Annahme wird gestützt durch die beschriebene Untersuchung: Form und Eigenschaften der Oberschenkelknochen sind beim Neandertaler nicht extrem, sondern ähneln solchen der noch heutzutage auf den Aleuten (Alaska) lebenden Ureinwohner.
Woher stammen die Aleuten (auch: Aleut)? Man nimmt an, dass vor geschätzten 10 000 Jahren, also nach der Eiszeit (Sintflut und Schneezeit, HJZ), sibirische Nomaden, die Unagan, auf der Inselkette der Aleuten siedelten, die sich in Fortsetzung der Alaska Peninsula bogenförmig etwa 2000 Kilometer bis nach Sibirien erstreckt und das Beringmeer vom Pazifik trennt. Die harten Witterungsverhältnisse an den Küsten zur Beringsee zwangen die Bewohner der Region zu einer hohen Anpassungsfähigkeit. Die Aleuten unterscheiden sich von den Eskimos durch ihre runden Gesichter.

Diese »arktischen Indianer« gehören einer Sprachfamilie an, die Eskimo-Aleutisch genannt wird. Im westlichen und nördlichen Kanada bis Grönland gibt es mit Na-Dené eine weitere sprachliche Großfamilie. Beide »gehören zu Sprachfamilien der Alten Welt, dem Eurasiatischen beziehungsweise Dené-Kaukasischen« (Greenberg/Ruhlen, 2004, S. 59).

Da sich Na-Dené als östlicher Zweig des Dené-Kaukasischen deutlich vom Eurasiatischen unterscheidet, kann sich Na-Dené nicht auf dem amerikanischen Kontinent vom Eskimo-Aleutisch abgespalten haben, sondern muss Amerika in einer eigenen, jüngeren Einwanderungswelle erreicht haben (Greenberg/Ruhlen, 2004, S. 63). Nach einer ersten Einwanderungswelle aus Sibirien vor 15 000 bis 12 000 Jahren soll eine zweite Einwanderungswelle vor 5000 bis 2000 Jahren erfolgt sein (»PNAS«, Bd. 98, 14. 8. 2001, S. 10021).

Nicht einig ist man sich, woher die ersten Siedler in Ostsibirien kamen. Nach einer Schädel-Vergleichsstudie verschiedener Völker soll eine von der Alten Welt ausgehende ostwärts gerichtete Expansion vor 200 000 Jahren über Sibirien hinweg erfolgt sein, wie angebliche Werkzeugfunde in Sibirien beweisen sollen, obwohl man keine entsprechenden Skelettfunde gemacht hat (Derev'anko, 1998). Andere Fachleute proklamieren eine von Süden kommende Wanderbewegung durch Asien, eventuell über Indien, Korea und

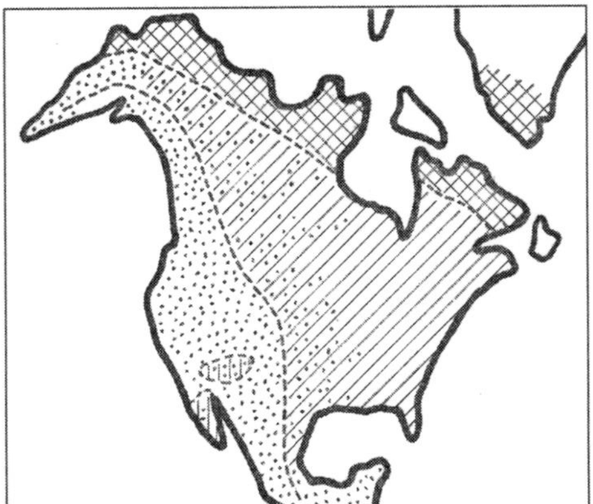

Abb. 32: Verteilung. *Vorgeschichtliche Einwanderungswellen in Nordamerika nach Cottevieille Giraudet. Kariert: Eskimos (Hyperboräer), schraffiert: Cro-Magnon, gepunktet: asiatische Völker.*

China hinweg nach Ostsibirien und von dort aus quasi entgegengesetzt in *westlicher Richtung durch Sibirien* nach Europa sowie in östlicher Richtung durch Alaska nach Nord- und Südamerika (Cavalli-Sforza, 1996, S. 109).

Machen wir jetzt eine kurze Pause und überdenken die neuen Gedanken und Forschungsergebnisse. Auch in der Wissenschaft vollzieht ein Teil der Forscher eine Kehrtwendung in Bezug auf den Neandertaler, die grundlegend ausfällt. Es scheint keine Entwicklung gemäß Darwins Evolutionstheorie gegeben zu haben, sondern unser bis vor kurzer Zeit als primitiv dargestellter Vorfahr zeigt sich als moderner Mensch, dessen Körper sich ganz einfach an arktische Verhältnisse angepasst hat. Es handelt sich um eine Anpassung an klimatische Verhältnisse, für die wir zur Erklärung keine »phantastischen« und sogar plötzlichen Mutationssprünge brauchen. Zur Erklärung reichen die Vererbungsgesetze nach Gregor Mendel (Mikroevolution) und eine klimatische Anpassung aus. Die als Erklimmung einer Sprosse auf der Evolutionsleiter propagierte Makroevolution von primitiven zu modernen Menschen entpuppt sich als ein seit 150 Jahren durch Wissenschaft und Medien sorgsam gepflegter Irrtum.

Es stellt sich eine weitere Frage: Erfolgte die frühe Besiedlung Amerikas nicht von Sibirien über die Beringstraße, sondern von Europa über Island und Grönland nach Amerika? Diese von mir in »Kolumbus kam als Letzter« als Grönlandbrücke diskutierte Verbindung ist wesentlich kürzer als die quer durch Sibirien. Wenn wir von einer nacheiszeitlichen Besiedlung arktischer Räume vor wenigen tausend Jahren ausgehen, dann waren zu dieser Zeit auch die trocken liegenden Böden von Nordsee und Barentssee besiedelt. Die Überflutungen kamen erst später, nach der Bronzezeit, wie Megalithbauten am Grund der nur 50 Meter tiefen Nordsee bezeugen. Da man glaubt, dass die Grönlandbrücke eigentlich vereist war, wird diese kurze Verbindung nach Amerika als unpassierbar angesehen und die Migration muss nach Ansicht der Wissenschaftler folglich über die breiten Ströme Sibiriens hinweg erfolgt sein.

Die nacheiszeitliche Phase mit der propagierten Besiedlung eisfrei werdender arktischer Gebiete wird als Mittelsteinzeit bezeichnet, die von –8000 bis –4500 im nördlichen Mitteleuropa dauerte. Streichen wir dieses Zeitalter als Phantomzeit, schiebt sich die Expansionsphase unserer Vorfahren genau in die von mir propagierte nachsintflutliche Phase ab ungefähr –3000, in die auch neuerdings – wie beschrieben – Schädel von Neandertalern und Cro-Magnon-Menschen datiert werden. Auch die Neandertaler könnten derart auf der neuen verkürzten Zeitleiter zu direkten Vorfahren der Aleuten werden, denen sie auch ähneln. Offiziell verharrten die Neandertaler nebulös 100 000 Jahre in Ostsibirien, ehe sie dann vor 40 000 Jahren plötzlich zu modernen Menschen transformierten, um danach die Zigtausende von Jahren vor ihnen liegenden angeblich vereisten Tore zur Neuen Welt zu durchschreiten. Raffen wir ganz einfach die langen Zeiträume und vereinfachen so das Bild menschlicher Entwicklung und der tatsächlich stattgefundenen Migration der Völker!

Da die neu untersuchten Neandertaler- und Cro-Magnon-Schädel jüngst auf ein maximales Alter von 5000 Jahren datiert wurden, fällt deren Alter direkt in die Jungsteinzeit. Denn zu sehen sind »unsere Wurzeln ... nicht in irgendeinem Prozess der Mittelsteinzeit« (Barbujani/Bertorello, 2001, S. 23).

Die Frage nach der Herkunft der Neandertaler ist damit aber dennoch nicht gelöst, denn was macht ein an arktisches Klima angepasster Menschentyp in heißen klimatischen Gebieten wie Afrika? Auf Grund seiner Anpassung ist er dort deplatziert, und im Grunde wurden Neandertaler auch nur in Europa und (Vorder-)Asien, nicht aber in Afrika nachgewiesen. Woher stammt der Neandertaler oder auch der *Homo erectus*?

Nach meinen Darlegungen ist die Eiszeit mit der nachsintflutlichen Schneezeit gleichzusetzen, die allerdings erst vor ungefähr 5500 (eventuell 4500) Jahren mit dem Impakt-Winter nach dem Einschlag eines oder mehrerer Himmelskörper (vgl. »Darwins Irrtum«, S. 202) einsetzte. In diese nachsintflutliche Zeit (= Jungsteinzeit) fällt die Wiederbesiedlung des fast entvölkerten europäischen Kontinents mit der Sesshaftwerdung des Menschen sowie der Errichtung von Großsteinbauten (Megalithkulturen) ab –3000 (even-

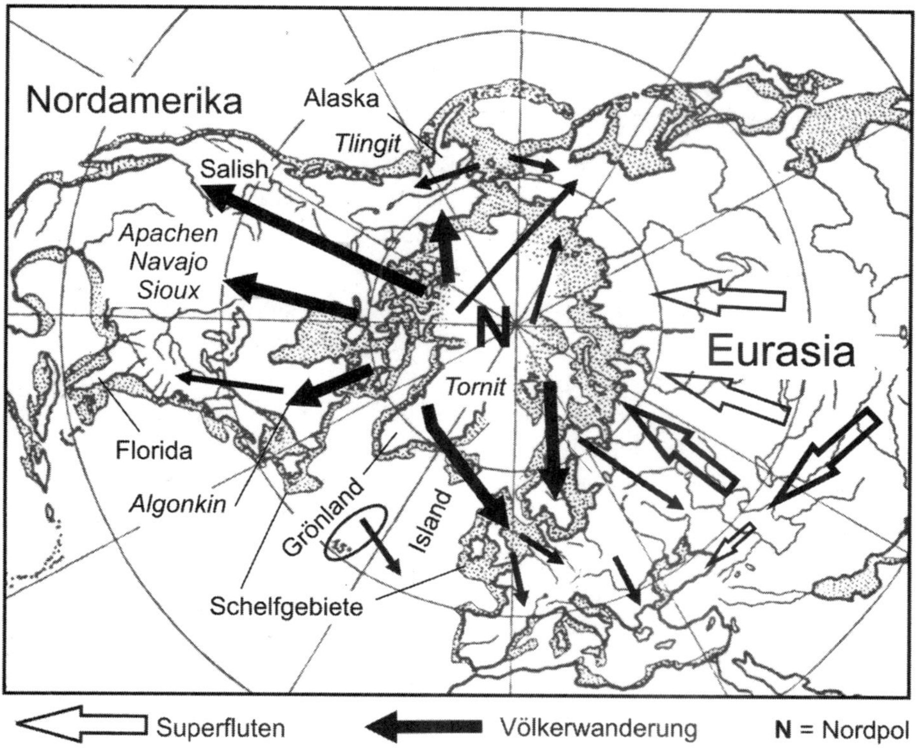

Abb. 33: Bewohnte Arktis. *»Karte der nördlichen Hemisphäre mit (punktierter) Angabe der größten Landausdehnung im Diluvium, welche die großen Tier- und Menschenwanderungen ermöglichten« (Bayer, 1927, S. 427). Diese heutzutage unter Wasser liegenden Schelfgebiete waren bewohnt. In der Antike kannte man Thule, das Land des äußersten Nordens, das von den Hyperboräern bewohnt war. Zu dieser Zeit herrschte in heutzutage arktischen Gebieten ein nachsintflutliches Treibhausklima, und das Wasser im Nordpolarmeer war 20 Grad warm. Mit Einsetzen des kälteren Klimas setzte eine Wanderbewegung nach Süden (Nordamerika und Eurasien) ein. Andere Hyperboräer blieben und passten sich der Kälte an. Schließlich wurden auch diese (Neandertaler, Cro-Magnon) nach Süden vertrieben. Mit Verbesserung des Klimas zogen diese Sippen mit den Rentieren wieder nach Norden, jetzt Inuit (Eskimos) genannt. Sie trafen dort wiederum die mit ihnen verwandten Na-Dené-Völker. Die hohlen Pfeile symbolisieren Superfluten in Asien. Hieraus erklärt sich, warum in Ost- und Westsibirien verwandte Sprachen zu Hause sind, nicht aber in Mittelsibirien.*

tuell –2000). Die Nomaden der Tundra (Neandertaler) wanderten mit der Verschiebung der Klimazonen in nördliche und östliche Gebiete ab. Kamen Sie auch von dort und waren sie nur durch das Einsetzen des Impakt-Winters und der Schneezeit aus diesen Gebieten nach Süden auf die kontinentale Halbinsel Europa und bis zur Levante verdängt worden? Sind so die plötzlich auftauchenden, aber genauso plötzlich verschwindenden Kulturschichten zu erklären? Sind die sterilen Zwischenschichten ganz einfach durch Riesenfluten angeschwemmte Schichten, die ein Kurzzeitereignis darstellen und somit zeitliche Statthalter für ereignislose, weil nie existente Phantom-Jahrtausende sind?
Warum lebten überhaupt Kulturen in der Nähe des Nordpols, die später nach Süden zogen? Vor dem Dinosaurier-Impakt (K-T-Grenze) war es eisfrei am Nordpol, gemäß den Ausführungen in diesem Buch – nach Kürzung des Tertiärs und Pleistozäns – also bis vor 5500 Jahren. Wieso konnten Menschen diesem Inferno entgehen? »Wie Simulationen zeigen und Paläobotaniker bestätigen, entging der äußerste Norden Europas und Nordamerikas den schlimmsten Verwüstungen« (»SpW«, Februar 2005, S. 54). Naturkatastrophen hatten die Ökosysteme in Europa und Nordamerika fast ausgelöscht, die Arktis blieb aber relativ verschont.
Anhand von Zahn- und Knochenanalysen belegt eine neue Studie der britischen *Universität Cambridge*, dass die Lebensumstände der Neandertaler mit denen der Ureinwohner im Norden Alaskas vergleichbar sind. Die Wintertemperaturen sind vor offiziellen 30 000 Jahren bis auf zehn Grad unter den Gefrierpunkt abgestürzt. »Neandertaler und die Aurignacien-Menschen haben sich schließlich in einige wenige Fluchträume in Südwest-Frankreich und an die Küste des Schwarzen Meeres zurückgezogen« (»dpa« nach »New Scientist«, Ausgabe 2431, 24. 1. 2004, S. 10).
Auf jeden Fall fand die »Ausrottung« der Neandertaler durch moderne Aurignacien-Menschen nicht statt. Es handelt sich um eine Fehlinterpretation aufgrund falsch verstandener archäologischer Funde. Die Neandertaler als Nomaden, Jäger und Sammler starben nicht aus, sondern zogen erst nach den rapide gesunkenen Temperaturen nach Süden. »Die Neandertaler sahen sich gezwungen, sich

an den südlichen Rand des osteuropäischen Flachlandes zurückzuziehen, als die letzte Kaltzeit begann. Sie suchten Zuflucht auf der Halbinsel Krim und an den Nordhängen des Kaukasus« (Arsuaga, 2003, S. 323). Neandertaler entdeckte man jenseits des 50. Grades nördlicher Breite, wie die Fundorte von Rikhta, Zhitomir und Khotylevo zeigen: »Es besteht kein Zweifel, das sie sich auf sehr extreme Bedingungen einstellen konnten ...« (ebd. S. 323).

Entsprechend erscheinen Neandertaler und auch Cro-Magnon-Menschen (Aurignacien) plötzlich, je nach Gegebenheit beide Gruppen allein oder auch gemeinsam, manchmal sogar, wie beschrieben, in scheinbar »umgekehrt« angeordneten Fundhorizonten. Die Neandertaler leben in ihren heutigen Nachkommen in der Arktis weiter.

Mit steigenden Temperaturen nach der Eiszeit (= Treibhauseffekt nach der Sintflut) zogen die Neandertaler wieder nordwärts, denn sie folgten den Rentieren in den Norden (Nordeuropa, Grönland, Kanada) und nach Westsibirien. Die Herkunft der jetzt Inuit (Eskimos) genannten Invasoren läge ansonsten ungeklärt im Dunkeln der Geschichte. Am Rande der arktischen Gebiete trafen die Inuits auf mit ihnen verwandten Völker in Nordamerika, die der Na-Dené-Sprachfamilie (u. a. Tlingit in Alaska) und in Ostkanada der Algonkin-Sprachgruppe (u. a. Abenaki, Micmac) zugeordnet werden. Die Sprachfamilien Eskimo-Aleutisch und Na-Dené stammen angeblich von altweltlichen ab. Verhält es sich anders und die unerkannte Wurzel all dieser Sprachen liegt im Norden?

Abb. 34: Bereit zur Schlacht.
Ein Krieger der heutzutage an der Küste Alaskas lebenden Tlingits, die zur Na-Dené- und damit einer altweltlichen Sprachfamilie gehören. Aus »Harper's Weekly«, 1869.

Am Fluss Jana, bei 71 Grad nördlicher Breite, wurden mehrere hundert Steinspitzen und einige Vorderschäfte von aus Rhinozeros-Horn und Mammut-Stoßzähnen hergestellten Speeren entdeckt, die denen der nordamerikanischen Clovis-Indianer ähneln. Bisher ging man davon aus, die Besiedlung der Regionen oberhalb des Polarkreises sei erst nach Ende der Eiszeit erfolgt. Die neu entdeckte altsteinzeitliche Fundstelle im östlichen Sibirien wird mit etwa 31 000 Jahren mehr als doppelt so alt angegeben wie die bisher älteste arktische (»Science«, Bd. 303, S. 52).
Die Lehrmeinung widerspricht der hier vorgestellten Sichtweise, denn die Eroberung Europas soll mehrfach, im Wesentlichen aber viermal von Ost nach West vonstatten gegangen sein: zuerst durch den *Homo erectus* vor 800 000 Jahren, dann durch den Neandertaler vor 120 000 Jahren, und nachfolgend durch den frühmodernen Menschen vor höchstens 40 000 Jahren und schließlich nacheiszeitlich mit der Entwicklung des Ackerbaus vor 10 000 bis 8000 Jahren. Gänzlich unplausibel ist die Auffassung, der frühmoderne Mensch sei dem Neandertaler auf den gleichen Wegen quer durch Europa gefolgt, um diesen dann mit Stumpf und Stiel »auszurotten« und dessen Lebensräume einzunehmen. Die Bevölkerungsdichte in Europa war damals noch sehr gering. Übervölkerung war gewiss kein Problem.
Die nacheiszeitliche (= nachsintflutliche) Besiedlung Europas hängt mit der so genannten *Neolithischen Revolution* zusammen, die durch die Umstellung der Lebensweise vom Nomaden zum Bauern geprägt ist. In diesem Zusammenhang wird das plötzliche Auftreten von Keramik, geschliffenen Steingeräten sowie domestizierten Tieren und angebauten Pflanzen in Zusammenhang gebracht, obwohl sich in der Forschung mittlerweile die Ansicht von einem allmählichen Prozess der Veränderungen durchsetzt und das Wort »Revolution« mehr und mehr vermieden wird. Die Besiedlung Europas durch jungsteinzeitliche (neolithische) Ackerbauern soll vom mittleren Osten beziehungsweise von Anatolien (Türkei) und den Gebieten nördlich des Schwarzen Meeres durch die prä-skythische Kurgan-Kultur erfolgt sein.
Die ältesten Belege für Ackerbau fand man in dem sichelförmigen

Gebiet von Palästina bis zum Persischen Golf, das als *Fruchtbarer Halbmond* bezeichnet wird. Nicht zufällig findet man hier alte steinzeitliche Stadtstrukturen wie Jericho und Çatal Hüyük, die über lange Zeiträume besiedelt waren und mehrfach überbaut wurden.

Im Bereich des *Fruchtbaren Halbmonds* gab es, da Winterregengebiet, ideale klimatische Bedingungen, und deshalb soll hier der evolutive Übergang zur Sesshaftigkeit und zur Landwirtschaft stattgefunden haben. Mit dem Einsetzen der *Jüngeren Dryaszeit* (Kaltzeit) und des damit verbundenen kälteren und trockeneren Klimas versiegten die Nahrungsquellen. Die Menschen verließen Orte wie Jericho und andere Siedlungen. Gleichzeitig verwandelten sich die ukrainischen und südrussischen Ebenen wieder in karge Steppenlandschaften (Pitman/Ryan, 1999, S. 324). Die eintausend Jahre andauernde *Jüngere Dryaszeit* soll vor ungefähr 11 400 Jahren geendet haben, und sie ist bei meinem Sintflutmodell der Phase des nachsintflutlichen Impakt-Winters gleichzusetzen. Die Temperaturen sanken, und in Südwestasien, Europa und Afrika gab es kaum noch Niederschläge. In der Folge entstanden der globale Wüstengürtel von Asien über die Arabische Halbinsel bis nach Afrika als zusammenhängende Zone (Gobi, Arabische Wüste, Sahara). »Nach den Felsmalereien zu urteilen, waren die Rinder früher in der Sahara weit verbreitet; klimatische Gründe machten es notwendig, sie spätestens vor dreitausend Jahren nach dem Süden zu verlagern«, bestätigt der Genetiker Luigi Luca Cavalli-Sforza (1999, S. 138).

In den Hochgebirgen Europas bildeten sich verstärkt Gletscher aus, während vom kontinentalen Schelfrand Irlands bis nach Südfrankreich und zum Niederrhein hin tropische Temperaturen herrschten, wie auch neue Tiefenbohrungen bei Bergisch-Gladbach ergeben haben. Zu dieser Zeit entstanden die phantastischen Höhlenbilder in Südfrankreich, die unbekleidete Jäger zusammen mit Pumas, Löwen, Antilopen und anderen Tropentieren zeigen. Damals lagen die Nordsee und der Ärmelkanal trocken. Großbritannien und Irland waren mit Kontinentaleuropa verbunden. Der Golfstrom wurde an niedrigen untermeerischen Schwellen zwischen England, Island und Grönland abgeblockt und nach Süden entlang der Küste Frankreichs und der Iberischen Halbinsel geleitet. Das warme Wasser wurde in den Golf von Biscaya gedrückt und erzeugte hier ein tropisch-warmes Klima. Zu dieser Zeit waren sogar Flusspferde in Mitteleuropa heimisch, während gleichzeitig die hohen Berge der Alpen, Pyrenäen, Skandinaviens und Grönlands vereisten. Dieses Zeitalter verkörpert in Europa quasi die durch Jäger, Sammler und Nomaden charakterisierte Altsteinzeit, die aber nicht vor 10 000 Jahren endete, sondern nur eine relativ kurze Phase vor vielleicht etwas mehr als 4000 Jahren darstellte. In »Kolumbus kam als Letzter« (S. 289 ff.) wird dieses hier verkürzt skizzierte Szenario ausführlich beschrieben und begründet.

Da auch im Gebiet des Schwarzen Meeres kaum noch Regen fiel, wurde der Wassernachschub immer geringer, sodass durch die Oberflächenverdunstung mehr Wasser verloren ging, als Niederschläge und Flüsse eintrugen. Dadurch wurde das Schwarze Meer zu einem abflusslosen Binnensee. »Aber auch die Ackerbaukulturen in Anatolien und im Fruchtbaren Halbmond wurden ganz oder teilweise von ihren Bewohnern verlassen. Viele Gruppen zogen sich in die Gebiete zurück, in denen es noch Wasser gab, in die Uferregionen der wenigen noch nicht ausgetrockneten Flüsse und des Schwarzen Meeres« (Pitman/Ryan, 1999, S. 325).

Einige Jäger-, Sammler- und Hirtengruppen übernahmen von ihren Nachbarn den Ackerbau und gewöhnten sich an diese Lebensweise. Der Handel florierte, und in dieser Notlage lernte man, in den Deltas Wasser umzuleiten, und erfand so die Technik der künstlichen Bewässerung.

Das Schwarze Meer war eines der letzten Süßwasserreservoire, und nur deshalb siedelten die Völker an dessen Ufern. Die Gebiete rund ums Mittelmeer waren aufgrund der in Afrika und auf der Arabischen Habinsel sich vollziehenden Wüstenbildung von extremer Trockenheit geplagt und deshalb fast menschenleer. Danach entspannte sich die Lage, und die Regenfälle setzten wieder ein. Einige Bewohner der Seeufer rund ums Schwarze Meer, die durch den langsam steigenden Wasserspiegel verdrängt wurden, kehrten in die verlassenen Siedlungen im Süden (Anatolien, Levante) zurück. Die vorhandenen und teilweise durch Erdbeben zerstörten Baureste, die man noch heutzutage an der Westküste des Mittelmeeres häufig findet, wurden auf die Schnelle wieder notdürftig neu errichtet, und zwar mit dem vorhandenen Baumaterial. Manchmal wurden benachbarte Ruinen auch als Steinbruch genutzt. Deshalb findet man bei antiken Städten auf bautechnisch hochwertigen Grundmauern oft lieblos aufgestapelte oder schlecht, manchmal verkehrt herum vermauerte Bauwerkstrümmer. Meistens wird die Zerstörung der Siedlungen fälschlicherweise auf Kriegseinflüsse zurückgeführt.

Inzwischen war der Pegel der Ozeane so weit angestiegen, dass das Wasser schließlich bis an den Rand des Walls am Eingang des Bosporus-Tals reichte und sich dann in das 150 Meter tiefer gelegene Schwarze (Binnen-)Meer ergoss. Etwa 50 Milliarden Kubikmeter Salzwasser strömten Tag für Tag in den ehemaligen Süßwassersee und vernichteten den gesamten Fischbestand, bis schließlich neue Salzwasserfische aus dem Mittelmeer heimisch wurden.

Die uns bekannten jungsteinzeitlichen Ackerbausiedlungen befanden sich ausnahmslos auf Wasser speichernden Schwemmlandböden, wie sie die Russen bei ihren Sedimentbohrungen überall auf dem breiten, heute unter Wasser liegenden Kontinentalschelf vor Bulgarien, Rumänien, der Ukraine und Russland entdeckten. Die Ackerbauern, deren Siedlungen man noch heute tief unter dem Meeresspiegel des Schwarzen Meeres nachweisen kann, mussten vor den heranrückenden Wassermassen die Flucht ergreifen. Die um das Schwarze Meer herum wohnenden Völker wurden in alle Richtungen nach Westen (Mitteleuropa), Norden (Osteuropa), Osten (Asien, bis nach Japan) und Süden (Levante, Mesopotamien und Ägypten) zerstreut (vgl. Pitman/Ryan, 1999, S. 325 ff.).

In Europa wurden die durch die abziehenden Jäger- und Sammlervölker freiwerdenden Räume durch die westwärts vom Schwarzen Meer her gerichtete militärische Invasion der Kurgan-Völker (Skythen) besetzt (vgl. Renfrew, 2004, S. 44). Sie brachten ihre Langhausarchitektur – die später bei den Kelten, Germanen und Wikin-

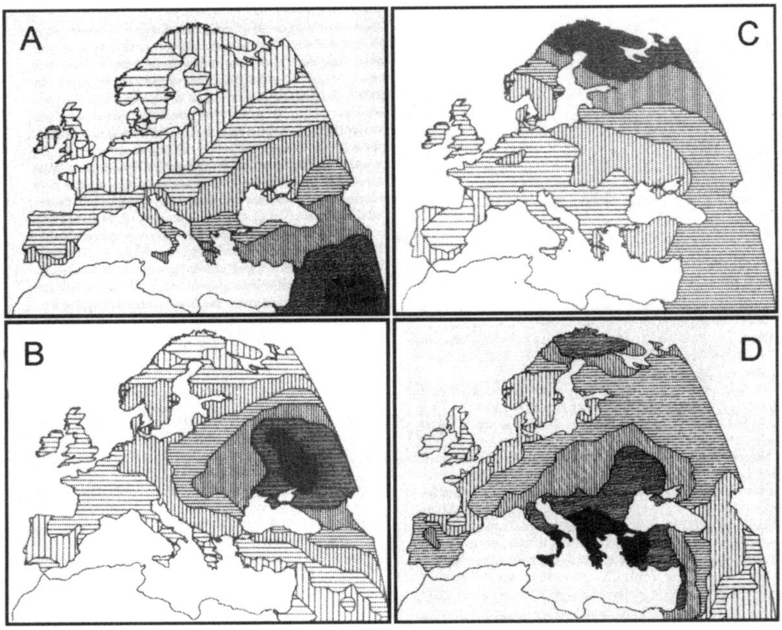

Abb. 35: Genetische Karten. *Die ersten vier Hauptkomponenten der genetischen Karte Europas ergeben Landschaften nach Cavalli-Sforza (et al., 1994). Karte A dokumentiert die westwärts gerichtete Expansion der neolithischen Ackerbauern, die zu einer dünnen Besiedlung führte. Karte B zeigt eine genetische Anpassung an die Kälte von Nord nach Süd »wahrscheinlich als Folge einer einzigen großen Wanderbewegung« – Neandertaler, Aurignacien. In diese Phase gehört auch die megalithische Zeit mit den Cro-Magnon-Menschen, u. a. Basken, deren vaskonische Ursprache über Mitteleuropa (Bayern) bis hin zum Schwarzen Meer nachgewiesen werden kann. Karte C zeigt eine mit der Klimaverbesserung westwärts (Europa) und südwärts (Indien) gerichtete militärische Expansion, die von der Kurgan-Region (u. a. den Skythen) am Schwarzen Meer ausging. Karte D deutet auf die griechische Expansion in Europa hin. Kerngebiete sind dunkel dargestellt. Aus: Luca und Francesco Cavalli-Sforza, 1994.*

gern weiter gepflegt wurde – sowie ihre Handwerkskunst (Keramik) und ihre Ackerbaumethoden mit in die neue (aber zugleich alte) Heimat. Eine zweite Expansion startete von Griechenland aus im –2. Jahrtausend (vgl. Cavalli-Sforza, 1996, S. 248). *Diese Expan-*

sionen (Karten C und D der Abb. 35) werden ausführlich in »Kolumbus kam als Letzter« diskutiert.

Die Skythen und ihre Vorgänger, die Kurgan-Kultur, lebten nördlich des Schwarzen Meeres bis zum Kaspischen Meer. Hier wurde das Pferd domestiziert, das den Kurgan und Skythen als Reittier diente. Diese oft als Mongolen angesehenen Reitervölker waren nicht innerasiatischen Ursprungs, sondern Indoeuropäer, die westwärts bis nach Griechenland, Europa, Großbritannien und Skandinavien expandierten (Renfrew, 2004, S. 44). Mit diesen Völkern kam auch die Ursprache mit nach Europa, aus der dann das Gotische, Keltische und Teutsche entstand, wie es Johann August Egenolff im Jahre 1735 in seinem Buch »Historie der Teutschen Sprache« beschrieb. Die Megalithbauten errichtenden Völker »waren demnach Indoeuropäer, aus deren Sprache sich die heutigen keltischen Sprachen entwickelt haben. So gesehen erscheint die gesamte europäische Vorgeschichte als eine Abfolge stetiger Wandlungen ... auf einer gemeinsamen früh-indoeuropäischen Grundlage, mit wenigen nicht-indoeuropäischen Überbleibseln. Antrieb dieser Entwicklung war nicht eine Folge von Einwanderungen, sondern von komplexen Wechselwirkungen innerhalb Europas mit im wesentlichen landwirtschaftlich geprägter Ökonomie und indoeuropäischer Sprache« (ebd., S. 47).

Veränderter Lebensraum

Dieser kurze Abriss der Geschichte nach der Sintflut (bzw. angeblichen Eiszeit) zeigt deutlich, dass die Gebiete Europas nur von wenigen Jägern und Sammlern bewohnt waren und erst relativ spät in der Jungsteinzeit besiedelt wurden. Das heißt nicht, dass es in Europa und im Norden vorher gar keine Kulturen gab. Offiziell wird nicht in Erwägung gezogen, dass die heutzutage arktischen Gebiete während der Eiszeit von sesshaften Völkern besiedelt waren.

In der Antike waren diese ein sagenhaftes und unerreichbares Volk ganz im Norden am Erdrand, Hyperboräer genannt. Später diente diese Bezeichnung für jedes Volk hoch im Norden, da die Suche nach ihnen erfolglos war, denn große Überflutungen und Temperaturstürze hatten zu einer Flucht dieser Völker über Land und See in Richtung Mittelmeer und Schwarzes Meer geführt. Zurück blieben eine zu dieser Zeit vereisende Arktis (Kanada, Grönland, Spitzbergen) und ein fast entvölkertes Europa, das eine radikal andere Gestalt als das uns heutzutage vertraute hatte.

Mehrere Dutzend einstmaliger großer Seen existieren heute nicht mehr, wie etwa der Obere-Dnjepr-See, der Obere-Wolga-See, der Tunguska-See, der Pur-See oder der Mansi-See (Grosswald, 1980, Abb. 7). Die Erdkarte des griechischen Kartografen Eratosthenes aus dem –3. Jahrhundert zeigt eine Verbindung zwischen Kaspischem Meer und Arktischem Ozean. Heute liegen 2200 Kilometer Festland dazwischen. Hat Eratosthenes hier seine Phantasie walten lassen? Aber auch der Geograf Pomponius Mela veröffentlichte in seiner Kosmografie eine Karte, auf welcher das im Land der Skythen liegende Kaspische Meer über einen breiten Strom mit dem Arktischen Ozean im Norden verbunden ist, der allerdings als *Skythischer Ozean* bezeichnet wird. Diese schon in der Antike existierenden Karten sollen möglicherweise auf die

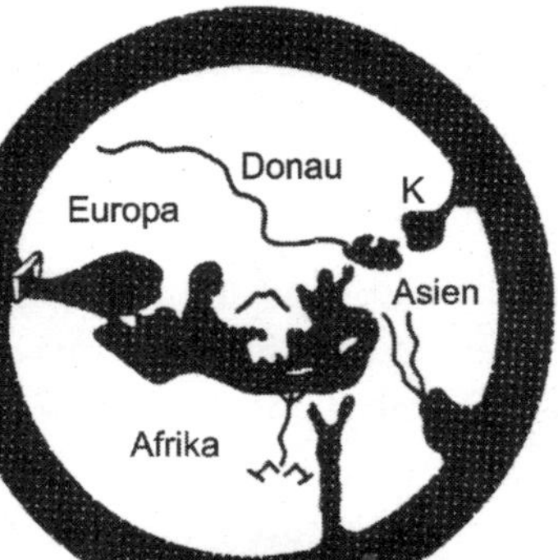

Abb. 36: Erdscheibe. *Das antike Weltbild zur Zeit Herodots (–490 bis nach –430) zeigt einen die Erdscheibe umströmenden Okeanos, der mit dem Kaspischen Meer (K) verbunden war. Im Norden endete die Erdscheibe bei den Stammesgebieten der mit den Skythen verwandten Kimmerer (Kimmerier). Dieses schon bei Homer erwähnte Volk lebte nahe am Eingang des Hades. In ihrem Gebiet herrschte stets Dunkelheit (kimmerische Finsternis), Helios leuchtete hier nicht. Irgendwo im Norden oder Nordwesten wohnten die sagenhaften Hyperboräer (Hyperboreer), die »Menschen jenseits des Nordens«.*

vorgriechische Kultur der Karthager zurückgehen (Hapgood, 1966, S. 113).

Das Vorkommen des der Baikalrobbe ähnelnden Kaspischen Seehundes (*Phoca caspica*) im nördlichen Teil des Kaspischen Meeres deutet auf die in den Karten gezeichnete Verbindung mit dem Arktischen Meer hin. Diesen Tieren wurde mit dem fallenden Wasserspiegel des Kaspischen Meeres der Zugang zum Arktischen Ozean abgeschnitten. Auch die geologischen Tatsachen scheinen dies zu bestätigen. Ein großes Tiefland, die Kaspische Senke, mit einer Fläche von 200 000 Quadratkilometern und einer geringen Neigung in Richtung Barentssee (Nordpolarmeer) weist auf die einstige Verbindung hin. Das Kaspische Meer füllt die tiefste Stelle einer Senkung der Erdoberfläche aus, die sich bis zu 28 Meter *unter* dem heutigen Ozeanwasserspiegel erstreckt. Diese Kaspische Senke bildete nachsintflutlich ein großes Meer mit wesentlich höherem Meeresspiegel und besaß eine Verbindung mit der Barentssee und damit dem Nordpolarmeer sowie anschließend zu Atlantik, Beringmeer und Pazifischem Ozean.

Nach einer Untersuchung von P. A. Carlin (et al., 2002, S. 5–6 und 17–35) wurden am Ende der »Eiszeit« bis vor 13 000 Jahren (= vor 4500 Jahren nach der Schneezeit) mehrere heute nicht mehr existierende Seen in Sibirien von *Megafluten* aus den Gebirgen Asiens gefüllt. Das Wasser floss schließlich in die Kaspische Senke und wurde darüber hinaus auch in das Schwarze Meer drainiert. Zugrunde gelegt wurde allerdings bei dieser Untersuchung (Carlin et al., 2002), dass der Abfluss aus dem Kaspischen Meer in das Nordpolarmeer durch die propagierten Gletscher der »Eiszeit« versperrt war. Berücksichtigt man jedoch mein Schneezeitmodell anstelle des Eiszeitmodells, hat es zwar starken Schneefall und Eisbildung gegeben, aber keine Kilometer hohen Gletscher in den Ebenen, sondern nur auf hohen Gebirgen dicke Eispanzer (vgl. »Irrtümer der Erdgeschichte«, S. 212 ff.). Unter Berücksichtigung des Schneezeitmodells war der Abfluss aus dem Kaspischen Meer nördlich in das Nordpolarmeer frei (Foto 65), und die neueste Untersuchung über Superfluten in Asien ergänzt die Darstellungen in den alten Karten und untermauert sie sogar.

Abb. 37: Superflut.
Eine aus dem Altai-Gebirge in Richtung Kaspisches Meer schießende Superflut hinterließ in wenigen Stunden acht Meter mächtige Kiesschüttungen im Kleinen Jalomon-Tal (Ost-Kasachstan).

Voraussetzung für dieses Szenario sind die von mir in meinen Büchern diskutierten, von der Lehrmeinung bisher strikt abgelehnten Superfluten. Aber diese von mir seit 1998 diskutierte Sichtweise wird jetzt auch im Fachblatt »Science« (29. 3. 2002, Bd. 295, S. 2379–2380) ausdrücklich bestätigt: Die großen Becken mit »eiszeitlichen« Seen in Sibirien (u.a. Kaspisches Meer und Aralsee) sind Zeugnisse dieser Fluten, die sogar im Weg liegende, hunderte Kilometer entfernte breite Hochländer überfluteten. Dabei wurden Rinnen in die Höhenzüge gefräst, die auf Satellitenbildern von Zentralasien deutlich zu sehen sind. In Westchina befindet sich die riesige Wüste *Takla Makan* (Tarim-Becken). Hier befand sich ein großer, mit dem Kaspischen Meer vergleichbarer See, an dessen nördlichem Ufer ein alter Handelsweg, die Seidenstraße, entlangführte.
Wie bereits beschrieben, hatte eine neue Studie aufgrund von Schädelanalysen die Wanderung von Neandertalern durch Sibirien bis nach Nordamerika nahe gelegt. War der Weg für die Neandertaler oder Prä-Eskimos nicht durch die auf alten Karten dargestellte Wasserstraße zwischen Kaspischem Meer und der Barentssee (Nordpolarmeer) und durch die vielen breiten Ströme und großen Binnenseen in Sibirien versperrt, die ein Ergebnis von Superfluten in Asien sind?
Ja! Denn die der arktischen Kälte angepassten Neandertaler kamen

ursprünglich aus dem Norden, aber nicht aus dem Süden und auch nicht aus dem Osten (Sibirien). Sie (die Hyperboräer?) wurden durch die sich im Norden mit der nachsintflutlichen Schneezeit ständig verschlechternde Klimatik nach Süden auf die kontinentale Halbinsel Europa verdrängt. Die Wanderbewegung der Neandertaler und der Aurignacien-Menschen *nach Süden* stimmt genau mit dem Vordringen der Eisdecke im Norden Europas überein, betonen die Forscher um Tjeerd van Andel von der britischen *Universität Cambridge* (»New Scientist«, Ausgabe 2431, 24. 1. 2004, S. 10).

Diese »Altsteinzeitvölker« stießen in einige wenige Fluchträume in Südwest-Frankreich und an die Küste des Schwarzen Meeres vor. Der Hinweis auf die Flucht moderner Menschen aus Mittel- und Nordeuropa in Gebiete rund ums Schwarze Meer, bevor von dort die als *Neolithische Revolution* bekannte Wiederbesiedlung Europas erfolgte, entspricht der in »Kolumbus kam als Letzter« (S. 279 ff.) beschriebenen Vertreibung der mitteleuropäischen und nordischen Völker aus Gebieten, die wie die damalige Steppe im Bereich der heutigen Nordsee überflutet wurden. Zu dieser Zeit waren England und Irland noch mit dem europäischen Festland verbunden. Mit dieser Überflutung und der Trennung von Großbritannien und Irland von Kontinentaleuropa ging ein drastischer Klimasturz einher, der von heftigen tektonischen Verwerfungen begleitet wurde (Zillmer, 2004, S. 282 ff., vgl. Hsü, 2000, S. 174).

Auch in der Ostsee gab es eine Sintflut, nach offizieller Datierung vor nur etwas mehr als 6000 Jahren: ein Anstieg des Meeresspiegels und eine Absenkung der Erdkruste. Unter Federführung der DFG (Deutsche Forschungs-Gemeinschaft) haben Archäologen im Rahmen des Forschungsprojektes *Sincos* (*sinking coasts*: Sinkende Küsten) am Grund der Ostsee in der Wismarer Bucht mehrere steinzeitliche Siedlungen und Reste versunkener Wälder entdeckt, in bis zu sieben Meter Tiefe. Weitere Fundorte werden in der Ostsee untersucht, u. a. vor der Ostseeinsel Rügen. Zwischen –5400 bis –4100 lebten im Bereich der Ostsee steinzeitliche Jäger und Sammler, die Erteboelle-Leute, benannt nach dem dänischen Fundort Erteboelle am Limfjord. Sie lebten in kleinen Dörfern, betrieben Hochseeschifffahrt und ernährten sich von Fischfang und Jagd. Ihr Verbreitungsgebiet reichte von der Elbmündung bis nach Dänemark, Südschweden und Polen. Aus anatomischer Sicht wirkten sie altertümlich. In den 1930er-Jahren war bei den Bauarbeiten zum Rügendamm der Schädel eines dieser Jäger und Sammler gefunden worden. Das Schädeldach war gut einen Zentimeter dick und wies starke Augenwülste auf – ein Hinweis auf robuste Merkmale vom Neandertalertyp? Zudem war der Mann, wie jüngste Untersuchungen herausfanden, nach indianischer Sitte skalpiert worden ...

Können die Dänen wegen dieser Überflutungskatastrophen ihre Kulturgeschichte bis heute noch nicht schlüssig erzählen? Es fehlt ihnen ein wichtiger Baustein zwischen der Bauernkultur in den Flachgebirgsregionen und der dänischen Jäger- und Sammlerkultur. Wurde die kulturelle Vergangenheit Nordeuropas unter den Fluten der früher besiedelten Ost- und Nordsee begraben? »Seit 7000 Jahren erst liegt Mecklenburg an der Ostsee« und »stieg der Spiegel der südlichen Ostsee, gleich wie der Wasserspiegel in einer Wanne, die einseitig gehoben wird ... Ehe sich dieser Vorgang in Norddeutschland bemerkbar machte, reichte die Ostsee etwa bis zu einer Linie, die heute mindestens 25 Meter unter dem Wasserspiegel liegt«, stellt Professor Dr. Kurd von Bülow fest (1952, S. 49). Auf Abbildung 38 ist zu erkennen, dass wegen der *Darsser Schwelle* die eigentliche Ostsee getrennt war von der Beltsee, die im Wesentlichen – bis auf das Urstromtal – auch trocken lag. Nord- und Ostsee waren damals nicht miteinander verbunden. Die Ostsee war früher ein Binnensee und ist heute noch der größte Brackwasser-See der Welt.

Ein wesentlicher Teil unserer Vorgeschichte liegt heutzutage unter den Wellen der Ost- und Nordsee begraben. Müsste die Ostsee durch die abschmelzenden, angeblich mehrere Kilometer hohen Gletscher der »Eiszeit« in Skandinavien und Norddeutschland nicht randvoll mit Schmelzwasser gewesen sein? Die Eiszeittheorie ist unvereinbar mit der »nacheiszeitlichen« Besiedlung des trocken liegenden Ostseebodens. Tatsächlich wurde die Ostsee durch aus Asien stammendes Wasser der Superfluten sehr schnell gefüllt, die

Abb. 38: ***Überflutung.*** *Die Darsser Schwelle trennt die westlich (links) davon liegende Beltsee von der eigentlichen Ostsee ab. Die Beltsee ist nicht tiefer als rund 25 Meter, die Schwelle 18 Meter; die Ostsee fällt ostwärts zu größeren Tiefen ab. Heutiger Boden der Ostsee (weiße Flächen und mehr) war früher besiedelt. Aus Bülow, 1952.*

über das Kaspische Meer nicht nur in das Nordpolarmeer, sondern auch in die östliche Ostsee (Finnische Seenplatte) und über die Urstromtäler bis in die westliche Ostsee (Beltsee) abflossen (siehe Foto 65). Die Urstromtäler Norddeutschlands entstanden nach offizieller Ansicht (Wahnschaffe, 1921) »unmittelbar *nach* der Eiszeit, mit *größerem* Wasserreichtum« (Dacqué, 1930, S. 62).
Es gab kulturell eine Verbindung mit fernen östlichen Regionen: »Ohne Zweifel ist Sibirien handwerklich eine Verlängerung des subarktischen Europas« (Müller-Beck, 1967, S. 391). »Es ist so gut wie sicher, dass die erste Stufe der sibirischen Altsteinzeit nichts anderes ist als eine Verlängerung der auslaufenden Jungsteinzeit Osteuropas, trotz der Entfernung und trotz der fehlenden Zwischenstationen« (Chard, 1958).

Allerdings sollten uns die fehlenden Zwischenstationen in Sibirien zu einer anderen Interpretation herausfordern. Einerseits wurden die altsteinzeitlichen Zeugnisse in Westsibirien von Osteuropa und/oder über Skandinavien hinweg importiert, andererseits fehlen in Mittelsibirien diese Funde. Entsprechende weit entfernt liegende Funde in Ostsibirien zeugen deshalb eher von einer entgegengesetzten Besiedlungsrichtung von Ost nach West, also von Amerika über die trockene Beringstraße nach Ostsibirien, aber nicht bis nach Mittelsibirien hinein.
Stammten die Leute der Altsteinzeit ursprünglich aus nördlichen Gebieten, dann ist der Weg von dort einerseits nach Europa über die Grönlandbrücke und andererseits über Kanada nach Ostsibirien ähnlich weit. Das würde bedeuten: eine Altsteinzeit in der Arktis! Tatsächlich gibt es unverkennbar steinzeitliche Artefakte und entsprechend altertümliche Felsbilder im Jäger- und Fischerstil bei Siedlungen nördlich des 70. Breitengrades an den Küstenstreifen beiderseits des Nordkaps in Skandinavien. *Die Gerätesätze bewahren Formen aus allen drei Stufen der jüngeren Altsteinzeit*, wobei das typische Aurignacien überwiegt (Nummedal, 1929, S. 92, 95, 97 ff.). Altsteinzeitliche Werkzeuge moderner Menschen aus dem Aurignacien müssten eigentlich mindestens 30 000 Jahre alt sein. Zu dieser Zeit sollte nach Lehrmeinung die Landschaft nördlich des 70. Breitengrades mit mehreren Kilometer hohen Gletschern bedeckt und damit absolut unzugänglich gewesen sein.
Aber nicht nur in Nordnorwegen fand man Felsbilder, sondern sogar 700 Kilometer weiter nördlich auf Spitzbergen in der Nähe des 80. Breitengrades (vgl. Foto 69)! Es handelt sich um naturalistische und über jeden Zweifel erhabene altsteinzeitliche Felskunst, von der allerdings nur russische Mitteilungen spärliche Kunde vermitteln (Simonsen, 1974, S. 132 f.).
Dieses Szenario passt nicht zu der gängigen Annahme, dass eine Besiedlung in Skandinavien erst vor 10 000 Jahren nach dem Ende der Eiszeit und dem Rückzug der Riesengletscher erfolgte. Die norwegische Zeitung »Aftenposten« berichtete 1997, dass die Besiedlung Skandinaviens wesentlich früher begann als bisher vermutet wurde (BdW, 22. 10. 1997). Die Interpretation der beschriebe-

nen altsteinzeitlichen Funde in Nordnorwegen hat den Paläo-Anthropologen seit eh und je Schwierigkeiten gemacht, da diese *nicht* mit Kilometer hohen Gletschern der Eiszeit auf Skandinavien in Einklang gebracht werden können, insbesondere, da man alte Siedlungen im Bereich »eiszeitlicher« Gletscher gefunden hat – ein Rätsel für die Forscher.
Mit einer Reduzierung der Menschheitsgeschichte und einer Verschiebung der jüngeren Altsteinzeit in eine eisfreie nachsintflutliche Phase löst sich das scheinbare Rätsel auf. Erst während und danach vollzog sich die angeblich sehr lang andauernde Eiszeit als relativ kurz andauernde Schneezeit: Während noch die Menschen der Altsteinzeit in Mitteleuropa unbekleidet Jagd auf Tropentiere machten, wie die Höhlenmalereien in Südfrankreich zeigen, vereisten zuerst die hohen Berge, auch in Skandinavien, und schließlich gefror Nord- und Mitteleuropa und wurde mit einem (dünnen) Leichentuch zugedeckt. Die Tropentiere – u. a. Flusspferde, Wasserbüffel, Elefanten, Tiger, Affen (*Macaca sylvana suevica* in Heppenloch, Deutschland), Nashörner und Löwen – sowie Menschen (Neandertaler und frühmoderne Menschen) starben hier in Europa in großer Zahl. Sie wurden auch durch die zu dieser Zeit wütenden Stürme und Überflutungen vernichtet und zerschmettert in riesigen Ablagerungen zusammengeschwemmt (vgl. »Irrtümer der Erdgeschichte«, S. 179 ff.). Deshalb findet man Reste von modernen Menschen in geologisch scheinbar viel zu alten Schichten.
Nach diesen katastrophischen Ereignissen war Europa verwüstet und menschenleer. Die alten Kulturen waren vernichtet, viele Völker wichen vor der einbrechenden Kälte nach Süden aus, andere – Menschen wie Tiere – verkrochen sich in Höhlen und erfroren dort. Viele Funde von Tierskeletten in Höhlen interpretierte man aufgrund des Fundortes als Höhlentiere, wie zum Beispiel Löwen als Höhlen-Löwen – eine Fehlinterpretation. Ja es soll sogar Höhlen-Hyänen in Deutschland gegeben haben. Hyänen gab es in Mitteleuropa ohne Zweifel (genauso wie in Afrika), aber diese Tiere lebten auch so wie in Afrika heute: frei umherstreifend in der weiten Savanne Eurasiens, wie die Saiga-Antilopen und Mammuts, aber nicht in Höhlen.

Mit der Verschiebung der Klimazonen nach Süden wurden die an die Arktis angepassten stämmigen Nomaden (Neandertaler, Eskimos) aus nördlicheren Gebieten nach Amerika und auf die Halbinsel Europa verdrängt. Hier hatte sich die einst tierreiche Steppe in eine karge Tundrenlandschaft verwandelt. Die Nomaden folgten den Rentieren, die auch im Rheintal nachgewiesen wurden. Lag der Ursprung der Kulturen im Norden und nicht im Süden? Zu dieser Zeit gab es viel mehr Land im Norden als heutzutage. Die Barentssee nördlich von Skandinavien sowie die Nordsee sind relativ flach und bei niedrigerem Wasserstand gab es hier Steppenlandschaften (vgl. Foto 69). Vor der »Eiszeit« soll der Wasserspiegel der Ozeane wesentlich tiefer gelegen haben: mindestens 130 Meter (»Science« 1979, 204, S. 618–620).

Es bleibt äußerst unwahrscheinlich, dass Menschengruppen freiwillig von Süden her in unwirtliche Breitengrade bis an die Ränder der Gletscher vorgedrungen sind. Die der Kälte angepassten Menschen wichen wohl eher dem kälter werdenden Klima im Norden aus und folgten den Tieren *südwärts* und später wieder mit dem wärmeren Klima nordwärts. Im Hamburger Tunneltal – in dem Dreieck zwischen den Orten Hamburg-Meiendorf, Ahrensburg und Stapelfeld gelegen – hat man Rentierskelette gefunden. Dieses Tal zeugt von großen Wassermassen, da es an der engsten Stelle zwischen Harburger Bergen und den Blankeneser Höhen immer noch acht Kilometer breit ist! Das Wasser floss dann seinerzeit weiter in das Elbe-Urstomtal, in dem damals gewaltige Schmelzwässer des angeblich abtauenden nordischen Inlandeises gesammelt zur Nordsee flossen. Tatsächlich handelt es sich um während des Alluvium-Zeitalters (Holozäns) zurückfließende Wassermassen der Überflutungen, die auch viele Findlinge hinterließen, und um Wasser der aus Asien stammenden Superfluten.

In dieser Gegend wurden bei Meiendorf Hinweise auf steinzeitliche Menschen gefunden. Diese werden als Rentierjäger der so genannten *Hamburger Kultur* angesehen. Nach offizieller Ansicht gab es nacheiszeitlich vor 12 500 Jahren hier eine baumfreie Tundra, die sich erst 2000 Jahre später zunehmend bewaldete. Aus diesem Grund zogen die altsteinzeitlichen Rentierjäger wieder weg, mit der Klimaverschiebung nach Norden und Osten in kältere Tundragebiete. Vor etwa 10 200 Jahren, nach einer neuen Kaltzeit (Jüngere Dryaszeit oder Dryas III), kehrten die Rentierjäger angeblich mit verbesserten Jagdmethoden (Pfeil und Bogen) zurück. Es handelt sich um die so genannte *Ahrensburger Kultur*, die u. a. auch am Südrand der Kölner Bucht (Floss, 1989), in den deutschen Mittelgebirgen (Baales, 1996) und in den belgischen Ardennen (Baales, 1999) nachgewiesen wurde.

Zahllose klein zerstampfte Knochenfragmente zeigen, dass die Rentierjäger selbst noch die Fettanteile der Knochen durch Auskochen dieser Splitter nutzten. Das so gewonnene Fett (*bone grease*) wurde mit Beeren und Trockenfleisch zu einer länger haltbaren Nahrungsreserve verarbeitet, ähnlich dem bei nordamerikanischen Indianern bekannten *Pemmikan*.

Ein Rentierzüchter in nördlichen Breiten benötigt große Flächen zur Beweidung, um seiner bis zu 5000 Tiere umfassenden Herde genügend Nahrung zu verschaffen. Gibt es beispielsweise eine gravierende Unterscheidung zwischen den auf diese Weise noch heute lebenden Rentierzüchtern (= ursprüngliche Rentierjäger?) und der *Ahrensburger Kultur*? Besaß man damals schon Herden und lebten die Lappen vor kurzer Zeit noch genauso wie ihre Vorfahren? »Die Lappen sind zwar genetisch Europäer, haben aber Gene, die sich am meisten von denen der übrigen Europäer unterscheiden« (Cavalli-Sforza, 1999, S. 132).

Die Tundren-Landschaft in Europa erstreckte sich im norddeutschen Flachland bzw. im angrenzenden Tiefland Nord-Belgiens und der Niederlande bis nach Südfrankreich im Westen und den Baltischen Staaten im Osten. In all diesen Gebieten wurden Rentiere bis in die nördlichen Mittelgebirge Deutschlands hinein nachgewiesen. Die Abstammung der Rentiere (Karibus) ist ungeklärt. »Als sie in Europa auftauchen, sind sie bereits vollkommen an ihren arktischen Lebensraum angepasst« (Paturi, 1996, S. 429), *erschienen also urplötzlich*.

In Meiendorf, im bereits beschriebenen Hamburger Tunneltal, nahm Alfred Rust 1932 Ausgrabungen vor (Rust, 1937) und fand in der so genannten *Hamburger Kultur* nicht das aus Sibirien

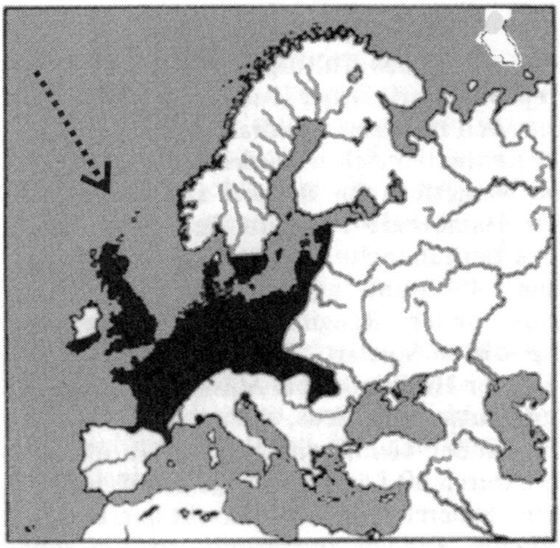

Abb. 39: Verbreitung. *Rangifer arcticus in Nordwest-Eurasien (nach Jacobi, 1931). Diese Rentiere, deren Herkunft offiziell unbekannt ist, kamen über die Grönlandbrücke.*

bekannte Rentier (*Rangifer tarandus*), sondern zur Überraschung der Ausgräber eine andere Rentier-Art: *Rangifer arcticus* (Gripp, 1937, S. 72). Die Überraschung liegt in der Verbreitung von *Rangifer arcticus* (heutzutage auch: *Rangifer tarandus arcticus*). In Deutschland wurde *Rangifer arcticus* über der Hauptschicht der *Mosbacher Sande* im Stadtkreis Wiesbaden gefunden (Probst, 1999, S. 303). In den bis zu über 900 000 Jahre alten, weit verbreiteten Mosbacher Schichten findet man Bewohner unterschiedlicher Lebensräume wie Elefant, Wisent, Riesenhirsch, Hyäne, Biber, Bär, Nashorn, Ren und sogar Flusspferd (Brüning, 1980).
Das bei Hamburg gefundene *Rangifer arcticus* stammt aber aus der jüngeren Altsteinzeit und ist höchstens 10 000 Jahre alt. Die Überraschung liegt in der heutigen Verbreitung dieser Karibu-Art, denn *Rangifer arcticus* bewohnt das polare Nordamerika von der Hudsonbai bis Alaska und greift mit einer Abwanderung auch noch *ein Stück* nach (Ost-)Sibirien hinein. Ist hierin ein Hinweis auf altsteinzeitliche Funde in Ostsibirien zu sehen? Folgten die Rentierjäger den Karibus und überschritten die damals trocken liegende Beringstraße west- und nicht ostwärts?
Folgten die Menschen diesen Karibus mit der Verschiebung der Klimazonen von arktischen Gebieten nach Süden genauso bis zur

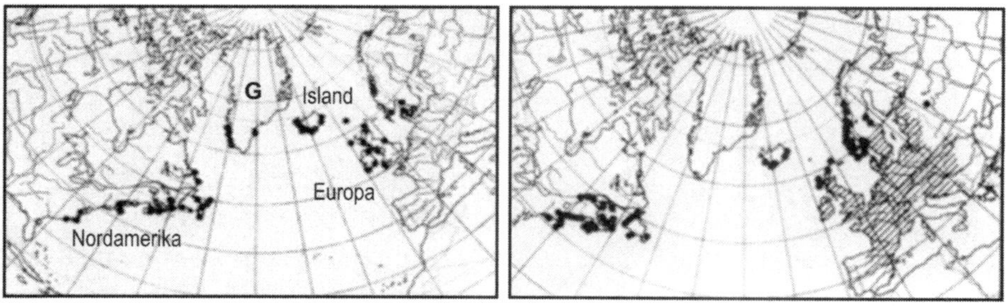

Abb. 40. ***Transatlantische Verbreitungsgebiete.*** *Beispiele für amphiatlantische Fauna. Links: Gartenschnecke. Rechts: ausgestorbener Großer Alk (Penguinus impennis). G = Grönland. Aus Lindroth, 1957.*

kontinentalen Halbinsel Europa? Immerhin *trennen* die Funde von *Rangifer arcticus* in Nordwesteurasien und Ostsibirien immense 80 Längengrade. Ist so auch zu erklären, dass zwischen den Sprachen Eskimo-Aleutisch in Ostsibirien und dem damit verwandten Tschuktschisch-Kamtschatkisch in Westsibirien ein mundartliches Vakuum zu verzeichnen ist, das heutzutage von aus Zentralasien stammenden Turksprachen (Altaisch) gefüllt ist (Foto 63)?
Arnold Jacobi vertritt in seiner zoologischen Monografie die These einer Einwanderung des diluvialen *Rangifer arcticus* aus *Nordamerika unmittelbar nach Nordwesteurasien* und beruft sich dabei auf Alfred Wegeners Theorie von der Kontinentalverschiebung. Wegener hielt einen festen Landverbund zwischen dem atlantischen Westen (Amerika) und Osten (Europa) noch im älteren Quartär, also zu Beginn des »Großen Eiszeitalters«, für möglich, wenigstens im äußersten Nordzipfel des Ozeans. Erst vor der Rissperiode sollen sich die beiden Kontinentalschollen voneinander entfernt haben (Jacobi, 1931, S. 40 ff.). Deshalb findet man in Südgrönland und Island vom vorrückenden Eis eingeschlossene Kleinlebewesen, wie zwei Käferarten des *Bembidion grapei Gyll*, die nur in der Nachbarschaft heißer Quellen überdauerten (Lindroth, 1957, S. 277 f.). Carl H. Lindroth trug weitere Beispiele übereinstimmender (amphiatlantischer) Fauna als Beweis einer Landbrücke zwischen Nordamerika und Europa zusammen: zwölf Vogelarten, ferner

Spezies von Schmetterlingen, Motten, Spinnen, Schnecken und Käfern. Auch die Gartenschnecke (*Cepaea hortensis*) wurde in einem prähistorischen Muschelhaufen in Amerika entdeckt (Lindroth, 1957, S. 234).

Damit wird eine Landbrücke zwischen Europa und Nordamerika bestätigt, von mir in »Kolumbus kam als Letzter« eingehend als *Grönlandbrücke* diskutiert. Zumindest ein Teil der Kontinentalverschiebung fand nach Wegener zu einer Zeit statt, als *Homo erectus* und Neandertaler Europa bevölkerten. Diese Meinung teile ich und ergänze, dass Fridtjof Nansens Polarexpedition 1893 bis 1896 mit seinem Schiff *Fram* bewiesen hat, dass der größte Teil des heutigen Tiefseebodens im Nordpolargebiet, der heutzutage in einer Tiefe von 1000 bis 2500 Metern zwischen der Vulkaninsel Jan Mayen und Island liegt, erst »in jüngster Zeit um 2000 Meter gesenkt worden ist« (Walther, 1908, S. 516).

Island stellt die Gebirge einer versunkenen Großinsel dar, deren einst trockene Täler heutzutage tiefe Fjorde wie in Norwegen sind. Als diese Landmasse absank, vollzogen sich tief greifende Veränderungen in der Lithosphäre. »Dann liegt der Gedanke nahe, dass Hand in Hand damit eine wesentlich andere Verteilung der Massen eintreten musste, welche auf die Lage des Drehungspoles (der Erde, HJZ) nicht ohne Einfluss bleiben konnte« (Walther, 1908, S. 516). Als Ergebnis wurden die anliegenden Kontinentalsockel Amerikas, Grönlands und Europas etwas auseinander geschoben und zwischen ihnen entstanden neue Wasserstraßen. Nach der aus Wegeners Kontinentalverschiebungstheorie entwickelten modernen Plattentektonik-Hypothese sind diese Kontinente schon mindestens 65 000 000 Jahre getrennt – ein unüberwindliches Hindernis für Karibus. Es wurde jedoch bereits diskutiert, dass das Tertiär ein Phantomzeitalter darstellt: Damit rutscht die Grönlandbrücke in das späte Quartär (Diluvium).

Somit war der Weg für *Rangifer arcticus* und die mit ihnen ziehenden Jäger (Eskimos, Neandertaler) in südlicher Richtung nach Europa frei. Der östliche Weg nach Sibirien war letztendlich auch durch die Superfluten und die nachsintflutlich (nacheiszeitlich) existierende Wasserstraße zwischen Kaspischem Meer und Nordpolar-

Abb. 41: Eskimos aus Labrador. Nordisch-europäisches Erscheinungsbild bei den Eskimos. Aus: Rakel, 1894, S. 725.

meer sowie durch die breiten, nach Norden fließenden, reißenden Ströme Sibiriens versperrt. Zudem war der Weg über die Grönlandbrücke nicht nur vorhanden, sondern auch eisfrei und wesentlich kürzer.

Wenn die aus Nordwestrussland stammende Keramik mit der nordamerikanischen enger verwandt ist als mit derjenigen aus Ostsibirien oder mit der baikalischen Ware (Ridley, in: »Pennsylvania Archaeologist«, 1960, S. 46 ff.), so ist es auch nicht verwunderlich, wenn blonde, helle Eskimotypen mit nordischem Aussehen und Bärten an nördlichen Küsten Ostkanadas, östlich und nördlich der Hudsonbai, und auf Grönland dokumentiert wurden, die sich in ihrem Erscheinungsbild erheblich von ihren mongoliden Landsleuten unterscheiden (Greely in: »National Geographic Magazine«, Bd. XXIII, No. 12, Dezember 1912; vgl. Stefansson, 1913). Schon der holländische Gelehrte C. C. Uhlenbeck bemühte sich, die Verwandtschaft des zur östlichen Gruppe der Eskimo-Sprachen gehörenden Grönländischen (und dem nahe verwandten, auf der Halbinsel Labrador gesprochenen Idiom) mit dem Indogermanischen nachzuweisen (Jensen, 1936, S. 151). Heutzutage wird die eskimoaleutische Sprache zum Euroasiatischen gerechnet, wie auch das Indogermanische (Greenberg/Ruhlen, 2004, S. 63).

Entgegen den Aussagen der Plattentektonik-Hypothese gab es noch im späten Quartär eine transatlantische Festlandsbrücke. Dieser Sachverhalt hat den Erforscher der Rentierskelette von Meiendorf, Karl Gripp, zu der als Frage verkleideten Folgerung veranlasst, ob nicht die altsteinzeitlichen Hamburger Jäger der Magdalénien-

Abb. 42: Kälteschutz. *Das vollkommen intakte Skelett eines Mammutjägers, das in Wladimir (Russland) aufgefunden wurde. Der Mann hat vor etwa 35 000 Jahren gelebt, er war hoch gewachsen und trug Hosen und Schuhe aus Pelz. Es entsteht ein anderes Bild, als viele Schulbücher vom primitiven Menschen zeichnen.*

Kulturstufe mit den Eskimos verwandt sein könnten, zumal beiden ein hoher Sinn für die Kunst (u. a. das Wurfholz) gemein sei (Gripp, 1937, S. 72)? Dahinter verbirgt sich die Annahme, dass die diluvialen Rentierleute aus kanadischen Polregionen die gleichen Wege nach Südosten eingeschlagen haben wie die Rentiere selbst.

Diese Fakten fügen sich am besten zu der Annahme, dass von Zeit zu Zeit, je nach klimatischen Verhältnissen von einem *außer*europäischen Zentrum wandernde Fremde und deren Lebensarten nach Europa gelangten. So ist auch die aus dem Nichts auftauchende Existenz (Rust, 1962, S. 73) von »Jägertrupps der jüngeren Altsteinzeit mit eskimoischer Lebensweise« (Rust, 1962, S. 63) in Europa zu erklären. Berücksichtigt man die Ausrüstung dieser Leute, so gilt der eskimoische Lebensstil mindestens bis an den Beginn der Jungsteinzeit, nach neueren Erkenntnissen bis in diese hinein.

Diese Jäger sind Kinder der Arktis *seit* dem Aurignacien bis zur Magdalénien-Kulturstufe. Ihre Statur, die Pelzbekleidung mit Stiefeln, hausartige Lederzelte mit heizbaren Räumen und ihr besonderes Verhältnis zum Feuer verweist auf einen Werdegang in winterkalten Gebieten. Man hat zum Beispiel bei Ostrau-Peterhofen in

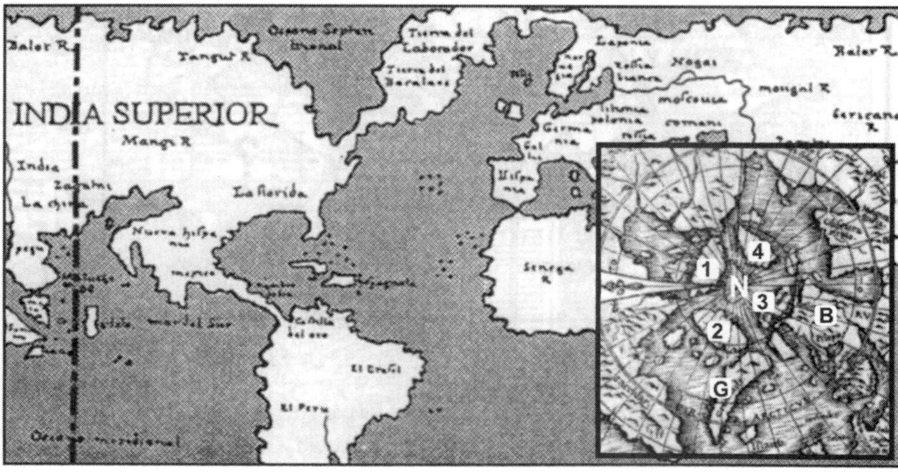

Abb. 43: ***Nordische Heimat.*** *Amerika wird nach dem Konzept des antiken Kartographen Claudius Ptolemäus (angeblich aus dem 2. Jahrhundert) bis ins 16. Jahrhundert als Verlängerung Asiens (Groß-Indien) angesehen. Die strichpunktierte Linie zeigt nach Ptolemäus die Grenze zwischen der Alten und Neuen Welt. Albertin DeVirga stellt 1414 erstmals eine zusammenhängende Landmasse im arktischen Norden dar. Bis weit ins 16. Jahrhundert wird auf Karten, wie der hier abgebildeten von J. Gastaldi (1548), im atlantischen Raum eine zusammenhängende Landmasse dargestellt: das Land der Hyperboräer. Insert: Andere Karten wie die von Oronteus Finaeus (1532) zeigen große Inseln (1 bis 4) rund um den Nordpol. Die Barentssee bildet mit Skandinavien eine Landmasse (B). G = Grönland, eisfrei mit Gebirgen!*

der mährischen Pforte, auf Spitzbergen und in Westgrönland nachweisen können, dass die Menschen der jüngeren Altsteinzeit ihre Brennstellen sogar mit Steinkohlen befeuerten, sofern anstehende Flöze greifbar waren.

Die Gelehrten des 19. Jahrhunderts, noch nicht durch die Droge Evolutionstheorie berauscht und benebelt, sahen die transatlantischen Verbindungen unbefangen. Auf Grund seiner anthropologischen Studien in Brasilien fasste Paul Ehrenreich zusammen: »Wir wissen, dass noch in jüngeren geologischen Perioden Asien sowohl als Europa mit Nordamerika zusammenhingen. Eine circumpolare

Landmasse bestand zu der Zeit als, wenn nicht der Mensch selbst, so doch seine nächsten Vorfahren die nördliche Hemisphäre bewohnten. Man hat deshalb ... nicht den mindesten Grund anzunehmen, dass Amerika zu einer Zeit menschenleer war, als Asien oder Europa schon eine Bevölkerung besaß« (Ehrenreich, 1897, S. 42). Die das Nordpolarmeer umschließenden Landmassen sind schließlich auch auf alten Karten eingezeichnet.
Da in Amerika die postulierte Evolutionskette der Menschwerdung vom *Australopithecus* über den Neandertaler bis zum modernen Menschen nicht nachgewiesen werden konnte, musste der Uramerikaner notgedrungen aus anderen Regionen kommen. Da der transatlantische Weg anscheinend durch breite Wasserstraßen versperrt war, blieb nur der Weg über die Beringstraße denkbar. Von hier aus soll der ganze amerikanische Kontinent bis zur Südspitze Südamerikas besiedelt worden sein. Die Theorie stammt also aus der Evolutionslehre, die man ohne viel Federlesen auf die Archäologie übertrug.
Allerdings können die Ergebnisse der Archäologie in Ostsibirien genauso gut für einen Export aus Amerika sprechen. Empfängt Amerika nicht nur, sondern gibt auch ab? Genau dies will Alan Lyle Bryan (1978) in seiner Studie belegen. Die Verbreitung der zweiseitig bearbeiteten Projektile der nordpazifischen Küste Asiens ergibt mit großer Wahrscheinlichkeit, dass hier eine Diffusion aus Amerika vorliegt, was Tolstoy (1958) für die spätneolithischen und bronzezeitlichen Projektile der Baikalregion vorgeschlagen hat. Nach Bryan (1978) können die künstlerischen Formen der wundervoll bearbeiteten Pfeil- und Speerspitzen vom amerikanischen Typ Folsom, Clovis, Sandia, Yuma nirgendwo in dieser Zeitebene fixiert werden.
Betrachten wir aber die technisch hochwertigen Steinspitzen der nordamerikanischen Clovis-Kultur, da man diese spezielle Art auch von Europa her kennt. Dort werden sie der Solutréen-Kultur zugerechnet, die von –22 000 bis –18 000 existiert haben soll. Würde man irgendwo in Europa, Afrika oder Asien nur diese Pfeilspitzen finden, würde der Fundort in jeder entsprechenden Karte als Solutréen-Stätte ausgewiesen werden. Liegen diese Fundorte in

Amerika, und man hat inzwischen mehrere lokalisiert, wurden diese bis vor wenigen Jahren unisono als Fälschungen deklariert – was nicht sein darf, das kann nicht sein.
Da die Steinspitzen der Clovis-Kultur mit solchen der steinzeitlichen Solutréen-Kultur in Europa vergleichbar sind, »könnte (in der Altsteinzeit) der Export einer Technologie dokumentiert sein« (»Science«, Bd. 286, 19. 11. 1999, S. 1467–1468). Der Archäologe Reid Ferring von der *University of North Texas* in Denton stellt weiterhin fest: »Wenn wir voraussetzen, dass es keinen Ozean (Atlantik) gibt, würden wir uns unmittelbar nach Westeuropa gezogen fühlen als das Gebiet, aus dem die Clovis-Leute herstammen.« Die Forderung nach einem nicht vorhandenen Ozean bzw. einer Landverbindung erfüllt aber eben die Grönlandbrücke!
Vielleicht ist es auch umgekehrt und die Heimat der europäischen Solutréen-Kultur liegt in Amerika? Eine ketzerisch erscheinende Frage, die aber die andere, grundsätzlich mögliche Alternative aufzeigt. Gelehrte Indianer wie Professor Vine Deloria (1995) glauben daran und dokumentieren diese Sichtweise auch. Vielleicht sind aber beide Ansätze falsch und die europäische Solutréen- sowie die amerikanische Folsom-Kultur stammen aus dem Norden.
Wenn man jetzt Steinwerkzeuge der amerikanischen Clovis- mit denen der europäischen Solutréen-Kultur vergleicht und sich dann dazu gezwungen sieht, einen offensichtlich transatlantischen Kulturaustausch zu propagieren, dann stellt uns die Zeitleiter der Menschwerdung in Europa eine Falle. Denn die Clovis-Kultur soll nur 10 500 Jahre alt sein, erscheint nach alteuropäischen Kulturstufen gerechnet also mindestens 7500 Jahre *zu spät*. Aus offizieller archäologischer, paläo-anthropologischer und evolutionistischer Sichtweise ist deshalb jeder noch so begründete Vergleich einer kulturellen Verbindung unzulässig.
Allerdings wäre nach dem bisher diskutierten Verjüngungs-Szenario die Solutréen-Kultur besser in der nacheiszeitlichen Clovis-Zeitebene platziert. Nach Aufdeckung der gefälschten Altersangaben entsprechender Schädel der Altsteinzeit in Mitteleuropa sollte man die neuen Datierungen ernst und als Anlass für einen Umdenkungsprozess nehmen. Verschieben wir jetzt in Europa die

Solutréen-Kultur entsprechend in die bisherige Jungsteinzeit, sind diese europäischen Spitzen plötzlich jünger als solche der Clovis-Kultur in Amerika. Kam diese spezielle Bearbeitungstechnik zuerst in Amerika an und erst etwas später in Europa?
Nach langem Streit ist die Clovis-Kultur in Amerika heutzutage relativ etabliert, und man streitet jetzt über *noch ältere* Funde. Es wird auf Grund vieler vergleichbarer Funde die Verbreitung der Clovis-Kultur über ganz Nordamerika und bis nach Mittelamerika innerhalb weniger Jahrhunderte als gesichert angesehen (»Science«, Bd. 274, 13. 12. 1996, S. 1820–1825). Scheinbar sogar bis nach Südamerika, denn bereits in den 1930er-Jahren wurde in der Fell's-Höhle (Chile) eine Chronologie von Steinwerkzeugen dokumentiert (Bird, 1938), die von einer frühen Besiedlung Chiles zeugen (»The Geographical Review«, Bd. 1, 6/1938, S. 250–275).
In den 1960er-Jahren wurde dort ein kanneliertes Steinwerkzeug entdeckt (Dillehay, 2000, S. 98). Der Anthropologe Thomas D. Dillehay von der *Universität Kentucky* in Lexington gibt zu bedenken: »Es ist die Kannelierung, die die meisten Archäologen beunruhigt, weil diese Eigenschaft auch bei den Clovis-Steinspitzen in Nordamerika gefunden wird und deshalb auf eine Verbindung zwischen beiden Kontinenten geschlossen werden kann« (Dillehay, 2000, S. 98). Von Funden weiterer Steinspitzen mit Kannelierung wird aus Kolumbien, Venezuela, Ekuador, Argentinien, Chile, Uruguay und Südbrasilien berichtet (Politis, 1991).
Damit existieren entgegen der offiziellen Lehrmeinung inzwischen vergleichbare Projektile nicht nur in Nordamerika, sondern auch in Südamerika und letztendlich in Europa. Der frühmoderne Mensch (Cro-Magnon) ist also weltweit vertreten: in Afrika, Europa, Asien und Amerika, wie die sich scheinbar explosionsartig vermehrenden Funde beweisen.
Inzwischen werden aber auch Beweise für die noch ältere Anwesenheit von Menschen in Amerika dokumentiert. Bisher werden mindestens die Prä-Clovis-Stätten von *Meadowcroft* sowie *Cactus Hill* in Nordamerika und *Monte Verde* in Süd-Chile akzeptiert, die auf ein Alter von 30 000 Jahren hindeuten sollen (Dillehay, 2000). Weitere Fundstätten werden ausgegraben und warten auf ihre offizielle

Anerkennung. Mit der Anerkennung dieser Ausgrabungsstätten von amerikanischen Funden aus der Altsteinzeit kommt aber ein Problem auf, denn die Altsteinzeitschädel werden in Europa zum großen Teil drastisch jünger, während die Vorgeschichte Amerikas sich weiter in die (nebulöse) Vergangenheit erstrecken soll. Oder sind die amerikanischen Funde einfach auch nur zu alt datiert?
Immerhin wurden in El Cedral im mexikanischen Bundesstaat Sinaloa Artefakte mit einem Alter von bis zu 33 000 Jahren zusammen mit Fußwurzelknochen von Elefanten »in unberührten stratifizierten Ablagerungen« gefunden. Die Elefanten sind inzwischen bekanntlich seit langem auf dem gesamten amerikanischen Kontinent ausgestorben (Lorenzo/Mirambell, 1986, S. 107; vgl. Cremo/Thompson 1997, S. 192).

Neandertaler in der Neuen Welt

Bis in neuere Zeit war die Sitte, Schädel zu verformen, noch auf Kreta und in Lappland verbreitet. In einem geplünderten Gräberfeld in der Nähe der niederösterreichischen Dörfer Kronberg und Kollnbrunn aus dem 5. Jahrhundert fanden sich neun menschliche Skelette. In fünf der neun Gräber wiesen die Schädel künstliche, im Säuglingsalter durch Bindewicklung erzeugte Deformationen auf. Es gibt ähnliche Beispiele deformierter Langschädel im Orient, in Ägypten, Nubien und vor allem in China.
In den staatlichen Museen in Ica und Lima (Peru) konnte ich mehrere Langschädel, auch Turmschädel genannt, begutachten. Viele dieser Schädel stammen aus der um –800 entstandenen Paracas-Kultur und der ihrer um –200 folgenden Nazca-Kultur. Rein zufällige Parallelen in Südamerika mit der Alten Welt und China?
Es sind aber auch Breitschädel in Südamerika gefunden worden. Der Neandertaler besaß einen größeren Schädel als der moderne Mensch. Deformiert man einen solchen Schädel, so kann man also durchaus eine lange oder breite Form erzielen. Kurios ist aber der Schädel mit den zwei Aufwölbungen, den ich im Museum in Lima (Peru) fotografieren konnte, oder auch ein melonenartiger. Die eine

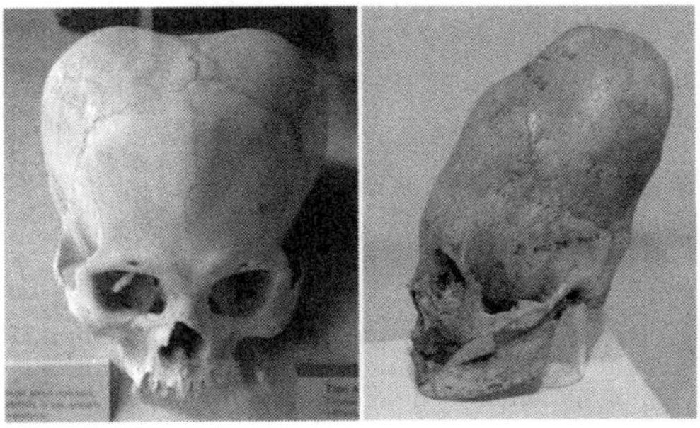

Abb. 44: Langschädel. *In Südamerika gibt es seltsame Schädelformen mit einem fast doppelt so großen Volumen wie die des größten Schädels eines modernen Menschen. Der Autor fotografierte im Museum von Lima (Peru) u. a. die beiden abgebildeten Schädel. Die offizielle Erklärung: Durch eine Bindenwicklung im Säuglingsalter kann man den noch weichen Schädel verformen. Aber ist es möglich, durch dieses Verfahren den normalerweise zu erwartenden Schädelinhalt zu verdoppeln? Oder waren die Schädel schon im Säuglingsalter größer als unsere, da auch die von der Bindenwicklung nicht beeinflussbaren Augenhöhlen wesentlicher größer sind als die von modernen Menschen?*

Form ist sicher nicht so einfach mit der beschriebenen Bindewicklung zu erzielen, und der andere zeichnet sich dadurch aus, dass er wesentlich voluminöser als ein normaler Schädel ist. Mit anderen Worten, zu diesem Schädel müssten größere Menschen gehören, denn ansonsten passt der Kopf nicht durch einen normalen Geburtskanal.

Damit sind wir aber auch bei einem bisher kaum diskutierten Problem, denn die Anthropologen scheinen sich um diese Schädel überhaupt nicht zu kümmern. Weil es mehrere ungelöste Probleme gibt? Man kann durchaus einige Langschädel als Ergebnis einer künstlichen Deformation ansehen. Der ursprüngliche als auch der deformierte Schädel weisen das gleiche Volumen auf, sind also vom Inhalt her gleich groß. Der größte in der medizinischen Literatur dokumentierte Schädel eines modernen Menschen besaß ein Volumen von 1980 ccm, die Schädelform war jedoch völlig normal. Nun befinden sich unter den deformierten Schädeln in Südamerika aber solche, die mit einem Volumen von 2200 bis 2500 Kubikzentime-

tern wesentlich größer als Neandertaler- und Cro-Magnonschädel sind. Noch größer sind von der Form her außergewöhnliche Schädel, die ein Volumen von ungefähr 2600 bis 3200 ccm besitzen. Deshalb hat es schon Anlass zu Spekulationen gegeben, dass es sich hier um Schädel von Außerirdischen handeln könnte. Betrachtet man die um 15 bis 20 Prozent größeren Augenhöhlen, müsste man eigentlich von den Riesenschädeln auf sehr große Menschen schließen: Männliche Neandertaler wären linear interpoliert anstatt 1,65 Meter entsprechend 2,30 bis 2,60 Meter groß. Behalten Mythen und Überlieferungen Recht, die von Riesen berichten?
Die in Südamerika dokumentierten Riesenschädel stellen also durchaus ein Problem dar, denn sehr große Menschen (Riesen) hätten Schwierigkeiten, unter heutigen Bedingungen zu leben. Wahrscheinlich wäre es bei der heutzutage herrschenden Schwerkraft nicht möglich, dass Menschen eine Größe von über drei Metern und mehr erreichen.
Es gibt aber ein weiteres Problem, denn die beschriebenen Langschädel gehören nach anthropologischen Maßstäben zu modernen bzw. Cro-Magnon-Menschen. Aber einige in Südamerika gefundene Langschädel weisen eindeutig Merkmale der Neandertalerschädel auf, insbesondere eine fliehende Stirn.
Woher stammen die amerikanischen Ureinwohner? Genetische Untersuchungen haben ergeben, dass Amerika zwar hauptsächlich von Asien aus besiedelt wurde, aber einige DNA-Daten deuten darauf hin, dass Wurzeln heutiger indianischer Eingeborener auch in Europa, und zwar in Italien, Finnland, Israel und Kleinasien liegen (»Science«, Bd. 280, 24. 4. 1998, S. 520).

Lahmendes Paradebeispiel

Wie der menschliche Stammbaum wird heutzutage der Ende des 19. Jahrhunderts erfundene, angeblich 55 Millionen Jahre alte Stammbaum des modernen Pferdes (Marsh, 1870) als Paradebeispiel der Evolution gezeigt. Zur Schau gestellt wird eine stetig wachsende Gesamtgröße, ausgehend von ursprünglichen 30 Zentimetern bis zum heutigen Pferd. Parallel dazu soll mit wachsender Größe der Pferde eine stufenweise Reduktion der Zehenzahl erfolgt sein.

Nach einem weiteren Jahrhundert Forschung weiß man heute, dass die Entwicklung nicht geradlinig stattgefunden hat, sondern dass viele Spezies entstanden sind, die teilweise sogar bestimmte »Evolutionsschritte« rückwärts machten, und dass verschiedene Spezies, die evolutionstechnisch hintereinander hätten existieren müssen, tatsächlich aber gleichzeitig lebten.

In seinem Buch »Illusion Fortschritt« stellt Stephen J. Gould fest: »Alle wichtigen Abstammungslinien der Unpaarhufer (das ist die größere Gruppe der Säugetiere, zu der auch die Pferde gehören) sind erbärmliche Überbleibsel früherer, üppiger Erfolge« (Gould 1998, S. 97). Und Gould betont (ebd., S. 92), dass »jeder unvoreingenommene Beobachter den Niedergang als das wichtigste Merkmal der Pferdevolution in den letzten 10 Millionen Jahren erkennen (muss), also genau jene Periode, in der es nach Behauptungen des herkömmlichen Leitermodells (mit zunehmender Komplexität) zur Vervollkommnung und zu einem eindeutigen Trend in Richtung eines Zehs mit einem einzigen Huf und der zu kleinen Fortsätzen reduzierten Zehen kam.«

Wo liegt denn eigentlich die Wiege der Pferde? In Nordamerika, das bei der Entdeckung durch Kolumbus kein Pferd mehr beherbergte, ist merkwürdigerweise dessen *Urgeschichte am vollständigsten erhalten.* Das Urpferd Eohippus (*Hyracotherium*) wurde bereits 1838 in Suffolk (England) und als vollständiges Skelett erst 1867 in Nordamerika (Utah, Wyoming) entdeckt. Das Urpferd gab es also diesseits und jenseits des Atlantiks.

Kurios ist nur, dass seit mindestens 65 Millionen Jahren im Tertiär angeblich keine Landverbindung zwischen Amerika und Europa bestand. Wie kann es dann aber das *Hyracotherium* auf beiden Seiten des Atlantiks gegeben haben? In seinem Buch »Erdzeitalter« schreibt Edgar Dacqué, »dass der Equiden-(Pferde-)Typus ursprünglich sein Entstehungszentrum im damals *warmen arktischen* Gebiet hatte, und zwar näher an Amerika als bei Europa. Daher kamen die mehr und mehr spezialisierten Arten zuerst drüben (Amerika) an, bei uns (Europa) etwas später. Allmählich breitete sich aber der Stamm durch Asien und nach Indien aus ...« (Dacqué, 1930, S. 515). Dacqué weist auf eine Urheimat der Pferde in heutzutage arktischen Gebieten zwischen bzw. nördlich von Amerika und Europa hin. Pferde scheinen dieselbe nordische Heimat zu haben wie unsere Vorfahren (Neandertaler, Cro-Magnon).

Nicht nur irgendein Urpferd, sondern praktisch alle Arten Pferde sind in Amerika *und* in Europa nachweisbar:

- Zu Beginn des Miozän (20 Ma) das Anchitherium
- Zu Beginn des Pliozän (5 Ma) das Hypohippus
- Im Pliozän (2 Ma) das Hipparion
- Im Pleistozän bis vor 10 000 Jahren das moderne Pferd

Das moderne Pferd (Equus) entwickelte auch nach Lehrmeinung *in Amerika* seine derzeitige Form und wanderte vor drei Millionen Jahren in die Alte Welt (»Science«, Bd. 307, 18. 3. 2005, S. 1728–1730) aus, über die Beringstraße durch Sibirien und in die Mongolei – umgekehrt zur angeblichen Besiedlungsrichtung durch Menschen, insgesamt eine kaum überzeugende Vorstellung. In Süd- und Nordamerika starben die Pferde vor 10 000 Jahren aus, konnten aber in Eurasien in den Gebieten rund ums Schwarze Meer überleben.

Auch wenn man heute eher zwei gewaltige Einwanderungszüge der Pferde aus Amerika kommend nach Asien annimmt, erschienen verschiedene Entwicklungsstufen des Pferdestammbaums gleichzeitig diesseits und jenseits des Atlantiks (vgl. Foto 67). Eine Ausbreitung über die Beringstraße hinweg ist theoretisch denkbar, aber höchstens nach Ostsibirien hinein und bis zur Mongolei denkbar, denn ansonsten hätten sich die frühen Pferdearten auch nach Indien und Afrika ausgebreitet. Nein: Diese Pferde lebten ganz einfach in Beringia (Gebiet der trocken liegenden Beringstraße), Nordamerika, Kanada, Grönland bzw. in den damals warmen arktischen Gebieten bis nach Europa hin in einem zusammenhängenden Gebiet. Zu dieser Zeit lagen weite Gebiete vor den heutigen Küsten Nordamerikas, Grönlands, Europas (Schelfgebiete, Grönlandbrücke) und Sibiriens (u. a. Barentssee) trocken, die bis zu 130 Meter und mehr unter dem heutigen Wasserspiegel der Ozeane liegen.

Mit dem Untergang und damit der Vernichtung der Grönlandbrücke einher ging das Absinken Islands um ungefähr 2000 Meter in der jüngeren Erdvergangenheit am Ende der Bronzezeit. In »Kolumbus kam als Letzter« näher beschriebene Szenarien erklären die Überflutungen des nordamerikanischen Kontinents, aber auch des nördlichen und westlichen Europas.

In Europa waren seit der Jungsteinzeit bis zur Bronzezeit kleinere, der Kälte besser angepasste Pferde gebräuchlich, wie frühzeitliche Darstellungen (u. a. Teppich von Bajeux um 1200) beweisen. Dramatische Szenarien müssen sich im Bereich der Nordsee ereignet haben, denn diese damalige Steppe wurde durch heftige Sturmfluten mit permanent steigendem Wasserspiegel überflutet, auch die hoch aufragende Doggerbank. »Wildpferde, wie sie der Mensch an die Höhlenwände von Niaux und Lascaux malte, zogen über die Nordseesteppe nach Westnorwegen und mussten dort bleiben, als das Meer zurückkam« (Fester, 1973, S. 32). Eigentlich handelt es sich um kleinwüchsige, widerstandsfähige Pferde (Ponys) mit ausdauerndem Laufvermögen. Von Natur aus haben diese Pferde in den Hochgebirgstälern der Fjorde Skandinaviens nichts zu suchen. Sie wurden durch die Überflutung der Nordsee-Savanne jahrhundertelang isoliert und werden deshalb als eigenständige Pferderasse betrachtet. Die Wikinger brachten diese Tiere nach Island, in der Folge auch Island-Pferd genannt.

Die diversen in Koexistenz lebenden Pferdearten wurden durch Katastrophen vernichtet und in Flutschichten abgelagert, so wie viele andere Tiere und auch Menschen. Das Islandpony und das moderne Pferd entkamen der Katastrophe, weil der Mensch die Restpopulationen hegte und pflegte.

Nicht nur die Verbreitung der Pferdearten diesseits und jenseits des Atlantiks bezeugt die Existenz der Grönlandbrücke, sondern auch die angeblich sich erst nach den Dinosauriern entwickelnden Großsäuger.

Eine reiche, hoch differenzierte Säugetier-Fauna wurde 1878 in Cernay bei Reims entdeckt (Lemoine, in: »Soc. D'Hist. Nat. de Reims, Mai 1878), und »bald darauf fand man eine ganz übereinstimmende Fauna in den Puercoschichten von New Mexico (in

Amerika, HJZ). Spätere Funde in Siebenbürgen, Schwaben, der Schweiz, England, Utah und Wyoming haben ihre weite Verbreitung dargetan. Zehn Gattungen sind Europa und Amerika gemeinsam ...« Und weiter schreibt Johannes Walther, Professor für Geologie und Paläontologie an der *Universität Halle*: »Man könnte glauben, dass die eozäne (vor 55 bis 36 Ma) Säugerfauna der Cuvierischen Katastrophen durch die zeitliche Kluft von der Kreidezeit getrennt wäre« (Walther, 1908, S. 481). Mit anderen Worten, *beidseits des Atlantiks gab es in der Tertiärzeit eine einheitliche Entwicklung hoch entwickelter Säugetiere. Dies also zu einer Zeit, als die Kontinente angeblich schon seit etlichen Millionen von Jahren voneinander weit entfernte Lagen erreicht haben sollen. Ohne Landverbindung (Grönlandbrücke) wäre eine identische Säugetierfauna auf zwei durch einen breiten Ozean getrennten Kontinenten nicht denkbar – oder wanderten all diese Tiere durch Sibirien?*
Aber auch während des »Großen Eiszeitalters« vor angeblich einer Million Jahren, als *Homo erectus* Europa zu erobern begonnen haben soll, lebte in der damaligen Savannenlandschaft Eurasiens ein Tier, das man bisher nur aus Amerika kannte: der Puma. Zur Überraschung der Wissenschaftler wurde diese Großkatze im Werra-Tal nahe dem Ort Untermaßfeld in Thüringen ausgegraben (Kahlke, 1997/2001), inmitten eines »eiszeitlichen« Massengrabes von unterschiedlichsten Säugetieren wie Riesenhamster, Pferd, Elefant, Bison, Gepard, Hyäne, Flusspferd und Jaguar: »Es muss eine Sintflut (= Superflut, HJZ) gewesen sein, die zahllose Tiere verschlang« (Magazin »Geo«, 07/2005, S. 126).
Jetzt wird wissenschaftlich diskutiert, ob der Puma nicht ursprünglich aus Eurasien stammt, denn ein anderes modernes Tier, das heutzutage nur in gemäßigten Regionen von Süd- und Mittelamerika längs der großen Ströme zu finden ist, gab es während des »Großen Eiszeitalters« auch in Eurasien: den Jaguar, auch Onza genannt. Vereinzelt sind solche Tiere sogar im südwestlichen Teil Nordamerikas gesichtet worden, obwohl ich im Jahre 1994 einen Jaguar weit nördlicher, ungefähr 60 Meilen südlich von Kansas City in Kansas gesehen habe, vor mir die US-Road 69 überquerend.
Lebten diese Tiere früher in heutzutage arktischen, zu damaliger

Zeit aber savannenartigen Landschaften in einem zusammenhängenden, Eurasien und Amerika verbindenden Gebiet, und wurden diese Wärme liebenden Tiere durch das kälter werdende Klima ganz einfach nach Süden abgedrängt und überlebten dann in Mittel- und Südamerika, während in Eurasien der Weg nach Süden durch Meere, Seen und in Ost-West-Richtung verlaufende Gebirge versperrt ist?

Die Wandersage der Cheyenne berichtet (Müller, 1970): »Ursprünglich hätten sie in einem Lande des fernsten Nordens gewohnt, in einem Land ohne Eis und Kälte« und es hätten »neben ihnen dort noch zwei Arten von Menschen gehaust, eine mit Haaren am ganzen Körper und andere mit weißer Hautfarbe, behaart nur am Kopf, im Gesicht und an den Beinen. Zuerst wäre das behaarte Volk nach Süden gewandert, danach seien die Leute mit langen Bärten fortgegangen (niemand weiß wohin), schließlich habe sich auch der rote Mann aufgemacht in südlicher Richtung.«

Werner Müller weist in seinem Buch »Glauben und Denken der Sioux« (1970) nach, dass die Sioux-Stämme aus einer heutzutage arktischen Urlandschaft im hohen Norden stammen müssen, und unterstreicht, dass sich auch die Delaware-Indianer erinnern: »Eine Flut- und Erdbebenkatastrophe zwang ihre Vorväter, ihr altes Land, das Nordland oder Schildkrötenland, zu verlassen (vgl. Abb. 33, S. 231). Es war dort kalt und schneereich geworden.«

In der »eiszeitlichen« Fundstelle im Werra-Tal bei Untermaßfeld könnten neben Wärme liebenden Tieren theoretisch auch Menschen gefunden werden, obwohl für Kahlke die Wahrscheinlichkeit gleich null ist. Träte dieser Fall aber ein, dann »wäre hier die Hölle los«, prophezeit er und »wir müssten mitspielen in der von Eitelkeiten geprägten Hominiden-Show« (Magazin »Geo«, 7/2005, S. 152).

Urfamilie vor 5000 Jahren

Die Frage nach der Herkunft unserer Vorfahren bzw. der Steinzeitmenschen wird erschwert durch Fälschungen und erfundene Datierungen von Schädeln und Knochenresten. Teile von Schädeln

führten zu Rekonstruktionen nicht nur des kompletten Individuums, sondern hieraus resultierend wurden Tausende von Generationen fiktiv aus dem Nichts gezaubert. Lässt man die Fälschungen der Anthropologen außer Acht, gibt es tatsächlich einige wenige ältere Schädel, die aus der Zeit *vor* der Sintflut stammen können. Jedoch sind die vorhandenen Daten zu gering für definitive Aussagen. Aber weder Neandertaler noch *Homo erectus* oder *Homo heidelbergensis* gehören in die vorsintflutliche Zeit und stellen deshalb auch keine Stufen einer menschlichen Entwicklung dar. Diese angeblichen Steinzeitmenschen gehören chronologisch nebeneinander gestellt, anstatt hintereinander aufgereiht. Neandertaler und frühmoderne Menschen lebten in der Jungsteinzeit, und ihre Anwesenheit in bestimmten Regionen ist eine Folge des dortigen Klimas. Mit der Verschiebung der Klimazonen oder der drastischen Änderung der Klimatik passten sich die Menschen dieser neuen Situation an oder wanderten in andere Regionen aus, auch um Naturkatastrophen zu entkommen. Das plötzliche Auftauchen von neuen Menschentypen ist daher nicht auf einen Evolutionsprozess der Makroevolution zurückzuführen, und Funde von menschlichen Relikten unter meterdicken Ablagerungen sind Zeugnisse von katastrophischen Umwälzungen, Meteoriteneinschlägen und tektonischen Verschiebungen unserer Erdkruste. Durch diese Prozesse wurde das Antlitz der Erde teilweise in Stunden, regional unterschiedlich und zeitlich verschoben, total verändert, und es entstand eine Art Flickenteppich geologischer Zeugnisse – so wie geologische Karten ja auch tatsächlich aussehen.
Für einen kurzen Zeitraum der Existenz moderner Menschen spricht auch, dass sich alle Menschen genetisch noch ähnlicher sind als bisher vermutet (»Science«, Bd. 294, 23. 11. 2001, S. 1719–1723). Wäre die Menschheit alt, müssten größere Unterschiede in den Genen nachweisbar sein.
Lebte der Urvater moderner Menschen vor nur 3000 Jahren? Um alle heute lebenden Menschen gradlinig aus einer »Urfamilie« heraus entstehen zu lassen, bräuchte es nur 33 Generationen, bei einem durchschnittlichen Fortpflanzungsalter von 25, also insgesamt nur 825 Jahre. Berücksichtigt man bei diesen statistischen Berech-

nungen auch Faktoren wie Geografie, Geschichte und Migration, lebte unser identischer Vorfahre vor höchstens 5000 Jahren oder 169 Generationen. Das bedeutet, *eine einzelne Person* vor 5000 Jahren war entweder Vorfahr aller heutigen Menschen oder seine Linie starb genetisch komplett aus. Vorfahre nur einiger weniger heute lebender Menschen zu sein, ist ausgeschlossen. Ein Forscherteam spielte am Computer mehrere Szenarien durch, wobei sie Faktoren wie unterschiedliches Bevölkerungswachstum, Isolation einzelner Gruppen, lokale Migration und Völkerwanderungen berücksichtigten. Das Ergebnis der Untersuchung zeigt, dass unser aller jüngster gemeinsamer Vorfahre wahrscheinlich vor etwa 3000 Jahren gelebt haben kann (»Nature«, Bd. 431, 30. 9. 2004, S. 562–566). Wenn man die rasante Entwicklung der menschlichen Population betrachtet und einen Katastrophen-Horizont vor wenigen tausend Jahren berücksichtigt, dann passt das Ergebnis einer umfassenden Genstudie in diese Argumentation: Die Menschheit ist in den vergangenen Millionen Jahren mindestens einmal beinahe ausgestorben. Dies bedeutet, dass die Menschenvorfahren irgendwann einen großen Teil ihrer genetischen Vielfalt verloren haben müssen – wahrscheinlich dadurch, dass sich die Zahl der Menschen erheblich reduziert hat (»PNAS«, 1999, Bd. 96, S. 5077–5082).

Diese Feststellung widerspricht einer stetigen Entwicklung des Menschen. Wie konnte es überhaupt dazu kommen, dass die offensichtlich falsche Evolutionstheorie von der Entwicklung des Menschen sich überhaupt entfalten konnte? Ausschließlich durch äußerst dreiste Wissenschaftsfälschungen!

6 Gefälschte Evolutionsbeweise

Zirkel und Arbeitsgemeinschaften der wissenschaftlichen Evolutionsvertreter sind, wenn es um die Stützung ihrer Lieblingstheorie geht, so blind und fanatisch wie Vertreter religiöser Sekten. Es ist eine Tatsache, dass in sehr vielen Fällen Wissenschaftler mit Tolerierung der Kollegen der Öffentlichkeit die ungeheuerlichsten und unglaublichsten Fälschungen vorgesetzt haben. Zu den erstaunlichsten Phänomenen gehören zahlreiche Ausstellungsstücke in der ganzen Welt, die angeblich die Abstammung des Menschen vom Affen anschaulich darstellen und beweisen sollen. Diese Beweisstücke sind jedoch rein fiktiver Natur und entstammen der Phantasie ihrer Schöpfer. Mit Stiften und Pinseln in der Hand erschaffen die Evolutionisten Phantasiegeschöpfe. Doch die Tatsache, dass es zu diesen Bildern keine passenden Fossilien gibt, stellt sie vor ein beträchtliches Problem. Dennoch werden solche Phantasiegeschöpfe präsentiert, als beruhe alles auf Tatsachen. Fossilien, die nicht zu finden sind, werden ganz einfach entsprechend der zu etablierenden Theorie hergestellt. Der Ruf der Wissenschaft wird dazu benützt, um im Bereich der Erdgeschichts- und Menschheitsforschung Fälschungen und Täuschungen zu verewigen.

Schweinezahn wird Mensch

Im Jahre 1925 verhalf ein Gerichtsprozess in Dayton im US-Bundesstaat Tennessee der Evolutionstheorie zum Durchbruch. Der Volksschullehrer John Scopes stand vor Gericht, weil er seinen Schülern die evolutionistische Abstammungslehre beigebracht hatte.

Viele wissenschaftliche Kapazitäten waren auf Seiten des angeklagten Evolutionspredigers, an ihrer Spitze Professor H. H. Newman von der *Universität Chicago*. Dieser Gelehrte legte als Beweis für die Evolutionstheorie ein Paradestück der Evolutionisten von damals vor: den Nebraska-Menschen. Diese Menschenrasse soll vor einer Million Jahren in Nebraska gelebt haben.
Worin bestand der wissenschaftliche Beweis für die Existenz des Nebraska-Menschen? Im Jahre 1922 hatte ein Mann namens Harold Cook fossile Überreste dieses Urmenschen gefunden, nicht mehr und nicht weniger als einen ... Zahn. Dieser wurde von den berühmtesten Wissenschaftlern untersucht und auf ein Alter von mindestens einer Million Jahren geschätzt. In der Folgezeit entstand eine umfangreiche Literatur über diese uralte Rasse. Die »Illustrated London News« sandte einen Reporter nach Amerika, der alles über die neu entdeckte Menschenrasse in Erfahrung bringen sollte. Dann erschien in dieser Zeitschrift ein Artikel mit Bildern rekonstruierter Individuen dieser Nebraska-Menschen. Das Aussehen hatte man aufgrund eines *einzigen* Zahnes vollständig rekonstruiert (Abb. 45).
Tiefgehende wissenschaftliche Debatten entbrannten, in welchen einige Forscher diesen Zahn dem *Pithecanthropus erectus* (*Homo erectus*) zuschrieben, während andere behaupteten, er läge dem modern-menschlichen Typus näher. Im Jahr 1927 wurden jedoch

Abb. 45: Schwindel. *Eine vollständige Rekonstruktion von Vorläufern des Menschen in einer amerikanischen Naturszene mit Kamelen im Hintergrund – ausschließlich anhand eines einzelnen Schweinezahns. In unzähligen Kindergehirnen manifestierte sich diese phantasievoll dargestellte Illusion von affenähnlichen Nebraska-Menschen als bewiesene Wahrheit.*

noch andere Teile des Skeletts entdeckt, und es stellte sich heraus, dass der Zahn nicht von einem Nebraska-Menschen stammte, sondern in Wirklichkeit von *Prosthennops*, einer ausgestorbenen Spezies eines amerikanischen *Wildschweins*. Der Paläontologe Professor Dr. William K. Gregory gab diesen fundamentalen Irrtum in einem Artikel in der Fachzeitschrift »Science« (Bd. 66, 16. 12. 1927, S. 579–581) zu.
Daraufhin wurden alle Abbildungen des Nebraska-Menschen und seiner Familie eiligst aus der evolutionistischen Literatur und den Museen entfernt. Aber in einem Aufsehen erregenden Gerichtsprozess hatte der Schweine-Zahn der Evolutionstheorie vor den Augen der Weltöffentlichkeit *zum Sieg und Durchbruch in Amerika verholfen*, dokumentiert in dem Kinofilm »Inherit the Wind«.

Vom Winde verweht

Seit den Zwanzigerjahren des 20. Jhs. wurden die Fossilien von Zhoukoudian (Choukoutien) etwa 40 Kilometer südlich der chinesischen Hauptstadt Beijing (Peking) ausgegraben. Zwischen 1929 und 1937 entdeckte man dort 14 Schädelfragmente, 11 Unterkiefer, viele Zähne, einige Skelettknochen und große Mengen steinerner Werkzeuge. Das Alter der Relikte wurde auf 500 000 bis 300 000 Jahre geschätzt. Dieser Vormensch erhielt den Namen *Homo erectus pekinensis* (früher: *Sinanthropus pekinensis*), auch kurz Peking-Mensch genannt, und ist auch heutzutage noch ein festes Glied im Stammbaum der menschlichen Entwicklung.
Die meisten Studien an diesen Fossilien wurden von Davidson Black bis zu seinem Tod 1934 durchgeführt. Der deutsche Forscher Franz Weidenreich folgte ihm und studierte die Fossilien, bis er 1941 China verließ. Die originalen Fossilien verschwanden 1941, als man sie per Schiff in die Vereinigten Staaten bringen wollte. Ist es ein Zufall, dass keine Originale mehr vorhanden sind, insbesondere, dass *noch nicht einmal Fotos* der Originale existieren?
Eine umfassende Sammlung aller Fakten, die den Peking-Menschen betreffen, stellte der 1947 aus China zurückgekehrte Missio-

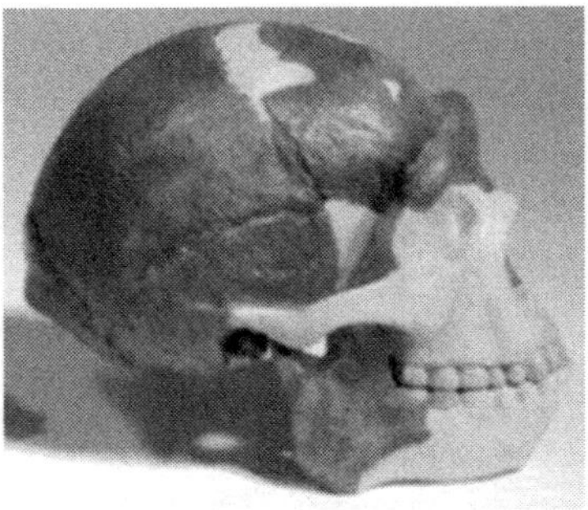

Abb. 46: Peking-Mensch. *Menschliche Schädelknochen (dunkel) wurden mit einem Affenkiefer (helle Partien) ergänzt, um ein affenartiges Aussehen entstehen zu lassen.*

nar und Gelehrte Patrick O'Connell zusammen. Er klärte auf, dass der Fundort des Peking-Menschen eine Kalkgrube war. Deshalb wurde hier eine frühzeitliche Kalkbrennerei betrieben. Die Einheimischen hatten die Angewohnheit, Affen zu töten und dann ihre Hirne zu essen. Als der Hügel schließlich irgendwann zusammenstürzte, wurden dort Menschen begraben, deren Skelettknochen mit der Zeit in den Kalkschichten versteinerten. Letztlich wurde der Peking-Mensch als eine Mischung aus Affen- und Menschenknochen mit künstlerischer Freiheit rekonstruiert.

»Es wird angenommen, dass ein Dr. Pei, der die Ausgrabungsarbeit während der japanischen Besetzung allein weiter trieb, gute Gründe hatte, diese Fossilien verschwinden zu lassen; denn die angeblich nach ihnen hergestellten Modelle zeigten wenig Übereinstimmung mit den nüchternen Beschreibungen der Schädel durch Marcellin Boul, Teilhard de Chardin und Abbé Breuil, welche die Funde unabhängig voneinander in Augenschein genommen hatten. Außerdem ist die Tatsache, dass bei Choukoutien eine umfangreiche frühgeschichtliche Industrie betrieben wurde, der breiten Öffentlichkeit bewusst verschwiegen worden« (Criswell, 1976, S. 92).

Es erscheint denkbar, dass beim Abbau des Kalksteins der ganze Berghang ins Rutschen kam. Die weit in der Vergangenheit errichteten Kalköfen, die mit Stroh und Schilf beheizt wurden, wurden unter den Geröllmassen begraben. Durch dieses Szenario erklären sich auch die vorhandenen Ascheschichten, die ansonsten dazu herhalten mussten, dass der Peking-Mensch schon den Gebrauch des Feuers kannte.

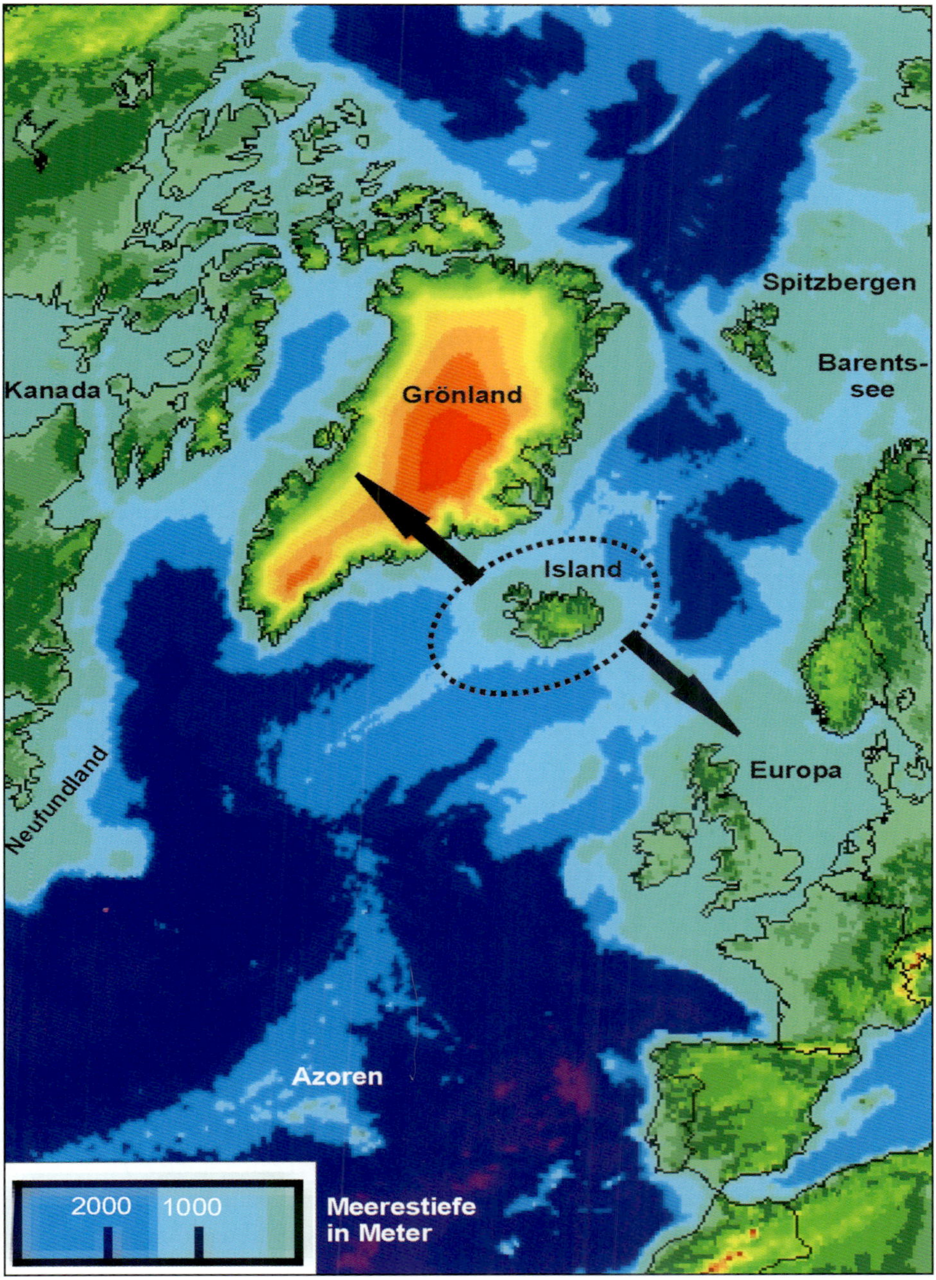

54

54 Die Tiefenkarte des Nordpolarmeeres um Island illustriert die von Fridtjof Nansen festgestellte Absenkung des ganzen Beckens nördlich des Atlantiks. Lediglich die höchsten Zonen ragen heute über den Wasserspiegel. Die anliegenden Schollen sind isostatisch mit abgesunken und bewegen sich heute wieder aufwärts, auch Neufundland. Vor dieser Absenkung gab es eine Verbindung von Amerika nach Europa: die Grönlandbrücke. Zu dieser Zeit waren Nordsee und Ostsee, die Schelfgebiete westlich von England und Irland sowie die Barentssee besiedelt. Karte: NOAA NGDC, 15. 11. 1999.

55

56

55 Die Jademaske aus dem Königsgrab des »Tempels der Inschriften« von Palenque (Mexiko).

56 Basken könnten Urenkel des »Mannes mit der Jademaske« sein: der kühne Schwung der typisch aquilinen Nase, der Ausdruck der Augen und der Schnitt des Mundes.

57 »Two Guns White Calfs«, ein Häuptling der Blackfeet-Indianer, mit typischer Nasenform.

58 Ein Vertreter der Aymara, der Urbevölkerung des bolivianischen Hochlandes, mit typischer Nasenform.

57

58

59   60

59 Die eine Mütze tragenden Steinidole von Pokotia gehören der ersten, megalithisch erscheinenden Kulturperiode von Tiahuanaco (Bolivien) an.

60 John Layard fotografierte 1915 einen Eingeborenen neben einem riesigen Menhir auf der in Melanesien gelegenen Südseeinsel Malekula in Vanuatu, nordöstlich von Australien.

61 Riesenplastiken auf der Osterinsel mit schmalem Gesicht und Überaugenwülsten, langen Nasen und Ohren. Insert: Der Mädchenkopf (links) wurde aus einer Elfenbeinschnitzerei (Fundort: Unterwisternitz, Mähren) rekonstruiert. Markant sind die Überaugenwülste, lange Nase, kleiner Mund, starkes Kinn und die längliche Kopfform. Auf der Osterinsel (rechts) findet man seltsame Ahnenköpfe von ähnlichem Typus. Die Osterinselschrift gleicht den Bildschriftzeichen von Mohenjo-Daro (Indus-Tal). Handelt es sich hier um weltweite Reflektoren einer einzigen Kultur?

61

62

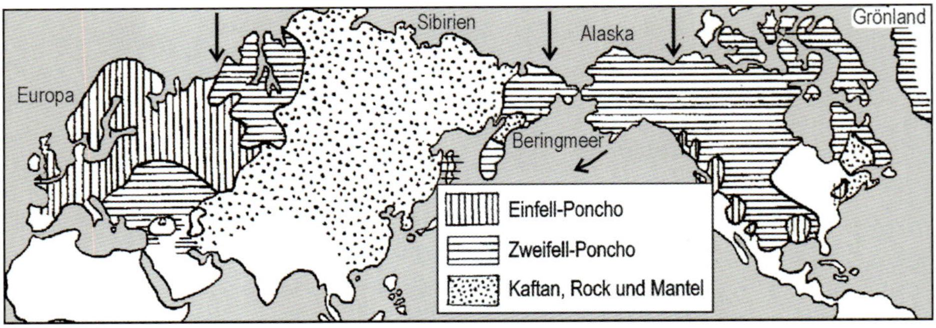

62 Karte der Verteilung von Kaftan (orientalisches Obergewand) und Poncho (Umhang mit Kopfschlitz) in Nordeurasien und Nordamerika nach Müller (1982). Es zeigt sich, dass der Gebrauch des Ponchos nicht von Europa über Sibirien nach Amerika getragen wurde. Kam er aus der vormals wärmeren Arktis in Nord-Süd-Richtung nach Europa und Amerika?

63

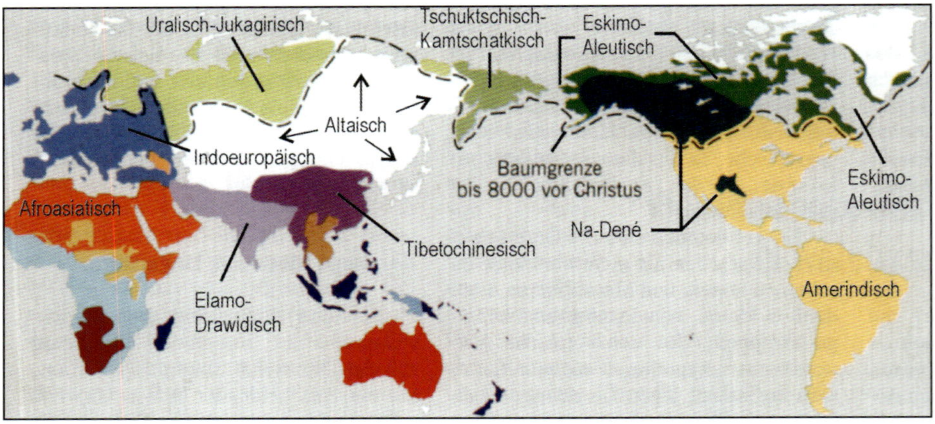

63 Die Ausbreitung von mit dem Indoeuropäischen (dunkelblau eingefärbt) verwandten Sprachen (grün eingefärbt) in zwei unterschiedlichen klimabedingten Phasen. Die erste Phase erfolgte in Nord-Süd-Richtung (Na-Dené) aus der Arktis heraus und die jüngere der Eskimos in Ost-West-Richtung bis nach Ostsibirien hinein. Sprachverteilung nach Renfrew, 2004, S. 29.

64

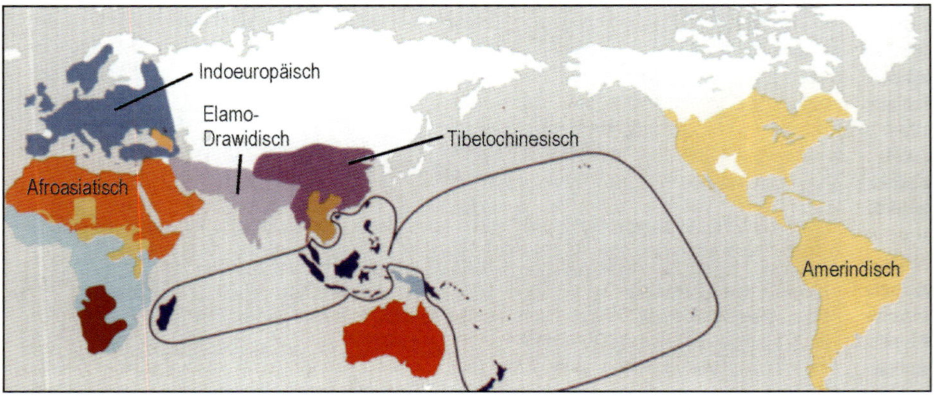

64 Die Sprachen der Ackerbauern breiteten sich aus. Es entstanden größere Familien, u. a. Indoeuropäisch, Elamo-Drawidisch, Tibetochinesisch und Afroasiatisch. Nach Renfrew, 2004, S. 29.

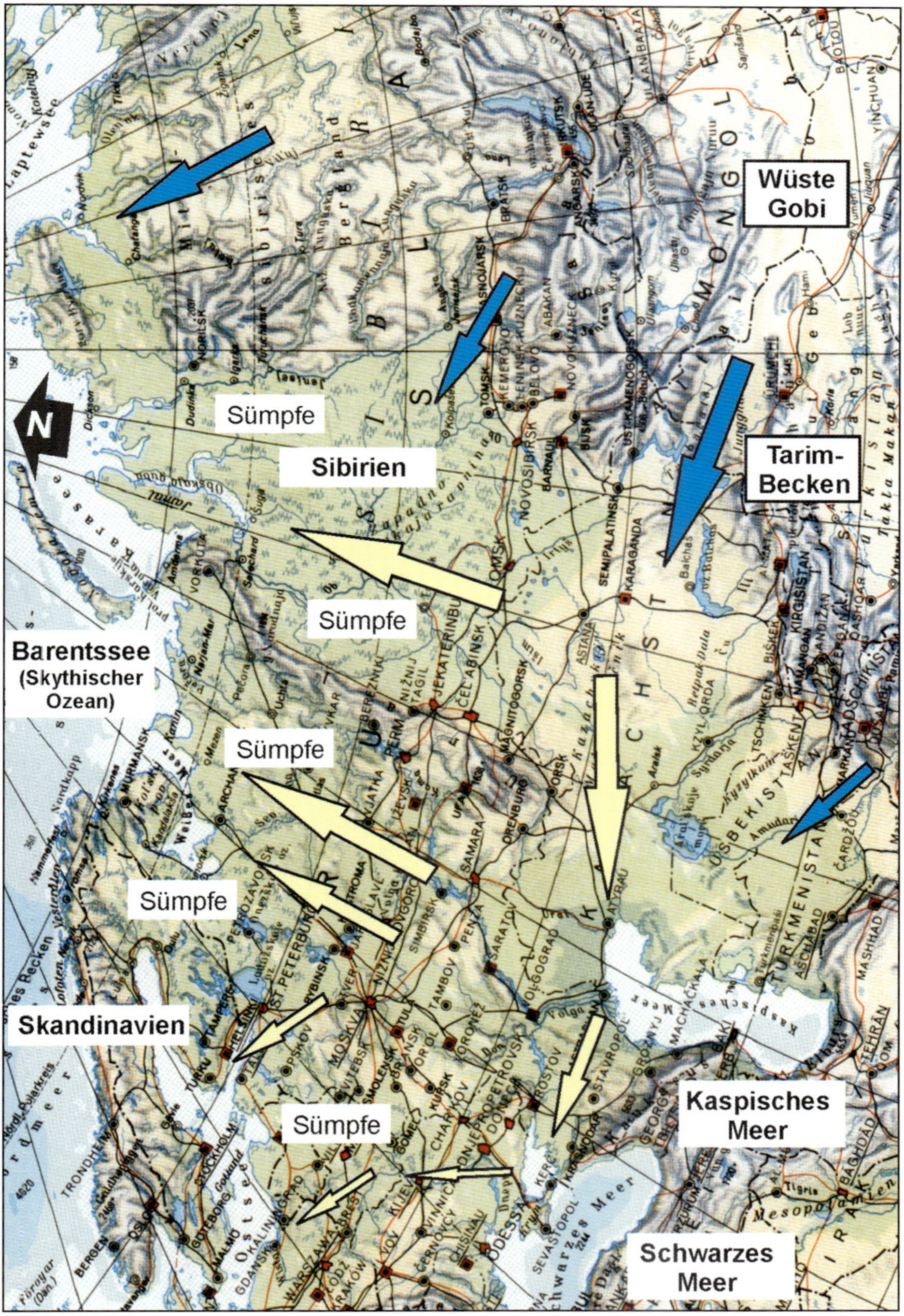

65 Gebirgs-Superfluten (blaue Pfeile) wurden im Altai-Gebirge im südzentralen Sibirien nachgewiesen (Carling et al., 2002). Die gelben Pfeile zeigen die Drainage des Wassers in Richtung Barentssee, Ostsee und Schwarzem Meer. Das Kaspische Meer hatte über die Kaspische Senke zeitweise eine Verbindung zum »Skythischen Ozean« (Barentssee). Vgl. Karte auf dem Vorsatz.

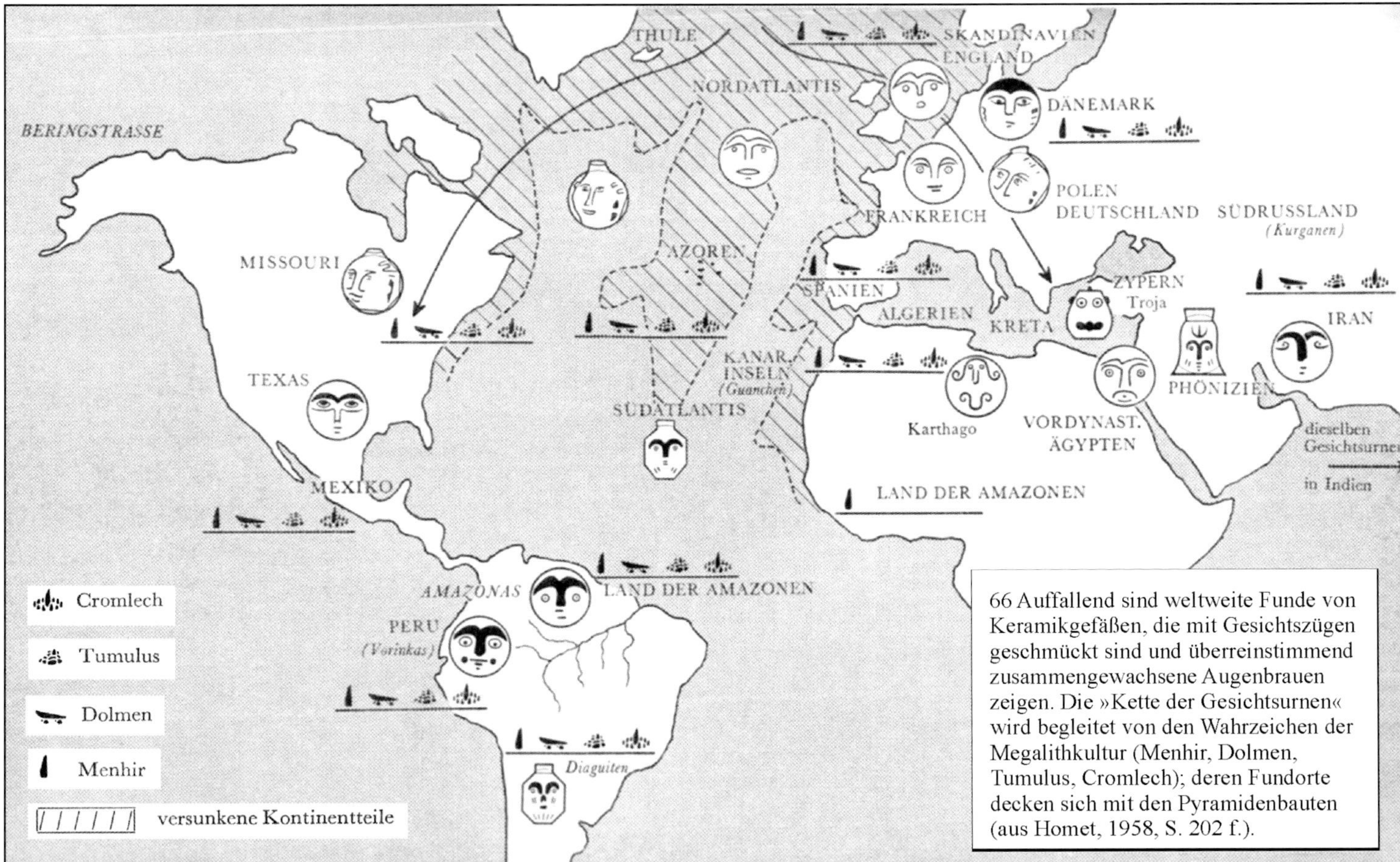

66 Auffallend sind weltweite Funde von Keramikgefäßen, die mit Gesichtszügen geschmückt sind und überreinstimmend zusammengewachsene Augenbrauen zeigen. Die »Kette der Gesichtsurnen« wird begleitet von den Wahrzeichen der Megalithkultur (Menhir, Dolmen, Tumulus, Cromlech); deren Fundorte decken sich mit den Pyramidenbauten (aus Homet, 1958, S. 202 f.).

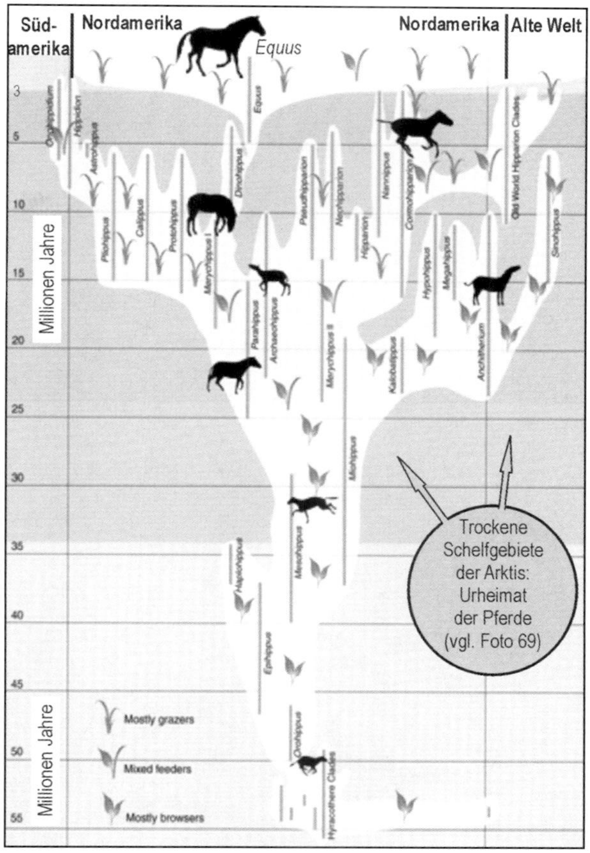

67

67 Der aktuelle Stammbaum der Pferde zeigt die Entwicklung des Pferdes in Nordamerika. Mehrfach breiteten sich Pferdearten über die Grönlandbrücke und Beringstrasse in die Alte Welt aus. Während die Pferde in der Alten Welt ausstarben, überlebte eine Pferdeart (Equus) in Amerika, spaltete sich dort vor drei Millionen Jahren in zwei Linien auf (u. a. Zebras, Wildpferd) und »diese breiteten sich bis in die Alte Welt aus« (»Science«, Bd. 307, 18. 3. 2005, S. 1728–1730). Nach Edgar Dacqué (1930, S. 515) stammen spezialisierte Pferdearten jedoch aus vormals warmen arktischen Gebieten.

68

68 Im Gebiet der heutigen Sandwüste Sahara zeigen viele Felsbilder Rinderherden, Elefanten, Rhinozerosse und Straußvögel. Das Foto zeigt einen Ausschnitt aus einer 3 m langen Höhlenmalerei, die auf ein Alter von 6000 bis 7000 Jahren geschätzt wird. Zu dieser Zeit war die Wüste Sahara noch fruchtbares Land.

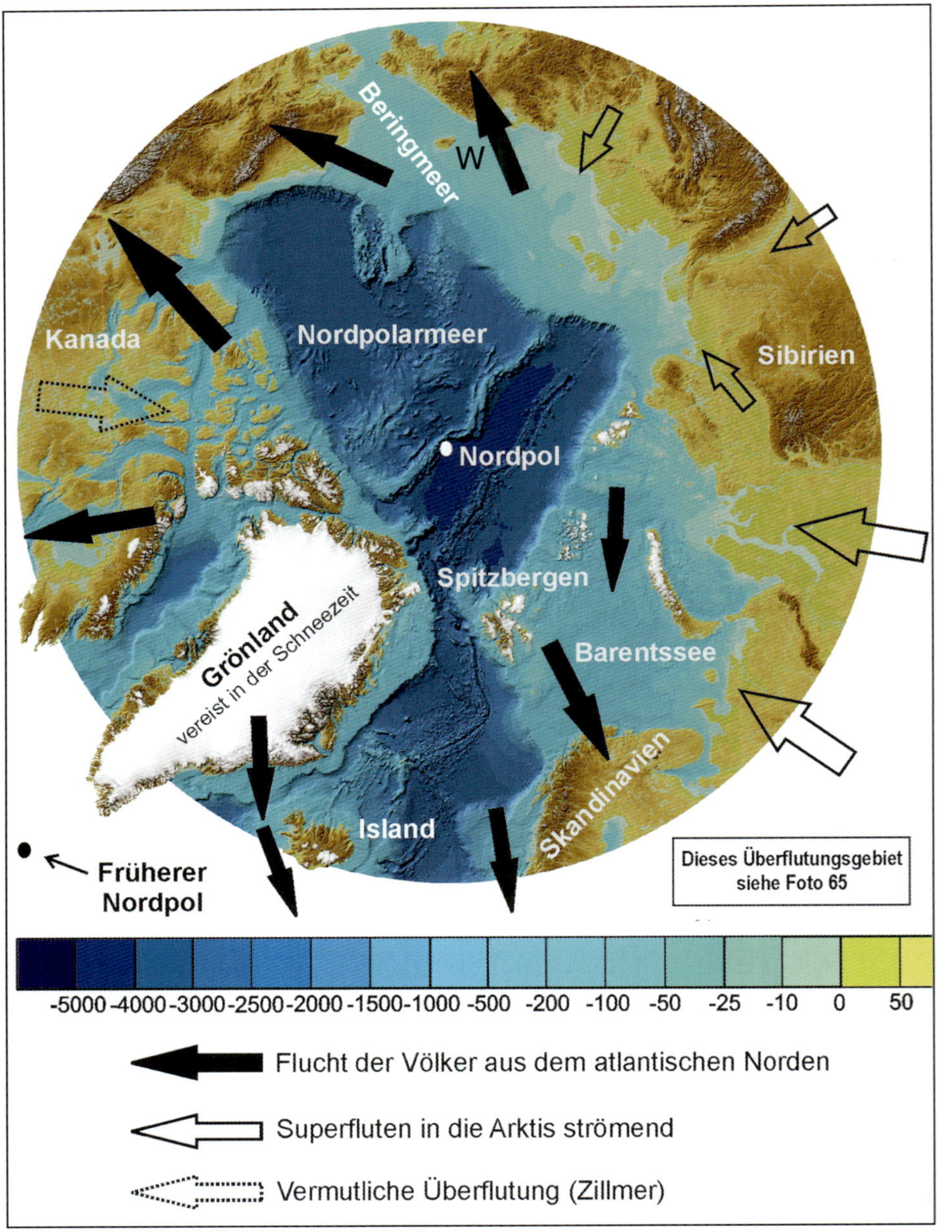

69

69 Der Nordpol lag früher südlich von Grönland. Die heutzutage arktischen Gebiete waren eisfrei. Weite Gebiete im Norden waren besiedelt. Seit der Erhöhung des Meeresspiegels ragen nur noch wenige Landgebiete als Inseln aus dem Wasser heraus, u. a. Spitzbergen. Die heutigen Schelfgebiete wurden durch die einbrechende Kälte mit nachfolgender Überflutung unbewohnbar gemacht. Die Völker flohen nach Europa, Ost- und Westsibirien, Beringia und Nordamerika. Grönland vereiste während der Schneezeit schnell, wie die unter dem Eis schockgefrorene Flora beweist. Auf der heutzutage innerhalb der mittleren sommerlichen Packeisgrenze gelegenen Wrangel-Insel (W) überlebten Mammuts bis vor 3700 Jahren. Topografische Karte: NOAA NGDC, 15. 2. 2005.

»Die herabstürzenden Gesteinsmassen ließen Hohlräume unter sich frei. Es sind tatsächlich Knochen in solchen Hohlräumen gefunden worden. Daraus entstand die Version, der ›Peking-Mensch‹ habe in Höhlen gelebt. Es ist auch weitgehend unbekannt geblieben, dass in dem Kalksteinbruch von Choukoutien außer Tierknochen auch die Reste echter Menschen gefunden worden sind; vermutlich wurden sie bei dem Bergrutsch erschlagen ... Die eigentlichen Belegstücke des ›Peking-Menschen‹ ... stimmen am besten mit den Überresten großer, heute ausgerotteter Makaken oder Paviane überein, welche man in der gleichen Gegend reichlich gefunden hat. Sie wurden von Menschen gejagt und ihre Hirnschädel zur Entnahme des nahrhaften Inhalts gewaltsam geöffnet. So entstand das Gräuelmärchen von unseren kannibalischen Vorfahren. Doch die ›Peking-Menschen‹ waren ganz normale Chinesen« (Criswell, 1976, S. 92 f.).
Aus dieser Sichtweise ergibt dann auch ein neuer Fund einen Sinn. Im Jahre 1966 wurden zwei weitere Schädelfragmente entdeckt, die mit zwei anderen Fragmenten (gefunden 1934 und 1936) zusammenpassen. Eine Gehirnschale mit einem Volumen von 1140 Kubikzentimeter konnte zusammengesetzt werden. Die Teile wurden auf einer *höheren Ebene gefunden und erscheinen moderner als die anderen Schädeldecken* (Jia und Huang, 1990).

Der Java-Affe

Wie beim Peking-Mensch soll es sich beim Java-Mensch um einen *Homo erectus* (früher: *Pithecanthropus erectus*) handeln. Die neue Bezeichnung weist den auf Java entdeckten »Menschen« als aufrecht gehend aus, während die alte Bezeichnung »aufrecht gehender Affenmensch« bedeutet.
Im Jahre 1891 entdeckte der auf Java stationierte holländische Militärarzt Eugene Dubois nahe Trinil eine flache, sehr dicke Schädeldecke und drei Backenzähne in einer Uferhöhle. Es wird derzeit diskutiert, ob die Zähne nicht zum Orang-Utan, also einem Menschenaffen, gehören. Das Alter des Java-Menschen ist unsicher,

aber man glaubt, dass dieser Fund ungefähr 700 000 Jahre alt ist. Das Gehirnvolumen beträgt nur ungefähr 940 Kubikzentimeter.
Im Jahre 1926 erklärte Professor C. E. J. Heberlein vom staatlich-niederländischen Sanitätsdienst, dass er in Trinil auf Mitteljava eine neue Schädeldecke von *Pithecanthropus* gefunden habe. Dieser Fund, der wissenschaftlich als gesichert galt, entpuppte sich als die Kniescheibe einer ausgestorbenen Elefantenart (Koenigswald, 1961).
Die Wissenschaftler waren von Anfang an sehr unterschiedlicher Meinung über die gemachten Funde. Einige meinten, die Knochen stammen von einem Pavian oder Gibbon, andere hielten sie für Knochen von Menschenaffen, und eine weitere Gruppe meinte, es handele sich um Relikte von Menschen. Professor Virchow aus Berlin stellte fest: »Es gibt keinerlei Beweis dafür, dass die Knochen von dem gleichen Geschöpf stammen.« Der Historiker H. G. Wells gab dann zu, dass es sich lediglich um Affenknochen handelt, und Eugene Dubois, der seinen Fund als fehlendes Zwischenglied zwischen Menschen und Affen propagiert hatte, bestätigte 1932, dass *Pithecanthropus* kein Mensch war, »sondern doch eher eine gigantische, ausgestorbene Spezies, die den Gibbons ähnlich ist« (Dubois, 1937, S. 4; vgl. Gould in: »Natural History«, April 1990, S. 12–24).
Eine dem Fund von 1891 sehr ähnliche und vollständigere Gehirnschale wurde 1937 von Gustav Heinrich Ralph Koenigswald bei Sangiran auf Java gefunden, deshalb auch als *Sangiran 2* oder *Pithecanthropus II* bekannt. Das Exemplar weist jedoch nur ein Gehirnvolumen von 815 Kubikzentimetern auf und ist damit noch affenähnlicher. Trotzdem gilt dieser Fund als sehr bedeutsam.
Insgesamt handelt es sich um einen exemplarischen Schwindel der Paläo-Anthropologie. Es ist erschreckend, wie manche Funde bewusst falsch interpretiert wurden, nur um einen Erfolg melden zu können. Diese Falschmeldungen setzten sich aber in den Köpfen der interessierten Laien fest. Die Rücknahme dieser Aussagen erfolgte meist Jahrzehnte später und wurde nur von Experten gelesen.
Es ist auch zweifelhaft, ja, es muss sogar entschieden bestritten werden, dass anhand einer Schädeldecke, der die Schädelbasisknochen

chen fehlen, eine Rekonstruktion der Größe des Gehirns und der Form des kompletten Kopfes überhaupt möglich ist. Anhand einer Schädeldecke rekonstruieren Anthropologen neben dem Aussehen des Kopfes auch die komplette Gestalt. In der Folge entsteht nicht nur ein fiktives Geschlecht irgendwelcher Spezies, sondern Millionen von Generationen erheben sich aus dem Dunkel der Vergangenheit! Der Wahnsinn hat Methode …

Ein Unterkiefer, unzählige Generationen

Der so genannte Heidelberg-Mensch (*Homo heidelbergensis*) kann in den Museen als Rekonstruktion bewundert werden, und Bilder von ihm sind in den meisten einschlägigen Büchern zu finden. In Wirklichkeit wurden jedoch kein Skelett oder auch nur Teile davon gefunden, sondern im Jahre 1907 wurde in der Sandgrube von Mauer in der Nähe von Heidelberg ein extrem robuster Unterkiefer mit allen Zähnen und einem fliehenden Kinn entdeckt. Die Fundumstände waren alles andere als perfekt. Wäre unter diesen Umständen ein als zu alt angesehener moderner Schädel entdeckt worden, hätte der Fund mit gnadenloser Kritik rechnen müssen. Da dieser Kiefer aber als in die Menschheitsgeschichte passend angesehen wurde, ließ man ihn als »Beweis« für die Existenz vieler Generationen über mehr als 400 000 Jahre hinweg unangefochten als Menschenahnen propagieren.

Auf der Basis seines Alters von angeblichen 400 000 bis 500 000 Jahren wurde der Fund erst als *Homo erectus* identifiziert, dann als *Homo heidelbergensis* der Gattung Homo zugeordnet (Schoetensack, 1908). Nachdem der Neandertaler aufgrund genetischer Untersuchungen als Vorläufermodell des modernen Menschen ausfiel, wird der Heidelberg-Mensch nun zum gemeinsamen Vorfahren von Neandertalern *und* modernen Menschen aufgewertet.

Mit anderen Worten, anhand dieses einen Unterkiefers wurde auf eine eigenständige Menschenrasse geschlossen, die als Bindeglied in die Kette der menschlichen Evolution eingeflochten wurde. Dazu musste der Heidelberg-Mensch auch zeitlich richtig platziert werden. Zuerst vermutete man ein Alter von 700 000 Jahren, während man sich heutzutage eher mit 400 000 bis 500 000 Jahren begnügt, damit der Heidelberg-Mensch zeitlich besser in die Evolutionskette passt. Da man ja nichts messen kann, ist es gängige Praxis, fossile Knochen nach Belieben um bis zu Jahrhunderttausende älter oder jünger zu machen.

Alles was man brauchte, um aus einem Unterkiefer eine Menschenrasse zu erschaffen, war viel Gips und eine Menge Phantasie, und schon tauchte aus dem Dunkel der Vorzeit eine affenähnliche, plumpe Gestalt auf, die man jetzt überall in den Museen bewundern kann, als Beweis für die menschliche Evolution. Zweifel ausgeschlossen!

Aber was besagt der Fund eines besonders großen, robusten Unterkiefers, der große Backenzähne besitzt, die in derselben Größenordnung wie bei manchen heutigen Menschen liegen (Wendt, 1972, S. 162)? Können heutzutage nicht irgendwelche Menschen den gleichen massiven Unterkiefer besitzen? Dem Heidelberg-Kiefer wurden im Laufe der Zeit sehr wenige weitere Funde zugeordnet, die alle eine Mischung aus primitiven anatomischen Merkmalen (dicker Brauenwulst, dicke Schädeldecke) und modernen Eigenschaften (Form von Stirn und Nasenknochen) zeigen. Die Gruppe, die in der Fachliteratur als *Homo heidelbergensis* kategorisiert wird, ist in Wirklichkeit die gleiche wie der archaische *Homo sapiens.*

»Ein berühmter Wissenschaftler wies nach, dass ein Eskimoschädel die gleichen Besonderheiten und das gleiche Aussehen hatte wie der gefundene Unterkiefer. Ein anderer erzählte, er habe im Südpazifik eine ganze Rasse von Südseeinsulanern angetroffen, die alle die gleichen massiven Kieferknochen besäßen wie der *Homo heidelbergensis*« (Criswell, 1976, S. 95).

In einem Mound (Begräbnishügel) nahe Toledo im US-Bundesstaat Ohio wurden angeblich 20 Skelette in sitzender Stellung und östlicher Ausrichtung entdeckt, die Kiefer mit Zähnen aufwiesen, welche die doppelte Größe im Vergleich mit solchen von modernen Menschen aufwiesen (»Chicago Report«, 24. 10. 1985). In einem anderen Mound in *Brush Creek Township*, Ohio, entdeckte

die örtliche *Historische Gesellschaft* acht Skelette, wovon das kleinste 2,40 Meter und das größte 3,05 Meter maß (»Scientific American«, 14. 8. 1880, S. 106). Es gibt weitere ähnliche Funde in Nordamerika.
Auf der Mercator-Weltkarte von 1569 sind in Südpatagonien, Argentinien, Riesen abgebildet. Der Chronist Antonio Pigafetta berichtete von der Fahrt des Fernando Magellan, die er begleitete, im Jahr 1520 auch von Riesen in Patagonien. Der längste mitgereiste europäische Seemann reichte zweien dieser Riesen, die sie an Bord geholt hatten, angeblich nur bis zur Taille (vgl. Foto 46).
Diese Riesen besaßen sicherlich Kiefer, die dem Heidelberger-Kiefer in der Größe nicht nachstanden.

Der Langzeit-Betrug

Im Jahre 1912 trat der Amateur-Paläontologe Charles Dawson mit der Behauptung auf, er hätte das Stück eines Hinterkopfknochens (Kranialfragment), einen Kieferknochen und zwei Backenzähne am Rande des Ortes Piltdown bei Brighton in der südenglischen Grafschaft Sussex in einer Kiesgrube gefunden. Obwohl der Kieferknochen mehr dem eines Affen ähnlich war, waren die Zähne und der Schädel offenbar die eines Menschen. Dieses aus wenigen Teilen rekonstruierte Exemplar wurde als der *Piltdown-Mensch* bezeichnet. Die Anthropologen waren begeistert und gaben den Funden ein hohes Alter von 500 000 Jahren, denn es handelte sich ja anscheinend um das lang gesuchte fehlende Glied zwischen Affe und Mensch …
Mit großer Kunstfertigkeit wurde dieser Frühmensch nachgebildet, wurden Bilder von ihm gemalt und Interpretationen verfasst. Die Knochenstücke stellte man als absoluten Beweis der menschlichen Evolution in Museen weltweit zur Schau. Über einen Zeitraum von mehr als 40 Jahren wurden zahlreiche wissenschaftliche Abhandlungen verfasst (»Science«, Bd. 40, 31. 7. 1914, S. 158–160), und nicht weniger als 500 Doktorarbeiten wurden über dieses Thema geschrieben.

Fast ein halbes Jahrhundert wurde der Bevölkerung die menschliche Evolution in Museen, wissenschaftlichen Veröffentlichungen und in den Medien als bewiesene Tatsache dargestellt. Kinder drückten sich an den Ausstellungsvitrinen die Nase platt und erzählten wiederum später ihren Kindern vom Wunder der Evolution. Gehirnwindung für Gehirnwindung mehrerer Generationen wurde von diesem scheinbar gesicherten Wissen wie durch Rauschgift benebelt. Zwei komplette Menschengenerationen des 20. Jahrhunderts taumelten scheinbar aus dem Nebel der Unwissenheit, berauscht durch neue Beweise und Erkenntnisse, in das von Wissen erhellte Reich der neuen Wissenschaftlichkeit.

Es gab jedoch einzelne Wissenschaftler wie den Zoologen Gerrit S. Miller (»Smithsonian Misc. Collection«, Bd. 65, 1915, S. 19) von der *Smithsonian Institution* in Washington, D. C., der im Jahre 1915 den Kieferknochen als einem Affen zugehörig beschrieb. David Watson war ähnlicher Meinung (»Nature«, Bd. 92, 1913, S. 319). Aber die Euphorie über die bis zu diesem Zeitpunkt eher mitleidig belächelte Evolutionstheorie spülte alle Einwände plötzlich wie eine Flutwelle hinweg, denn die Beweise lagen ja jetzt angeblich vor.

Erst 37 Jahre später wurde der Betrug aufgedeckt. 1949 ergab ein Versuch mit der neu entwickelten Fluortestmethode, dass der Kieferknochen überhaupt kein Fluor und der Schädel davon nur geringste Mengen enthielt: Dies weist darauf hin, dass er nur wenige Jahre im Boden gelegen war. Fazit: Der Schädel ist höchstens Jahrhunderte, aber nicht Millionen Jahre alt (»Science«, Bd. 119, 26. 2. 1954, S. 265–269).

Der Kieferknochen gehört einem erst Anfang des 20. Jahrhunderts gestorbenen Affen. Die Zähne waren nachträglich in den Kiefer eingesetzt worden. Außerdem sind sie abgefeilt, damit eine Ähnlichkeit mit menschlichen Zähnen geschaffen werden konnte. Dann wurde den Knochen mit Pottasche und Eisen ein fossiles Alter verpasst. Bei Behandlung mit Säure verschwand diese Färbung. Das Team, das den Betrug aufdeckte, fragte zu Recht: »Die Spuren künstlicher Abschürfung fielen sofort ins Auge. In der Tat waren sie so offensichtlich, dass man fragen muss: Wie war es möglich,

dass sie so lange der Entdeckung entgangen waren« (»New Scientist«, 5. 4. 1979, S. 44)? Möglich war dies, weil es sich nicht ganz einfach um einen Irrtum handelte, sondern um einen weiteren inszenierten Schwindel der Paläo-Anthropologie. Dieser Fund wurde trotz offensichtlicher Fälschung als angeblicher Beweis 40 Jahre lang intensiv in den Medien forciert und in den Lexika manifestiert, weil die unbewiesene Ideologie der Evolution auf keine andere Art und Weise hätte etabliert werden können. Mit anderen Worten, die pseudo-wissenschaftliche Evolution braucht diese Propaganda zur Durchsetzung ihrer Ziele, da die Prinzipien der von Darwin postulierten Makroevolution dem gesunden Menschenverstand widersprechen: Denn aus Affen werden keine Menschen!
In aller Eile wurde aus den Schaukästen des *Britischen Museums* in London alles klammheimlich entfernt, was 40 Jahre lang über den Piltdown-Menschen zur Schau gestellt worden war. Aber eine andere Fälschung wird bis zum heutigen Tage im Biologie-Unterricht unserer Gymnasien als Beweis der Evolution dargestellt und ist tatsächlich noch Prüfungsthema.

Schon Haeckel protscherte

Was einst als die *Rekapitulationstheorie* bekannt war, ist seit langem aus der wissenschaftlichen Literatur gestrichen worden; nichtsdestoweniger wird diese Theorie immer noch als wissenschaftliche Realität in einigen evolutionistischen Veröffentlichungen dargestellt. Diese von Ernst Haeckel zum Ende des 19. Jahrhunderts erfundene Theorie besagt, dass lebende Embryos den Evolutionsprozess durchlaufen (rekapitulieren), den ihre Pseudo-Vorfahren vollzogen haben sollen. Haeckel stellte die Theorie auf, dass der menschliche Embryo während seiner Entwicklung im Uterus der Mutter nacheinander die Charaktermerkmale eines Fisches, Reptils, Säugetiers und schließlich die des Menschen zeigt.
Seit dieser Zeit wurde über die Jahre hinweg bewiesen, dass diese Theorie absoluter Unsinn war. Es ist nun bekannt, dass die »Kiemen«, die sich angeblich in den frühen Stadien des menschlichen

Embryos zeigten, tatsächlich die ersten Entwicklungsphasen des Mittelohrkanals, der Nebenschilddrüse und des Thymus darstellen. Das embryonale Teil, das mit dem »Dottersack« in Verbindung gebracht worden war, stellte sich als ein Beutel heraus, der Blut für den Embryo erzeugt. Der Teil, der von Haeckel und seinen Anhängern als »Schwanz« identifiziert worden war, ist tatsächlich das Rückgrat, das nur während seiner Bildung einem Schwanz ähnlich sieht, bevor die Beine Form annehmen. Dies sind universell anerkannte, wissenschaftliche Tatsachen.

George Gaylord Simpson, einer der Gründer des Neo-Darwinismus, schreibt: »Haeckel gab eine Fehldarstellung des beteiligten evolutiven Prinzips. Es ist nunmehr mit Sicherheit erwiesen, dass *Ontogenie* (die Entwicklung des Individuums von der Eizelle zum geschlechtsreifen Zustand) keine Wiederholung der *Phylogenie* (Stammesgeschichte der Lebewesen) ist« (Simpson/Beck, 1965, S. 241).

In einem in der Zeitschrift »American Scientist« veröffentlichten Artikel war zu lesen: »Zweifellos, das biogenetische Gesetz Haeckels ist tot. In den 1950er-Jahren wurde es endgültig aus den Lehrbüchern der Biologie verbannt; als ein Thema ernsthafter theoretischer Untersuchung war es bereits in den 1920er-Jahren ausgestorben« (Keith S. Thompson in: »American Scientist«, Bd. 76, Mai/Juni 1988, S. 273).

Ernst Haeckel selbst war ein guter Naturbeobachter, aber ruhmsüchtig wie Professor Reiner Protsch. Deshalb fälschte er seine Zeichnungen, um die Theorie zu unterstützen, die er vertrat. Haeckels verfälschte Zeichnungen illustrieren auf trügerische Weise, dass der menschliche Embryo einem Fisch gleichsähe. Als dies bloßgestellt wurde, war seine einzige Verteidigung vor dem akademischen Senat, dass andere Evolutionisten ähnliche Schandtaten vollbracht hätten:

»Nach diesem Kompromissgeständnis der Verfälschung wäre ich verpflichtet, mich verdammt und zerstört zu fühlen, hätte ich nicht den Trost, neben mir auf der Anklagebank Hunderte von Mitschuldigen sitzen zu sehen, unter ihnen viele der verlässlichsten Beobachter und Biologen von bestem Ruf. Die überwiegende

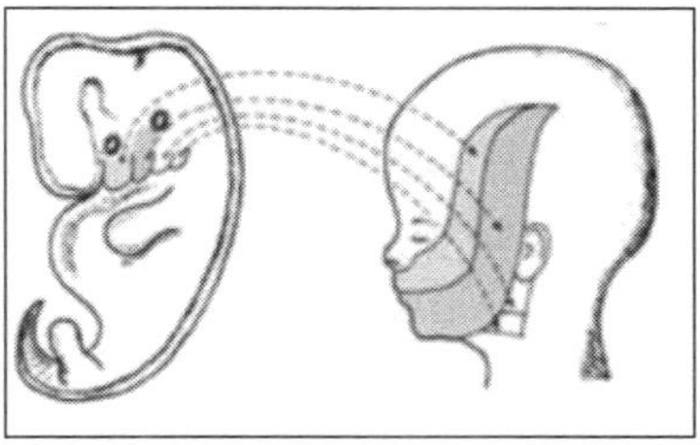

Abb. 47: Kiemen-Irrtum. Da in der propagierten Evolutionsreihe die Lurche zwar Kiemen, aber keine Kiemenbögen besitzen, ist nicht zu verstehen, dass die laut Abstammungslehre nachfolgenden Säugetiere erneut Kiemenbögen haben sollen. Nach Haeckel wurden die Falten am menschlichen Fötus fälschlicherweise als von vergangenen Vorfahren vererbte »Kiemenschlitze« interpretiert: Menschliche Embryos vollziehen die »menschliche Evolutionsgeschichte« definitiv nicht nach. Bild: Harun Yahya.

Mehrzahl aller Tafeln in den besten Lehrbüchern der Biologie, den Abhandlungen und Berichten würden in gleicher Weise die Anschuldigung der Verfälschung verdienen, denn sie sind alle ungenau und mehr oder weniger verfälscht, schematisiert und konstruiert« (Hitching, 1982, S. 204). Gefälscht wird auf breiter Front!
Da man sich mit den Missing Links der Menschwerdung genug die Finger verbrannt hat, wurde ein anderer Mythos aus der Taufe gehoben: Die Vögel sollen sich aus den Dinosauriern entwickelt haben.

Aktuelle Fälschungen

Im Oktober 1999 wurde auf einer Pressekonferenz und dann in der November-Ausgabe des Magazins »National Geographic« mit bunten Bildern ein Sensationsfund aus China vorgestellt und gefeiert: das *Missing Link* zwischen Dinosaurier und Vogel. In »Science« hieß es: »Dank der ausgezeichneten Konservierung der Weichteile ist es möglich, die Flügel, Federn und Fell des Fossils zu studieren, das möglicherweise ein Alter von 120 bis 130 Millionen Jahre aufweist … Paläontologen können nun genau studieren, wie sich die Evolution der Federn und des Fluges entwickelte sowie auch die Verwandtschaft von Dinosauriern und primitiven Vögeln,

beides Hauptfragen der Entwicklung des Lebens …« (»Science«, 13. 3. 1998, S. 1626–1627).
Das lang gesuchte und seit Darwins Zeit schmerzlich vermisste *Missing Link* (überhaupt eines von unendlich vielen erforderlichen) wurde auf den wissenschaftlichen Namen *Archaeoraptor liaoningensis* getauft. Es handelt sich um ein Tier von der Größe eines Truthahnes, bewehrt mit scharfen Krallen und Zähnen. Man glaubte, es könnte als erster flugfähiger, gefiederter Dinosaurier das Missing Link zwischen Reptilien und Vögeln gewesen sein.
Obgleich Archaeoraptor alle nötigen Merkmale für das Fliegen aufweise, wisse man nicht, wie weit es mit dessen Flugkünsten tatsächlich her war, ließ Philip Currie vom kanadischen Royal-Tyrrel-Museum verlautbaren. Schultergürtel und Brustbein ähneln dem moderner Vögel, und seine Hände hatten sich bereits als Teil eines flügelartigen Körperteils evolutiv entwickelt. Auch Hohlknochen, Federkleid und Schwanz – möglicherweise wichtig für die Stabilität in der Luft – waren vorhanden. Jedoch war der Schwanz recht lang und steif, was die Flugfähigkeit sicherlich beeinträchtigte (»Science«, Bd. 279, 13. 3. 1998, S. 1626–1627).
Archaeoraptor liaoningensis wurde einer ganzen Gruppe gefiederter Dinos zugeordnet, die in den letzten Jahren in China gefunden wurden. Es wurden Ausstellungen wie in Washington organisiert und das *Missing Link* wurde den staunenden Besuchern als Beweis für die Makroevolution im Blitzlichtgewitter der Fotografen präsentiert. Die weltweite Verbreitung dieses Beweises durch das in der ganzen Welt verkaufte Magazin »National Geographic« trug zur Manifestierung des neuen Jahrhundertfundes bei. Man hatte es ja schon immer gewusst und Recht behalten, es gibt die Makroevolution, der erste Beweis wurde endlich gefunden und man konnte ihn präsentieren …
Über zwei Jahre lang war der erstmalige Fund eines *Missing Links* Mittelpunkt einer von Wissenschaftlern und Medien gestarteten riesigen Werbekampagne. Im Fernsehen wurden Computeranimationen gezeigt, wie ein *flugunfähiges Tier plötzlich zum König der Lüfte* wurde, so als ob aus einem Huhn ein Adler wird. Hatte ich mich geirrt, als in »Darwins Irrtum« stichhaltige Argumente gegen

die propagierte evolutive Entwicklung von Dinosauriern hin zu modernen Vögeln vorgetragen wurden? Ich hatte ausgeführt: »Embryonale Untersuchungen weisen angeblich darauf hin, dass bei der Weiterentwicklung einer Hand zuerst die jeweils äußeren Finger reduziert werden. Dies entspricht dem Erscheinungsbild der Hand bei den Vögeln. Es steht jedoch fest, dass bei ihren angeblichen Urahnen, den Theropoden, die zwei nebeneinander liegenden vierten und fünften Finger (Ringfinger und kleiner Finger) fehlen. Anscheinend besitzt die Regel eine eindeutige Ausnahme. Die Biologen versuchen jetzt, deutlich zu beweisen, dass die Handwurzelknochen und Finger der Nichtvogel-Theropoden in der Form und den Verbindungen denen der späteren Vögel gleichen. Wohlgemerkt handelt es sich in beiden Fällen aber um ganz andere Finger! Jede Interpretation von gleichen Entwicklungen muss daher als willkürlich erscheinen. Aber die Biologen brauchen dringend ein Missing Link ...« (Zillmer, 1998, S. 266).

Zwei Jahre später, im Dezember des Jahres 2000, wurde dann in »Science« (Bd. 290, 22. 12. 2000, S. 2224) ein kurzer Artikel veröffentlicht: »Anfang dieses Jahres fiel der fliegende Dinosaurier auf die Erde, als ein Durcheinander von zwei verschiedenen Fossilien – ein primitiver Vogel und ein Dinosaurier. Das trifft uns gewaltig, sagte Jim Kirkland von Geologischen Dienst im US-Bundesstatt in Utah, der besorgt ist, dass die Bevölkerung jetzt denkt, dass alle gefiederten Dinosaurier gefälscht sein könnten.«

Am 29. März 2001 erschien dann in »Nature« (Bd. 410, S. 539–540) eine genaue Analyse, wie (der *künstlerisch* hochwertige) Archaeoraptor (= alter Räuber) gefälscht wurde.

Und in der Folge wurde dann mein bereits 1998 vorgetragener Einwand gegen die propagierte Vogelevolution im Jahre 2002 auch wissenschaftlich bestätigt: »Die Doktorandin Julie Nowicki von der *Universität North Carolina* in Chapel Hill hat acht Tage alte Straußeneier geöffnet. Etwa zu der Zeit entwickeln sich bei den Vogelembryonen die Finger, fand Nowicki. Deutlich kann man erkennen, dass die drei Finger der Vogelhand sich aus den Entsprechungen zum menschlichen Zeige-, Mittel- und Ringfinger entwickeln. Die drei Finger der Dinosaurier entsprechen hingegen Daumen, Zeige- und Mittelfinger ...« (BdW, 16. 8. 2002). Mit dem Ergebnis der Doktorarbeit wurde *meine Ausführung in »Darwins Irrtum« drei Jahre später exakt bestätigt.*

Aber auch aus mehreren anderen Gründen können Dinosaurier nicht Stammväter der Vögel sein, denn die komplizierte Lunge der Vögel kann sich nicht aus der von theropoden Dinosauriern entwickelt haben (Zillmer, 1998, S. 266). Dieser »Einwand lässt sich gegenwärtig weder bestätigen noch widerlegen, weil das Organ nicht fossil erhalten ist. Es gab aber auch kein anderes Tier, aus dessen Lunge sich das äußerst komplizierte Organ der Vögel hätte entwickeln können (das anders als bei jeder sonstigen lebenden Tiergruppe ist)« (»SpW«, 4/1998, S. 43).

Es »deutet vieles darauf hin, *dass die heutigen Vögel nicht von den Dinosauriern abstammen ...*« (»Nature«, Bd. 399, 17. 6. 1999, S. 679–682).

Selektion und Mutation

Die Vererbungsgesetze nach Gregor Mendel (1822–1884) bilden heute eine Grundlage der experimentellen Genetik und eigentlich der Evolution, sprich der Mikroevolution, denn die angebliche Makroevolution – die Höherentwicklung über dem Speziesniveau (Mayr, 1991, S. 319), also die Erschaffung neuer Arten – wird immer nur anhand exemplarischer Beispiele der Mikroevolution (der umweltbedingten Artenanpassung) *stellvertretend* »bewiesen«.

Typisches Beispiel ist der berühmte Darwinfink. Darwin hatte die unterschiedlichen Finkenrassen auf den Galápagos-Inseln studiert und daraus den Schluss gezogen, dass sich die Tiere durch eine Folge von fortgesetzten kleinen Abweichungen in eine andere *Art* verändern können. Wie kam er zu diesem völlig falschen Schluss? Einfache Antwort: Er kannte die Mendelschen Vererbungsgesetze noch nicht. Nach diesen Gesetzen überspringen die so genannten »verdeckten Merkmale« eine oder mehrere Generationen, um dann später wieder aufzutreten. Wenn sie dann wieder auftreten, sind sie unverändert und genauso wie vorher und stellen nicht etwa ein neu hinzugekommenes Merkmal dar. Was Darwin bei den Finken als neues Merkmal erschien, war in Wirklichkeit lediglich eine neue Kombination von untergeordneten Merkmalen, die bereits in ihrer Ahnenreihe vorhanden waren. Der Haupteinwand gegen die Theorie von der natürlichen Auslese ist der, dass letztere keine *erstmals* auftretenden Wesensmerkmale hervorzubringen vermag. Die Auslese wählt *nur unter bereits vorhandenen Wesensmerkmalen das nach den Mendelschen Gesetzen am besten geeignete aus, wie Farbe oder Tarnung.*

Mit der natürlichen Auslese als einem Vorgehen der Natur waren schon Biologen vor Darwin vertraut. Diese wurde definiert als ein »Mechanismus, der die Spezies in unveränderter Reinheit erhält.« Diese Beobachtung ist richtig! Falsch ist Darwins Idee, dass diese Auslese eine evolutive Kraft beinhalte. Der englische Paläontologe Colin Patterson hebt hervor: »Niemand hat jemals eine Spezies durch Mechanismen der natürlichen Auslese hervorgebracht. Niemand kam dem auch nur nahe, und der Großteil der gegenwärtigen Debatte im Neo-Darwinismus bewegt sich um diese Frage« (in: »Cladistics«, BBC, 4. 3. 1982).

Nehmen wir ein Beispiel für natürliche Auslese: Ein Rudel von Gazellen wird von Löwen bedroht. Natürlich überleben diejenigen, die schneller laufen können. Dieser Prozess wird jedoch niemals die Gazellen in eine andere lebendige Spezies verwandeln. Gazellen werden immer Gazellen bleiben, unabhängig von der Dauer dieser Ausleseprozesse, auch wenn vielleicht Gazellen mit besonders »schnellen« Beinen übrig bleiben sollten. Da die natürliche Auslese nicht über ein Bewusstsein verfügt, kann auch keine willentliche Auswahl zur Erreichung höherer Komplexität erfolgen. Abweichende Behauptungen stellen plumpe Betrugsversuche dar.

Natürliche Auslese führt daher nicht zu komplexeren Systemen, sondern wirkt sich nur als Wandel innerhalb der Mikroevolution aus. Durch diesen Mechanismus wird die bestehende Spezies einzig und allein *vor Degeneration bewahrt.* Darüber hinaus hat die natürliche Auslese keinerlei Fähigkeit, eine Spezies im Sinne der Makroevolution in ein anderes Tier umzuwandeln. Dies ist der Grund dafür, dass der Neo-Darwinismus die Mutation als Ursache für vorteilhafte Änderungen auf die gleiche Ebene erhebt und neben die natürliche Auslese stellen *musste*.

Um positiv über die Art hinaus wirkende Mutationen zu beweisen, züchten darwinistische Genetiker seit Jahrzehnten Fruchtfliegen (*Drosophila melanogaster*), da sich diese Insekten sehr schnell vermehren und Mutationen sich daher schnell zeigen. Man hatte entdeckt, dass radioaktive Strahlung die Zahl der Mutationen beträchtlich erhöht. Die Bestrahlung bewirkte, dass Fruchtfliegen mit roten Augen neben solchen mit schwarzen erschienen; andere hatten kleine, große oder mehr Flügel. Es entstanden viele unterschiedliche Exemplare. Außerdem setzte man Generationen von Fruchtfliegen extremen Umständen von Hitze, Licht, Dunkelheit und Chemikalien aus (Pitman, 1984, S. 70). All diese Fruchtfliegen wurden untereinander kreuz und quer gezüchtet und es erschienen vielerlei Spielarten. Aber: Trotz unzähliger Versuche handelte es sich genetisch noch immer um die gleiche Fruchtfliege wie zu Anfang.

Der Genetiker Gordon Taylor schrieb: »In all den Tausenden von Fliegenzüchtungsversuchen, die über 50 Jahre lang in vielen Teilen der Welt durchgeführt wurden, konnte das Aufkommen einer neuen Spezies niemals beobachtet werden ... nicht einmal ein neues Enzym« (Taylor, 1983, S. 48). »Die Praxis zeigte, dass Mutanten entweder sterben, unfruchtbar sind oder zum natürlichen Typus zurückkehren« (Pitman, 1984, S. 70).

Entsprechendes gilt auch für die propagierte menschliche Evolution. Alle an Menschen beobachteten Mutationen hatten schädliche Folgen: körperliche Entstellung oder Siechtum wie Mongolismus, Albinismus, Zwergwuchs oder Krebs. Hierbei kann es sich wohl kaum um einen evolutiven Mechanismus handeln. Auch die Hiroshima-Bombe erzeugte keine positiv wirkenden Mutationen, sondern Unfruchtbarkeit und Missbildungen.

In dem Buch »Evolution« bestätigt Ruth Moore (1970, S. 91): »Die Arbeit in vielen Laboratorien zeigte, dass die meisten Mutationen schädlich sind und die drastischen sogar gewöhnlich tödlich verlaufen. Sie schlagen gewissermaßen die falsche Richtung ein, in dem Sinne, dass jede Veränderung in einem harmonischen, gut angepassten Organismus sich nachteilig auswirkt. Die meisten Träger tief greifender Mutationen bleiben nie lange genug am Leben, um die Veränderungen ihren Nachkommen zu vererben.«

Wenn man in einem Roboter oder spezialisierten Organismus eine planlose Veränderung durchführt, wird der Mechanismus sicher nicht verbessert, sondern aller Voraussicht nach beschädigt, oder bestenfalls zeigt sich gar keine Auswirkung. Entsprechend wird durch eine Mutation keine positive Auswirkung erzeugt.

Allerdings schreiben auch sich Kreationisten nennende Evolutionisten (= Theisten: Zwittergläubige, die an die Urschöpfung bei nachfolgender Evolution glauben), dass es positive Mutationen geben soll, »welche die Fitness eines Organismus unter bestimmten Umständen erhöhen … Beispiele sind vielfältige Resistenzbildungen gegen Antibiotika oder Pflanzenschutzmittel sowie Veränderungen bei Bakterien, die zum Abbau neuartiger Substanzen führen« (Junker/Scherer, 2001, S. 102).

Das Beispiel der anscheinend fortschreitenden Resistenz gegen Antibiotika ist für die meisten Menschen nachvollziehbar. Heute erkennt man, dass der Einsatz von Antibiotika zu einer Resistenz von Bakterienarten führt. Es kommt immer wieder vor, dass Patienten von Bakterienstämmen infiziert sind, die gegen mehrere Antibiotika resistent sind (Multiresistenz). Daher ist der prophylaktische Einsatz in der Massentierhaltung umstritten und bereits in einigen Staaten zu Recht verboten worden. Das hat mit positiver Mutation oder evolutiver Weiterentwicklung aber ganz und gar nichts zu tun. Denn ein Antibiotikum ist ein Stoffwechselprodukt von Mikroorganismen, das Bakterien abtötet (bakterizide Wirkung) oder ihr Wachstum hemmt (bakteriostatische Wirkung). Der Mechanismus funktioniert so, dass ein großer Anteil der Bakterien, die mit dem Antibiotikum in Kontakt kommen, abstirbt, während andere, auf die das Antibiotikum keinen Einfluss hat, sich rapide vermehren und bald die gesamte Population ausmachen, die nunmehr immun ist gegen Antibiotika.

Wenn man jetzt Bakterien abtötet, dann sind sie eben tot wie die Fische, die an Land spazieren gehen und Amphibien werden wollen. Allerdings ist eine Übertragung vorhandener resistenter Gene möglich. Evolutionisten sehen hierin eine Evolution der Bakterien durch Anpassung. Diese oberflächliche Interpretation unterscheidet sich von der Wahrheit. Für den israelischen Biophysiker und Professor Lee Spetner (2001) gibt es zwei Mechanismen, die mit Evolution nichts zu tun haben:

- Transfer bereits in den Bakterien vorhandener resistenter Gene.
- Verlust genetischer Daten durch Mutation, die dadurch Resistenz herbeiführt.

»Einige Mikroorganismen sind mit Genen ausgestattet, die ihnen diese Resistenz gegenüber Antibiotika verleihen. Die Resistenz kann die Form der Aufspaltung des Antibiotikum-Moleküls haben oder die der Abstoßung von der Zelle ... Organismen mit diesen Genen können diese zu anderen Bakterien transferieren und sie dadurch ebenso immunisieren. Obwohl die Resistenzmechanismen für ein bestimmtes Antibiotikum spezifisch sind, haben die meisten pathogenischen Bakterien ... sich mehrere Gensets angeeignet, die sie gegen eine Vielfalt von Antibiotika resistent machen.« Dieser Mechanismus ist aber kein Beweis für die Evolution: »Die auf diese Weise angeeignete Resistenz gegen Antibiotika ... ist nicht von der Art, dass sie Prototyp für die Mutationen sein könnte, die die Evolution benötigt ... Die genetische Veränderung, die für die Theorie spräche, müsste nicht nur dem Genom des Bakteriums Informationen hinzufügen, sondern dem Biokosmos neue Informationen hinzufügen. Der horizontale Gentransfer verbreitet nur solche Gene weiter, die bereits in einigen Arten enthalten sind« (Spetner, 2001). Es handelt sich also wiederum nur um die sich allgegenwärtig vollziehende Mikroevolution.

Werden Antibiotika bereits bei der Tiermast eingesetzt, züchtet man sich unmittelbar Bakterien, die gegen ein oder auch mehrere gleichzeitig eingesetzte Mittel immun sind. Dem Fleisch essenden Menschen nützt dann die Einnahme von entsprechenden Antibiotika nicht mehr, falls er von entsprechend herangezüchteten Bakterien befallen wird. Mit anderen Worten: Je mehr und intensiver man Antibiotika bei Tieren und Menschen einsetzt, desto nutzloser werden diese Mittel. Deshalb ist zu fordern, dass diese Medikamente in der Nutztierhaltung generell zu verbieten sind. Wenn Fachleute bei diesen Mechanismen von positiver Mutation und damit bewiesener Evolution sprechen, dann handelt sich um eine (bewusste?) Fehlinformation.

Es können drei Gründe aufgeführt werden, warum Mutationen zur Stützung der Evolutionstheorie nicht herangezogen werden können (Yahya, 2002, S. 63):

- *Die direkte Auswirkung von Mutationen ist schädlich*: Da sie ungeplant auftreten, beschädigen sie fast immer den Organismus, der ihnen ausgesetzt ist. Die Vernunft lehrt uns, dass willkürliche Eingriffe in eine vollkommene und komplexe Struktur dieselbe nicht verbessern, sondern nur schädigen können. Tatsächlich konnte bisher noch niemals eine »vorteilhafte Mutation« beobachtet werden.
- *Mutation fügt der DNS eines Organismus keine neue Information hinzu.* Die Trägerteilchen der genetischen Information werden entweder aus ihren Plätzen herausgerissen, zerstört, oder an andere Stellen versetzt. Mutationen können ein Lebewesen nicht dazu bringen, ein neues Organ oder eine neue Charaktereigenschaft auszubilden. Sie können lediglich Abnormalitäten verursachen, wie etwa ein am Rücken wachsendes Bein, oder ein am Bauch wachsendes Ohr.
- *Um von einer Generation auf die nachfolgende übertragen werden zu können, muss eine Mutation in den Geschlechtszellen des Organismus stattgefunden haben.* Eine Zufallsveränderung, die in irgendeiner Zelle oder irgendeinem Organ des Körpers auftritt, kann nicht auf die nächste Generation übertragen werden.

Wenn jemand jedoch behauptet, dass sich gerade die geringfügigen Mutationen vorteilhaft auf die Entwicklung der Arten auswirken, dann muss festgestellt werden, dass jede Zelle über ein ganzes Arsenal an Kontroll- und Reparaturmechanismen verfügt, um die Mutationshäufigkeit so niedrig wie möglich zu halten. Dies stellt einen notwendigen Selbstschutz dar, denn ansonsten würden die Arten relativ schnell degenerieren, da bereits geringe, planlose

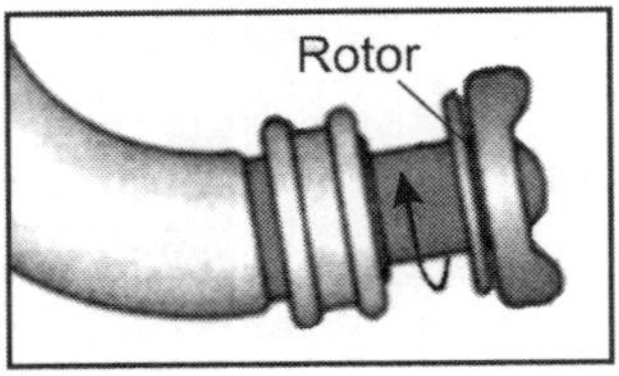

Abb. 48: Ingenieurtechnik.
Dieser Bakterien-Motor kann stufenlos bis zu 100 000 Umdrehungen pro Minute ausführen. Ein solcher aus 240 Elementen bestehender Motor kann nicht durch unendlich viele Zufallsmechanismen (Mutation) entstanden sein (»Scientific American«, September 1971).

Schäden an der DNS zu Defekten und durch Vererbung zur Degeneration und Unfruchtbarkeit führen. Unser Körper ist also darauf eingestellt, Mutationen zu verhindern, zumindest aber so gering wie möglich zu halten und ggf. den Defekt zu reparieren. Die Mutation ist daher nicht der Zauberstab der Evolution!

Evolutionisten haben auch den Mythos von den »verkümmerten Organen« erfunden, der immer wieder in der einschlägigen Literatur gebetsmühlenartig wiederholt wurde. Jahrzehntelang hat man uns weismachen wollen, dass in den Körpern mancher Lebewesen eine Reihe von Organen ohne Funktion existieren. Diese seien von Vorfahren ererbt und aus Mangel an Gebrauch allmählich verkümmert – sozusagen Müll der evolutiven Entwicklung. Die Liste verkümmerter Organe des deutschen Anatomen R. Wiedersheim von 1895 enthielt annähernd 100 Organe, einschließlich des Blinddarms. Dieser ist jedoch keineswegs nutzlos und überflüssig, sondern ein lymphatisches Organ, das Infektionen im Körper bekämpft. Mit fortschreitendem Kenntnisstand der Wissenschaft stellte sich heraus, dass nahezu alle Organe auf der Liste in Wahrheit sehr wichtige Funktionen haben. Deshalb wurde diese unwissenschaftliche These von »verkümmerten Organen« wie andere Märchen der Evolutionstheorie in aller Stille beerdigt. Der »normale« Bürger glaubt noch heutzutage daran, auch an den verkümmerten Schwanz am Ende unseres Rückgrats. Jedoch ist das Steißbein als statische Stütze des Beckens unverzichtbar. Und Darwin irrte auch, als er die halbmondförmige Augenfalte als verkümmertes Organ ansah. Denn diese dient in Wahrheit der Reinigung und Befeuchtung des Augapfels.

Geschlechtliche Zuchtwahl

Charles Darwin erkannte zu damaliger Zeit die bereits diskutierten Mängel seiner Abstammungslehre und propagierte deshalb eine weitere Theorie. Er erkannte richtig, dass es typische Kennzeichen gibt, die man nur durch *bewusste*, also durch das Bewusstsein gesteuerte Bevorzugung erklären kann.

Dieses Prinzip nannte er geschlechtliche Zuchtwahl und wandte es auf zwei Bereiche an. Erstens ging Darwin analog zur damaligen Überzeugung davon aus, dass der Verstand des Mannes demjenigen der Frau überlegen sei, und dass die männliche Intelligenz größer und hervorragender als die weibliche sei.

Zweitens versuchte Darwin mit dem Prinzip der geschlechtlichen Zuchtwahl zu erklären, dass von Anbeginn der Menschheit der Mensch ohne Fell, also fast unbehaart geboren wird. Wie konnte Nacktheit ein Vorteil sein?

Die angenommene Überlegenheit des männlichen gegenüber dem weiblichen Verstand erklärte Darwin damit: Das Männchen habe immer um das Weibchen kämpfen müssen und durch diesen andauernden Kampf habe es eine dem Weibchen überlegene Intelligenz entwickelt. Deshalb soll der Mann klüger als die Frau sein. Mit Verlaub gesagt, wenn jemand heutzutage auch nur annähernd solche Gedanken äußern würde, würde er eher in die Psychiatrie eingeliefert werden, als dass ein solcher Gedanke sich als Grundlage einer wissenschaftlichen Theorie manifestieren könnte. Aber dieses kämpfende Männchen hat nach Darwin während unendlich vielen Kämpfen eine höhere Intelligenz erhalten, die er ja auch noch weiter vererben müsste – aber er besitzt immer noch ein Fell.

Jetzt kommt die geschlechtliche Zuchtwahl zum Tragen, denn angeblich bevorzugten die Weibchen männliche Menschenaffen mit weniger Behaarung, folglich hatten auch deren Kinder immer weniger Behaarung. Wahrscheinlich hatten die Vorfahren von Charles Darwin noch nicht lange genug um Weibchen gekämpft, um eine höhere Intelligenz zu erreichen, denn sonst hätte er diesen klassischen Zirkelschluss bemerken müssen: Einerseits soll die Überlegenheit des Mannes davon herrühren, dass er sich die Frauen

kämpfenderweise erobert hatte, und andererseits soll der Grund für die Unbehaartheit des Menschen darin liegen, dass Frauen solche Männer mit weniger Behaarung anderen, die noch ein Fell trugen, vorzogen. Also: Wer wählte denn jetzt wen aus?
Hatten damalige Weibchen nicht auch immer schon einen unterschiedlichen Geschmack, wie unsere heutigen Frauen auch? Hat sich da wirklich etwas Grundsätzliches geändert? Wohl kaum! Manche Weibchen bevorzugten denn auch große Anthropoiden mit einem glatten Fell, andere wiederum bevorzugten Männchen mit weniger dichter Behaarung.
Durch sorgfältige Auslese und Züchtung der guten Eigenschaften bringen wir unter Anwendung der Mendelschen Gesetze in der Botanik und Zoologie vielerlei Spielarten bei Tier und Pflanze hervor. Vernachlässigt man aber die Zuchtpflege, setzt *keine Aufwärtsentwicklung*, sondern *Degeneration* ein und zwar unausweichlich, wie jeder Züchter bestätigen wird. Geschlechtliche Zuchtwahl bringt also auch keine neuen Arten hervor, sondern durch Ausnutzung der Vererbungsgesetze können bestenfalls neue Spielarten (nur) durch Auslese bestimmter, bereits vorhandener Eigenschaften oder Merkmale hervorgebracht werden. Es handelt sich hierbei um Mikro- und eben nicht um Makroevolution!

Fossilien kontra Evolution

Laut Evolutionstheorie verwandelt sich eine vorhandene Spezies im Laufe der Zeit in eine neue Art. Jeder dieser Wandlungsvorgänge soll sich allmählich über Millionen von Jahren hinweg vollzogen haben. Wenn dem so wäre, hätten zahllose Übergangsarten in jedem dieser unzähligen Wandlungsprozesse vorhanden sein müssen. Einerseits müsste es in der Vergangenheit Übergangsformen als Mischkreaturen gegeben haben, die zum Beispiel teils Fisch- und teils Reptiliencharakter aufweisen, und andererseits müssten auch Millionen von Entwicklungsstufen der Organe und Extremitäten nachgewiesen werden können. Aber alle aus den Versteinerungen

bekannten sowie heutzutage (rezent) lebenden Tiere erscheinen vollkommen entwickelt und ideal angepasst.
Sollte die Evolutionstheorie richtig sein, »muss auch die Anzahl der Zwischenvarietäten, welche vordem auf der Erde vorhanden waren, eine wahrhaft ungeheure gewesen sein. Woher kommt es dann, dass nicht jede geologische Formation und jede Gesteinsschicht voll von solchen Zwischenstufen ist? Die Geologie enthüllt uns sicherlich keine solche fein abgestufte Organismenreihe; und dies ist vielleicht die handgreiflichste und gewichtigste Einrede, die man meiner (Darwins) Theorie entgegen halten kann. Die Erklärung liegt aber ... in der äußersten Unvollständigkeit der geologischen Urkunden« (Darwin, 2000, S. 357 f.).
Darwin hoffte damals, dass in der Zukunft irgendwann irgendeine Übergangsform gefunden wird. Allerdings hat uns die seit dieser Zeit entbrannte Suche nach Übergangsformen in den Versteinerungen nicht einen einzigen derartigen Fund beschert, trotz Millionen von Versteinerungen, die seither entdeckt wurden. Darwins Zweifel haben sich daher quasi evolutiv zu einer Gewissheit entwickelt: Makroevolution kann in den Versteinerungen nicht nachgewiesen werden, im Gegensatz zur Mikroevolution.
Der britische Paläontologe Derek V. Ager gesteht diese Tatsache ein: »Wenn wir den Fossilnachweis im Einzelnen untersuchen, ob auf der Ordnungs- oder Spezies-Ebene, tritt ein Punkt hervor: Was wir immer und immer wieder finden, ist nicht eine allmähliche Evolution, sondern eine plötzliche Explosion einer Gruppe ...« (»Proceedings of the British Geological Association«, Bd. 87, 1976, S. 133).
Übergangsformen wurden nicht gefunden, aber eben ein urplötzliches Auftreten neuer, vollkommener Tiere ohne jegliche Übergangsform. Ein solches Szenario lässt sich in Schichten aus dem Kambrium (590 bis 500 Ma) nachweisen. Dieses wunderbare Ereignis wird in der geologischen Literatur die »kambrische Explosion« genannt, denn in den Schichten des Präkambriums (Erdfrühzeit) lässt sich organisches Leben nicht nachweisen, und *plötzlich* wimmelt es von Leben aller Art. Das Leben entstand ohne lang andauernde Evolution, ohne Artverwandlung – bewiesen durch die in

geologischen Formationen enthaltenen »idealen« Fossilien ohne Übergangsformen.
Die meisten der in kambrischen Schichten gefundenen Lebensformen weisen urplötzlich erscheinende komplexe Organsysteme wie Augen, Kiemen und andere hoch entwickelte Strukturen auf, die sich in keiner Weise von denen ihrer neuzeitlichen Ebenbilder unterscheiden. Wichtig ist die Feststellung, dass die in frühen kambrischen Epochen vorhandenen Tiergattungen sich genauso deutlich voneinander unterscheiden, wie sie es auch heute nach knapp 600 Millionen Jahren tun. Eigentlich hätte sich die Artenvielfalt wie die Verästelungen eines Baumes aus einem einzigen Stamm entwickeln müssen, aber die einzelnen Tierstämme erscheinen parallel, gleichsam wie in Reihen ausgerichtete Junganpflanzungen ohne gemeinsame Wurzel: »Es scheint, als ob sie dort einfach ohne eine evolutive Vorgeschichte eingepflanzt worden seien« (Dawkins, 1986, S. 229).
Im Wissenschaftsmagazin »Science« (Bd. 293, 20. 7. 2001, S. 438 f.) wird bestätigt: »Der Beginn der kambrischen Epoche ... erlebte das plötzliche Auftreten von fast allen Hauptgruppierungen der Tiere (Phyle) im Fossilnachweis, die bis heute noch überwiegend die Biota ausmachen.«
Nach Aussage von Charles Darwin müsste die kambrische Explosion – mit plötzlich auftauchenden und wie ingenieurmäßig geplanten Organen – das Ende der Evolutions-Hypothese eingeläutet haben. Denn er schreibt: »Ließe sich irgendein zusammengesetztes Organ nachweisen, dessen Vollendung nicht möglicherweise durch zahlreiche kleine aufeinander folgende Modifikationen hätte erfolgen können, so müsste meine Theorie unbedingt zusammenbrechen« (Darwin, 1859, S. 206). Dieses Organ gibt es!
Die Trilobiten tauchten plötzlich auf und besaßen ein kompliziertes Auge, das aus Hunderten von wabenförmigen Einzelaugen mit einem Doppellinsensystem besteht – ein optimales Design. Diese Wabennetzstruktur des Trilobitenauges hat sich über 600 Millionen Jahre hinweg unverändert bis in unsere Zeit erhalten, denn Insekten wie Bienen und Libellen haben die gleiche Augenstruktur wie die Trilobiten (Gregory, 1995, S. 31). Wenn man außerdem berücksich-

tigt, dass sich viele Tierarten, wie zum Beispiel die Salamander, seit den Dinosauriern nicht verändert haben, oder dass die Spinnenseide seit 125 Millionen Jahren unverändert sein soll, so muss man fragen: Wo ist denn da die evolutive Entwicklung geblieben?
Im *Petrified Forest National Park* in Arizona ragen versteinerte Baumstämme nach angeblich über 200 Millionen Jahren sogar noch aus den Hängen der heutigen Tafelberge, den ehemaligen Schlammschichten heraus – Zeugnisse von Superfluten in heutzutage wüstenhaftem Gebiet (vgl. Foto 29–32). Zur Überraschung der Fachleute fand man in solchen versteinerten Bäumen vereinzelt fossile Nester von Bienen und Wespen (»The Arizona Republic«, 26. 5. 1995, S. B7). Bienen und die für diese Tiere notwendigen Pflanzen entwickelten sich jedoch angeblich erst 140 Millionen Jahre *nach* der Entwurzelung dieser Bäume. Entweder stimmt die Datierung der geologischen Schichten oder die Zeitleiter der Evolution nicht! Deshalb wurden entsprechende Funde wissenschaftlich auch nicht veröffentlicht.
Die vorgestellten, auch durch Fachleute dokumentierten Funde und die empirische Beweisführung entlarven die Evolutionstheorie als eine von den Forschern der Erd- und Menschheitsgeschichte bewusst gepflegte und gehegte Lüge.
Welche gesellschaftlichen und politischen Auswirkungen hatte die Evolutionstheorie, nicht nur auf die westliche Gesellschaft?

Ideologie, Rassismus und Terrorismus

In seinem Buch »Die Abstammung des Menschen« (»The Descent of Man)« diskutiert Darwin kühn über »die größeren Unterschiede zwischen Menschen bestimmter Rassen« und stellte *Neger und australische Aborigines auf eine Stufe mit den Gorillas.* Da liegt es nahe, auf den Gedanken von unterschiedlich entwickelten Rassen zu kommen.
Tatsächlich gibt es viele Kulturen, aber keine Rassen. Diese wissenschaftliche Tatsache stützt sich auf umfassende molekularbiologische Untersuchungen. Natürlich gibt es Unterschiede zwischen

den Menschen. Doch diese sind auf individueller Ebene viel ausgeprägter als zwischen den Völkern. »Die Einteilung in Rassen ist ein reales kulturelles, politisches und ökonomisches Konzept in der Gesellschaft, aber kein biologisches. Doch unglücklicherweise nehmen die Leute fälschlich an, dies sei die Grundlage verschiedener menschlicher Rassen: genetische Unterschiede«, stellt Alan R. Templeton von der *Washington-Universität* in St. Louis fest (SpW, 9. 10. 1998).

Trotz Unterschieden im äußeren Erscheinungsbild sind die genetischen Unterschiede zwischen den großen Menschengruppen derart minimal, und ihre Merkmale sind so vielfältig überlappend, dass Rasseneinteilungen weder durchführbar noch sinnvoll sind. Der Rassismus hat keine genetische Grundlage, sondern basiert auf dem psychologischen Bedürfnis nach unangreifbarer Überlegenheit und Dominanz. Unterschiede zwischen den Völkern basieren weit weniger auf unterschiedlichem Erbgut als auf unterschiedlichen Übertragungsmechanismen von technischen und sozialen Innovationen (Cavalli-Sforza, 1999).

Dass sich Menschen genetisch über ethnische Grenzen noch ähnlicher sind als bisher vermutet, zeigt eine akribische Analyse des *Chromosoms 21* von Menschen aus 24 verschiedenen ethnischen Gruppierungen (»Science«, Bd. 294, S. 17). Ungeachtet dieser Tatsache wird seit dem 19. Jahrhundert die Existenz von Rassen der Menschheit jedoch als Realität akzeptiert. Leider wird auch heutzutage noch die Rassenfrage dazu benutzt, um Vorurteile aufzubauen oder zu manifestieren, damit bestimmte politische Ziele und, damit zusammenhängend, egoistisches Machtstreben durchgesetzt werden kann.

Besonders Adolf Hitler nutzte den Rassenbegriff auf menschenverachtende Weise aus. Es sollte einer »Herrenrasse« die Vormachtstellung auf unserer Erde gesichert werden. In bestimmten Zentren wurden Menschen selektiert, isoliert und regelrecht gezüchtet, die die gewünschten »arischen« Merkmale aufwiesen. Adolf Hitler berief sich ausdrücklich auf die Hypothesen von Charles Darwin und sah in der Evolutionstheorie eine Rechtfertigung für sein Handeln, denn die anderen »nicht-arischen« Rassen waren nach Hitler angeblich Untermenschen, die nach Darwin sowieso dem Aussterben geweiht waren. Hitler betrachtete sich also als Vollstrecker des postulierten Evolutionsmechanismus. Millionen Menschen wurden Opfer dieses Wahnsinns.

»In der Annahme, dass sich Lebewesen im Kampf ums Überleben evolutiv entwickelten, wurde der Darwinismus selbst auf die Sozialwissenschaften angewandt und wurde zu einem Konzept, das sich unter dem Namen *Sozialdarwinismus* entwickelte. Dieser sagt aus, dass die gegenwärtigen menschlichen Rassen auf verschiedenen Stufen der Evolutionsleiter stehen. Die europäischen Rassen seien die höchstentwickelten, während viele andere Rassen immer noch affenartige Merkmale aufzeigten« (Yahya, 2002. S. 46). Während die Faschisten sich auf dem rechten Flügel des Sozialdarwinismus befinden, wird der linke Flügel von den Kommunisten besetzt. Die Kommunisten waren schon immer glühende Verteidiger von Darwins Theorie und manifestieren dies im so genannten *Dialektischen Materialismus* nach Karl Marx und Friedrich Engels.

Dem Leserpublikum wird die Ideologie der Evolution als gesicherte wissenschaftliche Wahrheit verkauft. Der hierin eingebettete Rassismus wird als Huckepack-Theorie in Form einer kategorisierenden Vorstellung aus ihrem Geist heraus in die Außenwelt projiziert, um dann vom Leserpublikum als anscheinend real anerkannt zu werden, gewissermaßen als wissenschaftlich bewiesen, obwohl die Theorie nur eine geistige Fata Morgana darstellt.

Diese anthropologischen Nebelschwaden beiseite schiebend, schreibt der kompetente Ashley Morgan: »Die meisten Anthropologen haben es noch bis vor kurzem für gesichert gehalten, dass Rasse irgendeiner körperlichen Realität der Natur entspricht ... (dass aber) der Ausdruck Rasse, wie er gemeinhin auf den Menschen angewandt wird, wissenschaftlich unhaltbar ist, und dass so, wie er gewöhnlich benutzt wird, er keine Entsprechung in der Realität hat« (Morgan, 1974; zitiert in Friedrich, 1994, S. 16).

Der Grund, warum »Rassen« von unseren Vorfahren und vielen Menschen als Realität empfunden werden, liegt in den vielfältigen Unterschieden zwischen den Völkern verschiedener Regionen begründet. Unterschiedliche Merkmale wie Hautfarbe, Körpergröße

oder die Form der Augen, des Körpers, Gesichts und anderer Details erlauben uns oft, auf den ersten Blick zu erraten, woher der Betreffende stammt. In jedem Kontinent sind viele dieser Merkmale homogen und erwecken daher den Eindruck, es gebe »Rassen«.
»Diese Unterschiede sind zumindest teilweise genetisch bedingt. Hautfarbe und Körperformen sind ... am wenigsten erblich ... Sie sind fast alle auf *klimatische Unterschiede* zurückzuführen« (Cavalli-Sforza, 1999, S. 22).
Neue eingehende Untersuchungen zeigen, dass »die Unterteilung der Menschen nach Rassen und ethnischer Zugehörigkeit unbrauchbar ist« (»Nature Genetics«, Bd. 36, S54–S60), insbesondere anhand der Hautfarbe. Erst im Jahre 1958 entdeckte man, dass Melanin eine Veränderung der Hautpigmentzellen bei Laborfröschen hervorrief. Spezielle Zellen, die Melanozyten, produzieren Melanin, das wichtigste Pigment der Haut. Sie sind aber nicht gleichmäßig über die Körperoberfläche verteilt. So weist die Fußsohle weniger solcher Zellen als der Fußrücken auf. Zusammen mit der Hornhaut ist das Melanin der wichtigste Schutzfaktor gegen UV-Strahlen. Wenn die Haut dem Sonnenlicht oder der UV-Bestrahlung im Solarium ausgesetzt wird, erhöhen die Melanozyten die Produktion von Melanin. Mit anderen Worten: Durch Produktion einer großen Menge von Melanin wird die Haut dunkel, durch eine geringe hell.
Mit allmählicher *evolutiver* Anpassung an unterschiedlich intensive Sonneneinstrahlung hat dies nichts zu tun. Innerhalb einer isolierten Gruppe von Individuen bilden sich unter Berücksichtigung von Selektionsfaktoren (Isolation, Klima) dann zwangsläufig bestimmte Merkmale heraus, die in hoher Frequenz bereits vorhanden sind.

Abb. 49: Weiße Haut und Haare.
Ein nigerianisches Albino neben einer »normalen« Nigerianerin.

Seltsamerweise besitzen Eskimos eine »braune« Haut, ähnlich wie die Basken. Gelbliche Haut wird nicht durch ein zusätzliches Farbpigment erzeugt, sondern ist ein Effekt, der durch eine *dickere Oberhaut* entsteht. Deshalb ist die Urfarbe des Menschen nicht gelb, aber auch nicht weiß oder schwarz, sondern braun: Hellhäutige besitzen weniger und Dunkelhäutige mehr schwarzen Farbstoff *Melanin* als braunhäutige »Urmenschen«.
Albinos weisen einen Defekt auf, denn sie sind unfähig, Melanin zu produzieren. Menschliche Albinos sind daher weißhäutig, aber in der Tierwelt ist deshalb ein rein weißes Tier kein Albino, sondern dieses nennt man *Leuzist.* Durchschnittlich jedes 10 000ste Baby wird in der Natur als Albino geboren. Teilalbinismus (partieller Albinismus) kommt bei Menschen, seltener bei Tieren, vor.
Fazit: Unterschiedliche Haufarbe ist kein biologisches »Rassenmerkmal«. Sie wird auch nicht über lange Zeiträume hinweg evolutiv durch langsame Anpassung an die Intensität der Sonneneinstrahlung gebildet. Wie bereits geschildert entwickelten sich in nur 13 Generationen durch Isolation *morphologisch unterschiedliche* Lachse in einem See (»Science«, Bd. 290, 2. 10. 2000, S. 516–518).
Mit dem durch den Darwinismus hervorgebrachten Rassismus wurde die Grundlage von Ideologien gebildet, die unsere Welt im 20. Jahrhundert in ihre bisher blutigsten Konflikte stürzen sollte: Nazismus und Kommunismus. In seinem Buch »Die Dialektik der Natur« zeigt Engels die untrennbare Verbindung zwischen der Evolutionstheorie und dem Kommunismus. Wenn wir an das kommunistische Konzept »des dialektischen Widerspruchs« denken, muss man der über 100 Millionen Menschen gedenken, die dem Kommunismus zum Opfer fielen.
Mao, der die kommunistische Ordnung in China errichtete und Millionen von Menschen töten ließ, gab öffentlich an, dass »der chinesische Sozialismus auf der Grundlage von Darwin und der Evolutionstheorie« errichtet wurde.
Der Darwinismus ist eine Wurzel der Gewalt, die für die Menschheit im 20. Jahrhundert nur Unglück bedeutete. Jedoch ebenso wie diese Ideologien definiert der Darwinismus ein »ethisches Verständnis« und eine Methode, die verschiedene Weltansichten beein-

flussen konnte. Das grundlegende Konzept hinter diesem Verständnis und dieser Methode ist, gegen diejenigen zu kämpfen, die nicht zu uns gehören sollen. Aus dieser Geisteshaltung heraus hat man im Mittelalter Leute in Massen verbrannt.
Diese Haltung kann folgendermaßen erklärt werden: Es gibt unterschiedlichen Glauben, unterschiedliche Weltansichten und Philosophien in der Welt. Es gibt zwei Möglichkeiten, in denen sie zueinander stehen können:
1. Kooperation: Die einen können die Existenz der anderen respektieren, die nicht zu ihnen gehören, und versuchen, Kontakt mit ihnen aufzunehmen und eine mitmenschliche Haltung an den Tag zu legen.
2. Konfrontation: Sie können beschließen, die anderen zu bekämpfen, mit ihnen zu streiten und sie zu schädigen.
Die Grausigkeit, die wir Terrorismus nennen, findet ihre Erklärung in der zweiten Ansicht. Nehmen wir den Darwinismus weg, bleibt keine Philosophie des Konfliktes übrig.
Es wird uns vorgegaukelt, dass Terrorismus mit Begriffen und Symbolen der Religion entsprechender Regionen (z. B. des Islams) einhergeht. Diejenigen, die solche Gedanken auch nur anklingen lassen, sind in Wirklichkeit Sozialdarwinisten und nutzen die Religion als Deckmantel zur Durchsetzung wirtschaftlicher und politischer Interessen und Ziele. Aus diesem Grund ist die Wurzel des Terrorismus, der unsere Welt heimsucht, nicht in irgendeiner der monotheistischen Religionen, sondern im Darwinismus und Materialismus zu suchen. Das Ergebnis ist Konfrontation anstatt Kooperation.
Der einzige Grund, warum Darwins Theorie, trotz ihrer offensichtlichen Widerlegung durch fortschrittliche Wissenschaftler, weiterhin verteidigt wird, ist ihre enge Verknüpfung mit dem Materialismus. Der Frühkapitalismus nahm Darwins Idee dankbar auf, denn sie gab ihren Segen für rücksichtslose Profitmaximierung und gnadenlosen Konkurrenzkampf – wer dabei auf der Strecke blieb, war eben nicht »fit« oder stark genug und gehörte nicht zu den »Begünstigten«. Der Darwinismus bot eine fabelhafte Entschuldigung für jeden, der bereit war, über Leichen zu gehen.

Die Philosophie des Materialismus ist eines der ältesten Denkmodelle der Menschheitsgeschichte. Wenn ein Forscher an erster Stelle Materialist und erst an zweiter Wissenschaftler ist, wird er dem Materialismus nicht absagen, sondern versuchen, diesen aufrecht zu erhalten und zu retten, indem er die Evolution ohne Rücksicht auf Verluste verficht (Lewontin, 1997, S. 28). Ein Paradebeispiel hierfür ist das Vorgehen von Professor Reiner Protsch.

Robert Shapiro, Chemieprofessor und DNS-Experte, erklärt den Glauben der Evolutionisten und das ihm zugrunde liegende materialistische Dogma: »Um die Kluft zwischen Mischungen von einfachen natürlichen Chemikalien zum ersten effektiven Multiplikator zu überbrücken, ist ein evolutives Prinzip von Nöten. Dieses wurde bislang noch nicht im Einzelnen beschrieben oder demonstriert, doch es wird vorausgesetzt und mit Ausdrücken wie ›chemische Evolution‹ oder ›Selbstorganisierung der Materie‹ benannt. Das Vorhandensein dieses Prinzips wird in der Philosophie des dialektischen Materialismus als eine gegebene Tatsache behandelt« (Shapiro, 1986, S. 207).

Die evolutionistische Propaganda in den großen Medien ist die Auswirkung dieser ideologischen Forderung. Da die Evolution als eine Notwendigkeit betrachtet wird, wurde sie von den Kreisen, die die Normen der Wissenschaft festlegen, zu einem Dogma gemacht, das anzufechten ein Tabu ist. Die akademische Elite in der westlichen Welt ist gezwungen, ihre Schriften in bestimmten wissenschaftlichen Zeitschriften veröffentlichen zu lassen, um ihre akademischen Würden zu erlangen und zu behalten. Alle Zeitschriften, die sich mit Biologie bzw. Evolution befassen, sind von Evolutionisten kontrolliert und verhindern jegliche anti-evolutionären Anschauungen in ihren Veröffentlichungen.

Die Weltöffentlichkeit ist sich der systematisch durchgeführten Gehirnwäsche und Propaganda nicht bewusst und betrachtet die Evolution als eine wissenschaftliche Tatsache. Über Generationen hinweg mit entsprechenden Meldungen überschüttete Laien beginnen natürlich zu glauben, dass die Evolutionstheorie trotz aller märchenhaft-nebulösen Erklärungen eine Tatsache ist. Die Evolution zu verneinen, wird als unwissenschaftlich verpönt und als eine

Missachtung fundamentaler Realitäten angesehen. Autoren, die kritische Gedanken formulieren, sind Unwissende und wären im Mittelalter auf dem Scheiterhaufen gelandet. Deshalb kann trotz zahlreicher Mängel und Irrtümer der Evolutionstheorie, die speziell seit den 1950er-Jahren aufgedeckt wurden und von Evolutionisten selbst eingestanden wurden, kaum eine Kritik in wissenschaftlichen Kreisen oder den Medien verzeichnet werden.

So wird beispielsweise selbst in wissenschaftlichen Abhandlungen die »Übersiedlung vom Wasser aufs Land«, welches eines der am wenigsten belegten evolutiven Phänomene ist, mit lächerlicher Einfalt »erklärt«. Aber ein Fisch kann nicht mehr als einige Minuten außerhalb des Wassers leben. Hätten Generationen von Fischen einen Besuch auf dem trockenen Land versucht, wären alle in wenigen Minuten gestorben, selbst wenn sich dieser Prozess über Millionen von Jahren erstreckt hätte. Der Grund dafür ist, dass komplexe Organe, wie eine vollständig entwickelte Lunge bei den Vögeln, nicht urplötzlich zustande kommen können. Eine sich *langsam* entwickelnde Lunge ist in jedem, gemäß der Evolutionstheorie erforderlichen Zwischenstadium aber nicht funktionsfähig. Eine teilweise oder halb entwickelte Lunge hat es nie gegeben und kann in den Fossilien selbstredend nicht gefunden werden.

Auch das Märchen vom Darwinschen Egoismus wird in den Medien immer wieder erzählt. Aber nicht Rivalität und gnadenloser Kampf sind die erfolgreichen Strategien der Evolution, sondern weitergebracht haben uns Kommunikation und Kooperation. Dies leuchtet ein, denn bei Konfrontation entstehen hohe Reibungsverluste und die Lebensabläufe sind nicht effektiv. Deshalb hat man zum Beispiel in den Fabriken die Fließbandarbeit revolutioniert. Der »Schwache« vollzieht heute nicht mehr eine monotone, sich andauernd wiederholende Fließbandtätigkeit, sondern begleitet einen Arbeitsprozess nach Möglichkeit von Anfang bis Ende, um so auch als schwächeres Glied in Form von Kooperation am Erfolg beteiligt zu sein. Im Gegensatz zur Konfrontation (Ausnutzung des Schwächeren) wird durch Kooperation ein besseres Ergebnis erzielt, und das einzelne Individuum ist ein zufriedenes Teilchen des Ganzen (vgl. Ripota, 2002).

Ein Beispiel aus der Tierwelt für Kooperation: Eine bestimmte Amöbenart (*Dictyostelium discoideum*) frisst sich bei Futtermangel nicht etwa gegenseitig auf, bis die Tüchtigsten übrig bleiben. Im Gegenteil: Sie schließen sich zu einer extrem kooperativen Tätigkeit zusammen. Zahlreiche Individuen klettern aufeinander, bis eine Art Stängel (Schleimpilz-Aggregation) entsteht. Etwa 20 Prozent der Individuen, die den Stamm dieses Stängels bilden, sterben ab, der Rest verwandelt sich in Sporen, die vom Wind vertrieben werden. Sie haben die Chance, eines Tages auf fruchtbare Erde zu treffen. Die Amöben, die den harten Kern bildeten und dabei starben, haben sich geopfert, ganz unegoistisch. Ein Darwinist würde sagen: Die Starken sind über die Leichen der Schwachen nach oben geklettert und haben überlebt. Dieses Beispiel soll den äußerst zynischen Blickwinkel der Darwinisten darstellen.

Mit jeder Phase der hier vorgelegten Argumentation stellt sich die Evolution nicht nur als Lüge, sondern auch als mentale Sackgasse unserer gesellschaftlichen und wirtschaftlichen Entwicklung dar, die nur wenigen wirklich nutzt. Verlassen wir dieses Denken und wenden uns der Kooperation zu, nicht nur in der westlichen Welt, sondern unter allen Völkern, auch und gerade unter Tolerierung der unterschiedlichen Religionen. Dann hat auch der Terrorismus, oder was dafür von unseren Regierungen (oft als Etikettenschwindel) so genannt wird, keine Chance. Als Folge werden wir eine wirkliche Entwicklung als Folge von Toleranz (Nächstenliebe) und Kooperation erleben.

»Der Darwinismus ist eine Lehre aus dem 19. Jahrhundert und war mitverantwortlich für grauenvolle Ereignisse im 20. Jahrhundert. Wir müssen den Mut haben, uns von gestrigen Überzeugungen zu trennen und umzudenken, damit das 21. Jahrhundert besser wird« (Ripota, 2002).

Für dieses Ziel ist es notwendig, zu erkennen, dass die Evolutionstheorie mit der eingebetteten Idee von der Entwicklung des Menschen und die Einteilung in Rassen eine Lüge darstellt. Die pseudowissenschaftliche Evolution dient als Religionsersatz zur Unterdrückung und Manipulation nicht nur jedes Einzelnen, sondern auch ganzer Völker in Ost und West, Nord und Süd.

Epilog

Die Ruhe nach dem Sturm ist die Stille vor dem Orkan. Eine Beschwörungsformel der Evolutionisten lautet: Entweder man glaubt an die Evolutionstheorie oder man fällt religiösen Eiferern in die Hände. Das ist Unsinn! Diese Parolen zeigen allenfalls, wie schwach viele Wissenschaftler ihre Erklärungsmuster tatsächlich einschätzen und sich inquisitionsartiger Methoden bedienen, um kontroverse Diskussionen mit allen Mitteln zu verhindern.

Aber Darwins Evolutionstheorie ist längst ein Mythos, der nur noch lebendig ist, weil für Menschen jeder Bildungsstufe, mit einfachen Worten und mit etwas Fachchinesisch gespickt, bildlich-plakativ der Ursprung der Menschheit erklärt wird.

Mit exemplarischen Beispielen und anhand neuer Gedankenmuster wurde die Evolutionstheorie als ein modernes Märchen entlarvt. Dass die im Wissenschaftsmüll versteckte Wahrheit nicht als solche erkannt wird, liegt an den Unterdrückungsmechanismen, die der amerikanische Molekularbiologe Jonathan Wells so beschreibt:

»Dogmatische Darwinisten beginnen damit, die Interpretation der Beweise eng einzuschränken, und beanspruchen, dass dies die einzige Möglichkeit sei, Wissenschaft zu betreiben. Kritiker werden als unwissenschaftlich gebrandmarkt, die Veröffentlichung ihrer Beiträge wird von den maßgeblichen Journalen verweigert, deren Veröffentlichungsgremien von den Dogmatikern beherrscht sind. Den Kritikern wird Förderung durch staatliche Organe versagt, welche Projektvorschläge für eine Förderung zur ›kollegialen‹ Begutachtung an die Dogmatiker weiterleiten, und so werden die Kritiker allmählich vollständig aus der wissenschaftlichen Gesellschaft verbannt. In diesem Prozess verschwindet jeglicher Beweis gegen die Darwinsche Anschauung einfach, geradeso wie Zeugen gegen die Mafia. Oder der Beweis wird in spezialisierten Veröffentlichungen beerdigt, wo er nur von hingebenden Forschern gefunden werden kann. Sobald die Kritiker zum Schweigen gebracht und alle Gegenbeweise unter den Teppich gekehrt wurden, erklären die Dogmatiker, dass eine wissenschaftliche Debatte über ihre Theorie im Gange sei, und dass keine Beweise gegen sie vorlägen« (Wells, 2000, S. 235 f.).

Die Evolutionstheorie hatte aufgrund ihrer lächerlich einfachen Erklärungsmuster bis Anfang des 20. Jahrhunderts keine reale Chance, ernst genommen zu werden. Eine vernunftwidrige Theorie, wie die der Makroevolution, besaß deshalb keine echte Chance für einen gesellschaftspolitischen Durchbruch – ohne vorzeigbare Funde. Deshalb war und ist man bis zum heutigen Tag gezwungen, wissenschaftliche Fälschungen anzufertigen. Nach zig Jahren der Fälschungen ist jetzt eine Theorie in den Köpfen der Menschen verankert, die als Selbstläufer und Selbstgewissheit nicht mehr hinterfragt wird. Die jüngeren Wissenschaftler werden in unseren Universitäten als Theoretiker und trainierte Spezialisten wie Hamster im Laufrad ausgebildet. Sie lernen bestimmte Gesetze, wie Haeckels Embryonaltheorie, auswendig, hinterfragen diese aber nie, weil es ganz einfach verboten ist, wenn man irgendwann mal ein Diplom und danach auch noch eine Professur erhalten will. Jüngere Wissenschaftler fühlen sich aufgrund der zur Verfügung stehenden technischen Apparate, Messgeräte, Sonden und Computer den mit der Natur verbundenen, ja darin verwurzelten Wissenschaftlern vor einhundert Jahren überlegen. Dabei weiß beispielsweise ein heutiger spezialisierter Mikrobiologe kaum etwas über Makroevolution und ähnliche Problemthemen. Interdisziplinäre Ausbildung, die nötig wäre, findet fast überhaupt nicht mehr statt. Man verliert die Zusammenhänge aus den Augen, und an den Schnittstellen der einzelnen Disziplinen, auch innerhalb eines Fachgebiets, bilden sich große Verwerfungen des anscheinend gesicherten Wissens aus.

Es gelingt fast nur interessierten Außenseitern, auf diese Disharmonien und Widersprüche aufmerksam zu machen. Hierzu gehören auch Wissenschaftler, die außerhalb ihres eigentlichen Spezialgebietes, sozusagen interdisziplinär, forschen. Auch diese Wissenschaftler werden von ihren Kollegen beschimpft, bis sie sich offiziell nicht mehr aus ihrer Deckung wagen. Ein paar Ausnahmen bestätigen zum Glück die Regel.

Genau dieses Vorgehen hat System, denn wenn die eklatante Fälschung der Altsteinzeit an der *Universität Frankfurt* exemplarisch als bedauernswerte Verfehlung eines einzelnen, extrem geltungssüchtigen Wissenschaftlers dargestellt wird, dann stellt sich die Forschung selbst, insbesondere im gewollten Zusammenspiel mit den großen Medien, einen Freibrief für einen weiter andauernden Wissenschaftsbetrug aus, der beabsichtigt ist und von den großen Medien gedeckt wird.

In der Fernsehsendung »nano« (Fernsehsender »3sat«) wurde am 14. März 2005 dargestellt, dass eine Untersuchungskommission der *Universität Frankfurt* den Betrug des Reiner Protsch nach jahrelangen Hinweisen anderer Forscher selbst aufgedeckt hat. Das ist auch eine Lüge, denn es gibt keine entsprechenden Kontrollmechanismen an den Universitäten. Diese sind auch gar nicht erwünscht und für das universitäre System kontraproduktiv. Der »Rheinische Merkur« (Nr. 37 vom 9. 9. 2004) wies aus dieser Haltung heraus nachvollziehbar darauf hin, dass die *universitäre Welt und der mögliche Täter zu schützen sei*, während die ohnehin viel zu späten »Verräter« des Betrugs attackiert werden müssen (vgl. Illig, 2004, S. 499 f.) – also eine Umkehr des Verursacherprinzips.

Deshalb haben diese seit über 30 Jahren vollzogenen, bei Kollegen und Koautoren *bekannten* und von diesen mitzuverantwortenden Fälschungen keinerlei offiziellen Aufruhr verursacht. Die Untersuchungskommission der *Universität Frankfurt* wurde erst ins Leben gerufen, *nachdem* die Fälschungen im Magazin »Der Spiegel« veröffentlicht wurden, denn die Universität ist eine eigenständige, in sich abgeschlossene Welt, die ihre Mitarbeiter schützt. Wissenschaftlicher Betrug wird nicht verfolgt, solange nicht Dritte finanziell geschädigt werden. Deshalb wurde Reiner Protsch friedlich in den Ruhestand versetzt: Man nimmt den geflügelten Neujahrsspruch »same procedure as every year« wörtlich und verfährt weiterhin wie gewohnt.

Obwohl die Geschichte der Altsteinzeit anscheinend völlig frei erfunden ist und eine komplette Chronologie inklusive aller darauf aufbauenden Theorien nicht das Papier wert ist, auf dem sie geschrieben wurde, scheint diese groß angelegte Fälschungsaktion für die *Gesellschaft der Anthropologie* vollkommen zweitrangig, ja belanglos zu sein. Deren zweiter Vorsitzender, Professor Carsten Niemitz (*Freie Universität Berlin*), meint deshalb sogar feststellen zu müssen, dass *die Geschichte der Menschheit auf keinen Fall umgeschrieben werden muss*. Ignoranz und Arroganz pur!
Aber es genügt nicht, ein paar fossile Steinzeitschädel in den Museumskeller zu verbannen und in den Handbüchern ein paar Zeilen zu schwärzen. Die Evolutionslüge macht offenkundig, dass die durch die Völker seit dem Mittelalter erkämpfte *politische* Mitbestimmung und Meinungsfreiheit in den Wissenschaften von der Erd- und Menschheitsgeschichte (und anderen?) noch nicht ansatzweise Einzug gehalten hat. Dieser wissenschaftliche Elfenbeinturm befindet sich vergleichsweise noch in dem heilen Zustand wie die römisch-katholische Kirche vor dem Fall Galileo Galilei. Aber dieses wissenschaftliche Lügengebäude ist von klaffenden Rissen durchzogen und wird einstürzen ...

Zitierte Literatur

Zusätzlich zu den im Text genannten Veröffentlichungen in Fachmagazinen (»Science«, »Nature«, »PNAS« u. a.) sind folgende Autoren zitiert:

Allchin, B., und Allchin, R.: »The Rise of Civilization in India Pakistan«, Cambridge 1982

Ameghino, C.: »El femur de Miramar«, in »Anales del Muso nacional de historia natural de Buenos Aires«, 26, S. 433–450, 1915

Arsuaga, J. L.: »El collar del neandertal«, 1999, deutsch: »Der Schmuck der Neandertaler«, Hamburg 2003

Austin, S. A.: »Grand Canyon: Monument to Catastrophe, Institute for Creation Research«, Santee 1994, S. 111–131

Austin, S. A.: »Excess Argon within Mineral Concentrates from the New Dacite Lava Dome at Mount St. Helens Volcano«, in: »Creation Ex Nihilo Technical Journal«, Bd. 10 (Teil 3), 1996, S. 335–343

Baales, M.: »Umwelt und Jagdökonomie der Ahrensburger Rentierjäger im Mittelgebirge«, in: »Monographien des Römisch-Germanischen Zentralmuseums«, 38, Mainz/Bonn 1996

Baales, M: »Economy and seasonality in the Ahrensburgian«, 1999, in: Kozlowski, S. K. et al. (Hrsg.): »Targed points cultures in Europe. Kolloquium Lublin«, »Lubelskie materialy archeologiczne«, 13, Lublin, S. 64–75

Baigent, M.: »Das Rätsel der Sphinx«, München 1998

Barbujani, G., und Bertorello, G.: »Genetics and the population history of Europe«, in: »PNAS«, Bd. 98, 2. 1. 2001, S. 22–25

Bayer, J.: »Der Mensch im Eiszeitalter«, Leipzig/Wien 1927

Bayer, U.: »Die Erde unter Berlin ..., in: »Der belebte Planet«, Sonderheft der FU Berlin, 2002, S. 21–27

Becker, G. F.: »Antiquities from under Tuolomne Table Mountain in California«, in: »Bulletin of the Geological Society of America«, 2, 1891, S. 189–200

Berg, A. von: »Ein Hominidenrest aus dem Wannenvulkan bei Ochtendung, Kreis Mayen-Koblenz«, in: »Arch. Korrespondenzblatt«, 27, 1997, 531–538
Binford, L. R.: »Ancient Man and Modern Myths«, New York 1981
Binford, S. R., und L. R.: »A preliminary analysis of functional variability in the Mousterian of Levallois faces«, in: »American Anthropologist«, Bd. 68, 1966, S. 238 ff.
Bird, J.: »Antiquity and Migrations of the Early Inhabitants of South America«, in: »The Geographical Review«. Bd. 1, 6/1938, S. 250–275
Blair, T. C.: »Alluvial-fan sedimentation from a glacial-outburst flood, Lone Pine, California, and contrasts with meteorological flood deposits«, in: »Special Publication of International Association of Sedimentologists«, Bd. 32, 2002, S. 113–170
Blöss, C., und Niemitz, H.-U.: »C14-Crash«, Gräfelfing 1997
Blöss, C.: »Ceno-Crash«, Berlin 2000
Boll, E., und Brückner, G. A.: »Geogenie der deutschen Ostseeländer«, Neubrandenburg 1846
Boman, E.: »Los vestigios de industria humana encontrados en Miramar (Republica Argentina) y atrbuidos a la época terciaria«, in: »Revista Chilena de Historia y Geografia«, Bd. 49 (34), 1921, S. 330–352
Bord, J., und C.: »Unheimliche Phänomene des 20. Jahrhunderts«, Rastatt 1995
Boule, M., und Vallois, H. V.: »Fossil Men«, London 1957
Brace, C. L., Nelson, H., Korn, N., und Brace, M. L.: »Atlas of Human Evolution«, New York 1979
Brandt, M.: »Ein Affe auf zwei Beinen: Oreopithecus«, in: »Studium integrale Journal«, März 1999, Jg. 6, Heft 1, 33–37
Breuil, H.: »Sur la présence d'éolithes à la base de l'Éocène, Parisicii«, in: »L'Anthropologie«, Bd. 21, 1910, S. 385–408
Brewster, D.: »Queries and Statements Concerning a Nail Found Imbedded in a Block of Sandstone Obtained from Kongoodie (Mylnfield) Quarry, North Britain«, in: »Report of the Fourteenth Meeting of the British Association for the Advancement of Science«, London 1845
Brock, B.: »Die Natur macht keine Sprünge? Das Denken schon!«, in: Zillmer, H.-J.: »Irrtümer der Erdgeschichte«, 2001, S. 9–16
Brüning, H. »Die eiszeitliche Tierwelt von Mosbach, ihre Umwelt, ihre Zeit«, »Museumsführer«, 6, Mainz 1980
Bryan, A. L.: »Early Man in America from a Circum Pacific Perspective«, Edmonton, Univ. of Alberta, Dept. of Anthropology, 1978
Bryant, E. A., et al.: »The impact of tsunami on the coastline of Jervis Bay«, in: »Southeastern Australia. Physical Geography«, Bd. 8, No. 5, 1997, S. 441–460

Bryant, E. A., und Nott, J. A.: »Geological Indicators of Large Tsunami in Australia«, in: »Natural Hazards«, Bd. 24, No. 3, 2001, S. 231–249
Büchner, M.: »Gesteinskundliches Gutachten: Grünsandstein. Fundort: Bison-Schlucht, Stonecreek, Kanada«, in: Hoening, 1981, S. 262–264
Bülow, K. von: »Abriss der Geologie von Mecklenburg«, Berlin 1952
Burroughs, W. G.: »Human-like Footprints, 250 million years old«, in: »The Berea Alumnus«, Berea College (Kentucky), November 1938, S. 46 f.

Capellini, G.: »Les traces de l'homme pliocène en Toscana. Congrès International d'Anthropologie et d'Archéologie Préhistoriques«, Budapest 1876, Bd. 1, 1877, S. 46–62
Carling, P. A., et al: »Late Quaternary catastrophic flooding in the Altai Mountains of south-central Siberia: a synoptic overview and an introduction to flood deposit sedimentology«, in: Martini, I. P., et al.: »Flood and Megaflood Process and Deposits: Recent and Ancient Examples«, Oxford 2002, S. 17–35
Cavalli-Sforza, L. und F. »Verschieden und doch gleich«, München 1994, TB 1996
Cavalli-Sforza, L. L.: »Gènes, peuples et langages«, Paris 1996, deutsch: »Gene, Völker und Sprachen«, München/Wien 1999
Champion, T., et al.: »Prehistoric Europe«, London 1984
Chard, C. S.: »An outline of the prehistory of Siberia«, in: »Southwestern Journal of Anthropology«, 14/1958, S. 1–33
Charlesworth, E.: »Objects in the Red Crag of Suffolk«, in: »Journal of the Royal Anthropological Institute of Great Britain and Ireland«, Bd. 2, 1873, S. 91–94
Credner, H.: »Elemente der Geologie«, Leipzig 1912
Cremo, M. A., und Thompson, R. L.: »Forbidden Archaeology«, Badger 1993; deutsch: »Verbotene Archäologie«, Augsburg 1997
Criswell, W. A.: »Stammt der Mensch vom Affen ab?«, Wetzlar 1974, 2. Aufl. 1976
Crompton, R., et al.: »The mechanical effectiveness of erect and ›bent-knee, bent-hip‹ bipedal walking in australopithecus afarensis«, in: »Journal of Human Evolution«, Bd. 35, 1998, S. 55–74
Czarnetzki, A.: »Neandertaler: Ein Lebensbild aus anthropologischer Sicht«, in: »Neandertaler und Co. Ausstellungskatalog«, Münster 1998

Dacqué, E.: »Die Erdzeitalter«, München/Berlin 1930
Dalrymple, G. B.: »40Ar/36Ar analysis of historic lava flows. Earth and Planetary«, in: »Science Letters«, Bd. 6, 1969, S. 47–55

Darwin, C.: »The Origin of Species«, London 1859; deutsch: »Die Abstammung der Arten«, Lizenzausgabe Köln 2000
Darwin, C.: »The Descent of Man«, London 1871; deutsch: »Die Abstammung des Menschen«, Wiesbaden 1966
Dash, M.: »X-Phänomene«, München/Essen 1997
Daubrée, G. A.: »Synthetische Studien zur Experimental-Geologie«, Braunschweig 1880
Dawkins, R.: »The Blind Watchmaker«, London 1986
Deloison, Y.: »Préhistoire du piéton – Essai sur les nouvelles origines de l'homme«, Paris 2004
Deloria, V.: »Red Earth, White Lies«, New York 1995
Derev'anko, A. P., Shimkin, E. B., und Powers, W. R.: »The Paleolithic of Siberia: New Discoveries and Interpretations«, Urbana 1998, S. 336–351
Dillehay, T. D.: »The Settlement of the Americas«, New York 2000
Dingus, L., und Rowe, T.: »The Mistaken Extinction – Dinosaur Evolution and the Origin of Birds«, New York, 1997
Dorling Kindersley Ltd., Hrsg.: »Eyewitness Guide: Early People«, London 1989, deutsch: »Die ersten Menschen«, Hildesheim 1994
Dubois, E.: »On the Fossil Human Skulls Recently Discovered in Java and Pithecanthropus Erectus«, in: »Man«, Bd. 37, Januar 1937
Dougherty, C. N.: »Valley of the Giants«, Cleburne1971

Egenolff, J. A.: »Historie der Teutschen Sprache«, Leipzig 1735
Ehrenreich, P.: »Anthropologische Studien über die Bewohner Brasiliens«, Braunschweig 1897
Engesser, B.: »Aufrecht auf zwei Beinen«, in: »Basler Magazin – Politisch-kulturelle Wochenend-Beilage der Basler Zeitung«, Basel, 8. August 1998, Nr. 30, S. 1–5
Evernden, J. F., und Kistler, R. W.: »Chronology of emplacement of Mesozoic batholithic complexes in California and western Nevada«, in: »U.S. geol. Surv. Prof. Paper, 1970«, Bd. 623, S. 42 ff.

Feder, K. L., und Park, M. A.: »Human Antiquity«, Mountain View 1989
Fester, R.: »Die Eiszeit war ganz anders«, München 1973
Fenton, S. R., Webb, R. H., et al.: »Cosmogenic 3He Ages and Geochemical Discrimination of Lava-Dam Outburst-Flood Deposits in Western Grand Canyon, Arizona«, in: House, P. K., et al., 2002
Feustel, R.: »Abstammungsgeschichte des Menschen«, Jena 1990
Floss, H.: »Der Ziegenberg bei Altenrath. Ein Fundplatz der Ahrensburger Stielspitzengruppen am Südrand der Kölner Bucht«, in: »Jahrbuch des Römisch-Germanischen Zentralmuseums Mainz«, 34, 1989, S. 165–192

Fraas, E.: »Berichte über die Tendaguru-Expedition«, in: »Sitzungsbericht der Gesellschaft naturforschender Freunde zu Berlin«, 1909, Nr. 6, 358 ff., Nr. 8, 500 ff., Nr. 10, 631; 1910 Nr. 8, 372 ff., 1912 Nr. 2b

Friedrich, H.: »Der Mythos von den angeblichen ›Rassen‹ der Menschheit«, in: »EFODON Synesis«, 6/1994, S. 16–19

Gambier, D.: »Fossil hominids from the early Upper Palaeolithic (Aurignacien) of France«, in: Mellar, P., und Stringer, C. B.: »The Human Revolution«, Edinburgh 1989, S. 194 ff.

Gee, H.: »In Search of Time: Beyond the Fossil Record to a New History of Life«, in: »The Free Press«, New York, 1999, S. 126 f.

Geise, G.: »Woher stammt der Mensch wirklich«, Hohenpeißenberg 1997

Glover, I.: »Leang Burung 2. An Upper Palaeolithic Rockshelter in South Sulawesi, Indonesia«, in: »Modern Quaternary Research in Southeast Asia«, Jg. 6, 1981, S. 1–38

Gold, T.: »Das Jahrtausend des Methans«, Düsseldorf/Wien/New York 1988

Goren-Inbar, N.: »A figurine from Archeulian site of Berekhat Ram«, in: »Mt-tequfat ha-even«, Bd. 19, S. 7–12

Gould, S. J.: »Men of the Thirty-Third Division«, in: »Natural History«, April, 1990, S. 12–24

Gould, S. J.: »Illusion Fortschritt«, Frankfurt 1998

Greely, A. W.: »Stefansson's Blond Eskimos«, in: »National Geographic Magazine«, Bd. XXIII, Bd. 12 December 1912

Greenberg, J. H., und Ruhlen, M.: »Der Sprachenstamm der Ureinwohner Amerikas«, in: »Die Evolution der Sprachen«, »Spektrum der Wissenschaft Dossier«, 2004, S. 58–64

Gregory, J. W.: »Contributions to the Geography of British East Africa«, in: »Geographical Journal«, IV, 1894

Gregory, J. W.: »The African Rift Valleys«, in: »Geographical Journal«, LVI, 1920

Gregory, R. L.: »Eye and Brain: The Physiology of Seeing«, Oxford 1995

Gripp, K.: »Die Rengeweihstangen von Meiendorf«, in: Rust, A.: »Das altsteinzeitliche Rentierjägerlager Meiendorf«, Neumünster 1937, S. 62–72

Grosswald, M. G.: »Late Weichselian Ice Sheet of Northern Eurasia«, in: »Quaternary Research«, 13/1980, S. 16

Haarmann, H.: »Universalgeschichte der Schrift«, Frankfurt/New York 1991, Sonderausgabe 1998

Haber, H.: »Unser blauer Planet«, Stuttgart 1965

Hapgood, C. H.: »Maps of the ancient Sea Kings«, Kempton 1966

Heinsohn, G.: »Wie alt ist das Menschengeschlecht?«, München 1991, 4. Aufl. 2003
Heinsohn, G.: »Für wie viele Jahre reicht das Grönlandeis?«, in: »Vorzeit-Frühzeit-Gegenwart«, Ausgabe 4/1994, S. 76–81
Heinsohn, G.: »Wann starben die Dinosaurier aus?, in: »Zeitensprünge«, Ausgabe 4/1995, S. 371–382
Henke, R.: »Aufrecht aus den Bäumen«, in: »Focus«, 39/1996, S. 178
»Herder-Lexikon der Biologie«, Heidelberg/Berlin/Oxford 1994, Bd. 6
Hilgenberg, O. C.: »Die Bruchstruktur der sialischen Erdkruste«, Berlin 1949
Hilgenberg, O. C.: »Vom wachsenden Erdball«, Berlin 1933
Hitching, F.: »The Neck of the Giraffe: Where Darwin Went Wrong«, New York 1982, S. 204
Hoening, A. E. F.: »Fundort Stone Creek«, Düsseldorf/Wien 1981
Holmes, S. H.: »Phosphate Rocks of South Carolina and the Great Carolina Marl Bed«, Charleston 1870
Holmes, W. H.: »Review of the evidence relating to auriferous gravel man in California«, in: »Annual Report of the Board of Regents of the Smithsonian Institution for the Year Ending June 30, 1899«, Teil 1, Washington 1901, S. 419–472
Homet, M. F.: »Die Söhne der Sonne«, Freiburg 1958
Hooton, E.: »Apes, Men and Morons«, New York 1937
House, P. K., Webb R. H., Baker V. R., und Levish, D. R.: »Ancient Floods Modern Hazards«, Washington, DC 2002
Howell, C. F.: »Der Mensch der Vorzeit«, Life – Wunder der Natur, 1969
Hrdlicka, A.: »Early Man in South America«, Washington 1912
Hsü, K. J.: »Die letzten Jahre der Dinosaurier«, Basel 1990
Hsü, K. J.: »Klima macht Geschichte«, Zürich 2000
Hublin, J.-J., et al.: »A late Neanderthal associated with Upper Palaeolithic artefacts«; in: »Nature«, 16. 5. 1996, S. 224–226
Hublin, J.-J.: »Die Sonderevolution der Neandertaler«, in: »Die Evolution des Menschen«, »Spektrum der Wissenschaft Dossier«, 2004, S. 56–63

Illig, H.: »Die veraltete Vorzeit«, Frankfurt 1988
Illig, H.: »C14: einmal mehr desavouiert. Causa Reiner Protsch von Zieten«, in: »Zeitensprünge«, 3/2004, S. 497–502
Ivanov, A. A., Kouznetsov, D. A., und Miller, H. R.: Aus den Proceedings des 5. Internationalen Kreationisten-Kongresses in England, zitiert in: »Lebten Dinosaurier und Menschen zur selben Zeit?«, in: »Factum«, Ausgabe 2/1993

Jacobi, A.: »Das Rentier, eine zoologische Monographie der Gattung Rengifer«, in: »Zoologischer Anzeiger«, Ergänzungsband 96, 1931
Jensen, H.: »Indogermanisch und Grönländisch«, in: Hirt, H.: »Germanen und Indogermanen«, Heidelberg 1936, S. 151 ff.
Jia, L., und Huang, W.: »The story of Peking man«, Beijing 1990
Johanson D. C., und Edey, M. A.: »Lucy: the beginnings of humankind«, New York 1981
Johanson, D. C., Blake, E., und Brill, D.: »From Lucy to Language«, 1996
Jordan, P.: »Die Expansion der Erde«, Braunschweig 1966
Julig, P. J.: »The Sheguiandah Site: Archaeological, geological and paleobotanical studies at a Paleoindian site on Manitoulin Island, Ontario«, in: »Mercury Series, Archaeological Survey of Canada«, Paper 161. Hull 2002, Canadian Museum of Civilization
Junker, R.: »Stammt der Mensch vom Affen ab?«, Stuttgart 1995, 7. Aufl. 2002
Junker, R., und Scherer, S.: »Evolution: Ein kritisches Lehrbuch«, Gießen 1998, 5. Aufl. 2001

Kahlke, R.-D.: »Das Pleistozän von Untermaßfeld bei Meiningen (Thüringen)«, Teil 1–3, Römisch-Germanisches Zentralmuseum Mainz 1997/2001
Keindl, J.: »Theorie der Weltraummassen«, Wien 1934
Keith, A.: »The Antiquity of Man«, Bd. 1, Philadelphia 1928
Kelso, A. J.: »Physical Anthropology«, New York 1970
Knußmann, R.: »Die mittelpaläolithischen menschlichen Knochenfragmente von der Wildscheur bei Steeden (Oberlahnkreis)«, in: »Nassauische Annalen«, 68, 1967, S. 1–25
Koenigswald, G. H. R. von: »Preliminary Report on a Newly-Discovered Stone Age Culture from Northern Luzon, Philippine Islands«, in: »Asian Perspectives«, II (2), 1956, S. 69–71
Koenigswald, G. H. R. von: »Begegnungen mit dem Vormenschen«, 1961
Kolosimo, P.: »Unbekanntes Universum«, Wiesbaden/München 1991
Kutschera, U.: »Streitpunkt Evolution«, Kassel 2004

Laing, S.: »Human Origins«, London 1894
Leakey, M. D.: »Olduvai Gorge. Excavation in Beds I and II 1960–1963«, Bd. 3, Cambridge 1971
LeBlond, P. H., und Bousfield, E. I.: »Cadborosaurus: Survivor from the Deep«, Victoria 1995
Lee, T. E.: »The antiquity of the Sheguiandah site«, in: »Anthropological Journal of Canada«, 21, 1983

Lee, T. E.: »Untitled editorial note on the Sheguiandah site«, in: »Anthropological Journal of Canada«, 2(1), 1966, S. 29 ff. und 4(2), 1966, S. 50
Lembersky, M.: »Mount St. Helens«, Portland 2000
Lindroth, C. H.: »The faunal connection between Europe and North America«, New York/Stockholm 1957
Lippolt, H. J., et al.: »Excess argon and dating of Quaternary Eifel volcanism, IV: Common argon with high and lower-than atmosph. Ar40/Ar36 ratios«, in: »Phonolitic rocks Earth.Planet.Sci.Letters«, 101, 1, Amsterdam 1990, S. 19–35
Lister, A.: »Mammoths«, London 1994; deutsch: »Mammuts«, Sigmaringen 1997
Lohest, M., et al.: »Les silex d'Ipswich«, in: »Conclusions de l'enquête de l'Institut International d'Anthropologie«, Bd. 33, 1923, S. 44–47
Lyell, C.: »The Principles of Geology: Being an Attempt to explain the Former Changes of the Earth's Surface, by reference to Causes Now in Operation«, London 1830, Neuauflage 1865
Lyell, C.: »Das Alter des Menschengeschlechts«, Leipzig 1864

Macalister, R. A. S.: »Textbook of European Archaeology«, Bd. 1, Cambridge 1921
Mania, D.: »Auf den Spuren des Urmenschen«, Berlin 1990
Mason, J. A.: »The Ancient Civilizations of Peru«, Harmondsworth 1957
Mayr, E.: »Einführung (zum Kapitel Makroevolution)«, S. 319–322 in: Mayr, E.: »Eine neue Philosophie der Biologie«, München 1991
Mijares, A. S.: »An Expedient Lithic Technology in Northern Luzon (Philippines)«, in: »Lithic Technology«, Bd. 26, No. 2, 2001, S. 138–152
Moore, R.: »Die Evolution«, in der Reihe: »Life-Wunder der Natur«, 1970
Morgan, E.: »The Scars of Evolution«, London, 1990
Mortillet, G. de: »Le Préhistorique«, Paris 1883
Muck, O. H.: »Alles über Atlantis«, Düsseldorf/Wien 1976
Müller, W.: »Glauben und Denken der Sioux«, Berlin 1970
Müller, W.: »Amerika, die neue oder die alte Welt«, Berlin 1982
Müller-Beck, H.: »Urgeschichte der Menschheit, Stuttgart 1966
Müller-Beck, H.: »On migrations of hunters across the Bering Land Bridge in the Upper Pleistocene«, in: Hopkins, D. M.:»The Bering Land Bridge«, Stanford 1967, S. 373–408

Niemitz, C.: »Das Geheimnis des aufrechten Gangs«, München 2004
Nilsson, T.: »The Pleistocene«, Dordrecht 1983
Noorbergen, R.: »Secrets of the Lost Races«, New York 1977
Nummedal, A.: »Stone Age Finds in Finnmark«, Oslo 1929

Oakley, K. P.: »Relative dating of the fossil hominids of Europe«, in: »Bulletin of the British Museum« (Natural History), Geology Series, 34(J), 1980, S. 1–63
Obermaier, H.: »Fossil Man in Spain«, New Haven 1916, Neuauflage 1924/1969
Oxnard, Ch. E.: »Uniqueness and Diversity in Human Evolution«, 1975

Pachur, H.-J.: »Abschied von Eden«, in: »Der belebte Planet«, Sonderheft der FU Berlin, 2002, S. 78–87
Paturi, F. R.: »Die Chronik der Erde«, Augsburg 1996
Paturi, F. R.: »Die Chronik der Menschheit«, Augsburg 1997
Pawlik, A. F.: »Is there an Earl Palaeolithic in the Philippines? New Approaches for Lithic«, in: »Proceedings of the 7th Australasian Archaeometry Conference«, 2001, S. 255–270
Peiser, B. J.: »Was the Cambridge Conference a Flop? Evidence for Multiple Catastrophes in Historical Times«, in: »Chronology and Catastrophism Review«, Bd. 15, S. 23–28
Pettijohn, F. J., Potter, P. E., und Siever, R.: »Sand and Sandstone«, Berlin/Heidelberg/New York 1972
Pitman, M.: »Adam and Evolution«, London 1984
Pitman, W., und Ryan, W.: »Noah's Flood«, New York 1998; deutsch: »Sintflut«, Bergisch-Gladbach 1999
Politis, G.: »Fishtail Projectile Points in the Southern Cone of South America«, in: »Clovis: Origins and Adaptations«, University of Maine, 1991
Potts, R., und Shipman, P.: »Cutmarks made by stone tools on bones from Olduvai Gorge, Tanzania«, in: »Nature« Bd. 291, 18. 6. 1981, S. 577–580
Probst, E.: »Deutschland in der Urzeit«, München 1986, Sonderausgabe 1999
Protsch, R.: »The Age and Stratigraphic Position of Olduvai Hominid I«, in: »Journal of Human Evolution«, Bd. 3, 1974, S. 379–385

Ragazzoni, G.: »La collina di Castenedolo, sotto il rapporto antropologico, geologico ed agronomico«, in: »Commentari dell'Ateneo di Brescia«, 4. April 1880, S. 120–128
Raup, D.: »Conflicts Between Darwin and Paleontology«, in: »Bulletin, Field Museum of Natural History«, Bd. 50, Januar 1979, S. 24
Renfrew, C.: »Die Indoeuropäer – aus archäologischer Sicht«, in: »Die Evolution der Sprachen«, »Spektrum der Wissenschaft Dossier«, 2004, S. 40–48

Renfrew, C.: »Die Sprachenvielfalt der Welt«, in: »Spektrum der Wissenschaft«, Juli 1955, S. 72 ff.
Reynolds, S. J., et al.: »Compilation of Radiometric Age Determinations in Arizona«, in: »Arizona Bureau of Geology and Mineral Technology Bulletin«, 197, 1986
Ridley, F.: »Transatlantic Contacts of Primitive Man. Eastern Canada and Northwestern Russia«, in: »Pennsylvania Archaeologist«, 1960
Ries, G.: »Schlechte Kronzeugen«, Internet: Newsgroup: de.sci.geschichte, 18. 5. 2003, 20:51:54 GMT
Ripota, P.: »Was Charles Darwin uns alles verheimlichte«, in: »P.M. Magazin«, Ausgabe 04/2002
Ritters, V.: »Ein halb geschälter und versteinerter Seeigel«, in: »EFODON Synesis«, 30/1998, S. 7–11
Romero, A. A.: »El Homo Pampaeus«, in »Anales de la Sociedad Cientifica Argentina«, 85, S. 5–48, 1918
Ronquillo, W. P.: »The Technological and Functional Analysis of Lithic Flake Tools from Rabel Cave, Northern Luzon, Philippines«, in: »Anthropological Papers«, No. 13, National Museum Manila 1981
Roth, S., et al.: »Acta de los hechos más importantes del descubrimento de objetos, instrumentos y armas de piedra, realizado en las barrancas de la Costa de Miramar, partido de General Alvarado, provincia de Buenos Aires«, in »Anales del Museo de historia natural de Buenos Aires«, 26, S. 417–431, 1915
Rust, A.: »Das altsteinzeitliche Rentierjägerlager Meiendorf«, Neumünster 1937
Rust, A.: »Vor 20 000 Jahren. Rentierjäger der Eiszeit«, Neumünster 1962

Sanford, J. T.: »Sheguiandah reviewed«, in: »Anthropological Journal of Canada«, 9(1), 1971, S. 2–15
Sarre, F. de: »The Theory of Initial Bipedalism – On the question of Human origins«, »Biology Forum«, Rivista di Biologia, Università di Perugia, 87 (2/3), S. 237–258, Perugia 1994
Saurat, D.: »L'Atlantide et le regne des géants«, Paris 1955/1969
Schlosser, M.: »Beiträge zur Kenntnis der oligozänen Landsäugetiere aus dem Fayum«, in: »Beiträge zur Paläontologie und Geologie«, Bd. 24, S. 51–167
Schmidt, E.: »Vorgeschichte Nordamerikas im Gebiet der Vereinigten Staaten«, Braunschweig 1894
Schoetensack, O.: »Der Unterkiefer des Homo Heidelbergensis aus den Sanden von Mauer bei Heidelberg«, Leipzig 1908

Schwarzbach, M.: »Das Klima der Vorzeit«, Stuttgart 1993
Sepharim, E. Th.: »Das Pleistozänprofil der Kiesgrube Kater in Hiddesen bei Detmold. Ein prä-moränales Schotterkonglomerat mit Gletscherschliff«, in »21. Ber. naturwiss. Verein Bielefeld«, Bielefeld 1973, S. 249–263
Sergi, G.: »L'uomo terziario in Lombardia«, in: »Archivio per l'Antropologia e la Etnologia«, 14, 1884, S. 304–318
Shapiro, R.: »Origins: A Sceptics Guide to the Creation of Life on Earth«, New York 1986
Shin, Y., et al.: »Synthesis of SiC Ceramics by the Carbothermal Reduction of Mineralized Wood with Silica«, in: »Advanced Materials«, Bd. 17, Heft. 1, January, 2005, S. 73–77
Simonsen, P.: »The Rock Art of Arctic Norway«, in: »Bolletino del Centro Camuno di Studi Preistorici«, 11/1974, S. 129–150
Simpson, G. G., und Beck, W.: »An Introduction to Biology«, New York, 1965
Sinclair, W. J.: »Recent investigations bearing on the question of the occurrence of Neocene man in the auriferous gravels of the Sierra Nevada«, in: »University of California Publications in American Archaeology and Ethnology«, 7(2), 1908, S. 107–131
Spears, I. R., und Crompton, R. H.: »The Mechanical Significance of the Occlusal Geometry of Great Ape Molars in Food Breakdown«, in: »Journal of Human Evolution«, Bd. 31, 1996, S. 517–535
Spetner, L. »Continuing an exchange with Dr. Edward E. Max«, http://www.trueorigin.org/spetner2.asp, 2001
Stan, H., und Hess, J. C.: »Physical foundations of dating by the K-Ar- and Ar40/Ar39 methods«, in: »Course book of Isotope Geology«, Breslau 1990, S. 184–98
Standen, A.: »Science is a sacred cow«, New York 1950
Stansfield, W. D.: »The Science of Evolution, New York 1977
Stefansson, V.: »My life with the Eskimo«, London 1913
Stolyhwo, K.: »Le crâne de Nowosiolka considéré comme preuve de l'existence à l'époque historique de formes apparentées à H. Primigenius«, in: »Bulletin International de l'Académie des Sciences de Cracovie«, 1908, S. 103–26
Strauss, S.: »Systems give boost to dating technology, in: »The Globe and Mail«, Toronto, 2. 4. 1991, A12
Stringer, C. B., und Gamble, C.: »In search of the Neanderthals: Solving the Puzzle of Human Origins«, New York 1993

Tattersall, I.: »The Fossil Trail«, New York/Oxford 1995
Tattersall, I.: »The Last Neanderthal«, New York 1995. 2. Aufl. 1999

Taylor, G. R.: »The Great Evolution Mystery«, New York 1983
Taylor, J.: »Fossil, Facts and Fantasies«, Crosbyton 1999
Thenius, E.: »Die Evolution der Säugetiere«, Stuttgart 1979
Thomas, A.: »Les secrets de l'Atlantide«, Paris 1969
Thompson, K. S.: »Ontogeny and Phylogeny Recapitulated«, in: »American Scientist«, Bd. 76, Mai/Juni 1988, S. 273
Thorne, A. G., und Macumber, P. G: »Discoveries of Late Pleistocene man at Kow Swamp«, in: »Nature«, Bd. 238, 1972, S.316–319
Trinkaus, E., und Shipman, P.: »The Neanderthals: Changing the Images of Mankind«, New York 1992; deutsch: »Der Neandertaler. Spiegel der Menschheit«, Gütersloh 1992
Trinkaus, E.: »Hard Times Among the Neanderthals«, in »Natural History«, Bd. 87, Dezember 1978
Trinkaus, E: »The Mousterian Legacy: Human Biocultural Change in the Upper Pleistocene«, in: »British Archaeological Reports International«, Bd. 164, 1983, S. 165–200
Turner, E., et al.: »Neandertaler oder Höhlenbär? Eine Neubewertung der ›menschlichen‹ Schädelreste aus der Wildscheur«, in: »Hessen. Archäologisches Korrespondenzblatt«, 30, 2000, S. 1–14
Tuttle, R. H.: »Natural History«, März 1990

Velikovsky, I.: »Earth in Upheaval«, Garden City 1955; deutsch: »Erde im Aufruhr«, Frankfurt/M. 1980
Vening Meinesz, P. A.: »Spanningen in de aardkorst door poolverschuivingen«, in: »Afd. Natuurk.«, Bd. 52, 1943, S. 186–196
Vogel, K.: »The Expansion of the Earth – An Alternative Model to the Plate Tectonics Theory«, in: »Critical Aspects of the Plate Tectonics Theory«; Bd. II, »Alternative Theories«, Athens 1990, S. 14–34
Vogl, D.: »Der Darwinfaktor«, Greiz 2001

Wahnschaffe, F.: »Die Ursachen der Oberflächengestaltung des norddeutschen Flachlandes«, 1891, 4. Aufl. bearb. von Fr. Schucht. 1921
Walther, J. W.: »Geschichte der Erde und des Lebens«, Leipzig 1908
Weaver, T. D.: »The shape of the Neanderthal femur is primarily the consequence of a hyperpolar body form«, in: »PNAS«, Bd. 100, 10. 6. 2003, S. 6926–6929
Wells, J.: »Icons of Evolution: Science or Myth? Why Much of What We Teach About Evolution is Wrong«, Regnery Publishing, 2000
Wendt, H.: »From Ape to Adam«, Indianapolis 1972
Willis, E.: »Fossils and Phosphate Specimens«, 1881

Whitney, J. D.: »The auriferious gravels of the Sierra Nevada of California«, in: »Museum of Comparative Zoology Memoir«, 6(1), Harvard University 1880
Wong, K.: »Der Streit um die Neandertaler«, in: »Die Evolution des Menschen«, »Spektrum der Wissenschaft Dossier«, 2004, S. 64–71
Wright, F.: »Man and the Glacial Period«, New York 1897

Yahya, H.: »Der Evolutionsschwindel«, Istanbul 2002
Young, R. W., Bryant, E. A., und Price, D. M.: »Catastrophic wave (tsunami?) transport of boulders in southern New South Wales, Australia«, in: »Zeitschrift für Geomorphologie«, Bd. 40, No. 2, 1996, S. 191–207

Zarate, M. A., und Fasana, J. I.: »The Plio-Pleistocene record of the central eastern Pampas, Buenos Aires, Province, Argentina: the Chapadmalal Case Study«, in: »Paleogeography, Paleoclimatology, Paleoecology«, 7/2 S. 27–52, 1989
Zilhao, J., und d'Errico, F.: »Die unterschätzten Neandertaler«, in: »Die Evolution des Menschen«, »Spektrum der Wissenschaft Dossier«, 2004, S. 68–69
Zillmer, H.-J.: »Darwins Irrtum«, München 1998, 7. Aufl. 2004
Zillmer, H.-J.: »Irrtümer der Erdgeschichte«, München 2001, 3. Aufl. 2003
Zillmer, H.-J.: »Dinosaurier Handbuch«, München 2002
Zillmer, H.-J.: »Kolumbus kam als Letzter«, München 2004
Züchner, C.: »Archäologische Datierung. Eine antiquierte Methode zur Altersbestimmung von Felsbildern?«, in: »Quartär«, 51/52, 2001, S. 107–114 und Vortrag auf der 42. Tagung der Hugo-Obermaier-Gesellschaft für Erforschung des Eiszeitalters und der Steinzeit e.V., Tübingen, 25.–29. April 2000
Zuckerman, S.: »Beyond The Ivory Tower«, New York 1970

Register

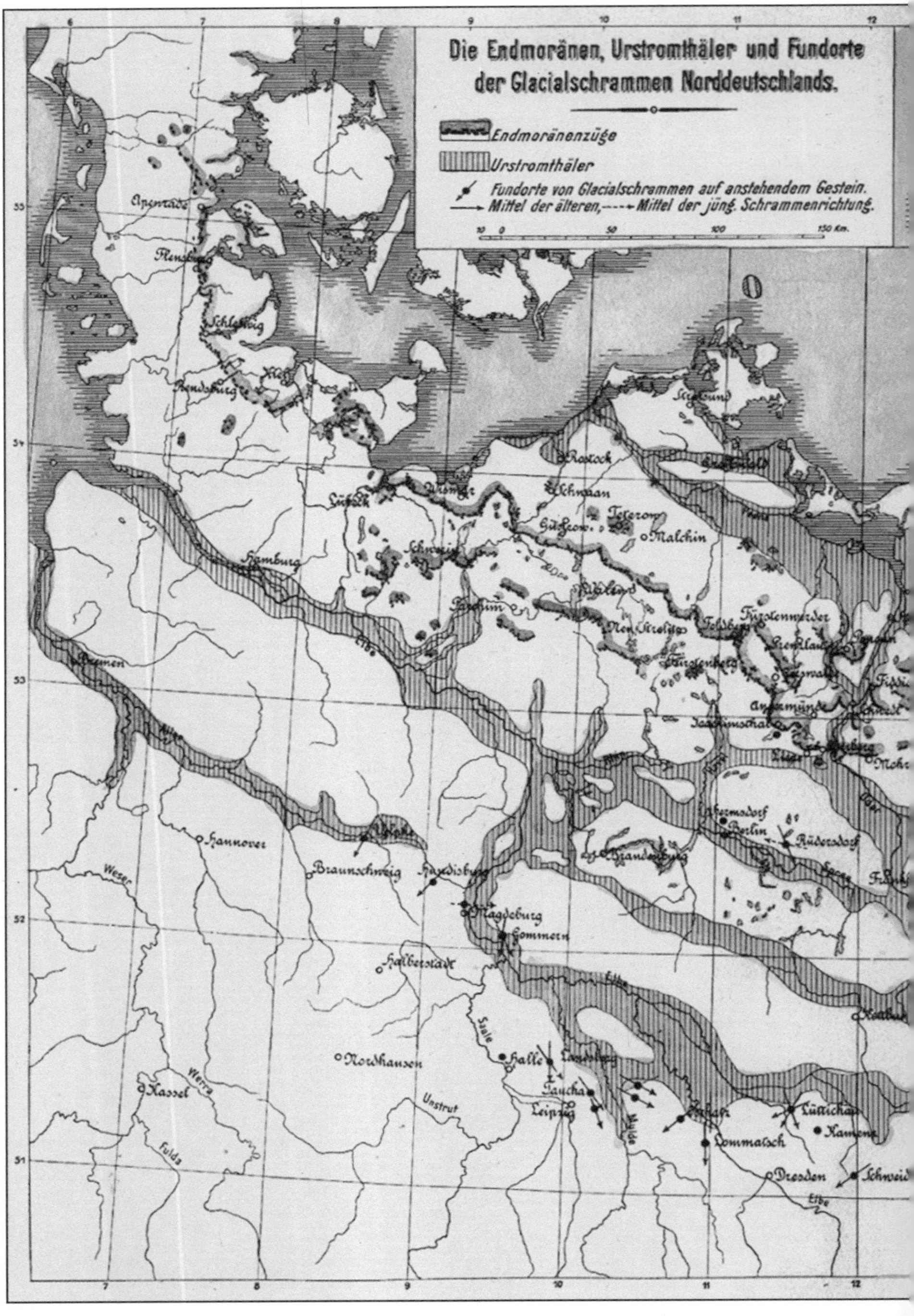

Die Endmoränen, Urstromthäler und Fundorte der Glacialschrammen Norddeutschlands.
Endmoränenzüge
Urstromthäler
Fundorte von Glacialschrammen auf anstehendem Gestein.
Mittel der älteren, Mittel der jüng. Schrammenrichtung.
10 0 50 100 150 Km.
Apenrade
Flensburg
Schleswig
Kiel
Rendsburg
Stralsund
Greifswald
Rostock
Lübeck
Wismar
Schwaan
Teterow
Güstrow
Malchin
Schwerin
Hamburg
Parchim
Neu Strelitz
Prenzlau
Angermünde
Joachimsthal
Bremen
Aller
Elbe
Hannover
Braunschweig
Magdeburg
Gommern
Halberstadt
Berlin
Rüdersdorf
Brandenburg
Spree
Weser
Saale
Halle
Landsberg
Taucha
Leipzig
Nordhausen
Unstrut
Kassel
Werra
Fulda
Wurzen
Lommatsch
Lüttichau
Kamenz
Dresden